北京航空学院文革资料选编

Selected Archival Documents on the Cultural Revolution of Beijing Institute of Aeronautics (II)

第二卷

社论与评论
讲话与函电

启之编

美国华忆出版社

Remembering Publishing. USA

Copyright © 2025 by Remembering Publishing, LLC. USA

ISBN: 978-1-68560-152-2 (Paperback)
       978-1-68560-153-9 (eBook)
Remembering Publishing, LLC
RememPub@gmail.com

Selected Archival Documents on the Cultural Revolution of Beijing Institute of Aeronautics (II)

By Qi Zhi

北京航空学院文革资料选编 第二卷
社论与评论 讲话与函电
啟之 编

出　版：美国华忆出版社
版　次：2025 年 5 月 第一版 第一次印刷
字　数：281 千字

All Rights Reserved.
No part of this book may be reproduced in any form or by any electronic or mechanical means, including information storage and retrieval systems, without permission in writing from the publisher. The only exception is by a reviewer, who may quote short excerpts in review.

作品内容受国际知识产权公约保护，版权所有，侵权必究

目 录

第一辑　社论与评论 1

欢呼《红旗》第十五期社论的发表
　　——把两条路线的斗争进行到底 3
　　《红旗》第 1 期，1966 年 12 月 19 日

将无产阶级文化大革命进行到底
　　——元旦献辞　本报编辑部 6
　　《红旗》第 3 期，1967 年 1 月 1 日

一切领导权归左派 9
　　《红旗》第 7 期，1967 年 1 月 19 日

《北京人民公社》万岁 13
　　《红旗》第 10、11 期，1967 年 2 月 10 日

善于做阶级分析，掌握斗争大方向 14
　　《红旗》第 12 期，1967 年 2 月 18 日

发扬毛主席的大民主，夺取整风运动的彻底胜利 19
　　《红旗》第 15 期，1967 年 3 月 5 日

热烈欢迎革命的干部亮相 22
　　《红旗》第 16、17 期，1967 年 3 月 8 日

必须正确对待党员 26
　　《红旗》第 18 期，1967 年 3 月 15 日

以革命的名义想想过去 28
　　《红旗》第 19、20 期，1967 年 3 月 21 日

历史的教训，万万不能忘 31
　　《红旗》第 19、20 期，1967 年 3 月 21 日

坚决执行毛主席"三·七"批示 33
　　《红旗》第23期，1967年3月30日

大反特反无政府主义 35
　　《红旗》第30期，1967年4月20日

毛主席干部路线的光辉照亮了航院　本报评论员 39
　　《红旗》第32、33期，1967年4月27日

坚决贯彻三相信，三依靠的方针 42
　　《红旗》第34期，1967年4月29日

打倒无政府主义，巩固革命的大联合，促进革命的
　　"三结合" 45
　　东方红、井冈山、红旗联合版，1967年5月1日特刊

"五·七"指示是教育的指南针　红旗《教育革命》编辑组 .. 49
　　《红旗》第36期，1967年5月6日

为加快革命的"三结合"步伐大喊大叫 51
　　《红旗》第38期，1967年5月9日

学好通知掌好权　牢牢把握大方向 52
　　《红旗》第40期，1967年5月23日

《北京日报》近来为谁说话？　红旗观察员 55
　　《红旗》第42期，1967年5月30日

革命造反，就是有理　红旗评论员 62
　　《红旗》第43期，1967年6月3日

煞住武斗歪风，揪出幕后黑手　本报评论员 65
　　《红旗》第44期，1967年6月6日

迫使敌人最后缴械 66
　　北航《红旗》报编辑部、《河南红卫兵》报编辑部合刊，
　　1967年6月9日

迎接更严峻的考验 70
　　《红旗》第45期，1967年6月10日

做教学革命的探索者 73
  《红旗》第 46 期 1967 年 6 月 13 日

复课必须以批判资产阶级为主 74
  《红旗》第 52 期,1967 年 7 月 8 日

发扬优良传统　争取更大光荣 76
  《红旗》第 53 期,1967 年 7 月 15 日

把立足点挪过来 78
  《红旗》第 55 期,1967 年 7 月 29 日

今日红缨在手　北航红旗红缨 80
  二七战报 东方红报《红旗》联合战报,1967 年 8 月 2 日

斗臭彭德怀 81
  《红旗》第 58、59 期合刊,1967 年 8 月 5 日

认清形势,认准方向,大立新功!　本报编辑部 83
  《红旗》第 61 期,1967 年 8 月 15 日

大批判中立新功 86
  《红旗》第 62 期,1967 年 8 月 19 日

刘天章烈士永垂不朽 89
  《红旗》第 63 期,1967 年 8 月 22 日

从挑起所谓"北京两大派斗争"到炮制
"揪军内一小撮"的反动口号　本报评论员 90
  《红旗》第 67,第 68 合刊,1967 年 9 月 9 日

都到地面上来!　红旗论坛　红山石 95
  《红旗》第 70 期,1969 年 9 月 19 日

在毛泽东思想的光辉旗帜下并肩前进 96
  北航《红旗》地质《东方红报》联合刊,1967 年 9 月 23 日

毛泽东思想哺育的英雄 98
  《红旗》第 71 期,1967 年 9 月 24 日

斗小私，防大修.. 100
　　《红旗》第 73 期，1967 年 10 月 7 日

讨伐"逍遥派"... 102
　　《红旗》第 73 期，1967 年 10 月 7 日

学习毛主席最新指示，把复课闹革命推向新阶段................. 104
　　《红旗》第 74 期，1967 年 10 月 14 日

必须复业务课.. 106
　　《红旗》第 74 期，1967 年 10 月 24 日

人类历史上划时代的伟大革命.................................... 108
　　《红旗》第 75 期，1967 年 10 月 31 日

牢牢掌握斗争大方向　把无产阶级教育革命进行到底............ 110
　　《红旗》第 76 期，1967 年 11 月 7 日

砸三旧的战旗在风暴中继续前进　红旗第五办公室评论员.. 113
　　《红旗》第 78 期，1967 年 11 月 21 日

大树特树毛主席建党路线的绝对权威　彻底批判航院
走资派所忠实推行的修正主义的建党路线.................... 115
　　《红旗》第 81 期，1967 年 12 月 12 日

激扬文字创新篇　纪念《红旗》报刊一周年　本报评论员.... 118
　　《红旗》第 82 期，1967 年 12 月 19 日

刹住回家过节风　竹剑.. 121
　　《红旗》第 84 期，1968 年 1 月 16 日

毛主席的光辉照红了北航红旗　本报评论员..................... 122
　　《红旗》第 85、86 期合刊，1968 年 1 月 23 日

以整党为中心，增强敌情观念，铲除派性　本报评论员...... 126
　　《红旗》第 87 期，1968 年 2 月 6 日

为"全面复课闹革命"呐喊　本报评论员......................... 129
　　《红旗》第 88 期，1968 年 2 月 13 日

树立无产阶级队伍，横扫一切牛鬼蛇神..................130
　　《红旗》第89期，1968年2月20日

坚定不移地复课闹革命..................133
　　《红旗》第90期，1968年2月27日

二论团结两个百分之九十五
　　——纪念毛主席伟大的"三七"指示发表一周年..........135
　　《红旗》第91期，1968年3月5日

彻底揭开阶级斗争的盖子..................137
　　《红旗》第92期，1968年3月12日

砸烂关王庙　揪出变色龙　本报评论员..................140
　　《红旗》第93期，1968年3月19日

反右倾！反复辟！反翻案！反分裂！
　　清华《井冈山》报编辑部　北航《红旗》报编辑部......144
　　《井冈山》第124期，《红旗》第94期，1968年3月21日

反右倾鼓干劲　矛头对准走资派..................148
　　《红旗》第95.96期合刊，1968年3月26日

打倒杨余傅　揪出黑后台..................151
　　《红旗》第97期，1968年3月30日

打倒黑武光！揪出黑武光在航院的死党和爪牙
　　本报编辑部..................153
　　《红旗》第98期，1968年4月10日

坚决打倒周天行..................157
　　《红旗》第100期，1968年4月24日

敌人一天天烂下去，我们一天天好起来　本报评论员........159
　　《红旗》第101期，1968年5月1日

为实现毛主席的伟大号召而奋斗
　　——热烈欢呼毛主席伟大的"五·七"指示
　　　发表两周年　本报编辑部..................163
　　《红旗》第102期，1968年5月7日

把反右倾的战鼓擂的更响 166
　　《红旗》第 102 期，1968 年 5 月 7 日

欧洲北美的革命大有希望 169
　　《红旗》第 106 期，1968 年 5 月 29 日

坚决炮打聂荣臻，粉碎"多中心论"巩固
　　和发展大革命的辉煌战果 172
　　《红旗》第 116 期，1968 年 8 月 7 日

在无产阶级司令部的号令下统一意志　统一步伐
　　统一行动　本报评论员 175
　　《红旗》第 117 期，1968 年 8 月 14 日

粉碎"多中心论"，踏平聂氏山寨　钢铁纵队评论员 179
　　《红旗》第 117 期，1968 年 8 月 14 日

第二辑　　讲话与函电 185

聂荣臻给北京航空学院革命师生的一封信 187
　　1966 年 8 月 19 日

林杰接见北京航空学院和北京地质学院部分同志的讲话 188
　　1966 年 10 月 3 日

戚本禹、关锋对北航工人赤卫队和地院红卫兵的讲话 191
　　1966 年 10 月 12 日

全军文革小组副组长、总政治部宣传部部长李曼村的讲话 .. 195
　　1966 年 10 月 26 日

陈伯达、江青对北京航空学院同学的讲话 198
　　1966 年 11 月 19 日

中央文革陈伯达、康生、江青与一司三司北航矿院等代表
　　座谈时的讲话 208
　　1966 年 12 月 14 日

陈伯达、江青接见北京航空学院红旗战士的讲话
　　王力、关锋、戚本禹同志参加................................212
　　1966年12月13日

致毛泽东主义赤卫队中全体党员的一封信............................217
　　《红旗》第2期，1966年12月26日

中央文革陈伯达、江青同志召集部分大专院校革命师生
　　座谈会纪要..220
　　1966年12月28日

中央文革小组陈伯达、康生、江青与北京航空学院红旗
　　座谈要点..222
　　1967年1月2日

陈伯达、聂荣臻接见北京航空学院红旗战士的讲话
　　北航《红旗》红一连整理..223
　　1967年1月5日

戚本禹与北京航空学院等校同志的谈话
　　北京航空学院红旗宣传组..225
　　1967年1月17日

周恩来、江青关于萧华问题的指示
　　中央文革办公室江才熙传达记录..................................227
　　1967年1月23日

首都大专院校红卫兵第一次代表大会在京隆重举行
　　周恩来、陈伯达、康生、江青等中央首长出席了大会
　　并做重要讲话..227
　　《红旗》第13、14期，1967年2月28日

　　周总理的讲话..230
　　　清华井冈山，北航红旗联合版，1967年3月3日

　　陈伯达同志讲话..231
　　　清华井冈山，北航红旗，1967年3月3日

谢富治对北京市红代会核心组的讲话..................................233
　　1967年3月20日

打倒刘少奇，批臭黑《修养》 比利时邱亨利同志
　　在4月19日矿院东方红 批判修养大会上的发言
　　矿院东方红，清华井冈山，北航红旗联合刊 235
　　1967年5月1日

毛主席，世界人民跟您干革命 美国朋友李敦白同志
　　五月二日在北航的讲话 240
　　《红旗》第36期，1967年5月6日

北京航空学院革命委员会通告 249
　　《红旗》第39期，1967年5月21日

北京航空学院革命委员会宣告成立
　　毛主席革命路线的伟大胜利 毛泽东思想的伟大胜利
　　聂荣臻、谢富治、肖华、杨成武、吴法宪、余立金等
　　同志到会祝贺并作重要讲话 250
　　《红旗》第39期，1967年5月21日

在北航革命委员会成立与庆祝大会上
　　吴法宪司令员宣读空军党委贺信 254
　　聂荣臻副主席讲话 256
　　肖华主任的讲话 260
　　谢富治副总理的讲话 262
　　韩爱晶同志的讲话 264
　　比共中央政治局委员，中央代表团团长
　　斯特芬纳·斯图伦斯同志讲话 274
　　澳大利亚共产党（马列主义）中央书记处书记
　　弗兰克·约翰逊同志讲话 275
　　阿尔巴尼亚万·莫依修同志讲话 277
　　日本反修战士井础润一朗讲话 279
　　美国朋友李敦白同志讲话 281
　　《红旗》第39期，1967年5月21日

谢富治接见北航韩爱晶、井岗山等人 283
    1967 年 6 月 12 日

江青 7 月 22 日凌晨在接见河南代表团时的讲话 285
    《红旗》第 54 期，1967 年 7 月 26 日

周总理 7 月 30 日在接见河南代表团时的讲话 286
    二七战报、东方红报、《红旗》联合战报，
    1967 年 8 月 2 日

七月三十日在接见河南代表团会议上的康生同志的讲话 288
    二七战报　东方红报《红旗》联合战报，
    1967 年 8 月 2 日

陈伯达、李富春在"彻底批判陈毅大会"上的讲话 297
    1967 年 8 月 27 日

李富春与韩爱晶、谭剑峰、李冬民的谈话 297
    1967 年 8 月 27 日

周恩来、陈伯达、江青接见大专院校代表的讲话 298
    1967 年 9 月 16 日

致首都大专院校各革命兄弟组织的一封信
    北京地质学院东方红公社，北京航空学院红旗战斗队 .. 312
    北航《红旗》，地质学院《东方红报》（79 期），
    1967 年 9 月 24 日

周恩来关于武光问题给新疆红二司的指示 315
    1967 年 11 月 29 日晚十点五十分

谢富治和戚本禹谈红卫兵和共青团的整顿问题 316
    1967 年 12 月 16 日

二月二日在接见工交、财贸、农林三口代表时
    周总理重要讲话（摘要）............ 319
    《红旗》第 88 期，1968 年 2 月 13 日

国防科委副主任刘华清同志对我院革委会工作的讲话 323
    《红旗》第 91 期，1968 年 3 月 5 日

中央首长3月15日重要讲话 325
　　《井冈山》第124期，《红旗》第94期，
　　1968年3月21日

中央首长3月18日重要讲话 333
　　《红旗》第95.96期合刊，1968年3月26日

周总理、陈伯达、康生、江青等中央首长
　　3月27日的重要讲话 344
　　《红旗》第97期，1968年3月30日

陈伯达同志重要讲话 367
　　《红旗》第102期，1968年5月7日

谢富治同志的一封信 367
　　《红旗》第102期，1968年5月7日

一定把《红旗》报办成宣传毛泽东思想的阵地 368
　　《红旗》第102期，1968年5月7日

坚决支持法国革命人民的正义斗争 给法国革命工人、
　　革命学生、革命人民的支持电 369
　　《红旗》第104期，1968年5月21日

北航革委会给参加《红航一号》战斗的
　　全体革命同志的贺信 371
　　《红旗》第111期，1968年7月3日

伟大领袖毛主席及林副主席和其他中央首长
　　7月28日的部分讲话 373
　　《红旗》第115期，1968年7月31日

周恩来关于清查"五一六"的几次谈话（摘录） 375
　　1970年11月4日、9日、18日、20日

毛主席对清查"五一六"的指示 378

林副主席对清查"五一六"的指示 378
　　1971年2月28日

第一辑

社论与评论

欢呼《红旗》第十五期社论的发表
——把两条路线的斗争进行到底

《红旗》第1期，1966年12月19日

【社论】在无产阶级文化大革命的大好形势下，在两条社论路线的激烈斗争中，《红旗》第十五期社论"夺取新的胜利"及时地发表了。这篇具有强大精神力量的社论高举了毛泽东思想伟大红旗，深刻地分析了当前阶级斗争新形势的新特点，解决了广大革命群众正在认真思考和研究的各种重大问题，狠狠地打击了资产阶级反动路线的猖狂反扑，立刻受到了广大革命群众的热烈拥护，立即为广大群众所掌握，立即掀起了一个波澜壮阔的无产阶级革命新高潮！掀起了一个彻底批判资产阶级反动路线的新高潮！

两个月来党内一小撮走资本主义道路的当权派，极少数顽固坚持资产阶级反动路线的人，并不甘心于自己的失败。他们继续地蒙蔽着一部分群众，躲在暗角里，观察形势，窥测方向，选择目标。现在他们认为时机已到，便采取"以攻为守"的策略，运用合法和非法斗争的两手对以毛主席为代表的无产阶级革命路线发动了猖狂的反扑。正如《红旗》社论指出那样，他们完全颠倒黑白，混淆是非或者以"反对资产阶级反动路线"为借口，炮打无产阶级司令部，攻击革命左派，或者以"反对炮打无产阶级司令部"为借口来反对和压制革命群众，继续挑起群众斗群众的严重事件。而在这场反扑中，以北京林学院李洪山等人及其它某些院校一小撮人为代表的"踢开中央文革小组"的猖狂叫嚣就是十分突出的一股反革命逆流。他们过去顽固地维护资产阶级反动路线的统治，现在又制造种种借口，妄图把执行资产阶级反动路线的罪名，反加在一贯高举毛泽东思想伟大红旗，一贯最准确、最坚决地贯彻以毛主席为代表的无产阶级革命路线，受到毛主席和林副主席高度评价和信任，受到广大革命群众热烈拥护的中央文革的头上；妄图推翻中央文革的领导，恢复他们已经失去的在资产阶级反动路线的统治下，任意压制群众，作威作福的天堂。这是地地道道的反革命勾当！

尽管有些人比李洪山之流更讲究"策略"。以向中央文革小组"提意见""提问题"之名含沙射影，进行恶毒攻击，自以为得计，但他们根本也骗不了人。广大群众只要考查一下他们对李洪山等人的疯狂叫嚣所取的态度，考查一下他们过去一贯的立场，就会看清他们究竟站在什么立场上，究竟和什么人穿一条裤子，究竟卖什么货色。这种人如果不悬崖勒马，也绝不会有好下场！不管用什么手法，耍什么花招，只要他反对毛主席，反对林副主席，反对中央文革小组，就是反革命，就必须彻底揭露它，打倒它！毛主席教导我们，"在人类历史上，凡属于将要灭亡的反动势力，总是要向革命势力进行最后挣扎的，而有些革命的人们也往往在一个期间内被这种外强中干的现象所迷惑，看不出敌人快要消灭，自己快要胜利的实质。"当前之形势也正是这样。现在一小撮党内走资本主义道路的当权派和一小撮顽固坚持错误路线的人，在日暮途穷，走投无路的情况下，不得不冒天下之大不韪，赤裸裸地跳将出来，公然使用了炮打无产阶级司令部这种最最愚蠢拙劣的方法，"图穷而匕首见"，这样就使他们自己迅速陷入广大群众层层包围之中。他们用自己的反革命行为充当了广大群众极好的反面教员，在广大革命群众的有力反击之下，资产阶级反动路线的猖狂反扑一定会迅速地彻底破产！

对当前两条路线的大搏斗究竟采取什么态度，是对每个人的严峻的考验，是大是大非的原则问题。有些曾经不自觉地维护过资产阶级反动路线的人，现在还不丢开脑袋里的"私"字，不彻底地站到毛主席的正确路线上来，他们看到向中央文革小组"提意见""提问题"的大字报总是颇感兴趣，暗暗叫好，甚至敬佩那些顽固派的"大无畏"的精神，为顽固派们辩解。这种人立场和感情根本不对头，实际上是站到了和无产阶级司令部相对立的地位。还有一些糊涂人，根本分不清什么是无产阶级司令部，什么是修正主义司令部，摆出一副超然的面孔，说什么："提意见总是可以的嘛！"这就助长了资产阶级反动路线反扑的气焰,实际上也站到另一边去了。

无产阶级革命派,应当像红旗杂志社论中所指出的那样:以毛主席的正确路线为指南,以阶级斗争为纲,用阶级分析的方法,去研究各种现象,分析当前文化大革命中各阶级的动向,研究他们用什么手段进行活动。区别敌、我、友,分清两类不同性质的矛盾,把矛头对准一小撮走资本主义道路的当权派,对群众中继续坚持反动路线错误的人,进行摆事实讲道理,有理、有利,有节的斗争。要善于团结广大群众,包括那些受蒙蔽的人,欢迎犯过路线错误的人改正错误,帮助他们走上正确的道路。

《红旗》杂志十五期社论,代表毛主席和党中央对无产阶级革命的左派提出了更高的要求。无产阶级革命的左派组织,是在反抗资产阶级反动路线迫害中成长和壮大起来的。在过去两条路线的斗争中,起了冲锋陷阵的作用,在今后的斗争也将担负着光荣的责任。然而,有人在取得初步胜利,个人得到解放的情况下,就停顿下来,就骄傲起来,就会丧失继续前进的动力,就不注意活学活用毛主席著作,努力改造自己的世界观,提高自己的领导水平,那他就够不上无产阶级革命左派的资格,就会辜负党的信任和广大群众的期望,也就不能把两条路线的斗争进行到底。我们现在只是万里长征走完了第一步,更加艰巨繁重的任务还在后头。革命的少数派向何处去?这个问题并不是每个革命的左派组织都彻底解决了的。只有真正的共产主义战士,只有真正的非常无产阶级化,非常战斗化的革命组织,才能够团结广大群众,将革命进行到底。每一个立志做无产阶级革命事业接班人的革命青年,一定不能忘记伟大领袖毛主席对我们的殷切期望,一定不能忘记林彪同志最近提出的"把活学活用毛主席著作的群众运动推向新的阶段"和"把老三篇作为座右铭来学"的伟大号召,一定不能忘记自己时时刻刻在灵魂深处闹革命,大破"私"字,大立"公"字,一定不能忘记革命左派组织的思想建设和组织工作,不能忘记建设一个坚强的领导核心。更高地举起毛泽东思想伟大红旗,突出无产阶级政治,坚决贯彻以毛主席为代表的无产阶级革命路线,彻底批判资产阶级反动路线,和广大的革命群众在马列主义、毛泽东思想的基础上团结起来,为争取新的胜利,为完成一斗、二批、三改的伟大历史使命而奋斗!

将无产阶级文化大革命进行到底——元旦献辞

本报编辑部

《红旗》第 3 期,1967 年 1 月 1 日

在无产阶级文化大革命的高潮中,在夺取新胜利的战斗中,我们革命的红卫兵以无限欢欣鼓舞的心情来迎接更加光辉灿烂的一九六七年。

这个新年,确实是名副其实的新年,从来没有过的新年,它是精神战线和物质战线都取得伟大胜利的新年,是毛主席的正确路线战胜资产阶级反动路线的新年,是全国人民特别是革命的主力军工农群众奋起投入无产阶级文化大革命的新年,一句话,是毛泽东思想取得伟大胜利的新年。新年之际,我们北京航空学院的红旗战士和全国的红卫兵战友和全国革命人民一起,最衷心地祝愿我们的伟大导师、伟大领袖、伟大统帅、伟大舵手毛主席万寿无疆!

我们最最敬爱的领袖毛主席是我们心中永远不落的最红最红的红太阳。毛主席亲自点燃的无产阶级文化大革命的烈火迅速地燃遍了整个中国,"革命无罪,造反有理"的声音响彻云霄,传遍世界。势不可挡的文化大革命的洪流正以排山倒海之势荡涤着旧世界的污泥浊水。

在这场无产阶级文化大革命中,我们活学活用毛主席著作,首当其冲打起造反的大旗,大造反革命修正主义分子的反,大造修正主义领导的反,大造资产阶级反动路线的反,大造旧思想、旧文化、旧风俗、旧习惯的反,大造旧世界一切牛鬼蛇神的反。

为什么要造反?我们回答:就是为了保卫无产阶级革命江山的万代红。苏联资本主义复辟的严重教训不能不提醒我们警惕,我们知

道，由资本主义过渡到社会主义的整个历史时期都存在着无产阶级和资产阶级、社会主义和资本主义两个阶级两条道路的尖锐的斗争。像毛主席警告我们的那样，如果我们不注意客观存在着的阶级斗争，而"让地、富、反、坏、牛鬼蛇神一齐跑了出来，而我们的干部则不闻不问，有许多人甚至敌我不分，互相勾结，被敌人腐蚀侵袭，分化瓦解，拉出去，打进来，许多任务人、农民和知识分子也被敌人软硬兼施，照此办理，那就不要很多时间，少则几年、十几年，多则几十年，就不可避免地要出现全国性的反革命复辟，马列主义的党就一定会变成修正主义的党，变成法西斯党，整个中国就要改变颜色了。"

我们决不能让中国变颜色，这是历史赋予我们毛泽东时代革命青年的责任。我们不能让资本主义复辟，我们决不能让中国出现修正主义，我们要在中国彻底挖掉修正主义的根子，我们要为世界革命做出更大的贡献，要为世界上一切被压迫民族和被压迫人民解放负责。我们要造就出一个红彤彤的新世界来。

毛主席是世界人民的舵手，中国是世界革命的中心，我们革命的红卫兵，就是要做共产主义的一代新人。

半年来，在文化大革命的斗争实践中，我们深深体会到干革命是一件不容易的事情，困难重重，阻力层层，资产阶级反动路线是那样嚣张，那样猖狂。他们把我们打成"右派"，打成"牛鬼蛇神"，打成"反革命"，妄图专我们的政，堵住我们的嘴，捆住我们的手脚，剥夺我们与他们斗争的权力。他们刮阴风，造谣言，施展阴谋诡计，散布流言蜚语，挑动学生斗学生，工人斗学生，群众斗群众，极力混淆革命和反革命的界限，残酷地打击和压制革命派，极力想扑灭无产阶级文化大革命的熊熊烈火，把历史的车轮倒转。我们说：他们罪恶目的永远也达不到！这只能吓倒那些胆小鬼和可怜虫，我们有伟大的毛泽东思想，我们有战无不胜的斗争武器，我们活学活用老三篇，在张思德和白求恩"完全""彻底"为人民服务的精神鼓舞下，个个变得无私无畏，勇于"舍得一身剐，敢把皇帝拉下马"。在斗争最艰苦最困难的时候，在严重的阶级斗争面前，我们一遍又一遍地高声朗读毛主席语录："下定决心，不怕牺牲，排除万难，去争取胜利！""不论在任何艰难困苦的场合，只要还有一个人。这个人就要继续战斗下去！"我们相信毛主席，我们相信党，我们相信真理，我们知道真理属于我们，所以我们意志坚、斗志昂，我们没有眼泪，没有悲伤，只有壮志豪情满胸膛。我们就是在围攻的叫骂声中，在狂风暴雨似的阶级大搏斗中，战斗成长。

广大红旗战士顶住了逆流，经受了严重的考验，得到了锻炼，变得更加坚强，环境越困难，斗争越复杂，越尖锐，红旗战士就越加倍努力地读毛主席的书。

我们牢牢地记住了主席的教导："我们的同志在困难的时候要看到成绩，要看到光明，要提高我们的勇气。"我们深深地感到毛主席和党中央就在我们身边。毛主席的每一次接见，毛主席的最亲密战友林彪同志的每一次讲话，《人民日报》和《红旗》杂志的每一篇社论都是对我们的最大支持。

为了保卫毛主席，保卫党中央，保卫伟大的毛泽东思想，我们决心：冲破层层阻力，扫清重重障碍，捍卫毛主席亲自制定的十六条，彻底批判错误路线，将无产阶级文化大革命进行到底！

我们刀山敢上，火海敢闯，抛头颅，洒热血，在所不辞！为了实现我们的革命理想，假若需要我们献出年青的生命，我们也能像江姐那样，做到脸不变色，心不跳！

以毛主席为代表的无产阶级革命路线胜利了，当前无产阶级文化大革命更深入、更广阔地向前发展，形势好得很，并且越来越好。有些人说百万雄师过大江了，大局已定，可以轻松一下了。其实不然，已经宣告灭亡的反革命修正主义分子还会像列宁所说的那样，以十倍的疯狂，百倍增长的仇恨心，来企图恢复他们失去的天堂，资产阶级反动路线的流毒还要进一步肃清，革命的新问题还会很多，革命的新阻力还会很大。

我们一定和斗争最艰苦的时候一样，天天读毛主席的书，一刻也不离开毛主席的教导，谦虚，谨慎，戒骄，戒躁，用毛泽东思想去分析形势，观察问题，统帅一切，推动一切。把我们的一切工作和斗争都提到毛泽东思想的水平上来。

我们绝不能麻痹，绝不能轻松，不能松懈自己的斗志，我们要肯定成绩，认真总结半年以来文化革命的经验，整顿组织，加倍努力地去活学活用主席著作，用战无不胜的毛泽东思想来武装自己，掌握好斗争的武器，除了把老三篇当作座右铭来学，还要有的放矢地学习《关于纠正党内的错误思想》《反对自由主义》《中国人民解放军总部关于重行颁布三大纪律八项注意的训令》和《将革命进行到底》等几篇文章，使他化为我们斗争的力量和行动的指南。大破私字，大立公字，大树敢字，成为坚定的无产阶级革命派。

在欢度新年的时候，我们革命的红卫兵向我们的最高统帅毛主席表示，我们一定要、也一定能将无产阶级文化大革命进行到底，决不半途而废。

在斗争中我们要紧跟毛主席，在毛主席和中央文革小组的正确领导下，在十六条的指导下，掌握斗争的大方向，掌握政策，掌握原则，不断地巩固和壮大革命左派队伍，广大革命群众在毛泽东思想的原则基础上求同存异，团结一切愿意革命的人，欢迎犯过错误的同志回到毛主席的革命路线上来，组织起浩浩荡荡的无产阶级文化革命大军，最大限度地孤立党内一小撮走资本主义道路的当权派，彻底批判资产阶级反动路线，消除流毒，根除它的恶劣影响。在工农群众起来投入文化大革命的今天，我们将逐步深入工厂和农村，和全国的工人、农民一道，更高地举起毛泽东思想伟大红旗，把无产阶级文化大革命进行到底，为彻底完成毛主席交给我们的一斗、二批、三改的伟大历史任务，为夺取1967年无产阶级文化大革命的更大胜利而奋斗！

一切领导权归左派

《红旗》第7期，1967年1月19日

【社论】"四海翻腾云水怒，五洲震荡风雷激。"我国轰轰烈烈的无产阶级文化大革命正以排山倒海之势，雷霆万钧之力蓬勃发展。

毛主席亲自决定广播的又一张马列主义的大字报，上海市革命造反派的《告上海全市人民书》和《紧急通告》，像又一声春雷，震动了全中国，震动了全世界。全国工人、农民、革命学生、革命知识分子、革命干部，纷纷响应党中央和毛主席的伟大号召，迎头痛击资产阶级反动路线的新反扑，展开了全国全面的阶级斗争，向资产阶级反动路线的一切顽固堡垒发动了总攻势，资产阶级反动路线已处于全线崩溃。在这场反击资产阶级反动路线新反扑的战斗中，上海革命造反派充当了冲锋陷阵的闯将。他们的革命行动好得很！

上海革命造反派的斗争经验，集中到一点，就是一切革命左派联合起来，和党内走资本主义道路的当权派进行你死我活的夺权斗争。这是上海市革命造反派活学活用毛主席著作的伟大成果。在这方面他们为全国革命造反派树立了光辉的榜样。

马克思列宁主义、毛泽东思想教导我们：一切革命的根本问题是政权问题，上层建筑的各个领域，意识形态、宗教、艺术、法律、政权，最中心的是政权。人类社会发展的历史证明，在阶级社会中，有了政权，就有了一切，没有政权，就丧失一切。忘记了政权，就是忘记了政治，忘记了马克思主义的根本观点，变成经济主义、无政府主义、空想主义，那就是糊涂虫，就有堕落成修正主义者的危险。当前这场伟大的无产阶级文化大革命，就是我们无产阶级从党内走资本主义道路当权派手中夺权的斗争，这是现阶段我国阶级斗争的焦点，是两条路线、两条道路斗争的集中表现。只有彻底从党内走资本主义道路当权派手中把权夺过来，才能把他们斗倒、斗垮、斗臭，完成一斗二批三改的伟大任务。

"宜将剩勇追穷寇，不可沽名学霸王。"要不要从党内走资本主义道路当权派手中把权夺过来的问题，实质上，是要不要听毛主席的话，把无产阶级文化大革命进行到底的问题，是要不要实行无产阶级专政的问题。这是识别马列主义者和形形色色的修正主义者的试金石。只有不但承认阶级斗争，而且要夺资产阶级的权，实行无产阶级专政的人，才是真正的马克思主义者，否则就是百分之百的修正主义者。

目前，在党中央，以毛主席为代表的无产阶级革命路线已取得了决定性的胜利，以刘、邓为代表的资产阶级反动路线已遭到可耻的失败。我们党政的最高领导机关，军队的最高领导机关，文化大革命的最高领导机关，夺权问题已基本解决，领导大权已掌握在以毛主席为首的无产阶级革命左派手里。但是，大量事实表明，某些地方，党、政、军、财权还没有或没有完全掌握在无产阶级革命左派的手里，有些中央局、省委、市委、地委、县委、公社、工厂党委直至党支部都已修了，全国各大专院校的各级党组织几乎都瘫痪了。这些党组织已变成党内走资本主义道路的当权派的"防空洞"，是水泼不进、针扎不入的独立王国。党内走资本主义道路的当权派在那里上欺骗中央，下搞白色恐怖，镇压革命群众，打击革命左派，实行资产阶级专政。他们不但在政治上堕落，生活上也腐化，过着荒淫无耻、花天酒地的生活，成为资产阶级特权阶层。之所以能够如此，就是因为他们掌了权。

这些家伙们利用手中掌握的党权、政权、军权、财权来欺骗、蒙蔽、压制一批干部和党团员，用"党纪""国法"吓唬、束缚群众，不准群众起来革命，同时又用反革命修正主义的经济主义等手段，拉拢落后群众，慷国家之慨，收买人心，破坏革命，破坏生产，妄图使文化大革命夭折。

这些家伙还有一张王牌："我还是党员，还是你们的书记。运动结束后，你们还是要听我的。"这就是说，他们虽然领导文化大革命的权已经没有了，但还有党权，运动过后还可以反攻倒算，镇压革命左派。这就是那些"秋后算账"派先生们的美梦！有些保皇党徒，基于这一点，腰杆很"硬"，顽固坚持资产阶级反动路线，死不悔改。

同志们，我们能让白色恐怖重新笼罩我们的学校、我们的工厂、我们的农村、我们的机关吗？能让他们再专我们的政吗？不！不能！决不能！"问苍茫大地，谁主沉浮？"我们！我们！！我们！！！我们一定要牢记毛主席的教导，"你们要关心国家大事，要把无产阶级文化大革命进行到底！"

把党权、政权、军权、财权等一切领导权夺过来，夺到我们无产阶级革命左派手中！把无产阶级专政的命运，把无产阶级文化大革命的命运，把社会主义经济的命运，紧紧掌握在自己的手里。

"要扫除一切害人虫，全无敌。"我们的夺权斗争是一定会成功的。胜利一定属于我们。因为我们党、政、军、财的最高领导机关，牢牢地掌握在以毛主席为首的无产阶级革命左派手中。这是我们从党内走资本主义道路的当权派手中夺回一切领导权的最有力、最根本的保证。目前以毛主席为代表的无产阶级革命路线已深入人心，日益为广大革命群众所掌握，全国形势，一片大好。以刘、邓为代表的资产阶级反动路线已经破产，党内一小撮走资本主义道路的当权派和极少数顽固地坚持资产阶级反动路线的人，越来越孤立，已奄奄一息，趋于死亡。全国革命造反派正在大联合，组织成一支浩浩荡荡的文化革命大军，为夺取文化大革命的最后胜利而英勇战斗着。

"数风流人物，还看今朝。""天下者，我们的天下，国家者，我们的国家，社会者，我们的社会。我们不说，谁说？我们不干，谁干？"一切革命左派联合起来，争取中间力量，团结大多数，把一切领导权从党内走资本主义道路的当权派手中夺过来！

顺之者存，逆之者亡。这场夺权斗争是历史必由之路，是无产阶级文化大革命的必然趋势。任何妄图阻挡革命左派夺权的小丑，都将遭到惨败，被历史的车轮压得粉身碎骨！

让那些反对毛主席，反对林副主席，反对中央文革的混蛋们从党内滚出去！让那些钻进党内的走资本主义道路的当权派和顽固坚持资产阶级反动路线的家伙们从党内滚出去！让一切不够党员条件的人从党内滚出去！同时把那些在运动中经过考验，坚决站在无产阶级革命路线一边的革命左派吸收到党内来，让那些敢想、敢说、敢干、敢革命、敢造反的无产阶级文化大革命的闯将成为我们党的新鲜血液，使我们党的队伍永葆革命的青春。

革命造反派们，让我们在毛泽东思想的伟大红旗下联合起来，牢牢掌握党、政、军、财的大权，把无产阶级文化大革命真正进行到底！

革命无罪，造反有理！一切领导权归左派！

《北京人民公社》万岁

《红旗》第 10、11 期，1967 年 2 月 10 日

【社论】当前，北京革命造反派联合起来，夺了党内走资本主义道路当权派的权，正在酝酿和准备成立《北京人民公社》。一切革命者无不拍手称快：好得很！

《北京人民公社》将以一种崭新的国家机构形式出现在北京，这是社会主义革命新阶段的阶级斗争和生产力发展的需要。是历史发展的必然产物。

历史告诉我们：自苏联十月社会主义革命胜利后不到半个世纪，社会主义阵营内出现了修正主义的大泛滥；在列宁的故乡出现了资本主义复辟。我国建国后，在党和国家的领导人中也一再地出现一小撮反革命修正主义分子和反革命分子，这就充分地证明了在无产阶级夺取政权后，仍然存在着资本主义复辟的可能性和现实性。

如何巩固无产阶级专政？如何防止资本主义复辟？这是关系人类命运的关键问题，以前的所有无产阶级革命家都不可能解决这个问题，而在今天的我国文化大革命中，我们伟大的领袖毛主席，以他无比卓越的思想和光辉的革命实践相结合，才能完成这项历史使命，把马列主义理论提高到一个更新的阶段。

对于《北京人民公社》，毛主席早就天才地预见到这一光辉灿烂的新事物必然要出现于世界。毛主席所热情支持的聂元梓等七人第一张马列主义大字报正是《北京人民公社》的宣言书。

《北京人民公社》是以工人阶级为领导，以工农联盟为基础，由工人、农民、革命干部、革命知识分子和其他一切革命群众联合组成的政权形式。广大的革命群众可以直接地参加国家管理。

《北京人民公社》将强化无产阶级专政，革命人民有组织地接受毛泽东思想的教育，不断地提高共产主义觉悟，在意识形态中彻底摧毁资本主义的市场和社会基础。用毛泽东思想武装起来的革命群众联合起来，就能粉碎国内外一切阶级敌人的阴谋活动。

《北京人民公社》这种新的政权形式有力地加强了无产阶级专政,它与现代修正主义者否认阶级,否认无产阶级专政而提出所谓的"全民国家""全民的党"本质完全不一样。

　　《北京人民公社》将坚决执行无产阶级专政条件下的大民主。以四大为武器,揭露和批判一切牛鬼蛇神,将政权牢牢地掌握在无产阶级革命左派的手里,让江山永不变色。

　　这种大民主与资产阶级所谓的"无政府主义""议会制"本质不一样,这种大民主是以毛泽东思想为指导的大民主,是无产阶级专政下的大民主,广泛地概括和反映人民群众的智慧和首创精神。

　　在《北京人民公社》中要发扬全心全意为人民服务的革命精神。公社的领导者是由群众按巴黎公社式的全面选举制产生的,他们最听毛主席的话,最善于走群众路线,能正确对待自己工作中的缺点和错误,是人民最优秀的勤务员,自己在政治和经济上不享受任何特权,他们的工作和行动都受到群众的监督。他们必须向人民负责,否则群众可以随时撤他的职,罢他的官。

　　《北京人民公社》闪烁着共产主义的曙光,她将进一步巩固工农联盟,加速消灭三大差别,推动社会生产力的发展,为共产主义社会创造精神和物质条件。

　　毛主席说:"人民,只有人民,才是创造世界历史的动力。"

　　《北京人民公社》一旦出现,必定光芒四射,显示出无限的生命力,她像巴黎公社和十月社会主义革命一样,将在廿世纪六十年代,为世界无产阶级革命开辟新纪元。让我们沿着毛主席的航道,迎着共产主义曙光前进吧!

善于做阶级分析,掌握斗争大方向

《红旗》第 12 期,1967 年 2 月 18 日

　　【社论】当前无产阶级文化大革命进入了大联合、大夺权的关键

时刻,展开了全国全面的阶级斗争。各种阶级势力,各种思想都在登台表演,都在充分暴露。党内一小撮走资本主义道路的当权派和坚持资产阶级反动路线的顽固分子,正在同社会上的牛鬼蛇神勾结起来,以其反革命的"联合"对抗革命的联合。一些坏家伙也乘夺权之机,打着"造反"的旗号,挂起羊头贩卖狗肉。他们挑拨离间、制造事端,妄图搞垮革命的联合,破坏革命的夺权。

究竟谁是革命造反派?谁是保守派?谁是反革命派?究竟斗争的矛头指向谁?究竟和谁联合向谁夺权?

要想很好地解决这些问题,就必须认真地执行毛主席的阶级路线,善于做阶级分析,时刻掌握斗争大方向。

毛主席的阶级路线万岁

毛主席教导我们:阶级分析的方法是"马克思主义的基本观点","在阶级社会中,每一个人都在一定的阶级地位中生活,各种思想无不打上阶级的烙印。"我们要坚决运用阶级分析的方法,反对形形色色的反毛泽东思想的观点和方法。

什么是我们党的阶级路线呢?这就是毛主席指出的,革命"必须采取发展进步势力,争取中间势力,反对顽固势力的策略,这是不可分离的三个环节"。这就说,我们必须坚决依靠、支持无产阶级革命左派,争取、团结中间力量,孤立、打击一小撮顽固的资产阶级右派分子。团结一切可以团结的力量,通过斗争,逐步达到团结95%以上的群众和干部。

具体到目前的文化大革命来说,就是坚决依靠、支持无产阶级革命造反派,争取、团结受蒙蔽的保守派及其他中间群众,孤立、打击一小撮混进党内走资本主义道路的当权派、极少数顽固坚持资产阶级反动路线的人和地、富、反、坏、右、地痞流氓、盗窃犯等形形色色的牛鬼蛇神。

这里我们必须明确,我们党对剥削阶级家庭子女的态度,仍然是毛主席提出的"重在表现"政策,而不是彭真的"重在表面"政策。我们不但反对"唯成份论",重视政治表现,而且也特别重视他们的阶级成份、阶级出身。

但是，目前，在批判谭力夫式的反动的阶级路线的同时，彭真式的反动的阶级路线又有所抬头。我们必须彻底粉碎形形色色的反动的阶级路线，不管它们是以极"左"面目出现，还是以极右嘴脸露头。

鼓吹彭真式的反动的阶级路线的家伙们，抛弃了阶级分析这一马列主义的基本观点，他们一听别人讲阶级成份就是"谭式"流毒，一听到别人讲阶级分析就骂成"谭式"路线。

他们认为，凡"少数派"，凡"造反派"，凡坐过监狱、受过压制的，凡夺权的，都是左派。这统统是谬论！我们的回答是，不一定。

我们要向其中一些"好心肠"的糊涂人大喝一声："小心屁股坐错了地方！否则不会有好下场！"

坚决执行毛主席的干部政策

毛主席说："政治路线确定之后，干部就是决定的因素。"在无产阶级革命派大联合，向一小撮走资本主义道路当权派全面夺权的关键时刻，更不能忽视革命领导干部在夺权斗争中的巨大作用。

经过八个多月轰轰烈烈的文化大革命，群众真正发动起来的单位，当权派在群众面前都亮了相，是人是鬼，群众眼里一清二楚。我们必须不折不扣地认真执行毛主席的干部政策，运用毛主席的阶级分析方法区别对待当权派。

目前在对待干部问题上有一种错误的倾向：有的人一提起当权派就恼火，就要打倒，好像当权派没有一个好的。不分清是无产阶级当权派还是资产阶级当权派，是拥护毛主席还是伙同刘少奇，是坚决执行毛主席的革命路线还是顽固坚持资产阶级反动路线。盲目采取打倒一切的危险做法是和马克思列宁主义、毛泽东思想格格不入的。相反，恰恰迎合了阶级敌人的需要。

对一小撮混进党内走资本主义道路的当权派和坚持资产阶级反动路线的死顽固，群众早已识破了它们阴险狰狞的面目，对于这些鬼东西，毫无疑义，彻底打倒；对它们绝不能有丝毫的怜悯和幻想。

无产阶级当权派，他们过去一直和党内走资本主义道路当权派进行斗争，受着那些坏蛋的歧视、打击、迫害。在无产阶级文化大革命中，勇敢地站在毛主席的革命路线一边，和资产阶级反动路线进行斗争，他们是党的宝贵财富。革命造反派要大胆地支持他们，和他们联合起来，共同战斗，一起夺权、掌权。

有不少领导干部，他们说过一些错话，做过一些错事，但还不是反党反社会主义反毛泽东思想的。对于这类干部，革命造反派应当遵循毛主席"惩前毖后，治病救人"的教导，帮助他们改正错误，给予他们自我革命的机会，允许他们检讨错误，揭发问题。应当允许他们自觉地进行劳动，改造自己，鼓励他们立功赎罪。目前的形势对犯了错误的干部是一个新的考验。他们应该相信无产阶级革命造反派，相信党，甩掉一切包袱，坚决地站在以毛主席为代表的无产阶级革命路线一边，虚心地向无产阶级革命造反派学习，向广大革命群众亮相。诚恳地接受群众的帮助。

对于一般干部，革命造反派应当相信他们绝大多数是要革命的。而这些干部更应当勇敢地站出来，大造走资本主义道路当权派的反，大造资产阶级反动路线的反，大造自己头脑中"私"字的反。使自己尽快地解放出来，为无产阶级文化大革命做出贡献。

坚决支持无产阶级革命造反派

在当前阶级斗争尖锐复杂的时刻，少数坏分子乘机混入革命队伍，从事破坏活动。革命造反派必须时时刻刻牢记阶级和阶级斗争，用阶级分析的方法，对自己队伍内部出现的各种各样的问题做深刻的分析。要坚决地清除那些阶级异己分子和各种坏分子。这些人在一定时期会做出各种假象，这就特别需要革命造反派提高警惕。

看一个组织，最主要地，是看它的基本群众，看他们的社会地位、阶级出身和运动中的表现。要看这个组织的主流和大方向，是执行无产阶级革命路线还是执行资产阶级反动路线，是保卫毛主席还是保卫走资本主义道路的当权派。革命造反组织，无疑会有这样或那样的错误，但要分清是主流还是枝节，是本质还是现象。看到一些表面现象、抓住一些枝节问题就加以否定是不对的。

在有些革命组织中，广大的群众是革命左派，是批判资产阶级反动路线的先锋，是本单位革命的主力，但领导权被坏分子所篡夺。这些坏分子蒙骗群众，干了反革命勾当。对他们必须实行专政。但是，不能把几个头头和整个组织等同起来，更不能把几个头头和广大群众等同起来。特别是在那些保皇势力顽固的地方，那些保皇分子特别高兴的就是造反派犯错误，越大越好，好借此把造反派一棍子打死，篡夺本单位的大权；在这种情况下，革命造反派的广大群众，应该勇敢地站出来，和那些混进革命队伍的坏分子坚决斗争，把大权夺到真正的革命左派手中，而绝不能被保皇党徒的疯狂叫嚣所吓倒，更不能轻易地把已经夺到手的大权拱手让给那些保皇党徒。

在工作组执行资产阶级反动路线的地方，许多人受到了反动路线的压制。现在有些人认为凡是受过压制的人都是左派，就是文化革命的骨干，就是依靠的力量。我们认为这样不做阶级分析地笼统地看问题是不正确的。

对于那些受了残酷政治迫害、在文化革命中表现很好的同志，是完全应该依靠的，他们是坚定的左派。

也有些人过去在生活上或其他一些问题上会有过一些错误，但是这次在运动中表现很好，他们在反革命的高压下不动摇，敢于和资产阶级反动路线搏斗。我们认为这些同志可以通过这次大革命改正自己过去的错误而成为革命左派。他们可以成为群众组织的领导。他们也必须认真地改造自己的非无产阶级思想，认真地触及灵魂，经受斗争的考验。对于这样的人不能只看到小节，更要看到大节。有些保皇组织，企图借左派队伍中的个别领导人的小节问题，搞垮整个左派队伍的阴谋是决不能得逞的！

但对于那些出身反动、一贯偷盗、流氓成性的坏分子我们要坚决把他们从革命造反组织中清洗出去，情节严重者要实行无产阶级专政。我们绝对不能把他们当作革命左派，尽管他们也会被党内走资本主义道路当权派由于某种原因打成"反革命""反党分子"。

另外，在"造反派"的行列中还有几种情况也要加强注意。

当前有一些党内走资本主义道路的当权派和坚持资产阶级反动路线的顽固分子勾结社会上的地、富、反、坏、右和形形色色的牛鬼蛇神组织"还乡团"。他们以极左的面目出现，到处招摇撞骗，炮打无产阶级司令部，进行阶级报复。革命造反派对他们必须无情地揭露和坚决地打击！

现在"四清"已结束和尚未结束的地区，一些四不清干部组织了所谓"造反派"。他们以批判工作组为名，行翻案之实。企图否定四清运动的伟大的成绩。广大的工人和贫下中农务必要提高警惕，不要上当。坚决和他们做斗争，保卫四清运动的伟大成果。

在某些单位，一些走资本主义道路当权派的红人，如什么"权威""名流"之类。现在也乘批判资产阶级反动路线之时，起来"造反"了。他们凭借着商人的脑瓜，市侩的手腕到处活动，骗取一些人的信任。极力把自己装扮成革命左派。广大革命群众必须识破他们的嘴脸。绝不能让他们逃脱广大群众的监督和批判。

毛主席早在1926年就指出，"谁是我们的敌人？谁是我们的朋友？这个问题是革命的首要问题。"在革命的各个阶段，毛主席对中国社会各阶级做了极深刻的分析，指出了各个时期革命的主力军，革命的同盟军和革命的敌人。为我们做出了光辉的榜样。我们必须向我们伟大的领袖毛主席学习。在复杂的阶级斗争中善于做阶级分析，掌握斗争的大方向，把伟大的无产阶级文化大革命进行到底！

发扬毛主席的大民主，夺取整风运动的彻底胜利

《红旗》第15期，1967年3月5日

【社论】目前，伟大的无产阶级文化大革命进入了一个崭新的、关键的阶段，无产阶级革命派向党内一小撮走资本主义道路的当权派夺权或已取得夺权的初步胜利。阶级斗争的最高形式——夺权，决定了斗争的复杂性和尖锐性。在这两个阶级、两条道路大决战的紧要

关头，阶级斗争必然要反映到我们队伍里来。有些已取得夺权初步胜利的无产阶级革命派，由于本身的地位发生了变化，许多非无产阶级的东西就得到了萌芽或生长的条件。因此，无产阶级革命派的整风就成为迫在眉睫的任务。

但是，采取什么方式才能使整风取得彻底胜利呢？我们认为唯一的方法就是毛主席的大民主，"敢"字当头，充分发动群众，运用大鸣大放大辩论大字报，以毛泽东思想为指南向自己头脑中的"私"字猛烈开火。

毛主席的革命路线和资产阶级反动路线是格格不入的。当刘邓路线猖獗一时、白色恐怖笼罩在我们头上时，由于我们紧紧握住了毛主席的大民主这个法宝，不断向我们队伍中的错误思想开火，向自己头脑中的"私"字开火，我们就团结得像一个人，大方向始终正确，战胜了资产阶级反动路线一次又一次的猖狂反扑，取得了一个又一个的伟大胜利。相反，党内一小撮走资本主义道路的当权派，以及奴隶思想十足的人们，由于不相信群众，压制群众，就接二连三地犯错误，以至遭到了可耻的失败。

革命的实践证明，按毛泽东思想办事则革命无往而不胜！

在夺党内一小撮走资本主义道路当权派的权时，无产阶级革命派，"敢"字当头，发扬了毛主席的大民主。同样，在夺自己头脑中"私"字的权时，无产阶级革命派也要如此。

只有发扬毛主席的大民主，在和"私"字的搏斗中打一场人民战争，真正做到知无不言，言无不尽，才能使我们的队伍，及我们每个人身上的缺点、错得到充分地暴露和批判。不使一点错误的倾向或苗头轻易滑过。

只有发扬毛主席的大民主，才能把歪风邪气，揭深揭透，射向"私"字的炮火才能猛烈，使"私"字无处藏身，让整风运动像波涛壮阔的大江，冲倒顽固的黑堡垒，让整风运动像熊熊烈火，烧掉一切脏东西。

只有发扬毛主席的大民主，才能在整风中使大家思想活跃，积极思维，使大家自己教育自己，自己解放自己，在轰轰烈烈的整风运动中活学活用毛主席著作,真正做到触及灵魂,破私立公。

只有发扬毛主席的大民主才能锻炼和培养夺权后的无产阶级当权派。

总之,大破才能大立,只有坚决执行毛主席的革命路线,相信群众,依靠群众,采取大民主让群众来自己教育自己、自己解放自己才能真正做到破私立公,从而加强我们队伍的革命性、科学性、组织纪律性。

有人可能会说:"你这大民主一来,无政府主义可不又要发展?"我们认为,毛主席的大民主和无政府主义是两回事。无政府主义只要民主不要集中,不承认无产阶级的革命权威,是资产阶级范畴的东西,是歪风,属大整之列。而我们提倡的大民主是无产阶级专政条件下以毛泽东思想为最高权威去检验我们的言行,克服其中的缺点、错误,而绝不是反对一切、排斥一切、打倒一切。相反,毛主席的大民主却可运用"四大"去揭发、批判、打垮无政府主义,使我们的队伍在毛泽东思想的旗帜下团结得更好。

毛主席说的好:"无论在军队或在地方,党内民主都应是为着巩固纪律和增强战斗力,而不是削弱这种纪律和战斗力。"林副主席也教导我们,"我们把民主当作手段:增强团结,巩固纪律,提高战斗力,才是我们的目的。"

有人可能会说:"现在我们正在夺权或刚刚夺权,右派趁此来翻我们的天怎么办"?其实,这也是不正确的。首先我们应该相信广大的群众和干部是站在毛主席一边的。诚然,夺权后我们应该对那些已暴露的敌人坚决镇压。不过,当阶级斗争越是尖锐复杂的时候就越要边战斗边整风,从而加强战斗力。若有一些死抱住刘邓反动路线不放的顽固家伙要表演,那就正好暴露他们,使其陷于革命群众的重重包围中。目前,我们进行整风的目的就是为了把我院以至全国的无产阶级文化大革命进行到底!

在发扬大民主进行整风的时候还应注意几种错误偏向。我们不能抓住一些小的方面、枝节问题,利用"四大"使某人或某战斗队"名扬四海",一棍子打死。而要抱"惩前毖后,治病救人"的态度。我们不能全面开花，搞人人过关，从而挫伤我们的革命造反精神，而要注重大的方面，政治方面的问题。开展批评时处处以毛泽东思想为指导，从团结的愿望出发，开展同志式的真诚、严肃、尖锐的批评，热情、治病救人的态度是我们采用大民主进行整风时所必须注意的。

无产阶级革命派中的负责人对待群众，无产阶级革命派对待其他同志都不应"另眼看待"，居功自傲，老虎屁股摸不得，我们应该容人家批评，听得进反对自己的意见，实行言者无罪，闻者足戒。

在运动中犯有严重或较严重错误的同志则应该放下包袱，开动机器，不要不敢提意见，只给人家唱颂歌，你们应该在正视自己的错误狠触自己灵魂的同时，大胆的、直率尖锐地向其他同志或战斗队的缺点错误进行批评帮助。

"民主这个东西，有时看来似乎是目的，实际上，只是一种手段"。毛主席的这一教导在无产阶级文化大革命进入新的阶段时具有更大的现实的意义。

革命的战友们！让我们积极地行动起来吧：用"四大"为武器，在毛泽东思想的指导下发扬大民主，向我们队伍中的非无产阶级思潮开火，向我们头脑里的"私"字开火，对形形色色的资产阶级思想来个大扫除，彻底挖掉修正主义的根子，让毛泽东思想去占领一切阵地，为斗、批、改扫清障碍，将无产阶级文化大革命进行到底！

热烈欢迎革命的干部亮相

《红旗》第 16、17 期，1967 年 3 月 8 日

【社论】《红旗》杂志第四期社论提出了怎样正确对待干部问题，这是当前向党内一小撮走资本主义道路的当权派夺权斗争中的一个十分重大的问题，它是关系到能不能取得向党内一小撮走资本主义道路的当权派夺权斗争完全胜利的关键。

《红旗》战斗队在与资产阶级反动路线的激烈搏斗中取得了初步的胜利。但是,在我院,正确对待干部问题还没有解决,无产阶级革命派大联合还没有实现,"三结合"的临时权力机构还没有成立。其中,关键的关键是怎样正确对待干部。

回顾过去,工作组及其代理人,为了保全自己,保驾"上司"过关,顽固地执行了刘邓产阶级反动路线。他们心怀鬼胎,成立了什么"中上层干部管理委员会",把广大干部一棍子打入"冷宫",严加管制,威胁利诱,百般阻挠他们揭发自己的和"上司"的问题;另一方面,他们又千方百计地把干部加以丑化,而革命派组织内存在的一种"当权派靠边站"的无政府主义的反动思潮,恰好迎合了他们的需要,再加上不少干部,过去犯有这样那样的错误。他们怕揪辫子,怕丢乌纱帽,"怕"字当头,"私"字作怪,不敢革命,不敢造反。结果造成广大干部长期脱离运动,脱离群众,远远落在形势后面,成为文化大革命滚滚洪流中的一潭死水。

根据毛主席的教导,结合我院具体情况,我们深信我院大多数干部是好的,是要革命的,是拥护党、拥护毛泽东思想、坚决走社会主义道路的。反党反社会主义反毛泽东思想的"三反"分子,只是极个别人。这是对我院干部情况的基本估计,是立足于相信大多数的基础之上的,是符合我院实际情况的。谁怀疑这一点,谁就必然会把我院广大干部一脚踢开,统统打倒,谁就必然会滑到"排斥一切、打倒一切"的反动思潮的泥坑里去。

要贯彻执行毛主席的干部政策,首先必须解放干部,把他们从"冷宫"里统统解放出来。这是当务之急,刻不容缓。一切束缚干部手脚的条条框框、清规戒律,都是抵制贯彻执行毛主席的干部政策的,都必须统统废除。一切革命同志要热烈欢迎广大干部到群众中来,积极鼓励他们起来革命,起来造反。还要给予他们充分的自由,允许他们进行串联,组织战斗队,鼓励他们运用大鸣、大放、大字报、大辩论这四大武器,积极参加文化大革命。

实行"三结合"的方针是毛主席的最新指示,是真假夺权的试金石。"三结合"是建筑在无产阶级革命派大联合基础上的,是建筑在战无不胜的毛泽东思想的基础上的。那种为搞"三结合"而"三结合",对干部不做调查研究,不做阶级分析,东拉一个,西拉一个,东拼西凑所组成的组织,绝不是毛主席所说的"三结合",而是资本主义复辟。这样的大杂烩必然是短命鬼,是注定要失败的。要实行"三结合"的方针,就必须对干部进行调查研究,作阶级分析,分清哪些干部是好的;比较好的;哪些有严重错误,但还不是"三反"分子;哪些是"三反"分子。这是一项极其复杂而又相互的工作。但是只要我们坚定不移地信任群众,依靠群众,放手发动群众,打一场"人民战争",就一定能够胜利地实现我院无产阶级革命派大联合,成立"三结合"的临时权力机构,把我院的党、政、财、文大权牢牢地掌握在无产阶级革命派手中,将无产阶级文化大革命进行到底。

目前,要贯彻执行毛主席的干部政策,正确对待干部,并不是一帆风顺的,还有相当大阻力。

有些人,他们口头上也讲要"贯彻执行毛主席的干部路线",要"正确对待干部"。但是,一提到具体的干部,就摇头,就摆手,说这个"烂"了,那个"修"了,说这个"没能耐",说那个"没干劲",挑来挑去,竟没有一个"像样的"干部,还是"老子天下第一"。还有些人说什么"干部在文化革命中没干好事"啦,"干部思想比谁都差劲"啦,"干部头脑里框框条条太多"啦,"还是靠边站着吧",……一句话,就是把干部说得一塌糊涂,一无是处。这实际上就是"排斥一切、打倒一切"的反动思潮的产物,是反马克思列宁主义、反毛泽东思想。对此必须予以迎头痛击,彻底肃清其恶劣影响。只有这样,毛主席的干部政策才能得以贯彻执行。

对于犯错误的干部,要一分为二,既要看到他们的错误,也要看到他们的成绩。这绝不是什么调和、折中、当泥瓦匠,而是按照毛主席所指示的那样:"不但要看干部的一时一事,而且要看干部的全部历史和全部工作,这是识别干部的主要方法。"给予实事求是的评价。

《红旗》第四期社论发表后,广大干部无不为之欢欣鼓舞。他们热泪盈眶,激动万分。他们打心眼里欢呼:"毛主席万岁!万岁!!

万万岁!!!"他们决心永远听毛主席话,永远跟党走,和革命群众站在一起,把无产阶级文化大革命进行到底。

但是,也有一些干部,他们想到群众中去,在群众面前亮相。但是他们动机不纯,不是为了革命,而是为了个人,为了能"过关",为了求"解放";还有一些干部,他们想站出来,又怕站出来,怕群众说自己是"假革命"啦,"投机分子"啦,"政治扒手"啦……,因此就缩手缩脚,始终不敢站出来;有一些干部,在文化大革命的暴风雨的冲击下,开始害怕起当"官"来,想当老百姓。他们想,"过去错误一大堆,老账尚未清算,一当'官',免不了又要犯错误。那老账加新账……,嗨!还是不当'官'好,无'官'一身轻。"于是他们躲在"屋"里不敢出来。所有这一切,归结到一点,就是"怕"字当头,"私"字挂帅。他们的"怕"字,归根到底,是怕群众,怕革命,怕革自己的命。

林彪同志说:"我们要把自己当作革命的一份力量,同时又要不断把自己当作革命的对象。革命也要革自己的命。不革自己的命,这个革命是搞不好的。"一切要革命的干部,应该勇敢地站出来,到群众中去,摆观点,亮思想,脱裤子,割尾巴,向"私"字猛烈开火,勇敢地革自己的命。

毛主席教导我们:"我们应当相信群众,我们应当相信党,这是两条根本的原理。如果怀疑这两条原理,那就什么事情也做不成了。"

"热烈欢迎要革命的干部到群众中来"已经成为广大革命群众发自内心的真挚的呼声,一切要革命的,犯错误而愿意改正的干部,是时候了,机不可失,时不再来,快快站出来,投身到伟大的群众运动的行列里去吧!

最后,必须强调指出,三结合是革命的三结合,切不可书生气十足,切不可忘记社会上阶级斗争的动向,一些已被揪出来的党内走资本主义道路的当权派,利用革命派大搞三结合之机,妄图重新把权夺回去,你看,从中央到地方,目前不是正有一股资本主义复辟的逆流吗?对此也必须深切关注,予以迎头痛击。

必须正确对待党员

《红旗》第 18 期，1967 年 3 月 15 日

【社论】我院无产阶级文化大革命运动进入了一个新的阶段，革命的"三结合"正在我院进行。

广大受资产阶级反动路线蒙蔽的群众都已认识并正在改正错误，决心彻底造反，纷纷向革命派靠拢。在这种情况下，如何正确对待党员的问题，是摆在革命派面前的重要问题。

经过半年多轰轰烈烈的无产阶级文化大革命运动的考验，证明我们的党员大多数是好的，是要革命的。他们是解放后在党的一手培养下成长起来的，他们是热爱党，热爱毛主席，忠于毛泽东思想的。尽管他们存在一些缺点，犯过一些错误，但是他们勤勤恳恳地为党工作过，为革命事业做出了不少贡献。

在这场伟大的运动中，涌现了一批始终站在以毛主席为代表的无产阶级革命路线一边的共产党员。他们无疑是党的好儿女，是群众的好榜样。他们是革命队伍中的优秀分子，是各级组织的核心和骨干力量。

尽管不少党员在刘邓资产阶级反动路线和前市委反革命修正主义路线的影响下，犯了不同程度的错误。但是，以毛主席为代表的无产阶级革命路线是占统治地位的，毛泽东思想的金色光辉，是照到广大党员身上的。因此，一看党员就摇头说不行，一概怀疑，一概否定，这是一种无政府主义思潮，必须坚决打倒。

对于犯错误的党员，必须采取毛主席制定的"惩前毖后，治病救人"的方针，以达到"既要弄清思想又要团结同志"这样两个目的。切忌感情用事，切忌鲁莽，切忌主观片面和绝对化。

我们看待党员，要全面地看。毛主席说："不但要看干部的一时一事，而且要看干部的全部历史和全部工作，这是识别干部的主要方法。"对于犯错误的党员，既要看他们在文化大革命中的表现，也要

看他们长期的一贯的表现。攻其一点，不及其余，这是形而上学的观点，是错误的。

文化大革命运动已经九个多月了，犯了错误的党员同志一般都已有正确的认识，我们不必过多地去追究那些小的、枝节的问题，只要他们诚意地检查错误，同错误决裂，我们就该欢迎他们，帮助他们，进一步找出思想根源，避免以后重犯类似的错误。

我们必须坚决执行"惩前毖后，治病救人"的方针，这样，才能经过运动，最后达到团结两个百分之九十五，使自己永远立于不败之地。

一切在文化大革命中犯过这样或那样错误的党员，是否勇于老实承认错误，触及灵魂，到群众中去，诚心诚意地改正错误，和群众一道革命，这是检验真假共产党员的试金石。

犯错误的党员必须抱着虚心的态度，接受群众的批评，"有则改之，无则加勉"。

毛主席教导我们："无数革命先烈为了人民的利益牺牲了他们的生命，使我们每个活着的人想起他们就心里难过，难道我们还有什么个人利益不能牺牲，还有什么错误不能抛弃吗？"我们每一个党员，都必须去掉盲目性，加强自觉性，放下包袱，开动机器。

目前，在许多犯错误的党员中，还存在着怕字，例如，怕抓住辫子，怕揪住不放，怕丢面子等等，这都是极其错误的，归根结底是"私"字作怪，大敌当前，必须打倒，打倒"私"字。

犯错误的同志，必须认真触及灵魂。你的错误，群众是清清楚楚的，抱着私心不放，企图混过去，这不是共产党员的态度，群众也是决不会通过的。

在这里，我们必须正告一小撮顽固坚持资产阶级反动路线的人，你们必须真真实实向群众交代，否则，你们是绝没有好下场的。

一切真正的共产党员，勇敢地站出来，到群众中去：站到毛主席一边去！

当前全院形势大好，2631班党员和群众结合起来了，这是个喜事。党员同志们，勇敢地站起来，到群众中去。让我们在毛泽东思想伟大红旗下团结起来，为完成无产阶级文化大革命的伟大任务而奋斗！

以革命的名义想想过去

《红旗》第 19、20 期，1967 年 3 月 21 日

【社论】林彪同志根据毛主席的教导，指示人民解放军："'两忆三查'是最好最深刻的政治教育，是提高部队阶级觉悟的好办法。"按照这一指示，我红旗战斗队在整风后期举行了"两忆三查"总结大会。在这决战的新阶段，进一步深入开展忆阶级苦、忆资产阶级反动路线迫害苦和查立场、查斗志、查工作的活的政治教育，对于保证红旗永远高举，对于将文化大革命进行到底具有特殊的重大意义。

列宁说过，以革命的名义想想过去。忘记过去，就意味着背叛。这是对一切革命者的一个极其重要的告诫，是一个伟大的革命真理。

每一个红旗战士，都必须经常以革命的名义想想过去。

在那资产阶级反动路线猖獗一时的六、七月，革命小将遭到残酷镇压，是毛主席的革命路线把我们解放出来；在那工作组实行资产阶级专政的时候，"反革命""右派""牛鬼蛇神"等等大帽子铺天盖地向革命派压来，是毛主席的革命路线为我们平反，宣告无产阶级革命派"革命无罪，造反有理"！在那资产阶级反动路线一次又一次的反扑中，在尖锐复杂的阶级斗争中，是毛主席，是中央文革带领我们走过那曲折的战斗的历程！

爹亲娘亲不如毛主席亲！毛主席和中央文革是我们革命派的靠山，毛主席的革命路线是无产阶级革命派的命根子！

党内一小撮走资本主义道路的当权派，是资产阶级在党内的代表。他们对于无产阶级革命派的压迫，实质上就是资产阶级对无产阶级的压迫。资产阶级反动路线的迫害苦，对于无产阶级革命派说来，

归根到底，就是无产阶级的阶级苦。

我们红旗战士，与刘、邓、陶为代表的党内走资本主义道路的当权派誓不两立，与资产阶级反动路线誓不两立。我们红旗战士，永远牢记阶级苦，永远牢记资产阶级反动路线的迫害苦，永远也不能忘记过去。忘记过去就会停滞不前，就会迷失方向，就会忘记根本，就会分不清敌我，对敌人就恨不起来。一句话，忘记过去，就会走上背叛的道路。

现在，无产阶级革命路线同资产阶级反动路线进入了决战的最后阶段，党内一小撮走资本主义道路的当权派和社会上的牛鬼蛇神相勾结，掀起了一股资本主义复辟的逆流，一切公开的和隐蔽的阶级敌人正在进行垂死挣扎，他们正以十倍的疯狂向无产阶级进行反攻倒算，他们正在千方百计窃取革命果实，搞资本主义复辟。

但是，在我们的队伍中，一些同志眼前却是一片和平景象。他们看不见敌人，看不见阶级斗争，他们被胜利冲昏了头脑。

在我们的队伍中，一些同志斗志衰退，丧失了无产阶级的战斗精神，躺在荣誉上睡大觉，不想再革命了。

这些同志，他们是不曾被敌人的武力所征服的。可是，正如毛主席指出的那样，资产阶级的捧场则可能征服我们队伍中的某些意志薄弱者，资产阶级的糖衣炮弹可能击中我们队伍中那些头脑不清醒的人。在这些同志面前，存在着资产阶级对他们施展和平演变阴谋的危险。

当前，资产阶级反动路线是从两个战场上举行进攻。一个战场，是敌人从正面的进攻。党内一小撮走资本主义道路的当权派，正在利用机会对革命派进行反攻倒算、搞复辟，另一个战场，是敌人千方百计使革命派向他们方面演变。资产阶级对无产阶级的反扑，已经反映到了革命派队伍内部。

从根本上讲，现在存在一场"私"字的大反扑。代表资产阶级"私"的利益的党内一小撮走资本主义道路的当权派对代表无产阶级"公"的最大利益的无产阶级革命派进行反扑，企图恢复他们被剥夺了的天堂，存在于某些同志中的"私"字，在适当的时候也跑出来，向头脑中的"公"字反扑。在一些同志头脑中"私"字反扑胜利了，"私"字当了权，就开始背离毛主席的革命路线，背离无产阶级，向资产阶级希望的方向演变。这是当前革命队伍中一种最危险的倾向。

每一红旗战士，必须警惕这一场"私"字的大反扑，必须以毛泽东思想为武器，狠斗"私"字，打倒"私"字。

打倒"私"字，必须以革命的名义，想想过去，提高无产阶级觉悟，激发无产阶级斗志，坚定跟毛主席革命到底的信念。

以革命的名义想想过去，我们对资产阶级反动路线无比憎恨，对毛主席的革命路线无比热爱；我们与那些党内一小撮走资本主义道路的当权派有不共戴天的仇恨，与毛主席、林副主席和中央文革有血肉相连的感情。我们要牢记阶级的苦和仇，保持鲜明的无产阶级政治倾向，坚定的无产阶级立场，高昂的无产阶级革命斗志，百折不回的革命毅力，迎击资本主义复辟逆流，以革命的名义想想过去，绝不能躺下吃"老本"，要为革命做出新贡献，靠吃老本过日子，是剥削阶级的本性和特征。我们必须破"私"立公，在灵魂深处大闹革命，永葆革命青春，永保红旗的鲜红颜色。一切愿革命的同志，都必须以革命的名义想想过去。想一想阶级苦，想一想在两条路线斗争中自己站在那一边，想一想自己应该怎样为捍卫毛主席的革命路线而奋斗！

一切愿革命的干部，都必须以革命的名义想想过去，绝不能忘记在毛主席领导下走过的革命征途，要保持革命晚节，为革命建立新功劳，保证一辈子跟着毛主席革命到底。

以革命的名义想想过去，是毛主席使我们从资产阶级反动路线下获得了解放，我们也必须帮助那些犯过错误的同志从资产阶级反动路线束缚下解放出来。我们必须遵循毛主席的指示，实行马克思所说的无产阶级只有解放全人类才能解放自己的教导，团结一切可以团结的人们，将革命进行到底。

以革命的名义想想过去："成千成万的先烈，为着人民的利益，在我们的前头英勇地牺牲了，让我们高举起他们的旗帜，踏着他们的血迹前进吧！"高举红旗，革命到底！

让我们永远铭记：以革命的名义想想过去。忘记过去，就意味着背叛！

历史的教训，万万不能忘

《红旗》第19、20期，1967年3月21日

【社论】历史的长河，汹涌澎湃，滚滚向前。两条路线的斗争，到了决一死战的阶段。"现在摆在全国人民面前的一个大问题，就是要把无产阶级文化大革命进行到底，还是半途而废。"我们要准备为无产阶级文化大革命的彻底胜利付出代价，要准备被杀头！

"树欲静而风不止"。阶级斗争是不以人们意志为转移的。今天，我们无产阶级革命派掌了权，但我们决不能高枕无忧，以为天下太平了。阶级敌人虽被打垮，但还没有冻僵，他们必然要以十倍的疯狂进行反抗。我们夺得的政权，还可能被夺走。两种失败的命运——被敌人打倒；或变修变坏向敌人投降——仍无情地摆在我们的面前，我们绝不可书生气十足。历史上的许多惨痛教训，我们千万不能忘记。

太平天国初期，名声显赫，威震四海。革命胜利了，就闹起矛盾来，争地位、争天王、争东王、闹起内讧，导致革命失败。

农民英雄陈胜、吴广，迫于生存，揭竿而起，叱咤风云，锐不可当。可是后来变了，成了纸老虎，投降了敌人，当了可耻的叛徒。

在我党历史上，第一代出了个陈独秀，是右倾机会主义分子；第二代瞿秋白，到晚年叛变了革命；第三代李立三也叛变了革命，第四代王明，是一个可耻的叛徒，现在还在苏联，靠苏修的残羹剩饭过日子，成了不齿于人类的狗屎堆。

第五代，自从遵义会议后，确立了毛主席的正确领导。但刘少奇、邓小平之流在背后搞阴谋，搞独立王国，妄图复辟资本主义。

有些人来自最底层，当了官，成了小老爷。一开始，还接近群众，

还虚心，特别是年轻人，没架子，自己劳动，不要勤务。一年后，就渐渐地变懒了，下面有个秘书，各种事情就出来了。讲究吃喝玩乐，爱到处出风头，追求表面的东西，不愿去工厂农村，脱离群众，脱离劳动，慢慢堕落下去，被敌人收买争取去了，成了敌人的代言人。

这些活生生的事情很多很多，我们必须引以为戒。毛主席说过，革命容易，革命到底不容易。我们必须记住这个真理。

我们这一代，是关键的一代。毛主席他老人家把无限的希望寄托在我们这代青年身上，希望我们茁壮地成长，希望我们接好革命的班。我们的敌人也在密切地注视着我们的表演，他们成天在研究对付我们的策略，寻找我们的弱点，妄图打败我们。我们能不能经得住今后历史的考验，能不能在历史舞台上演一出光辉灿烂的剧目，是一件关系到我们国家命运的大事，也是一件关系到世界革命的命运和前途的大事。能否将革命进行到底，是对每个革命者得极为严峻的考验。

"行百里而半九十"。我们现在还没有迈出校门，我们的生命，精力刚刚开始，一百里才走了一里。历史的长河中充满着险滩恶浪，未来的道路更加曲折艰难，我们要能在大风大浪中不被淹没，要能顺利地通过险滩恶浪，关键问题是要站稳脚跟，坚定无产阶级立场，一辈子紧跟毛主席，一辈子忠于毛泽东思想，一辈子改造世界观，一辈子为人民服务！

人民是历史当然的主人，"群众是真正的英雄"。人民群众创造了历史，人民群众用双手把地球改造成了文明世界。今后的社会主义谁去建设？还是人民！我们是人民的儿子，全心全意为人民服务，立志为工农兵服务一辈子，是我们无产阶级革命派的天职。我们的一些同志，地位变了，人也开始变了，忘记了劳动人民，只记得"我"字，突出了"私"字，万恶有了根源，一切坏事都干得出来。因此，他们注定是要失败。

历史是无情的，你要不按照历史的必然轨道前进，做一个推动历史前进的主人，必将被历史所抛弃，成为向隅而泣的可怜虫！

"世上无难事,只要肯登攀"。无产阶级革命派的战友们,让我们永远跟着伟大的舵手毛主席冲破艰难险阻,驾驭惊涛骇浪,坚定地朝共产主义伟大目标迈进,永远永远保持旺盛的革命的青春。

坚决执行毛主席"三·七"批示

《红旗》第 23 期,1967 年 3 月 30 日

【社论】大海航行靠舵手,万物生长靠太阳。

在无产阶级文化大革命进入了夺权斗争的关键时刻,我们最最敬爱的领袖毛主席发出了伟大号召。它像一盏明灯,照亮了我们无产阶级革命派前进的方向。

"只有解放全人类才能最后解放无产阶级自己",这是马克思列宁主义毛泽东思想的伟大真理,这是毛主席在"三·七"批示中特别强调指出的一点。

听不听毛主席的话,抓不抓毛主席著作的学习,执行不执行毛主席的指示,是判断真革命还是假革命、真执行毛主席的革命路线还是假执行毛主席的革命路线的试金石。我们红旗战士最最热爱毛主席,最听毛主席的话。毛主席的"三·七"批示,我们一定要坚决执行,坚决照办。

团结大多数群众一道闹革命,这是毛主席一贯的极其伟大的战略思想。当前,要不要团结大多数,这是摆在我们无产阶级革命派面前的一个关键问题。特别是在无产阶级革命派已经掌权的那些地方和单位,这个问题更为突出。

毛主席教导我们:"革命战争是群众的战争,只有动员群众才能进行战争,只有依靠群众才能进行战争。"无产阶级文化大革命运动,是空前伟大的群众运动。只有动员起千百万革命群众,才能取得文化大革命的最后胜利。经验证明:只有无产阶级革命派大联合,没

有争取和团结群众的大多数，还不能胜利地进行夺权斗争，即使夺了，也是不巩固的，还有可能丧失。正如毛主席所指出的那样，"首先要使先锋队觉悟，下定决心，不怕牺牲，排除万难，去争取胜利。但这还不够，还必须使全国广大人民群众觉悟，甘心情愿和我们一起奋斗，去争取胜利。"

在团结大多数这个问题上，马列主义、毛泽东思想和无政府主义是根本对立的。马列主义、毛泽东思想教导我们："一切为着群众"。"无产阶级不但要解放自己，而且要解放全人类，如果不能解放全人类，无产阶级自己就不能最后的得到解放。"早在一百多年前，马克思就提出，"全世界无产者，联合起来！"我们的伟大领袖毛主席发展了马克思列宁主义，提出了"全世界人民团结起来！"而无政府主义则恰恰相反，它高喊"一切为着个人"。它认为解放个人是解放群众、集体的条件。无政府主义者从个人利益出发，它就不可能团结大多数，就一定会被历史的潮流所吞没。

现在，我院大多数红旗战士，遵从毛主席的教导，已经团结起许多受蒙蔽而犯错误的群众一道闹革命。但是，这还不够，还要更多些，才能取得文化大革命的最后胜利。

要团结大多数，就要积极开展两条路线的斗争。把受资产阶级反动路线蒙蔽和迫害的干部和群众都解放出来，鼓励他们大杀回马枪，彻底揭露和批判资产阶级反动路线。

要团结大多数，就要破私立公，打倒无政府主义，搞臭风头主义、小团体主义。一句话，要打倒"私"字。

大多数班级的红旗战士和革命同志，按照毛主席的教导，已经迅速行动起来了。他们做得对，做得好！

"多少事，从来急，天地转，光阴迫。一万年太久，只争朝夕。"全院红旗战士和革命同志们，用"只争朝夕"的精神，坚决贯彻执行毛主席的"三·七"批示，迅速组成浩浩荡荡的文化革命大军，为夺取无产阶级文化大革命的彻底胜利而奋斗！

大反特反无政府主义

《红旗》第 30 期，1967 年 4 月 20 日

【社论】无产阶级专政，是无产阶级在历史上革命作用的最高表现，是将革命进行到底的根本保障。保卫无产阶级专政，是无产阶级革命派的伟大历史使命。

保卫无产阶级专政，就要打倒党内最大的走资本主义道路的当权派，打倒形形色色的资产阶级代表人物，就要彻底击溃资产阶级在意识形态领域内的一切挑战；保卫无产阶级专政，就要坚决听毛主席的话，坚决执行无产阶级司令部的指示；就要勇敢地维护人民政权的无产阶级威权，维护人民解放军的伟大声誉；保卫无产阶级专政，就要坚持不懈地与形形色色的非无产阶级思想的侵蚀作不调和的斗争。

在文化大革命正进入两个阶级、两条道路、两条路线决战的关键时刻，大反特反无政府主义，是两个阶级的殊死大搏斗中的一条极其重要的战线。

毛主席教导我们："你们要关心国家大事，要把无产阶级文化大革命进行到底！"当前，大反特反无政府主义，就是关心国家大事。大反特反无政府主义的斗争，是关系到能不能将革命进行到底、能不能保证掌握在我们手中的政权不会演变的重大问题。

现在，随着无产阶级革命派自己地位的变化和革命一天天接近最后胜利，潜伏在某些组织中的非无产阶级思想开始露头，资产阶级、小资产阶级思想开始在某些同志头脑中发作。自由放任主义、本位主义、分散主义、小团体主义、山头主义、宗派主义、和平主义开始滋长。这种种"主义"，集中到一点，就是无政府主义。

自由放任主义。一些组织，一些个人，在革命取得初步胜利之后，就自满自足起来，放松了革命要求，在思想上放纵资产阶级、小资产阶级思想。他们不服从任何组织，不服从任何领导，不遵守任何纪

律；他们对革命大联合和革命"三结合"漠不关心，对解放受反动路线迫害的干部和群众缺乏热诚；他们热衷于到外边去"干一场，杀个痛快"，而不愿留在本单位进行艰苦细致的斗批改工作；造反派"倚老卖老"，保守派"一蹶不振"。他们成天只看得见自己的鼻子尖，脑子里根本没有了"革命"二字。这是一种无政府个人主义，实际上是极端的个人主义，小团体主义。对于自己团体内的人就格外亲热，以至达到着力维护其缺点错误的地步。一些同志，他们具有小生产者的狭隘和偏见，在"名利"面前眼花缭乱，为了自己团体的利益而忘却革命的根本利益。这种资产阶级利己主义，必然引出本位主义和山头主义；内部思想斗争的妥协性必然导致组织上的排"外"性，为了某种目的，他们拉一批，打一批，甚至不惜制造宗派、挑动武斗。这种小团体主义、本位主义、山头主义、宗派主义表面上不是为了个人，实际上包含着极狭隘的个人主义，因为它为了自己小团体的眼前利益而不惜分裂无产阶级，甚至对革命同志大打出手，起到了敌人所不能起的作用。这实际上是一种无政府工团主义的变种。

"怀疑一切"，是无政府主义在政治上的一个代表性的口号，也是党内最大的走资本主义道路当权派煽动无政府主义思潮的口号，这种余毒在某些同志头脑中还没有彻底肃清。某些同志藐视无产阶级权威，不坚决积极执行无产阶级司令部的指示；他们唯我独"左"，唯我"正确"，其实可怜得很。有的人甚至把矛头指向人民解放军，他们根本分不清两种界限，分不清工作组是刘邓派去的，是去镇压革命的，而解放军是毛主席派来的，是来支持革命的。这些人一叶障目，不见森林，他们往往给无产阶级文化大革命帮倒忙，有时甚至被敌人所利用。

无政府主义，在思想上是自由主义，对待纪律上是目无纪律的放任主义，在组织上是宗派主义，它的根子是个人主义，就是一个"私"字。无政府主义把"解放个人"放在首位，它欣赏小资产阶级的所谓"自发性"，在极"左"的词句下拥护小资产阶级的散漫性、懒惰性和自私自利性。无政府主义口头上承认革命，实际背弃革命，是最纯粹最卑鄙的机会主义。

无政府主义是一种资产阶级反动思潮。无政府主义者从根本上反对无产阶级专政,他们在这一点上是同资产阶级站在同一立场上的,成了敌人的朋友和助手。因此,无政府主义是无产阶级专政的大敌。无政府主义,是党内最大的走资本主义道路当权派所鼓吹和欢迎的,我们要彻底批倒批臭党内最大的走资本主义道路的当权派,要夺取无产阶级文化大革命的全面的、彻底的胜利,就必须大反特反无政府主义。

无政府主义从来就是马克思列宁主义的敌人,无政府主义和毛泽东思想绝对不相容。要掌握毛泽东思想,就必须反对无政府主义;要勇敢地捍卫毛泽东思想,就必须大反特反无政府主义。毛主席的《关于纠正党内的错误思想》和《反对自由主义》等光辉著作,是反对无政府主义的强大思想武器。

闹无政府主义的人,口头上说的是毛泽东思想,实际上行的是自由主义;对人是毛泽东思想,对己是自由主义。正如毛主席指出的,这种人就叫做没有党性,或者叫做党性不完全。

无产阶级的党性,绝不是刘氏修正主义的"党性"。无产阶级的党性,就是对敌人的刻骨仇恨,对人民的无限忠诚!无产阶级的党性,就是坚定不移地、不折不扣地按毛泽东思想办事。

毛主席说:"一个共产党员,应该是襟怀坦白,忠实,积极,以革命利益为第一生命,以个人利益服从革命利益;无论何时何地,坚持正确的原则,同一切不正确的思想和行为做不疲倦的斗争,用以巩固党的集体生活,巩固党和群众的联系;关心党和群众比关心个人为重,关心他人比关心自己为重。"这就是无产阶级派革命战士的党性标准。列宁说:"否认党性,否认革命纪律,就等于为资产阶级效劳而解除无产阶级的武装。"我们必须大反特反无政府主义,增强无产阶级党性。

当前,阶级斗争直接抓住了革命的根本问题,即无产阶级专政问题。无产阶级革命派向党内一小撮走资本主义道路当权派夺权,是从政权上建立无产阶级的绝对统治;而现在深入开展的、空前规模地对党内最大的走资本主义道路当权派的反革命罪行的大揭露、大清算、大批判，则是从政治、思想、理论上彻底摧毁资产阶级反革命修正主义理论的统治，在思想领域内建立无产阶级的绝对统治，建立无产阶级思想对资产阶级思想的专政。在革命队伍中、在我们思想上，就是要搞强权政治，就是要搞无产阶级思想的专政。无产阶级要最后消灭阶级，是用专政的手段来解决的，要在头脑中克服资产阶级思想，也必须用专政的手段。要用无产阶级思想去压倒资产阶级思想，绝不许非无产阶级思想抬头，要用无产阶级思想去克服资产阶级思想，最后吃掉资产阶级思想，才能保证做永葆青春的革命战士；否则，忘记了头脑中无产阶级思想对资产阶级思想的专政，丧失了对自己头脑中资产阶级思想的敌情观念，头脑中形形色色的资产阶级思想就会向无产阶级思想反扑，私字向公字反扑，资产阶级思想就抬头，甚至可能在头脑中就掌权，我们自己就会向资产阶级和平演变，就可能成为资产阶级的俘虏。

现在，党内大大小小的走资本主义道路的当权派，他们已经感到历史潮流不可阻挡。他们一方面还在公开负隅顽抗，另一方面，又在施展"政治欺骗"和"和平演变"的阴谋，他们耍着各种花腔，装出无害而且可怜的样子，他们正在"窥视方向，以求一逞"；他们在到处煽动无政府主义思潮，他们到处散布流言蜚语，挑起革命派内部的矛盾，制造纠纷；甚至施放暗箭，引诱人们把矛头指向解放军。他们怀着阶级的仇恨，正在等待我们犯错误，他们好重新上台。总之，他们妄想利用无政府主义打开一个缺口，把黑手伸进革命阵营内部。敌人无时不在磨刀霍霍，咬牙铮铮。面对着党内大大小小走资本主义道路当权派反革命复辟的阴谋，我们将怎样回答？

打倒无政府主义，保卫无产阶级专政！

——这就是我们的回答。

毛主席干部路线的光辉照亮了航院

本报评论员

《红旗》第32、33期，1967年4月27日

东风劲吹，阳光灿烂。在当前对党内最大的一小撮走资本主义道路的当权派展开的群众性的大批判中，特别是在对他们在干部问题上"打击一大片，保护一小撮"的资产阶级反动路线的大批判中，我院广大红旗战士、革命师生和广大干部，精神振奋，斗志昂扬，意气风发，利用大鸣、大放、大字报、大辩论，以战无不胜的毛泽东思想为武器，向刘邓黑司令部及其反动路线发起了猛攻。整个航院，呈现出一派空前的热气腾腾的大好形势。

当前我院形势大好的一个重要特点，就是许多中、上层干部和广大基层干部，正在摆脱刘邓反动路线和刘氏黑《修养》的束缚，和革命小将站在一起，拿起笔，作刀枪，口诛笔伐，投入了这场震撼世界的大批判、大斗争。这是刘邓反动路线在我院彻底破产的重要标志，是毛主席革命路线的辉煌胜利！

在对待干部的问题上，和在对待群众的问题上一样，存在着两条路线的针锋相对的斗争。毛主席亲自主持制定的《十六条》指出，要"集中力量打击一小撮极端反动的资产阶级右派分子、反革命修正主义分子。"而党内一小撮走资本主义道路的当权派及其后台刘邓陶之流，一方面把革命群众打成"反革命"，一方面对干部"打击一大片"，以保护他们那"一小撮"。忠实执行刘邓反动路线的我院工作组和工作组一手操纵的筹委会就是这样干的。而我院红旗战士和革命造反派对他们那一套一直是坚决反对、坚决抵制、坚决斗争的！

正是工作组，在去年六月份提出了"谁有问题就揭谁的问题，有什么问题就揭什么问题"的"全面开花"的口号，企图把斗争矛头指向一切的干部，以保护党内一小撮走资本主义道路的当权派。

正是筹委会，为了对坚强的左派组织"红旗战斗队"施加压力，

组织了大小几十次"斗争会",斗争了大多数中、上层干部和教师。

正是筹委会,成立了所谓"中、上层干部管理小组",实际上是变相的"拘留所""劳改队"。剥夺了干部的政治权利,对干部一律实行劳改。

正是工作组、筹委会,把我院大多数干部搞得人不像人,鬼不像鬼,不让他们参加运动,不让他们跟革命群众接触。

在干部问题上的资产阶级反动路线,真是罪恶滔天!

春雷一声震四方,《红旗》杂志第四期社论《必须正确地对待干部》发表了接着第五期《在干部问题上的资产阶级反动路线必须批判》和《"打击一大片,保护一小撮"是资产阶级反动路线的一个组成部分》等几篇重要文章发表了。这些社论和文章传来了我们伟大领袖毛主席的声音,广大革命群众和革命干部热烈拥护,热烈欢呼!

红旗战士和革命师生认真地学习了毛主席的亲切教导:"不但要看干部的一时一事,而且要看干部的全部历史和全部工作,这是识别干部的主要方法。"对犯错误的干部,要实行"惩前毖后,治病救人"的政策,毛主席还说,只要不是反党反社会主义分子而又坚持不改和屡教不改的,就要允许他们改过,鼓励他们将功赎罪。毛主席的干部政策给刘邓陶散布的"一概怀疑,一概打倒"的无政府主义思潮以迎头痛击,全院掀起了一个批判"怀疑一切"的无政府主义思潮的高潮。通过批判,红旗战士和革命师生更深刻地领会了毛主席的干部政策,决心要"解放一大片,打击一小撮",并且做了大量工作。新生事物如雨后春笋般涌现出来。例如,和干部一起开座谈会,向他们讲述文化大革命中两条路线的斗争,解释毛主席的干部政策。群众自发组织的大、中、小型串联会纷纷召开,辩论和讨论有关我院干部的各项重大问题,内容丰富多彩。对在大辩论、大批判、大斗争中"亮相"的干部,给以鼓励,给以支持。对私心杂念较多、犯了较严重错误的干部,不但耐心地"看",而且热情地"帮"。红旗战士和革命师生已经在斗争中逐步地掌握了毛主席的干部路线。

我院许多干部读了《红旗》杂志的社论和文章,听到伟大领袖毛主席的亲切教导,感动得热泪盈眶。在毛主席干部路线的光辉照耀下，在革命小将的帮助和鼓励下，他们纷纷行动起来，投入这场向刘邓黑司令部及其反动路线的大批判、大斗争的洪流中。他们不但对以前所犯错误进行了检查，而且愤怒地揭发了党内最大的一小撮走资本主义道路当权派刘少奇、邓小平等的反党反社会主义反毛泽东思想的滔天罪行。他们以大量事实揭发和控诉了资产阶级反动路线对自己的迫害，和革命小将一起批判"打击一大片，保护一小撮"这个资产阶级反动路线的组成部分。他们主动地到群众中去，到小班去，和革命小将同吃、同住、同战斗。有的干部还与革命小将共同组织了战斗小组，写了很多大字报。有些干部，不但在口头上，而且在行动上，站到了革命小将一边，站到了毛主席的革命路线一边，受到革命群众的赞扬，并准备和他们实行"三结合"。已停职反省的原院党委书记王恒，也写了不少揭发刘少奇、邓小平、陶铸等的大字报，正在向好的方面转化。

原来情况和干部队伍相近的教师队伍，也积极投入了战斗。过去"学生围着教师转"的框框被打碎了，许多教师来到小班，和同学"三同"。九〇一教研室的教师和四九一一等班同学组成的几个战斗组，在向刘氏黑《修养》及刘邓反动路线的大批判中，写出很多较好的大字报，是全院的一个典型。

这是多么可喜的现象、多么巨大的变化啊！

想想过去，在资产阶级反动路线白色恐怖下革命小将被打成"反革命"，大部分干部被"管理"，被"劳改"，而今天，革命小将掌了权，大部分干部得解放，毛主席的干部路线的光辉照亮了航院！我们不禁从心眼里高呼：毛主席的干部路线万岁！毛主席万岁！

红旗战士们，革命的同志们，干部问题是当前斗争中的一个重大问题，关键问题。我们已经做了很多工作，取得了一定的成绩，争来了今天航院的一片大好形势。但是还远远不够。我们要深入地进行调查研究，用阶级分析的方法正确地对待干部，彻底地"解放一大片"，狠狠地"打击一小撮"！

我院的革命干部，要更加积极地投入当前的大批判、大斗争中去，建新功、立新劳，真正取得红旗战士和革命群众的信任。

任务重大，时间紧迫。"一万年太久，只争朝夕"。让我们更高地举起毛泽东思想伟大红旗，乘这万里东风，继续努力，为尽快建立我院"三结合"的临时权力机构，为把我院无产阶级文化大革命进行到底而奋斗！

坚决贯彻三相信，三依靠的方针

《红旗》第 34 期，1967 年 4 月 29 日

【社论】在无产阶级文化大革命决战的关键时刻，《红旗》第六期社论发表了，给我们传来了伟大领袖毛主席的亲切声音：要相信和依靠群众；相信和依靠人民解放军；相信和依靠干部的大多数。毛主席的这个最新指示是反对无政府主义的强大思想武器，是对无政府主义最全面、最深刻、最高水平的批判，是当前运动深入发展的根本方针，我们毛主席的红卫兵坚决拥护，坚决照办。

对待群众采取什么态度，是区别站在毛主席革命路线一边还是站在刘、邓资产阶级反动路线一边的分水岭。毛主席革命路线从来就是相信群众，依靠群众，放手发动群众，尊重群众的首创精神，让群众在斗争中自己教育自己，自己解放自己。不但相信本单位、本地区的群众，还要相信外单位、外地区的群众。不但要相信敢革命、敢造反，始终站在毛主席革命路线一边的群众，而且还要相信犯过错误曾经充当资产阶级反动路线工具的群众，在毛主席革命路线的光辉照耀下，他们之中的绝大多数不仅能认识错误，改正错误，而且能对无产阶级文化大革命做出贡献。那种对外单位、外地区，对犯过错误的群众一概不相信，一概排斥的观点是极端错误的，那种安不下心来，只想往外单位、外地区冲呵、杀呵的情绪必须克服，那种对犯错误的同志采取不团结的做法必须防止，当然这种团结必须是坚持原则，首先从政治上思想上进行相互批评或者斗争、相互帮助才能达到。绝不

是吹吹拍拍，拉拉扯扯，感情用事所能奏效的。

人民解放军是毛主席亲手缔造的、林副统帅直接指挥的伟大的无产阶级军队，毛主席指出："没有一个人民的军队，便没有人民的一切。"人民解放军是无产阶级专政的柱石，是无产阶级文化大革命的可靠保证。我们要爱护人民解放军。在林彪同志直接领导下的人民解放军是全国人民最光辉的榜样，在无产阶级文化大革命中，人民解放军响应毛主席的伟大号召，在支左、支工、支农、军管、军训等项工作中取得了巨大成绩，为无产阶级文化大革命立下了不朽的功勋。最近中央关于内蒙、青海等地的正确决定，大长了无产阶级革命派的志气，大灭了一小撮反革命修正主义分子的威风，革命群众为之叫好！好得很！！可是内蒙古、青海、新疆等地一小撮党内走资本主义道路的当权派却暗中挑动受蒙蔽的保守组织的群众涌向北京，企图对中央施加压力，真是无耻到极点，他们这样做必定要碰得头破血流。受蒙蔽的群众应该及时识破他们的阴谋诡计，响应毛主席"拥军爱民"的伟大号召，倒向毛主席革命路线一边、倒向无产阶级革命派一边，掉转枪头，大杀回马枪，把斗争矛头指向党内一小撮走资本主义道路的当权派。

是"打击一大片、保护一小撮"，还是"解放一大片、打击一小撮"，这是资产阶级反动路线和无产阶级革命路线在干部问题上的分界钱，我们必须坚信大多数干部是好的和比较好的，这是符合马克思列宁主义、毛泽东思想的正确估计，对全国对北京对航院都适用。对于干部的大多数必须采取坚决、彻底，尽快解放的方针。不仅要解放广大基层干部，而且要解放中、上层干部，不仅要解放好的和比较好的干部，而且要解放犯有错误，甚至严重错误而愿意改正的干部，欢迎他们到群众中来，在群众斗争的大风大浪中锻炼和改造自己，和群众一起批判"打击一大片、保护一小撮"这个资产阶级反动路线的组成部分。只有这样，才能彻底肃清资产阶级反动路线的流毒。

必须指出：在当前对待干部问题上存在着两种错误的思想倾向，特别需要引起注意。

一种是右倾思潮，具有右倾思潮的同志，他们分辨不出哪些是走资本主义道路的当权派，哪些是无产阶级当权派，他们分不清敌我矛盾和人民内部矛盾的界限，他们不懂得贯彻党的干部政策的根本目的，他们低估了阶级斗争和路线斗争的复杂、尖锐性，他们总认为自己接触的干部比别人接触的干部好，他们甚至对一小撮走资本主义道路的当权派说："快来吧，'三结合'对你们也是有门的。"这是一种危险的思想，依了他们，必然会导致资本主义复辟。当然，对于那些不是反党反社会主义分子而又坚持不改和累教不改的，就要允许他们改过，鼓励他们将功赎罪。而绝不是什么和他们"三结合"的问题。

另一种"左"倾情绪，具有"左"倾情绪的同志，他们对干部不是采取一看二帮的态度，他们把干部看作被挑选的对象，他们自己则像观众一样站在台下看干部"亮相"。他们偶尔也喝彩叫好，但总是找不到一个称心如意的干部，他们习惯于抓住一个片面、一些缺点、错误猛上纲，他们觉得干部不是泥瓦匠就是投机商，最后总是抡起反对"三凑合"的大棒子把实行革命的"三结合"打入冷宫。

两种错误思想倾向，看起来常打架，其实是一个娘胎里出来的，它们的共同作用是对抗革命的干部路线，阻碍革命的"三结合"的早日实现，适应了阶级敌人的需要。

我们既要防"左"，也要反右，在对待已被革命群众揪出的走资本主义道路当权派的问题上要反右，在对广大基层和中上层干部问题上要防"左"，我们要反对一些同志的右倾思潮，更要反对另一些同志的"左"倾情绪。在当前特别应该反对在对待广大基层和中上层干部问题上宁"左"勿右的错误倾向。

毛主席教导我们："不但要看干部的一时一事，而且要看干部的全部历史和全部工作，这是识别干部的主要方法。"这就要求我们对干部要做深入细致的调查研究和阶级分析。那种对干部的全部历史和全部工作不调查、不研究，不做阶级分析的简单粗暴的做法，对革命危害极大，必须坚决废止。

必须指出，由于北京旧市委的修正主义领导和刘氏黑《修养》对广大党员干部的长期腐蚀，我院大部分干部在过去，尤其是在文化大革命中都犯有程度不同的错误,不仅有社会根源和思想根源,还有组织根源。他们既是资产阶级反动路线的忠实执行者又是资产阶级反动路线的受害者,只有彻底解放他们才能把批判资产阶级反动路线和批判刘氏黑《修养》的群众运动推向新高潮。

目前我院许多中、上层干部和广大基层干部正在摆脱刘邓反动路线的束缚,打碎刘氏黑《修养》的精神枷锁,主动地深入群众,到班里去,和革命小将同吃、同住、同战斗,组织各种形式的大、中、小串联会、辩论会、调查会,四大武器得到充分的运用,内容丰富多彩,整个航院,呈现出一派空前的热气腾腾的大好形势!让我们坚决贯彻"三相信""三依靠"的方针,把航院的无产阶级文化大革命搞得更好。

打倒无政府主义,巩固革命的大联合,促进革命的"三结合"

东方红、井冈山、红旗联合版,1967 年 5 月 1 日特刊

【社论】现在,举国上下,一场众性的大批判运动,正如火如荼地展开。党内最大的一小撮走资本主义道路的当权派已陷入革命群众的汪洋大海之中。这个大批判,推动了无产阶级革命派的大联合,促进革命的"三结合"。形势好得很,好极了!

无产阶级革命派,要在革命的大批判中巩固和发展革命的大联合,牢牢掌握斗争的大方向,团结一切可以团结的力量,彻底批判党内最大的一小撮走资本主义道路的当权派,并且同本单位斗、批、改的任务结合起来。

但是,在大好形势之下,还存在着一股无政府主义思潮;这是一切革命派同志不可不注意的。

无政府主义,是一种资产阶级思潮。列宁说:"无政府主义

者,……他们只能起瓦解作用,他们会削弱总的进攻的力量……"无政府主义思潮的泛滥,严重地破坏无产阶级革命派的大联合,严重地破坏革命的"三结合",对革命事业危害极大,必须大反特反。无政府主义不管革命整体的利益,不顾大局,不问敌情,打无原则的"内战"。有的受了阶级敌人的挑唆,大搞分裂活动,拉一批人马,占一个山头,各行其是,互相攻击,甚至搞大规模的武斗。有的单位联合几个单位去打击另一个单位或另几个单位,或者这个单位打那个单位;或者一个单位分成几派相互打。

无政府主义思想严重的人,有时也打着反对无政府主义的旗号,煞有介事地批判别人的无政府主义,狠触别人的灵魂。然而,他们却是以无政府主义来反对无政府主义。这样,必然会违反政策和制造无原则的纠纷,必然不利于革命派的团结,削弱了自己的战斗力。

无政府主义思潮的泛滥,转移革命的斗争大方向,妨碍共同战斗任务的完成。使亲者痛,仇者快,正中了敌人的圈套。

我们要牢牢地记住毛主席的教导:"我们的革命要有不领错路和一定成功的把握,不可不注意团结我们的真正的朋友,以攻击我们的真正的敌人。"

无产阶级革命派,应该把毛主席的这一教导作为座右铭,用阶级斗争的观点和阶级分析的方法来观察一切现象,分清敌我,对阶级敌人刻骨地恨,对阶级兄弟无限地爱。无产阶级革命派,应该成为大联合、大团结的模范,这样才能以左派为核心,团结一切可以团结的力量,打击一小撮敌人。在激烈的阶级斗争中,谁要是搞小分裂,就要犯大错误,谁要是搞大分裂,就是犯罪。无政府主义笼统地反对一切权威,借口"你们压制民主!""要反对奴隶主义!"脱离阶级分析,高谈什么"民主""自由"等等,不要无产阶级的纪律和集中,以图在革命中发展个人或小团体的私利。

我们要牢牢地记住毛主席的教导:"在人民内部,不可以没有自由,也不可以没有纪律;不可以没有民主,也不可以没有集中。这种民主和集中的统一,自由和纪律的统一,就是我们的民主集中制。"

在无产阶级文化大革命中,无产阶级革命派就是要大树特树革命的权威,强调民主集中制,实行在无产阶级专政下的大民主,紧紧地掌握斗争的大方向。如果我们对无产阶级权威也反对,像有的人那样,只讲小道理,不讲大道理,只管小团体的利益,不顾整体利益和大局。少数人甚至在阶级敌人的挑拨下,冲击军事机关和中国人民解放军接管的单位以及无产阶级革命派已经掌权的单位,冲击工代会、农代会、大专院校红代会、中学红代会等无产阶级革命派的大联合组织。这就背离了运动的大方向,这就破坏了无产阶级的组织纪律,不管是自觉还是不自觉,是愿意还是不愿意,实际上就是正好中了阶级敌人的奸计。他们就是千方百计地利用反动的无政府主义思潮,制造各革命组织之间的矛盾,妄图搞垮我们,实行反革命复辟。无产阶级的权威,无产阶级专政,无产阶级的组织纪律,只能加强,决不允许削弱。斗争的大方向,更是不能转移,否则就要犯极大的错误。

无政府主义抱着"怀疑一切"和"打倒一切"的错误思想,反对革命干部亮相。他们对于革命干部起来革命,向革命小将靠拢,向革命小将学习,与革命小将一起战斗,积极支持和接受革命小将的批评和督促,愿意改正错误,回到毛主席的革命路线一边来的真亮相,还是"不放心,不相信",说是"假亮相""搞投机""抱粗腿"。
(不通顺?——校者

这种倾向,需要及时纠正。无产阶级革命派,要贯彻毛主席的革命路线。要不折不扣地贯彻毛主席的干部政策,要在革命的大批判中,积极支持和热情帮助革命的干部起来革命,彻底批判在干部问题上"打击一大片,保护一小撮"的资产阶级反动路线,解放大批受资产阶级反动路线打击和蒙蔽的干部,"解放一大片,团结大多数,打击一小撮"。促进革命的"三结合"。

马克思列宁主义、毛泽东思想是同无政府主义绝对不相容的。无产阶级革命派,对于无政府主义思潮的阶级根源和反动性,必须有足够的认识,从而把它彻底打倒。

列宁说:"无政府主义者的世界观是改头换面的资产阶级世界观。他们的个人主义理论,他们的个人主义理想是与社会主义直接对立的。"他们"虽然非常'猛烈地'攻击资产阶级,但是他们还是站在资产阶级世界观的立场上。"

中国是一个小资产阶级众多的国家，小资产阶级和资产阶级的思想必然会反映到人们的头脑中来。党内最大的走资本主义道路的当权派刘少奇的《修养》，就是提倡资产阶级个人主义。而资产阶级个人主义思想是产生无政府主义的思想基础。就是这个刘少奇伙同邓小平和陶铸，在他们资产阶级反动路线的统治和反动的组织纪律被广大革命群众冲破的时候，极力宣扬"怀疑一切、打倒一切"的谬论，煽动一些人，以极"左"的面目出现，否定一切，否定无产阶级权威和无产阶级的组织纪律，企图破坏无产阶级文化大革命。因此，我们批判无政府主义，首先要把矛头牢牢对准刘邓陶这一小撮。而且，在批判黑《修养》的同时，要大破"私"字，大立"公"字，反对小团体主义，打倒无政府主义。促进无产阶级革命派大联合。

目前，在革命队伍中，由于无政府主义思潮泛滥而出现的分歧和隔阂是属于人民内部矛盾的范畴。我们应当按照毛主席正确处理人民内部矛盾的指示，按照团结——批评——团结的公式，正确处理。对犯错误的人，应当是一看二帮，首先要多作自我批评。但是，必须指出，无政府主义思想严重的人，如果坚持不改，屡教不改，发展下去，必将是很危险的。

"树欲静而风不止"。阶级斗争是客观存在的。我们千万不要忘记，国外还有以美国为首的帝国主义和以苏修为中心的现代修正主义集团，蒋介石匪帮还在台湾磨刀，国内还存在着阶级，存在着地、富、反、坏、右分子；党内一小撮走资本主义道路当权派还在阴谋复辟。如果忘记了敌人，不顾敌情，那么阶级敌人就可能钻我们的空子。

毛主席说："不破不立，不塞不流，不止不行"。一切革命的同志务必擦亮眼睛，辨明方向。我们要重新活学活用毛主席《关于纠正党内的错误思想》等光辉著作，边战斗，边整风。要大反特反无政府主义，大破特破资产阶级个人主义，大树特树无产阶级革命的权威，大立特立无产阶级革命的纪律。要用伟大的光焰无际的毛泽东思想改造我们的世界观，不断增强我们无产阶级的革命性、科学性、组织纪律性。要牢牢掌握斗争的大方向，彻底批判党内最大的走资本主义道路当权派提出并坚持的资产阶级反动路线，彻底批判修正主义代表作《修养》，逐步地转入本单位的斗批改，夺取无产阶级文化大革命的彻底胜利！

"五·七"指示是教育的指南针

红旗《教育革命》编辑组

《红旗》第 36 期，1967 年 5 月 6 日

五月七日，是我们心中最红最红的红太阳毛主席写给林彪同志的信"五·七"指示发表一周年纪念日。

"五·七"指示，是毛主席对全国全军的伟大号召，是一个极为重要的具有历史意义的文献，是马克思列宁主义划时代的新发展。

"五·七"指示，是毛主席总结了我国社会主义革命、建设，国际无产阶级革命和专政的各种经验，吸取了苏联资本主义复辟的严重教训，创造性地对如何防止资本主义复辟、巩固无产阶级专政，保证向共产主义过渡做出了科学的答案。

"五·七"指示，对于我国革命和建设，对于反对帝国主义、现代修正主义、各国反动派的可能进攻，加强国防，贯彻人民战争思想具有伟大的历史意义和战略意义。

"五·七"指示，也是刘、邓资产阶级教育路线的死刑宣判书，崭新的无产阶级教育制度的宣言书。

林彪同志指出："毛泽东思想是革命的科学，是经过长期革命斗争考验的无产阶级的最高真理，是最现实的马列主义""是我们一切行动、一切工作的唯一正确的指针。"

"五·七"指示，是我们进行教育革命，实现教学改革的最高纲领，是我们行动的指路明灯。我们一定要把"五·七"指示铭刻在脑

子里，溶化在血液中，落实到行动上。

十七年来，在教育战线上，毛主席的革命路线和刘、邓的反动路线一直进行着尖锐的斗争，这是一场两个阶级争夺青年一代的生死大搏斗。

我们伟大的领袖毛主席，时刻关注着下一代的成长，对青年寄予无限的希望，为了造就千百万无产阶级革命事业的可靠的接班人，对教育工作做了一系列重要指示和讲话，构成了毛主席光辉灿烂的教育思想。"五·七"指示就是其中的一部分。然而刘少奇、邓小平之流以及盘踞在教育界的一小撮反革命修正主义分子却极力抵制、封锁，恶毒歪曲、篡改最高指示，鼓吹什么"两种劳动制度，两种教育制度"的黑货，大肆推销封建主义的、资本主义的、修正主义的教育制度、教育方针。宣传腐朽的资产阶级人生哲学，在教育战线上大力复辟资本主义，妄图把青年培养成为脱离实际，脱离劳动，脱离劳动人民，脱离无产阶级政治的资产阶级的孝子贤孙。

但是历史的辩证法是无情的，和反革命修正主义分子刘少奇、邓小平的愿望相反，革命的人民绝不是"奴隶""工具"，他们始终根据毛主席的教导，进行着坚决的斗争。

伟大的无产阶级文化大革命，打碎了他们复辟资本主义的黄粱美梦，敲响了刘、邓反革命教育路线的丧钟，宣判了旧教育制度的死刑！

教育革命、教学改革是一件长期的艰巨复杂的任务，绝不是轻而易举、一朝一夕所能成功的。

要完成教育革命、教学改革的历史使命，必须坚持以毛主席的教育思想为纲，遵循毛主席不破不立，不塞不流，不止不行的教导，大破封建主义、资本主义、修正主义的教育路线，把它们彻底埋葬，坚决和形形色色的改良主义作不调和斗争。就是要大立毛主席的教育路线，使它在我们伟大祖国的教育阵地上永放光彩。

要完成教育革命和教学改革的历史使命，还必须在吃透毛主席教育思想的同时，注重科学的调查研究，反对迷失方向的盲目调查。

彻底清算刘、邓教育路线的流毒，是适应社会主义制度的崭新的教育制度的历史任务已光荣地落在我们肩上。"一唱雄鸡天下白",让我们高举毛泽东思想的革命批判大旗,朝着毛主席所指引的方向,去迎接教育革命和教学改革的彻底胜利吧!

为加快革命的"三结合"步伐大喊大叫

《红旗》第 38 期,1967 年 5 月 9 日

【社论】目前,我院关于建立革命委员会的辩论,已经进入了白热化的阶段,辩论的焦点已集中到让什么样的领导干部进入革命的"三结合"行列这一关键问题上。

林副统帅指出:"看干部,首先要看他拥护毛主席还是反对毛主席,是不是突出政治,革命干劲好不好。"这就是我们用来衡量干部能否进入"三结合"的唯一正确标准。

经过前一阶段大力批判干部问题上的资产阶级反动路线,广大革命群众发现了一批好的工农革命干部,准备作为首批"三结合"的对象,却有人发出了什么"级别太低","资格不够老"的奇谈怪论,说是鸡毛不能上天。不对!我们就是要为在修正主义领导统治下,长期受排挤、打击、迫害的优秀工农干部进入革命的"三结合"大喊大叫,要让被修正主义分子歪曲了的优秀工农干部恢复本来面目。长期受资产阶级反动路线打击、迫害的优秀工农干部在航院有,在清华也有,在其他许多单位也同样有,他们对党对毛主席无限热爱,具有坚定的无产阶级立场、密切联系群众。他们对资本主义、修正主义无比痛恨,他们为捍卫毛泽东思想和修正主义进行了长期的不屈不挠的斗争,这样的好干部即使级别低一点,资格浅一些,为什么不能"三结合"?

我们为鸡毛飞上天大喊大叫,就是为了要把干部问题上的资产阶级反动路线批深、批透、批臭,把颠倒的历史再颠倒过来。但是,有人却为"三结合"而"找鸡毛""吹鸡毛",这样方向就错了。

毛主席说："共产党的干部政策，应是以能否坚决地执行党的路线，服从党的纪律，和群众有密切的联系，有独立的工作能力，积极肯干，不谋私利为标准，这就是'任人唯贤'的路线。"

我们在"三结合"问题上要坚决打破框框，坚决反对"级别论"，"资格论"，就是为了贯彻毛主席的"任人唯贤"的干部路线，促进革命的"三结合"。有些人却跳出来说："级别越低越好，资格越浅越好"，千万别上当！依了他们就要把许多久经考验的老干部排挤出"三结合"的行列之外。那就大错特错了。毛主席最近特别明确指出："'三结合'要老、中、小三结合，不主张把老干部统统打倒。"经验证明：没有在政治上比较成熟、有丰富斗争经验、久经考验的革命领导干部参加到革命委员会里来，这个临时权力机构就不会是革命的、有代表性的、有无产阶级权威的，无产阶级文化大革命的夺权斗争就不能胜利完成。

当前有一股顽固的右倾保守思想，严重地阻碍了革命的"三结合"的进程，具有右倾保守思想的人前怕狼、后怕虎，对干部一万个不放心，他们在革命的"三结合"问题上缺乏敢打、敢冲的闯劲，而是"怕"字当头，怕出问题，怕犯错误，怕有反复，畏缩不前。必须向这种右倾保守思想猛烈开火，加快革命的"三结合"的步伐。

革命的领导干部们，到了向资产阶级反动路线拼刺刀的时候了，勇猛地杀出来吧！

学好通知掌好权　牢牢把握大方向

《红旗》第40期，1967年5月23日

【社论】我们伟大领袖毛主席亲自主持制订的中共中央一九六六年五月十六日《通知》，是一个伟大的马克思列宁主义文件，是二十世纪六十年代的"共产党宣言"！

继南斯拉夫修正主义化后，世界上第一个社会主义国家苏联也通过和平演变的方式，全面复辟了资本主义。东欧一系列社会主义国家也变修了。这种情形，使世界各国的无产阶级和革命人民十分痛心，十分焦虑。社会主义革命会不会夭折？世界历史会不会大倒退？在这紧要的历史关头，当着世界上空出现了乌云的时候，我们伟大领袖毛主席亲自主持制定的极其伟大的历史文件——《通知》，吹响了无产阶级文化大革命的号角。这个文件提出了无产阶级文化大革命的理论、路线、方针和政策，解决了无产阶级专政下的革命问题，即无产阶级在夺取政权以后，如何巩固无产阶级专政防止资本主义复辟的问题，重新打开了被苏联赫鲁晓夫修正主义集团堵塞了的通向共产主义的航道，给世界革命人民带来无限的光明和希望。这是毛主席对马克思列宁主义划时代的新发展，这是马列主义发展史上伟大的里程碑！

全体红旗战士和全院革命师生，一定要积极响应党中央的号召，认真地学习这个伟大的历史文件。"通过学习这个文件，结合目前斗争的新形势，结合一年来的斗争经验，进一步用毛泽东思想武装自己，进一步领会和掌握毛主席提出的无产阶级文化大革命的理论、路线、方针和政策，把无产阶级文化大革命进行到底。"

各级勤务员，一定要起模范带头作用，把学习《通知》放在当前一切工作的首位。做到最认真地学习《通知》，最忠实地执行《通知》，最热情地宣传《通知》，最坚决地捍卫《通知》。

毛主席在这个文件中着重指出："混进党里、政府里、军队里和各种文化界的资产阶级代表人物，是一批反革命的修正主义分子，一旦时机成熟，他们就会要夺取政权，由无产阶级专政变为资产阶级专政。"这里毛主席向我们阐明：无产阶级文化大革命，是无产阶级专政下的革命。和其它革命一样，它的根本问题，还是政权问题。它的主要对象是混入无产阶级专政机构内部的资产阶级代表人物，是党内一小撮走资本主义道路的当权派。

我们学习《通知》，特别要着重领会政权这个最根本、最关键、最重要的问题。要通过学习，加强"政权"观念，提高"政权"觉悟，在政权问题上，大破资产阶级修正主义思想，大立毛泽东思想。

毛主席教导我们：革命的根本问题是政权问题。有了政权就有了一切，没有政权就丧失一切。这场文化大革命就是围绕政权的问题展开的。回想一年前，为什么我们许多同志对修正主义的东西听而不闻，视而不见？为什么资产阶级知识分子，资产阶级代表人物统治了航院还麻木不仁，亦步亦趋？就是因为我们头脑里没有装这个"权"字。一年来文化大革命的实践，使我们深深懂得政权问题的重要性。权，镇压之权。刘少奇掌权，就要把我们打下去，不许我们起来革命，无产阶级就要遭殃，资本主义就要复辟。我们掌了权，就对刘少奇之流实行专政，把他们踏在脚下，叫他们永世不得翻身。这就是两个阶级你死我活的大搏斗！我们要铭记林副统帅教导：无论怎样千头万绪的事，永远不要忘记政权。忘记了政权，就是忘记了马克思主义的根本观点。那就是糊涂人，脑袋掉了，还不知道怎么掉的。

党内一小撮走资本主义道路当权派是无产阶级专政最隐蔽、最凶恶的敌人，是红色政权的大敌。无产阶级同党内一小撮走资本主义道路当权派的矛盾，是我国无产阶级和资产阶级两个阶级斗争的集中表现，是社会主义和资本主义两条道路斗争的集中表现。无产阶级文化大革命要解决的主要矛盾就是这个矛盾。要解决好这个主要矛盾，就要依靠我们无产阶级革命派团结广大群众，把斗争矛头始终对准党内一小撮走资本主义道路当权派，把他们那套修正主义货色拿出来示众，彻底批判，把他们斗臭、斗垮、斗倒，彻底夺他们的权。我们无产阶级革命派一定要牢牢把握这个斗争大方向。

党内最大的一小撮走资本主义道路的当权派刘少奇、邓小平之流决不会甘心他们自己的灭亡，他们必然要做垂死的挣扎。他们耍阴谋，放暗箭，千方百计转移斗争大方向。就是他们炮制了反革命修正主义的二月提纲，竭力掩盖无产阶级文化大革命是两个阶级、两条道路、两条路线的斗争，是你死我活的夺权斗争的政治性质，企图把文化大革命引入学术批判的死胡同；就是他们抛出资产阶级反动路线，残酷镇压革命群众；就是他们刮起反革命经济主义妖风，妄想把文化大革命引入经济斗争的歧途；就是他们拼命鼓吹"怀疑一切，打倒一切"的无政府主义，把斗争矛头引向无产阶级司令部，挑起革命群众组织之间无原则的"内战",挑动武斗。他们施用千种手段,万条妙计,归根结底,就是为了维持他们行将灭亡的反革命修正主义统治,就是为了一个"权"字。无产阶级革命派高举毛泽东思想伟大红旗,经过不屈不挠的斗争挫败了敌人一次又一次的阴谋,牢牢把握住了斗争的大方向,才取得今天无产阶级文化大革命的辉煌胜利。一年来文化大革命的历史告诉我们,紧紧掌握斗争的大方向是何等重要!今后我们仍要百倍警惕敌人转移斗争大方向的一切阴谋,不要上敌人的当。

对于那些因头脑里"私"字作怪而背离了斗争大方向、转移斗争大方向的同志,我们对他们要宣传,要教育,要批评,要帮助。我们要不断克服自己队伍中的各种非无产阶级思想,克服无政府主义、山头主义、小团体主义,个人主义,在革命的大批判促进革命的"三结合",促进革命的大联合。

让我们在《通知》的光辉照耀下,把无产阶级文化大革命胜利地进行到底!

《北京日报》近来为谁说话?

红旗观察员

《红旗》第 42 期,1967 年 5 月 30 日

毛主席在伟大的历史文件《通知》中英明地指出,社会主义社会中"无产阶级对资产阶级斗争,无产阶级对资产阶级专政,无产阶级在上层建筑其中包括各个文化领域的专政,无产阶级继续清除资产阶级钻在共产党内打着红旗反红旗的代表人物"四大基本问题。他告诉我们,充满社会一切领域的是阶级斗争,而阶级斗争的中心问题是无产阶级专政。无产阶级要巩固自己的专政,必须高度重视建立和巩固无产阶级在上层建筑其中包括各个文化领域的专政,没有后者,前者就不可能巩固,就有可能被推翻。毛主席还指出,解决这一问题

的中心，是继续清除钻在共产党内打着红旗反红旗的资产阶级代表人物。现在的这场文艺大批判，实际上是围绕政权问题展开的无产阶级同资产阶级在意识形态领域内的一场大决战，这一场大决战的胜利，将彻底埋葬十七年来的这条反党反社会主义文艺黑线，这就不能不遇到资产阶级的顽强抵抗。斗争是异常复杂的，搞不好就不能彻底挖掉这条黑线，就会使文化革命归于失败，就会仍然由资产阶级把持文艺界，就会使资产阶级重新复辟。

毛主席天才地预见到这场决战的阶级斗争形势和规律，在《通知》公开发表的时候特别教导我们："革命的谁胜谁负，要在一个很长的历史时期才能解决。"他还进一步强调："如果弄得不好，资本主义复辟将是随时可能的。"

在这里，毛主席告诫"全体党员，全国人民，不要以为有一二次、三四次文化大革命，就可以太平无事了。千万注意，决不可丧失警惕。"就是要我们丢掉不切实际的幻想，高度重视当前的阶级斗争，随时准备痛击资本主义复辟的阴谋，把无产阶级文化大革命进行到底。

在五月二十八日，《北京日报》根据红旗第九期社论《伟大的真理，锐利的武器》写的社论中，明目张胆地篡改毛主席的这一伟大教导，公然与毛主席和党中央亲自发动的这场文艺大批判相对抗，竭力把这场大批判拉向右转。社论的炮制者，别有用心地砍掉这一教导中最根本的一段——"革命的谁胜谁负问题，要在一个很长的历史时期才能解决。如果弄得不好，资本主义复辟将是随时可能的。全体党员，全国人民，不要以为有一二次、三四次文化大革命，就可以太平无事了。千万注意，决不可丧失警惕。"结果，只保留了前一句——"现在的文化大革命，以后还必然要进行多次。"这样一来，似乎这一次文化大革命已经可以结束了，革命是"以后"的事了。作者采用偷天换日的手法，极力要叫文化革命就此止步。这是在为已经陷于灭顶之灾的以中国赫鲁晓夫为首的反党反社会主义黑线抛救生圈，这是在大革命关头制造思想混乱，这是一个企图包庇文艺黑线、扼杀无产阶级文化大革命的特大阴谋！

正当这场大批判轰轰烈烈地开展，正当无产阶级向反党反社会主义文艺界开始猛攻时，有人就在造出"运动快要结束了"的空气，有人就在施放和平麻痹的烟幕，我们必须擦亮眼睛，决不能上他们的当！

这班老爷们，你们满以为偷梁换柱之后，空喊几句口号，在大帽子下面开小差，虚晃一枪，就可以溜之大吉了

休想！你们往哪里逃？

既然你们一而再、再而三要跳出来，我们就要揭开画皮，看看你们是人还是鬼；既然狐狸尾巴露了出来，我们就要抓住不放、把你们这般狡猾的家伙统统揪出来示众！

他们到底是些什么人？他们到底在搞什么鬼？

请看下列的事实吧。

曾经在大张旗鼓批判"驯服工具"论时最为积极的《北京日报》，当《修养的要害是背叛无产阶级专政》这一重要文章发表之后，调子大大降低。另一种奇怪现象是，在许多原则问题上，《北京日报》与另一家报纸明吹暗打，和中央刊物阳奉阴违大唱反调，配合得十分巧妙。

就在毛主席决定公开发表伟大历史文件《通知》的时候，《北京日报》发表了一篇题为《打倒彭真》的社论，对彭真反革命罪行轻描淡写，千方百计地为这个叛徒集团的大头目开脱罪责，绝口不提我们对他们的这场大斗争是一场你死我活的夺权的阶级殊死大搏斗，孤立地去谈所谓"这个彭真"。同时他们还竭力回避去年红旗第九期社论早已指出和谢副总理在北京市革委会成立和庆祝大会上讲话中指出的一系列重大问题，尤其是彭真实行资产阶级专政的关键问题。实际上玩的是高高举起、轻轻放下的鬼把戏，是小骂大帮忙，用心何其毒也！

《红旗》和《人民日报》的重要文章《伟大的历史文件》发表，接着又发表《红旗》杂志评论员文章《抓住主要矛盾，掌握斗争大方向》，在精辟地阐明了这个光辉文件之后，明确指出，无产阶级同党内走资本主义道路当权派之间的矛盾，是两个阶级、两条道路矛盾的

集中表现，是主要矛盾，是对抗性矛盾，是敌我矛盾。并指出学习《通知》最基本的要求，是抓住主要矛盾，掌握斗争大方向，集中火力，更加猛烈地打击党内一小撮走资本主义道路的当权派，彻底打倒他们，夺取被他们窃据的领导权，把他们批倒批臭。而《北京日报》却在同时发表的社论中，有意抹杀我们同党内走资本主义道路当权派的矛盾的这种敌我性质；用一些不痛不痒的词句，恶意地混淆两类不同性质的矛盾。一方面公开为党内最大的走资本主义道路当权派洗刷，另一方面又别有用心地把斗争锋芒指向无产阶级革命派。他们把抛出"二月提纲"和资产阶级反动路线都说成是"答案只有一个"，千方百计地为了干扰和转移斗争的大方向。这是对革命人民的愚蠢欺骗！

"二月提纲"的要害是什么？《通知》早就明白地指出："这个提纲站在资产阶级立场上，用资产阶级世界观来看待当前学术批判的形势和性质，根本颠倒了敌我关系。""总之，这个提纲是反对把社会主义革命进行到底，反对以毛泽东同志为首的党中央的文化革命路线，打击无产阶级左派，包庇资产阶级右派，为资产阶级复辟作舆论准备。"很明显，提纲的要害是复辟资本主义，是妄图推翻无产阶级专政。而社论却说成是"为了干扰和转移我们斗争的大方向"，好像他们并不是敌人，只是"干扰和转移了我们斗争的大方向"，是犯了错误。说得如此轻松，完全是颠倒是非，为虎作伥。

抛出资产阶级反动路线的目的是什么？难道不正是实行资产阶级专政，镇压无产阶级文化大革命吗？难道仅仅是"干扰和转移了我们斗争的大方向"吗？不是！根本不是！

与此同时，社论胡说什么群众中的"错误倾向"同样"严重地干扰着斗争的大方向"，声嘶力竭地叫嚷"要完成这个艰巨的历史任务，无产阶级革命派要从理论上和实践上拒绝和克服一切""错误倾向"。还进而说："现在特别要批判革命队伍中存在的无政府主义思潮和分裂主义倾向。"矛头一转，直指无产阶级革命派，好像这才是主要矛盾。他们的这一套乍一看，似乎倒很高明。

其实，这一套伎俩也骗不了任何人。

不错，我们是批判无政府主义思潮和分裂主义倾向。

但是，我们必须弄清：什么是无政府主义？什么是分裂主义？到底是谁在背后煽动搞分裂？难道不正是那些装扮成"左派"的叛徒和坏蛋在搬弄是非、制造分裂吗？难道不正是他们利用报纸等舆论工具在革命队伍中拉一派打一派，分裂无产阶级革命队伍吗？批判分裂主义，难道不正是要把那一小撮口喊团结，实则在幕后搞分裂的罪魁揪出来吗？你们却借反对错误倾向为名，颠倒主次，妄图把革命队伍存在的某些错误倾向说成主要矛盾，混淆是非，打击无产阶级革命派，与"二月提纲"的"左派整风"又有什么两样？

在现在，他们也笼统地讲要"特别着重领会政权这个最根本、最关键、最重要的问题"，但是闭口不谈政权问题的实质，即"无产阶级要巩固无产阶级专政，资产阶级要推翻无产阶级专政"，特别不谈最大危险是钻进无产阶级专政机构内部的资产阶级代表人物，不是要号召无产阶级革命派向资产阶级代表人物夺权，实际上是在为那些戴着左派头衔、至今仍窃取领导权的叛徒和修正主义分子出谋策划。

"冰冻三尺，非一日之寒"，这种事情的出现绝不是偶然的。早在批判"驯服工具"论时，他们就在用"组织上绝对服从"的"奴隶主义"来为投降变节、反共自首的叛徒辩护；他们现在对大批判一反常态，阳奉阴违，可见他们当时并不是在真正批判，而是在吹捧叛徒，为某些人捞政治资本，为他们登台表演大吹大擂，为他们篡夺领导权制造舆论。他们一方面扣压他们嫉恨一方的稿件，一方面大登特登与他们站在一起的一些人的文章，借报纸制造思想混乱，这难道仅仅是宗派主义所能解释的吗？不能！这是他们在利用报纸扶持和拉拢一部分社会力量，为资本主义复辟制造舆论。

正如《通知》一针见血指出的那样，他们一方面公然抗拒毛主席明确提出要保护左派，支持左派，强调建立和扩大左派队伍的方针，千方百计收集左派的材料，寻找各种借口，妄图把革命左派打下去。另一方面却把混进党内的资产阶级代表人物、修正主义者、叛徒封为"坚定的左派"，加以包庇。他们用这种手法，企图长资产阶级右派志气，灭无产阶级左派威风。他们对无产阶级充满了恨，对资产阶级充满了爱。这就是他们的博爱观，这就是他们的资产阶级反动立场！

人们不禁要问，他们现在对大批判软抵硬抗，拼命制造思想混乱，到底为的什么？

回答很简单，就是为了保十七年来文艺界的一条以中国赫鲁晓夫为首的反党反社会主义黑线，庇护长期盘踞文艺界的黑帮、叛徒、修正主义分子、资产阶级"权威"，资产阶级"精神贵族"以及一切牛鬼蛇神，他们是在千方百计地保存他们在文艺界的反动堡垒，待机反攻倒算，作为复辟资本主义的基地。现在他们就已经在用宣传为这种复辟制造舆论准备了。

在从纪念《讲话》发表二十五周年开始的一场文艺大批判中，亿万人民在毛主席革命文艺路线光辉照耀下，正抓住十七年文艺界这条以党内最大走资本主义道路当权派为首的反党反社会主义黑线穷追猛打，这是一场夺取文化阵地中领导权的大斗争。

可是就在《北京日报》以纪念《讲话》为名发表的一篇社论中仍然根本否认十七年来文艺界是资产阶级专了无产阶级政这一根本问题，顽固地与《红旗》杂志和《人民日报》对抗，与毛主席对文艺界黑线的批评相对抗。他们总是避免提到旧中宣部、旧文化部、这些阎王殿，用"捍卫和实践为工农兵服务这个大方向"等词句来掩盖大批判，他们只谈十七年来毛主席领导的历次文艺界的大批判，不谈黑线向毛主席革命文艺路线的猖狂进攻；只谈现在工农兵上舞台，而不谈对十七年来文艺界反党反社会主义黑线的彻底揭露、清算和批判，他们把资产阶级"权威"之流打扮成"革命文艺工作者"，并且放在工农兵群众一起，说成是"广大的革命文艺工作者和工农兵群众，为了捍卫毛主席的无产阶级文艺路线""进行了长期的坚决的斗争"，来对抗毛主席关于文艺界两个批示中指出的文艺界状况的论断，为长期忠实追随文艺黑线的人张目。在五月二十五日首都各报采用的一篇新华社报道中，与《北京日报》密切配合的《××日报》完全离开报道内容，捏造出一条"坚持工农兵方向，创造无产阶级新文艺"的与《人民日报》"以《讲话》为武器掀起大批判高潮"对抗的大字标题。是典型地打着红旗反红旗，破坏文艺大批判的代表。

"坚持工农兵方向"，难道十七年来文艺方向正确，是工农兵方向，而现在仅仅是坚持的问题吗？你们要坚持什么？要谁坚持？难道这不正是说明了你们极力把牛鬼蛇神乔装成"为工农兵服务"的模样，以便暂时潜伏过去，同时伺机反扑过来的阴谋吗？

"创造无产阶级新文艺"，由谁去领导？由谁去创造？难道由那个中国赫鲁晓夫所豢养的修正主义分子去领导吗？难道由那些思想腐烂的资产阶级分子去创造吗？你们为什么竭力回避现在文艺界的领导权问题呢？这难道不正暴露了你们的马脚吗？

现在文艺界、新闻界、出版界有一些单位和部门的领导权重新被资产阶级代理人所篡夺。这些人极端害怕群众揭露他们。听到大批判，他们就吃不下饭，睡不好觉。正如那些偷窃成性的盗贼，哪怕听到别人骂一声小偷也要吓出一身冷汗，总要千方百计为小偷辩护一样。那些曾经在反动派面前屈膝投降、摇尾乞怜的家伙，当大批判、大揭露的高潮到来的时候，总是怕得要死，恨得要命，竭力抵制，拼命破坏。但是，我们无产阶级革命派，将对着这些死保以中国赫鲁晓夫为首的反党反社会主义黑线的跳梁小丑，再一次高呼去年六月一日曾经使一切敌人吓得发抖的口号：横扫一切牛鬼蛇神！毛主席教导我们："凡是要推翻一个政权，总要先造成舆论，总要先做意识形态方面的工作，革命的阶级是这样，反革命的阶级也是这样。"这是社会主义社会阶级斗争的一大定律。现在，文艺界的一切牛鬼蛇神在这一场亿万人民参加的文艺大批判面前，陷入了一片死亡的哀鸣、一片歇斯底里的大疯狂，他们正在死命固守反动堡垒，他们正在利用还掌握在他们手里的报纸、文艺、广播等等各种宣传工具，采用更加隐蔽的手法，拼命和毛主席领导的这场大批判相对抗，他们四处散布为资产阶级复辟所需要的舆论，有意制造思想混乱，企图来一个混战一场，以求实现他们反攻倒算和阴谋复辟的目的。我们无产阶级革命派，必须紧跟毛泽东思想，识破敌人的阴谋，千万不要上当。

我们认为：《北京日报》近来一直顽固而又十分隐蔽地执行着一整套与毛主席和党中央指出的革命大批判方向相对抗的资产阶级方

针，它尤其明目张胆地对抗当前的这场文艺大批判。事实证明，近来的《北京日报》已经不是坚定地站在毛主席革命路线一边的北京市革命委员会的喉舌，而成了为资产阶级复辟制造舆论的工具。它不是代表首都无产阶级革命派说话，而是在为资产阶级张目。《北京日报》近来问题的暴露，绝不是偶然的、孤立的现象，而是与当前社会上的阶级斗争形势相配合的。《北京日报》公开地站在资产阶级一边，为资产阶级说话，竭力包庇反党反社会主义文艺黑线。只要同志们稍加注意，经常把它与党中央刊物对照，就可以知道问题远不止这些。

我们要问：《北京日报》到底掌握在谁手里？是谁把黑手伸进了《北京日报》？是谁炮制了这一系列与毛主席和党中央相对抗的大毒草？为什么《北京日报》在这场文艺大批判中一反常态？为什么他们现在到处制造思想混乱？我们首都无产阶级革命派和广大革命人民，不可以不过问，不可以不深思。我们必须密切注视《北京日报》的动向。

革命的战友们：我们必须响应《红旗》第九期社论向我们发出的新的伟大号召："不但要用枪杆子保卫无产阶级专政，而且还必须用笔杆子保卫无产阶级专政。我们必须遵照毛主席的历史指示，高度重视文学艺术战线上的阶级斗争，狠抓意识形态领域里的两条道路的斗争，并且提高到政权问题上来认识，切切不可等闲视之。忽视了这一点，就是忘记了无产阶级专政。"

高举无产阶级革命批判大旗，把无产阶级文化大革命进行到底！

革命造反，就是有理

红旗评论员

《红旗》第 43 期，1967 年 6 月 3 日

"马克思主义的道理千条万绪，归根结底，就是一句话：'造反有理'。"我们遵循伟大领袖毛主席的这个教导，在四十二期红旗报

上刊登了红旗观察员的文章——"《北京日报》近来在为谁说话?"红旗观察员的这篇文章大长了无产阶级革命派的志气,给了《北京日报》上发表的一系列反毛泽东思想的毒草以迎头痛击。这个反造得好!好得很!

然而,一些心怀鬼胎的人,他们买了不少四十二期红旗报,拿着放大镜研究了半天,但不敢正面回答文章所提出的一系列实质性问题,极力回避"政权"二字,而空谈什么:"你们不应该在报上公开点名批判《北京日报》"啊,什么"社论不是十全十美的,你们不能抓着一点偶然的错误,无限上纲"啊,甚至歇斯底里大发作,胡说什么"你们攻击《北京日报》,就是想搞垮北京市革命委员会"。可敬的先生们,你们太心虚了!

毛主席教导我们:"不是东风压倒西风,就是西风压倒东风,在路线问题上没有调和的余地。"《北京日报》近来一系列社论就是在为资产阶级说话,为反党反社会主义文艺黑线打保票。事情发展到如此严重地步,难道还不能点《北京日报》的大名吗?难道"只许州官放火,不许百姓点灯"吗?你们借报纸制造思想混乱,甚至与《红旗》杂志和《人民日报》大唱反调,长资产阶级威风,灭无产阶级志气,又何其毒也!联系到当前社会上有支黑手拉一派,打一派,极力制造和扩大左派组织间的分裂,以及阻挠对十七年来刘邓黑线的彻底批判等奇怪现象,岂不是可以发人深省的吗?

说什么"你们不能抓住偶然的一点错误,无限上纲。"

不错,我们只抓住了一点,这就是"政权"。这一点非抓不可!这个纲也非上不可!因为我们牢记了伟大领袖的教导:"革命的根本问题是政权问题。"

《北京日报》的这个问题是"偶然的"吗?不!绝不是!请看以下事实吧:早在批判"驯服工具论"时,就用"奴隶主义"为叛徒辩护;在五月十七日"打倒彭真"的社论中,极力开脱彭真阴谋篡党、篡军、篡政的反革命罪行;在五月十九日的社论"认真学习伟大的历史文件,紧紧掌握斗争的大方向"中又极力混淆两类不同性质的矛盾,把矛头指向无产阶级革命派;以后从五月二十三日社论"为工农兵服务，为无产阶级专政服务"，一直到五月二十九日社论"伟大的革命号令"，都极力回避"十七年来在文艺界资产阶级专了我们的政"这一客观事实，闭口不谈如何夺回被资产阶级篡夺的领导权。

这些事实说明《北京日报》的问题是偶然的吗？不！所有事实都说明《北京日报》里有鬼！

至于什么"你们攻击《北京日报》，就是想搞垮北京市革命委员会"，纯属欺人之谈、混账逻辑。《北京日报》就是《北京日报》，北京市革命委员会就是北京市革命委员会，炮制毒草者就是炮制毒草者，普通工作人员就是普通工作人员。账该算到谁身上，就算到谁身上。赖是赖不掉的，拉大旗做虎皮，包着自己去吓唬别人，更是休想！

我们坚决拥护以谢富治同志为首的北京市革命委员会，并坚决维护市革委会的威信。也正因为如此，我们也就更坚决地与《北京日报》的反毛泽东思想的毒草作不调和的斗争。在这里，我们要反问一句：你们炮制了那么多毒草，却硬要强加在市革委会头上，居心何在？！

无产阶级文化大革命"这是大海的怒涛，一切妖魔鬼怪都被冲走了。社会上各种人物的嘴脸，被区别得清清楚楚"。是谁，把黑手伸进了《北京日报》？是谁，企图把《北京日报》改成《首都日报》，为自己脸上贴金？是谁，对中央文革阳奉阴违？是谁，到处拉一派、打一派，分裂革命队伍？是谁，在《北京日报》炮制了一篇又一篇大毒草？是谁……？

事情是很清楚的，《北京日报》不过是社会阶级斗争的一个反映而已，我们相信，在光焰无际的毛泽东思想的照耀下，真正的无产阶级革命派必然会更紧密地团结在一起，识破并唾弃那些革命的叛徒，及玩弄权术的跳梁小丑，把无产阶级的大印牢牢掌握在手，坚定不移地紧跟我们最高统帅毛主席，在阶级斗争的大风大浪中奋勇前进！

煞住武斗歪风,揪出幕后黑手

本报评论员

《红旗》第 44 期,1967 年 6 月 6 日

正当全国亿万群众向党内一小撮走资本主义道路当权派展开大批判、大斗争时,一些地方、一些单位、一些群众组织之间出现了一股武斗的歪风,严重地干扰了大方向。这时,我们伟大的领袖毛主席亲自批准发表了《北京市革命委员会的重要通告》。这是毛主席在革命的关键时刻又一次给我们指明了方向、把稳了舵。无产阶级革命派和一切革命的同志必须坚决捍卫"要文斗,不要武斗"这一最高指示,坚决执行《重要通告》,为立即制止武斗做出贡献。

群众组织之间进行武斗,这不是无产阶级的政策。对国家的财产毫不爱惜,把自己的同志往死里打,这绝不是什么英雄的行为、革命的行动。这种武斗,严重地干扰了大方向,破坏了无产阶级专政下的大民主,破坏了生产,破坏了革命秩序,危害了人民的生命安全。这种武斗,只能使亲者痛、仇者快。这股歪风必须煞住!

目前,在一些群众中流传着一句毫无阶级分析的口号:念念不忘一个权字。我们认为,世界上不存在超阶级的权,所以,你不是为无产阶级夺权,就是为资产阶级夺权。无产阶级革命派向党内一小撮走资本主义道路的当权派夺权,是捍卫无产阶级专政的革命行动,好得很!但如果为个人夺权,为小集团夺权,从无产阶级革命派手里夺权,甚至为此不择手段地进行武斗,那就大错特错,走到反面去了。在客观上就起了帮助敌人的作用。今天,敌人正是利用这个口号在群众中制造思想混乱,利用保守组织的同志不认错、不服气的情绪及群众组织中存在的山头主义、风头主义、小团体主义等无政府主义思潮煽动和挑起武斗,以达到转移斗争的大方向,保护党内一小撮走资本主义道路当权派的可耻目的。一切革命的同志在复杂的阶级斗争面前,必须保持清醒的头脑,切切不可糊涂起来。我们要牢牢记住毛主

席的教导："凡是敌人反对的，我们就要拥护，凡是敌人拥护的，我们就要反对。"要把那些煽阴风、点鬼火、挑起武斗的幕后策划者揪出来示众，行使我们无产阶级专政的权力，对他们进行法律制裁。

群众组织之间存在不同的意见，这是不可避免的、正常的，这种矛盾完全可以用在无产阶级专政之下的大民主，用大鸣大放大辩论大字报等方法解决。革命的同志必须学会正确处理人民内部矛盾，曾参加过保守组织犯了错误的同志应当严格要求自己，改正错误，那种不认错、不服气，以感情代替政策的做法实际上是"私"字在作怪，如不及时纠正，被敌人利用，就要滑到危险的道路上去了。革命派的同志对保守组织的群众，应该满腔热情地帮助他们回到正确的路线上来，应该学会做深入细致的思想工作，切勿以为拳头能够解决问题。左派组织之间更应该在大方向一致的前提下紧紧地团结起来，把矛头对准党内一小撮走资本主义道路的当权派。

真正有希望的是肯用脑筋想问题的人，而不是搞山头、出风头的人。无产阶级革命派和一切革命的同志应该更好地学习毛主席著作，和头脑中的私字作斗争，克服无政府主义的倾向，用毛泽东思想去认真思考问题，想毛主席是怎样部署战略的，想中国革命和世界革命的前途是什么？而不是胡思乱想，更不是武斗！我们应该紧紧跟着毛主席的革命路线，紧紧掌握斗争的大方向，在斗争中更好地掌握政策和斗争的艺术，把无产阶级文化大革命进行到底。

迫使敌人最后缴械

北航《红旗》报编辑部、《河南红卫兵》报编辑部合刊，
1967 年 6 月 9 日

我们伟大领袖毛主席亲自主持制定的一九六六年五月十六日的《通知》，是一个具有伟大历史意义的光辉文件。这个文件的公开发

表，把河南的无产阶级文化大革命推进到了一个新阶段。

这个新阶段的主要特点是：经过几次大反复的考验，特别是"二月黑风"的洗礼，以"二七"公社，开封"八二四"为首的一支压不垮、打不散、万众一心、步伐整齐的无产阶级革命队伍形成了；党政机关的革命领导干部纷纷站了出来，有的已经勇敢地杀上火钱；伟大的中国人民解放军，正在对上一阶段的支左工作进行总结和检查，三军广大指战员虚心听取革命小将的意见，对支左工作的个别负责人所坚持的错误路线开始了广泛的抵制，并正在坚决按照毛主席的正确路线来指导自己的行动；革命的工人运动、农民运动、学生运动、文化领域各界和党政机关的革命群众运动，正在联合起来，汇成一股红色巨流。这股巨流，势如破竹，不可阻挡，直捣资产阶级老爷们的修正主义老巢。

在这种不可阻挡的革命洪流的冲击下，混进党里、政府里和军队里的资产阶级代表人物、极少数坚持资产阶级反动路线的顽固分子，正在节节败退。他们反革命的狰狞面目，已经和正在被揭穿。他们陷于革命群众的重重包围之中，开始全线崩溃。

但是，这些反动家伙，是不是会自动缴械投降呢？是不是会自动退出历史舞台呢？不，决不会！正如毛主席教导我们："敌人是不会自行消灭的，无论是中国的反动派，或是美国帝国主义在中国的侵略势力，都不会自行退出历史舞台。"

实践证明，革命战士每夺取一个堡垒，都必然会遇到阶级敌人的疯狂反抗。党内一小撮走资本主义道路的当权派，为了保护资本主义和修正们主义的旧秩序、保护他们吃人的筵席，竟不惜一切，残酷地镇压革命群众。二月以来，在短短的时间内，他们软硬兼施，文武并用，把十八般武艺统统使出来了。在形势对他们极为不利的情况下，这些家伙狗急跳墙，连一层薄薄的伪装也不要了，于是就赤膊上阵，把斗争的矛头明目张胆地指向无产阶级革命路线，指向无产阶级司令部，指向革命群众。

当前，这一小撮反动家伙，正和社会上的资产阶级分子、投机倒把分子，地、富、反、坏、右分子，互相勾结，利用经济主义欺骗群众，煽动大批农民进城，参与武斗，围剿革命左派，破坏夏收、破坏财政金融，破坏社会主义建设，破坏无产阶级文化大革命。

郑州、开封等地最近所发生的一系列流血事件，还尖锐地、深刻地揭露了这批反动分子的又一个大阴谋。这个大阴谋，就是他们以"保护麦收"为名，把大批枪支和凶器分发给受他们蒙蔽的群众，从而挑起武斗、制造事端。同时，他们还唆使一批工人、农民离开生产岗位，造成一部分工厂停工，农村停产，使铁路中断，公路阻塞，隔绝革命派同党中央的电信联系，以便为他们大规模地镇压制造条件。值得注意的是，这个大阴谋的策划者，仍然是何运洪之流，我们必须把斗争矛头牢牢对准这一小撮走资本主义道路的当权派。

这些反动家伙如此疯狂地镇压革命群众，丝毫不能表明他们力量的强大，恰恰表明了他们极端的虚弱和恐慌。

三个月来，河南的无产阶级革命派曾多次对这些反动家伙进行过大批判，彻底揭露了他们的反革命的丑恶嘴脸，河南土皇帝的日子越来越不好混了。在他们把持的报刊上，在今天的谈判桌上，他们讲不出一点像样的道理，就乞灵于法西斯暴行，妄想用武力把造反派打垮，用高压压出他们谈判所得不到的东西，这不过是"黔驴技穷"而已。但是，用毛泽东思想武装起来的无产阶级革命派天不怕，地不怕，死都不怕，难道还怕他们的几根棍棒、几个打手吗？盘踞在河南的资产阶级老爷们，你们还有什么本事，统统都使出来吧！我们无产阶级革命派是准备好了的。不管你们采取什么手段，都没有什么了不起！你们在资产阶级反动路线的支离歪斜的梯子上爬得越高，就只能摔得越重。你们在修正主义的邪路上走得越远，也就失败得越惨。须知古今中外一切镇压革命群众运动的"英雄好汉"，都没有好下场！

在同敌人的斗争中，河南的无产阶级革命派，高举以毛主席为代表的无产阶级革命路线的伟大红旗，把斗争的矛头始终对准党内一小撮走资本主义道路的当权派，对准那些混进无产阶级专政机构内部的最危险的阶级敌人。经过几个月的浴血奋战，他们已经夺取了一个又一个胜利，积累了丰富的经验。这些经验集中到一点，就是要相信革命群众能够在斗争中自己教育自己，自己解放自己。也就是说，在毛主席革命路线的指引下，革命人民依靠自己的力量，完全可以打败一切反动派。

我们的伟大领袖毛主席，一向认为群众能够自己解放自己，历来就主张自力更生。早在抗日战争时期，毛主席就说过："我们的方针要放在什么基点上？放在自己力量的基点上，叫做自力更生。"即使在有外援的情况下，主席还是强调要自力更生，他说："我们希望有外援，但是我们不能依赖它，我们依靠自己的努力，依靠全体军民的创造力。""我们能够依靠自己组织的力量，打败一切中外反动派。"然而就在这个问题上，我们的某些同志却存在着一些不正确的想法，例如，消极地等候中央表态，坐待胜利；单纯地依赖外援，右倾保守；不愿做深入细致的调查研究等等。在阶级斗争的紧要关头，上述种种错误想法对革命极为不利，应该尽快扫除干净。在今后的斗争中，无产阶级革命派的同志们一定要突出无产阶级政治，牢牢掌握斗争的大方向，把斗争矛头始终对准以刘邓为总后台的一小撮党内走资本主义道路的当权派。革命派的同志们要善于在斗争中，严格区分两类不同性质的矛盾，团结和争取最广大的群众，其中包括一些被坏人挑动和利用的群众组织的绝大多数同志。只有这样充分注意了党的政策和策略，我们的斗争才能取得胜利。

风雷激，旌旗奋。在我国无产阶级文化大革命的辽阔的战场上，目前正是四面告捷，八方奏凯。全国二十几个省市中，有的已经建立了红色政权，有的正在筹建红色政权。按照毛主席伟大的战略部署，使得那极个别的顽固的反动堡垒陷入了红色根据地的四面包围之中。而河南省的一小撮反动家伙也已经到了山穷水尽的地步。河南省的无产阶级革命派，在毛主席和党中央的亲切关怀下，在首都和其他兄弟省市的革命战友的大力支持下，现已撒下了天罗地网，对一小撮走资本主义道路的当权派摆开了"瓮中捉鳖"的阵势。无产阶级的强大攻势，迫使阶级敌人最后缴械。

当前河南的这场尖锐、复杂的斗争，完全是由混进党里、政府里和军队里的一小撮资产阶级代理人挑起来的。但是，"蚂蚁缘槐夸大国，蚍蜉撼树谈何易。"历史发展的规律，决不依他们的意志为转移,他们搬起石头砸了自己的脚。我们警告这一小撮坏蛋,你们的狗命不长了!你们的末日已经到了,是你们举手投降的时候了。如果还不向革命人民低头认罪,那就让你们彻底灭亡!

迎接更严峻的考验

《红旗》第 45 期,1967 年 6 月 10 日

【社论】震撼世界的我国无产阶级文化大革命,已经走过了一年的光辉历程,一年里,在我们伟大统帅毛主席的率领下,无产阶级革命派运用四大武器,向着一切修正主义顽固堡垒发动了最猛烈的攻击。党内一小撮走资本主义道路当权派被揪出来了,中国的赫鲁晓夫原形毕露了!今天,我们可以郑重地向全世界宣布:帝国主义、国内外现代修正主义企图在中国复辟资本主义的阴谋彻底破产了!在这伟大的夺权斗争中,我们——毛主席的红卫兵,无产阶级文化大革命的闯将,可以毫不惭愧地对我们心中最红最红的红太阳毛主席说:毛主席啊!毛主席!我们没有辜负您对我们的期望。

但是,夺取政权,这仅仅是万里长征的第一步,创业难,守业更难。无产阶级革命派在夺取政权以后,阶级敌人决不甘心于他们的灭亡,他们必然要以更加阴险狡猾的手段来进行反夺权,来进行复辟。阶级斗争表现得更为复杂,更为隐蔽,也更为尖锐。敌我矛盾和人民内部矛盾交织在一起,原则的问题和非原则的问题交织在一起。在这时,能不能抓住阶级斗争这个纲,认清它的新的表现形式,能不能牢牢掌握斗争大方向,这是掌好权的关键。

在夺权以后,造反派地位发生了变化,在这时,是坚持毛主席的革命路线,牢牢掌握斗争的大方向,团结最广大的群众和干部的大多数向党内一小撮大大小小走资本主义道路当权派乘胜追击呢?还是当官做老爷,为小集团和个人争名夺利、拉山头闹分裂,使革命半途

而废,这是在新形势下的新考验,也是更加严峻的考验!一切翻了身的革命造反派,一切夺了权的新当权派,都不能回避这个考验。

在我们的头脑里存在着两个王国,一个是无产阶级的王国,一个是资产阶级的王国,毛主席说:"无产阶级要按照自己的世界观改造世界,资产阶级也要按照自己的世界观改造世界。在这一方面,社会主义和资本主义之间谁胜谁负的问题还没有真正解决。"应当指出:在我们的灵魂深处,资产阶级和小资产阶级的思想王国还是强大的、顽固的。如果我们不是这样考虑和认识问题,我们就会放松自己的思想改造,就会忽视夺头脑里"私"字的权的必要性和重要性,就会让资产阶级和小资产阶级思想自由泛滥,就会导致在政治上、在路线上犯极大的错误。

事实不正是这样吗?有些同志,在夺权以后,就忘记了胜利是如何得来的,他们不再像被压制的时候那样听中央文革的话了,而是顺我意者听之,逆我意者弃之;有些人把"念念不忘无产阶级专政"篡改为机会主义的"念念不忘'权'字",为他们争小团体的权,争个人的权制造舆论。他们这儿也夺权,那儿也夺权,甚至夺到无产阶级的头上。

有些人为了个人争名夺利,不惜制造左派队伍的分裂,拉一派、打一派,把党内一小撮走资本主义道路的当权派置于脑后,把自己的同志和同盟者当作敌人。

更甚的是,他们甚至在无产阶级司令部里制造分裂,从极"左"的方面,或右的方面来动摇我们无产阶级司令部,这些都是头脑中的非无产阶级世界观在作怪。

无产阶级文化大革命是触及我们每个人灵魂的大革命。无产阶级革命派自己在夺权以后能不能夺自己头脑里"私"字的权,敢不敢于触及自己的灵魂,是考验他是一个真正的造反派还是假造反派的试金石。

一个真正的造反派,他不但是客观旧世界的造反者,也是自己主观旧世界的造反者。

只有夺了自己头脑里"私"字的权,他们才能从大局出发,忠实积极，不谋私利，永远牢牢掌握斗争的大方向，把斗争矛头明确地、尖锐地、毫不含糊地指向党内一小撮走资本主义道路的当权派。

只有夺了自己头脑里"私"字的权，他们才能正确理解毛主席的干部路线，主动、积极、热情地去帮助犯了错误的干部，使他们从资产阶级反动路线的毒害下，从"私"字的精神枷锁里解放出来，让他们对准党内一小撮走资本主义道路当权派反戈一击，才能既不是用感情代替政策，把干部看成一无是处，而又不是匆匆忙忙搞假的"三结合"。

只有夺了自己头脑里"私"字的权，他们才能真正地领会毛主席的伟大教导："只有解放全人类，才能解放自己"。团结受蒙蔽的阶级弟兄，团结反对过自己而实践又证明其错误的同盟者，正确地去批评和帮助这些同志，主动地去争取这些同志，而不是歧视和冷遇他们。从而组织起浩浩荡荡的革命大军，巩固和加强无产阶级专政，孤立和打击党内一小撮走资本主义道路的当权派。

只有夺了自己头脑里"私"字的权，才能正确地对待和处理群众组织之间的矛盾和分歧，才能首先认真地作自我批评，才能正确地对待自己的战友和同志，实现革命派的大联合。

总之，只有夺了自己头脑里"私"字的权，才能真正理解毛主席的伟大战略思想，才能永远忠于毛主席的革命路线，牢牢掌握斗争的大方向，把无产阶级文化大革命进行到底！才能经受住新的严峻的考验。

真正有希望的人是能想问题的人，不是出风头的人。这是毛主席对我们革命派最亲切地关怀，最严厉地告诫。我们一定要听毛主席的话，老老实实、认认真真地学习毛主席的伟大著作，学习伟大的历史文件——5·16《通知》和一系列文件，用毛泽东思想来思考分析问题，把我们的斗争提高到毛泽东思想的水平上。我们绝不能辜负中央的希望，绝不能毁掉自己的名誉。同志们，让我们在文化大革命中创新功、立新劳，迎接这更加严峻的考验吧！

做教学革命的探索者

《红旗》第 46 期 1967 年 6 月 13 日

【社论】我们伟大的领袖毛主席早就英明地指出:"学制要缩短,教育要革命,资产阶级知识分子统治我们学校的现象,再也不能继续下去了。"毛主席这一英明指示是无产阶级教育大革命的伟大号令,是无产阶级教育大革命的指导方针。随着无产阶级文化大革命的步步深入,随着教育战线上斗批改的全面展开,一场人类历史上从未有过的无产阶级教育大革命的高潮即将到来。

教育战线,历来就是阶级斗争的一个极其重要的阵地。因为它直接关系到培养什么人的问题,关系到走什么道路的问题。建国近十八年来,党内头号走资本主义道路的当权派刘少奇,以及在他支持和卵翼下的一小撮反革命修正主义分子,正是把教育战线当作他们反党反社会主义反毛泽东思想、实行资本主义复辟的重要据点。他们想尽一切办法用封建主义、资本主义、修正主义的思想腐蚀和毒害青年一代,千方百计地把青年一代培养成为高居于劳动人民头上的精神贵族,修正主义的苗子,资产阶级接班人,成为他们复辟资本主义的殉葬品。何其毒也!但是,乌鸦的翅膀再黑,也遮不住太阳的光辉。光焰无际的毛泽东思想犹如一轮红日从东方升起,拨开乌云,普照大地。伟大的领袖毛主席亲手点燃的无产阶级文化大革命的熊熊烈火,把党内一小撮大大小小的走资本主义道路的当权派揭露了出来。随着大批判、大斗争的新高潮的到来,党内一小撮走资本主义道路的当权派伸向教育战线的黑手必将被统统斩断,毛泽东思想的阳光必将在教育战线永放光芒。

教学革命,是关系到毛泽东思想能不能占领学校阵地,能不能培养无产阶级革命事业接班人的大事。所以这场文化大革命收获的大小,在某种意义上要看学校收获的大小,学校文化革命收获的大小很大程度上决定教学革命收获的大小。我们是毛主席最忠实的红卫兵,搞好教学革命，把学校办成毛泽东思想的大学校是我们义不容辞的责任。我们坚决响应毛主席的伟大号召，切实地担起这个责任，在教育战线的大批判、大斗争的高潮中，用伟大的毛泽东思想为武器，以彻底革命的精神大破承袭了几千年来的封建主义、资本主义、修正主义的教育制度，批判理论脱离实践的旧教学方针，批判"填鸭式"的旧教学方法，批判一切反马克思列宁主义、反毛泽东思想的腐朽意识形态。标社会主义之新，立无产阶级之异，创造出崭新的社会主义和共产主义的教育制度。

但是，尽管在教学革命探索的道路上存在着许多困难，毛主席的"五·七"指示已经给我们指明了航向。三十年前，毛主席和林副主席亲自创建的抗大已为我们树立了光辉的典范。我们相信只要依靠战无不胜的毛泽东思想，相信群众自己的力量，相信群众集体的智慧，共同努力，我们一定能在教学革命的探索中创造出人类历史上从未有过的奇迹。

我们的目的一定要达到。我们的目的一定能够达到。胜利必将属于不畏艰难，勇往直前的革命闯将。

复课必须以批判资产阶级为主

《红旗》第52期，1967年7月8日

【社论】复课闹革命怎么干？怎样迈出第一步？

有人说："复课就要复专业课，不过方法不一样，不能坐在课堂念书，要去工厂，要下乡。"有人说："复课以后，要搞教改，搞科研，自己造飞机。"这两种说法都有可取之处，然而他们都没抓住要害。

试问：对于高教战线上十几年来毛主席的革命路线与刘邓修正主义路线的激烈搏斗，我们都清楚吗？学校十几年来到底执行的是什么路线，培养的是什么人，我们都清楚吗？一小撮资产阶级代表人物都揪出来了吗？旧教育制度中的封建主义、资本主义和修正主义的腐朽东西彻底砸烂了吗？

没有！统统没有！在这个时候，把主要精力放在下乡、下厂、搞科研上面，不是走改良主义的道路又是什么呢！我们的伟大领袖毛主席教导我们说：“不破不立”，"不破坏旧的腐朽的东西，就不能建设新的健全的东西。"破就是革命，就是批判，就是斗争！我们不能教条式地坐在屋子里去设计将来的教学方案，而要在对旧世界的大批判中去创造新世界！

复课后的第一课，不是以下乡下厂为主，不是以搞科研、造飞机为主，而必须以大批判为主。我们要高举毛泽东思想的革命的战斗的旗帜，批判资产阶级，批判修正主义，批判旧的教学体系，批判一切旧制度！资产阶级知识分子统治我们学校的现象，再也不能继续下去了！

我们的大批判，必须紧紧抓住两条路线斗争这个纲，而不是抓住一个人，两个人，一件事，两件事，仅仅局限于对于例如王恒这样一个人的讨论。忽视学校里十几年来的两条路线斗争，是一条危险的道路。

党内两条路线的斗争，是无产阶级和资产阶级两个阶级的斗争在党内的反映，是社会主义和资本主义两条道路的斗争。抓住了两条路线斗争这个纲，也就是抓住了阶级斗争和两条道路斗争的纲。

只有抓住两条路线斗争这个纲，彻底批判前院党委十几年来所执行的修正主义路线，才能辨别清楚整个干部队伍的面貌，才能了解在以毛主席为首的无产阶级司令部与刘邓黑司令部的一次又一次激烈较量中，究竟有多少人，又是哪些人在卖力推行修正主义路线，究竟有多少是由于认识不清而执行了错误路线的一般干部，究竟有多少是受他们迫害和压制的、捍卫毛主席革命路线的好干部。也只有这样，才能为巩固和加强革命的三结合，为大胆和正确地使用干部打下坚实的基础。

只有抓住两条路线斗争这个纲，才能把学校的阶级斗争和全中国、全世界联系起来，才能把学校内的一小撮资产阶级代表人物与党内最大的走资本主义道路的当权派联系起来,彻底清算刘邓黑司令部在我院犯下的滔天罪行,把党内最大的一小撮走资本主义道路的当权派在政治上、理论上、思想上批倒批臭!

只有抓住两条路线斗争这个纲,才能充分发动群众,调动广大革命师生的积极性,运用四大武器,对旧制度、旧世界发动猛烈的进攻!

只有抓住两条路线斗争这个纲,才能把斗、批、改搞彻底,才能肃清刘邓路线在我院的流毒,不至于走改良主义道路,重蹈王恒、周天行的覆辙!

只有抓住两条路线斗争这个纲,才能在大批判中,提高我们的路线觉悟,提高我们活学活用毛泽东思想的水平,深刻了解毛主席关于无产阶级文化大革命的理论、路线、方针和政策。

红旗战士们!共产党员们!全院革命师生员工同志们!让我们紧急动员起来,认真学习毛主席著作,把大批判同我院的斗、批、改更好地结合起来,掀起一个大批判的高潮!

发扬优良传统　争取更大光荣

《红旗》第 53 期,1967 年 7 月 15 日

【社论】七月十二日,全体红旗战士以饱满的政治热情,开了誓做彻底的无产阶级革命派的誓师大会,这个会开得及时,开得对头,开得大好!一年多来,红旗战斗队经过了无产阶级文化大革命熊熊烈火的锤炼,在光焰无际的毛泽东思想的哺育下,在中央文革小组的直接关怀下,成长壮大,成为毛主席的一支坚强的红卫兵队伍。

但是,我们必须看到,被推翻了的反动统治阶级是不甘心他们的失败的,他们总是要用百倍的疯狂,妄图夺回他们失去了的天堂,他们绝不会让我们"和平"的。创业难,守业更难。

我们还必须看到，国内文化大革命的形势发展是不平衡的，国际上反华、排华的反革命声浪达到了白热化。激烈的阶级斗争必然反映到航院来，我们胜利以后，必须念念不忘阶级斗争，念念不忘无产阶级专政。忘掉了这些，在"和平园"里舒舒服服地搞起修正主义来，那是十分危险的！

我们还必须看到，资产阶级统治航院十几年了，他们绝不会自动地退出航院的历史舞台，他们必然地要和我们作拼死的斗争。复课闹革命宣告了刘邓资产阶级反动路线统治航院的彻底破产，但是，复课闹革命又意味着我们和资产阶级争夺航院的生死战斗还刚刚开始。今后的斗争将更艰苦，更复杂。

我们还必须看到，红旗战斗队基本上还是一个小资产阶级思想很重的红卫兵队伍。革命胜利以后，地位发生了变化，周围的环境又是一派"和平"气象，在这种情况下，各种人物的捧场，资产阶级的糖衣炮弹，给我们队伍中的小资产阶级思想以滋长的优良土壤。小资产阶级革命的不彻底性、狂热性和摇摆性，弄得不好，将随时可以断送红旗战斗队，航院的无产阶级文化大革命将随时有夭折或走资产阶级改良主义道路的危险，资本主义复辟在航院将随时可以发生。

胜利对红旗战斗队，是更加严峻的考验。毛主席教导我们："夺取全国胜利，这只是万里长征走完了第一步。……中国的革命是伟大的，但革命以后的路程更长，工作更伟大，更艰苦。"完成斗批改的伟大历史任务，埋葬旧的教育制度，创立崭新的社会主义教育制度的伟大历史重任，正摆在我们面前。是将革命进行到底，还是半途而废甚至倒退，是"发扬优良传统，争取更大光荣"，还是让小资产阶级、资产阶级打倒我们，问题就是如此尖锐地摆在我们面前。阶级斗争是残酷的，历史的辩证法是无情的，我们切不可书生气十足！

毛主席最近教导我们：必须善于把我们队伍中的小资产阶级思想引导到无产阶级革命的轨道，这是无产阶级文化大革命取得胜利的一个关键问题。多么深刻，多么及时，多么英明啊！我们每一个红旗战士和全院革命师生，都必须深入地把毛主席的这一伟大教导学到手！要和头脑中的"私"字来一场刺刀见红，彻底清除小资产阶级思想，做一个彻底的无产阶级革命派。

现在，配合国外反动派的"反华"恶潮，刘少奇的翻案书抛出来了，航院的"一小撮"，也在蠢蠢欲动。红旗战士们，全院革命师生同志们，是积极行动的时候了！高高举起革命的大批判旗帜，拿起笔作刀枪，坚决粉碎刘邓的嚣张气焰，最后埋葬刘邓王朝，彻底揭开航院的阶级斗争盖子，把我院复课闹革命推向一个新高潮！

"宜将剩勇追穷寇，不可沽名学霸王。"红旗战士们，全院革命师生同志们，"发扬优良传统，争取更大光荣"，在无产阶级文化大革命的征途上，跟着伟大领袖毛主席，将革命进行到底！

把立足点挪过来

《红旗》第 55 期，1967 年 7 月 29 日

【社论】正当全院革命师生和红旗战士高举毛泽东思想伟大红旗，以笔作刀枪，口诛笔伐中国的赫鲁晓夫，对党内最大的一小撮走资派掀起大批判新高潮、发动总攻击的大决战时刻，戚本禹同志来信了！首长的亲切教导和巨大关怀，有力地鞭策着每一个红旗战士，鼓舞着摔了跤的同志爬起来勇敢前进，投入战斗。

伟大领袖毛主席教导我们："不但要团结和自己意见相同的人，而且要善于团结那些和自己意见不同的人，还要善于团结那些反对过自己并且已被实践证明是犯了错误的人。"满腔热忱地、深入细致地帮助犯过严重错误的同志回到了毛主席的革命路线上来，这是战无不胜的毛泽东思想的伟大胜利！

犯了错误怎么办？是从此"逍遥"呢，还是起来闹革命？这里有一个"公"与"私"的斗争。站在毛主席革命路线一边，勇敢地捍卫毛主席的革命路线，这是最大的"公"，站在刘邓一边，坚持资产阶级反动路线，这是最大的"私"。你要回到毛主席革命路线一边来

吗？那就一定要与刘邓反动路线一刀两断，反戈一击。你忠实于毛主席的革命路线吗？那就一定对坚决捍卫毛主席革命路线的红旗战斗队有深厚的阶级感情，你就必然靠近红旗战士，向红旗战士交心。不仅口头上承认红旗战斗队的大方向，而且在行动上认真地向红旗战士学习，和红旗战士并肩战斗。

王芬同志回到毛主席革命路线一边来的最突出的一点，是她对红旗战斗队不但从感情上而且在行动上，都发生了重大的变化。

有些犯过错误的同志，虽然口头上也承认以前站错了队，表示要回到毛主席的革命路线一边来，可就是不愿意向造反派学习、靠拢，他们采取了"不承认主义"，回避对造反派的表态，有的人甚至孤芳自赏，认为只要积极地投入大批判，就同样是"无产阶级革命派"，这种不承认以前的错误，不下功夫改造自己的世界观，是极其可耻的。

既要革命，就会有阻力。王芬同志在站起来革命的时候，遭到一些顽固坚持资产阶级反动路线的人的嘲笑、讽刺、挖苦、打击，遇到了新的压力。是坚定不移地向前走呢，还是打"退堂鼓"不干了？在伟大红旗战士的帮助下，王芬同志通过活学活用毛主席著作，坚决地顶住了这股歪风。我们为她的革命行动大声叫好！

犯过错误而又勇敢前进的人，就是要比那些从此躺在地下不敢起来的人强得多！喝了几口水，但总结了经验，汲取了教训以后继续游向彼岸的人，就是要比那些从此躲进"避风港"，不敢再扬帆远航的人强百倍！

我们希望那些至今还"不服气""不认输"的人向王芬同志学习，放下臭架子，向真理投降，"抛弃过去的错误观点，纠正自己不正确的认识，努力投入当前的大批判运动，为捍卫毛主席的无产阶级革命路线而战斗。"红旗战士们，犯过错误的同志们，让我们在革命的大批判中更紧密地联合起来，团结起来，彻底摧毁刘家王朝，为无产阶级文化大革命立新功，创新劳！

今日红缨在手

北航红旗红缨

二七战报　东方红报《红旗》联合战报，1967年8月2日

武汉地区的王任重、陈再道等一小撮走资本主义道路的当权派，是血腥镇压无产阶级革命派的刽子手。他们操纵反动组织"百万雄师"，对革命派殴打、围攻、绑架、枪杀，使用各种凶器，横行霸道，甚至出赏捉杀革命派，是一帮无耻的法西斯强盗！

最近，他们竟然发展到无视党中央和毛主席的领导，狗胆包天，绑架、殴打中央代表谢富治、王力等同志和我北航红旗战士，这是严重的反革命叛乱事件，是他们对毛主席和全国人民犯下的滔天罪行。

以钢工总、钢二司、钢九一三为代表的武汉无产阶级革命派，在严重的白色恐怖下，英勇不屈，坚决斗争，不断取得胜利，狠狠打击了敌人，我们北航的革命派，对正在英勇搏斗的武汉革命派战友，怀着崇高的敬意，我们坚决支持武汉革命派的一切革命行动，永远并肩战斗，直到夺取无产阶级文化大革命的最后胜利。

无产阶级革命派最听毛主席的话，是坚持文斗反对武斗的。十六条明白规定，文化大革命要运用"四大"武器，大鸣大放，无产阶级革命派遵照规定，实行"文攻"。但是，武汉地区的祸首王任重、陈再道等一小撮走资本主义道路的当权派及御用工具"百万雄师"实行资产阶级专政，他们杀气腾腾，挥刀舞枪，任意围攻残杀革命派。革命派不仅没有鸣放的自由，连起码的人身安全也没有保障了。他们步步逼近，猖獗已极。革命派能赤手空拳，坐以待毙吗？不，绝对不能！"军阀、地主、土豪劣绅、帝国主义，手里都拿着刀，要杀人。人民懂得了，就照样办理。"垂死的阶级敌人，他们硬是拿大刀、长矛、钢枪来杀人，革命派就只好拿起武器进行自卫。否则，革命小将就要吃大亏！革命派对待武装的反革命必须"以其人之道，还治其人之身"，实行"武卫"，直到敌人最后放下武器为止。对敌人存在幻

想，丧失警惕性，不采取断然的自卫手段，就是十足的书呆子！

武汉的革命派坚决采取自卫手段，给敌人以痛击，大壮了革命派的威风！反动派自以为动刀动枪放火杀人，就能把革命派吓倒。殊不知，用毛泽东思想武装起来的革命派，是全然不怕这一套的。在斗争中，革命派更坚强更英勇，武汉的"三钢"就是革命派中的优秀代表。那些御用工具中受蒙蔽的群众，一旦识破反动派的鬼脸，反戈一击，他们就会吃不了兜着走的。

今日长缨在我手，同仇敌忾对匪敌。有毛主席、党中央的英明领导，有武汉革命造反派的坚强战斗，王任重、陈再道之流彻底垮台完蛋的日子已经到了。

斗臭彭德怀

《红旗》第 58、59 期合刊，1967 年 8 月 5 日

【社论】在举国一片革命大批判的隆隆炮声中，反革命修正主义分子彭德怀被揪出来示众了。这是无产阶级文化大革命的又一曲胜利凯歌，它吹响了彻底摧毁刘家老巢以及在军内代理人的冲锋号角。

毛主席说："混进党里、政府里、军队里和各种文化界的资产阶级代表人物，是一批反革命修正主义分子，一旦时机成熟，他们就会要夺取政权，由无产阶级专政变为资产阶级专政。"彭德怀就是这样的反革命修正主义分子。他是刘、邓黑司令部中的一员干将，是刘、邓篡党、篡军复辟资本主义的急先锋。

彭德怀，这个在庐山会议上被罢了官的"海瑞"，顽固地站在资产阶级反动立场上，一贯反党、反社会主义、反毛泽东思想，反对无产阶级专政。他在中国革命的历史上犯下了滔天的罪行。

就是这个彭德怀，从他一九二八年混进革命队伍的几十年中，一直与毛主席革命路线唱对台戏，进行过十六次分裂党，分裂军队的阴谋活动。

就是这个彭德怀，猖狂地反对党的社会主义建设总路线，恶毒攻击三面红旗，把亿万人民的高涨的革命热情，污蔑为"小资产阶级的狂热性"。

就是这个彭德怀，顽固坚持资产阶级、修正主义军事路线，疯狂反对毛主席的军事路线，宣扬单纯军事观点，反对突出无产阶级政治，妄图把人民军队变成他复辟资本主义的工具。

就是这个彭德怀，长期以来，招降纳叛，结党营私，纠集反党宗派集团，妄图把军权掌握在自己手中。

就是这个彭德怀，里通外国，勾结赫鲁晓夫修正主义集团，配合国内外反动势力，借我国遭受自然灾害的时机，再次向党发动猖狂进攻，妄图进行反革命政变。

无数铁的事实证明彭德怀是一个地地道道的老反革命，是个反党篡军的大阴谋家。在庐山会议上，我们伟大的领袖毛主席及时发现了他的反党阴谋，罢了这个"海瑞"的官。

彭德怀这条老狗虽然落了水，却还没有死，他还会爬上岸来咬人。六二年就在刘、邓的指使下搞了一次翻案，被我们狠打了一顿。现在我们必须奋起千钧棒，穷追猛打，打死这只老狗。

党内一小撮走资本主义道路的当权派，深深懂得要篡夺无产阶级政权，就一定要篡夺无产阶级专政的柱石——中国人民解放军的军权。彭德怀就是一个充当了刘邓篡政需要地混进军内的资产阶级代言人。当前，公开批判军内资产阶级代表人物彭德怀、罗瑞卿以及他们所推行的修正主义军事路线有着重大的意义，它是彻底摧毁刘、邓黑司令部，把军内文化大革命进行到底，巩固无产阶级专政的战略措施。

在毛主席的无产阶级军事路线和资产阶级、修正主义的军事路线斗争中，在以毛主席为首的无产阶级司令部和以刘、邓为首的黑司令部的斗争中，林彪同志有着极其卓越的贡献。林彪同志最高举毛泽东思想伟大红旗，最坚决执行毛主席的军事路线，反对彭德怀的修正主义军事路线。

我们要向林彪同志学习，高举毛泽东思想的革命旗帜，积极投入当前的大批判运动，从彭德怀入手，坚决揪出军内一小撮走资本主义道路的当权派，把军队的文化大革命进行到底，从政治思想理论上彻底把刘、邓及彭德怀的修正主义黑货批倒批臭，把枪杆子牢牢掌握在无产阶级手中，永葆社会主义的铁打河山。

打倒彭德怀！

认清形势，认准方向，大立新功！

本报编辑部

《红旗》第 61 期，1967 年 8 月 15 日

无产阶级文化大革命是我们最最伟大的领袖毛主席亲自发动的、亲自领导的。

无产阶级文化大革命是当今世界上最新、最深刻的大革命。

无产阶级文化大革命充分发动了亿万革命群众，无产阶级文化大革命的奇观壮举，震动着全世界。

一年多来，无产阶级文化大革命在全中国、在全世界取得了极其伟大的胜利，这是中国无产阶级对资产阶级的胜利，对帝国主义的胜利，对现代修正主义的胜利，对一切剥削阶级的胜利！

我们是在前进的道路上，胜利的道路上！这一点，是使我们的敌人所咬牙切齿地，歇斯底里的致命要害。

当然，我们是唯物主义者，事物的发展是不平衡的，世界上绝对平衡的东西是不存在的。全国的无产阶级文化大革命的形势，发展也是不平衡的。

当前，全国不少地方出现了大规模的武斗，甚至发展到反革命暴乱，那些地方的无产阶级革命派战斗得很英勇，很艰苦。但是，经过了一年多的较量，资产阶级司令部已经濒于垮台，没有什么力量，他

们在全国挑起的大规模武斗,只能说明他们已经相当虚弱,而绝不显示他们的强大。他们在做最后的、垂死的挣扎,斗争越激烈、越艰苦,乱得越透的地方,问题就会解决得越彻底。

无产阶级文化大革命的形势大好,越来越令人欢欣鼓舞!

但是,也有些人不善于按照毛主席的教导去分析形势。毛主席教导我们:"我们看事情必须要看它的实质,而把它的现象只看作入门的向导,一进了门就要抓住它的实质,这才是可靠的科学的分析方法。"有些人,把当前全国各地发生的武斗这些现象当作了无产阶级文化大革命的主流,因此,错误地得出"现在全国处于反革命复辟的前夕"的结论。假如这个结论成立,那末一年来的文化大革命不是给否定了吗?亿万文化革命大军的努力奋斗,群众运动的功绩,革命小将的先锋作用,诸如此类,不是都要给否定了吗?这是多么荒唐可笑的结论啊!

由于这个错误结论的得出,因此也就刮起了"第三次社会大串联"的风。如果说,大串联,在文化大革命运动初期,煽风点火,起了极为巨大的作用,那么现在,文化大革命已进行了一年多,各地的阵线分得比较清楚了,群众也充分发动了,各地的无产阶级革命派经受了一年来多次反复的阶级斗争的锤炼,已成长成为钢铁般的队伍。煽风点火是不需要了,相反,有些人把派别斗争带到外面去,起到了坏的作用。大串联已不适合当前文化大革命的形势,更对当前的革命大联合和革命的大批判有害,因此,这股风是歪的,应该休矣!

由于这个错误结论的得出,并对《红旗》杂志社论的不全面理解以及对江青同志"文攻武卫"提出的不全面理解,弄的全国到处在揪军内的"一小撮",在打倒"××的陈再道"。这往往被敌人钻空子所利用,是错误的!中国人民解放军是毛主席亲手缔造的,是林彪副主席直接指挥的人民军队,是我国无产阶级专政的强大柱石。当然,军队是在阶级斗争中产生、发展和存在的,中国人民解放军也是这样。我国国内还有阶级,国外还有帝国主义、现代修正主义和反动派,阶级斗争的问题,不可能不反映到军队里来。资产阶级和无产阶级争夺军队的斗争,军队里资产阶级和无产阶级两条路线的斗争,一直很激烈，一直没有间断。因此，清除混进军队里的资产阶级代表人物，是一件相当重要的大事，这是关系到无产阶级的命运和前途的大事，"没有一个人民的军队，便没有人民的一切。"

但是，解决军队的问题，决不能同解决地方的问题一样。发动群众去炮轰，去揪的办法是错误的，也是行不通的！解决军队的问题，是通过暴露的办法，通过自上而下的办法，党中央、毛主席解决的办法，我们是这样认为的。

因此，我们认为，形势分析错了，斗争的方向就确定错了，随之而来的就是斗争的方针、斗争的口号等一系列的错误，这就会把我们的文化大革命引导到邪路上去，这是很危险的。

当前，摆在我们面前的战斗任务，就是如何在文化大革命的大好形势下，鼓足干劲，认准方向，克服我们队伍中小资产阶级的摇摆性和革命不彻底性，对资产阶级司令部猛冲猛打，乘胜追击，开展亿万群众的革命大批判，从政治上、思想上、理论上、组织上彻底摧毁资产阶级司令部。

在当前的战斗任务下，在大敌当前，在革命的大批判旗帜下，"内战"必须消除，武斗必须制止，无产阶级革命派必须大联合！搞臭"内战"，深恶痛绝派别斗争，揪出搞派别斗争的黑手！

派性差，就是无产阶级的党性强，难道不真是这样吗？！

拒绝参加分裂会议，拒绝参加派别会议，拒绝两派到一个单位去搞"串联"；开大联合的会议，开"一大派"的会议，搞革命的相互支持，这就是我们的行动口号！

大批判是基本功，是最深入、最细致的革命，要搞好大批判，就必须提高我们队伍的斗争性、科学性、组织纪律性，就必须深入地进行调查研究，就必须不断地总结经验，在总结的基础上有所发现，有所发明，有所提高。仅仅靠一股子闯劲是搞不好大批判的，更重要的是在斗争中当群众的小学生，学习，斗争，学习，斗争，集中群众的智慧，发动群众运动，把革命的大批判推向前进。

最近，我们的副统帅林副主席向我们发出了新的战斗号召："高举毛泽东思想伟大红旗，在无产阶级文化大革命运动中立新功。"战友们,同志们,让我们更好地把小资产阶级思想引导到无产阶级革命的轨道,克服小资产阶级的摇摆性和革命的不彻底性,发扬鲁迅的初的战斗精神和痛打落水狗的彻底革命精神,消灭武斗,消除"内战",结成"一大派",拧成一股绳,更进一步地联合起来,团结起来,结成浩浩荡荡的文化革命大军,朝着资产阶级司令部狠狠地杀去!在完成新的战斗任务中,为人民大立新功!

"唤起工农千百万,同心干,不周山下红旗乱。"

大批判中立新功

《红旗》第 62 期,1967 年 8 月 19 日

【社论】去年八月十八日,我们最最敬爱的领袖毛主席第一次接见了无产阶级文化革命大军。从此,毛主席亲自倡导的红卫兵运动,风起云涌,汹涌澎湃,红卫兵组织,如雨后春笋,遍及全国。八月二十日,我院红旗战斗队就在战火纷飞炮声隆隆中光荣诞生。八月十八日是毛主席的红卫兵的盛大节日。它以无比光辉的一页载入无产阶级文化大革命的史册。千百万红卫兵小将,在过去的一年中,无限忠于党,忠于伟大领袖毛主席,忠于毛主席的革命路线,向着中国赫鲁晓夫为首的资产阶级司令部冲锋陷阵,浴血奋战,进行了英勇的搏斗,在史无前例的无产阶级文化大革命中,立下了不可磨灭的功勋!

我院红旗战斗队,是我们红司令毛主席忠实的红小兵,在伟大毛泽东思想的哺育下,在毛主席、党中央、中央文革的亲切教导和关怀下,不断成长壮大,在一年来的文化大革命中,做出了我们自己的努力,取得了一定的成绩。回顾过去的战斗历程,展望面前新的战斗任务,每个红旗战士和革命同志的心啊,禁不住奔放激荡,满腔热血,奔流沸腾。

一年多来的文化大革命,在全国取得极其辉煌伟大的战果,形势

一片大好。滚滚向前的历史车轮，已将无产阶级文化大革命推进到了一个新的阶段。

当前，全国掀起了对刘邓王朝的革命大批判，彻底从政治上、思想上、理论上摧毁刘邓资产阶级司令部的时候到来了！就在这个新的阶段，我们伟大领袖毛主席的亲密战友林彪副主席，向全军，全国人民发出了新的战斗号召："高举毛泽东思想伟大红旗，在无产阶级文化大革命运动中立新功。"

《红旗》杂志和《人民日报》编辑部的批判文章，一篇接着一篇，像一颗颗重型炮弹，准确地在刘邓王朝的心脏炸开，无数革命派写的批判文章，像交织的火力网，从各个不同角度杀向刘邓王朝。

当前的革命大批判的特点是：火力猛烈，上纲尖锐而深刻，刘邓王朝的一帮狐群狗党，一个个被拖出来点名示众，公之于世，革命群众的批判文章日渐增多。可见，革命的大批判，从规模和深度来说，已推进到了一个新的水平。

革命在飞速向前。革命的大批判，是砸烂刘邓王朝的大战役。这场战役从中央到全国，有计划有步骤有组织地在进行。我们一定要紧紧跟上这一伟大的斗争形势。

立新功，首先要在这场革命大批判中立新功！革命的大批判，是一场硬仗。我们要在这场硬仗中杀出我们的威风来！

林彪同志说，"只有刺刀上杀出威风来的部队，才是厉害的队伍。"

回顾去年八月开始的，我们红旗战斗队二十八天二十八夜艰苦顽强勇敢战斗的日子，我们这支队伍刺刀上是"见过红"的。目前这场大批判的硬仗打响以后，我们一定要很快地冲上去，在刺刀上杀出威风来！我们要用足够有力的枪弹狠狠击中刘邓王朝的要害。我们的同志要在思想上对这场大批判有足够的准备和认识。

敌人是十分顽固的，资产阶级司令部散布的毒素和影响是十分深的。你不打，它就不倒。我们批倒批臭他们的每一个修正主义的反动观点，就是从根本上挖掉他们在中国搞资本主义复辟的每一个毒瘤。灰尘不扫，是不会自己跑掉的，只有通过群众性的大批判，才能从我们的思想深处，把修正主义的反动毒素，扫除干净。只有把大批判这一仗打好，打漂亮，才能很好地胜利进行以后一系列的战斗。

立新功，必须进一步加强我们红旗战斗队的建设。没有一支非常战斗化，非常无产阶级化的队伍，要在无产阶级文化大革命中立下战功是不可能的。

毛主席强调指出："必须善于把我们队伍中的小资产阶级思想引导到无产阶级革命的轨道，这是无产阶级文化大革命取得胜利的一个关键问题。"这是向全国革命派指出的一个头等重要的问题。我们必须在改造客观世界的同时，认真努力改造主观世界，否则革命是不可能成功的。不把小资产阶级思想引导到无产阶级革命的轨道，我们就会在政治上左右摇摆，抓不住大方向，我们就会在思想上行动上跟不上毛主席的伟大战略部署。

要搞好当前这场大批判，要很好加强我们队伍的建设，靠的是什么呢？靠的是伟大的毛泽东思想。"当代的中国，是世界矛盾的焦点，世界革命风暴的中心"。摆在我们每个革命战士面前的任务是十分艰巨而伟大的。我们的一切行动，与中国和世界革命的前途，与世界人类的命运是息息相关的。

我们只有坚决响应林彪副统帅伟大的新的战斗号召，高举毛泽东思想伟大红旗，才能在无产阶级文化大革命中立新功，才能在当前的这场大批判中立下战功！

在纪念八·一八、八·二０的今天，我们一定要拿出最大的革命干劲，发扬勇敢顽强，扎扎实实的战斗作风，满怀强烈的阶级仇恨，对准刘邓资产阶级司令部，猛打猛攻！我们要用实际行动来证明，我们是无愧于毛主席的忠实的红小兵。我们要用实际行动来回答中央首长对我们的殷切期望。红旗战士们，全院革命的同志们，让我们在伟大的毛泽东思想的光辉照耀下，更奋勇前进吧！

刘天章烈士永垂不朽

《红旗》第 63 期，1967 年 8 月 22 日

【社论】我北航红旗战士、毛主席最忠实的红卫兵刘天章同志为了捍卫毛主席的革命路线，为了掩护战友的安全，不幸在河南开封壮烈牺牲了。

我们怀着无限悲痛、无限崇敬的心情，痛悼我们最亲密的战友——刘天章烈士。

刘天章同志是又一个郭嘉宏，他和黄继光、董存瑞、雷锋、王杰一样，是伟大的共产主义战士。他的一生是伟大的一生，光荣的一生，战斗的一生。阳光雨露育新苗，毛泽东思想哺英雄。

刘天章同志，是在毛泽东思想哺育下成长起来的，他的一言一行都闪烁着毛泽东思想的光辉。他，毛主席著作学得最好，用得最活。用毛泽东思想武装起来的刘天章同志，爱憎最分明，无产阶级立场最坚定。他对刘少奇、邓小平，对党内一小撮走资派刻骨仇恨，而对党对毛主席无限热爱、无限忠诚；

他对"八一纵队"的一小撮反革命分子像严冬一样冷酷无情，而对同志像春天一般温暖；

他面对资产阶级反动路线和修正主义教育路线的残酷迫害，不怕留级，不怕被赶出学校，不怕被打成反革命。造反！造反！造反！为了保卫毛主席的革命路线，饭不吃，觉不睡，赴汤蹈火，奋勇向前，直到献出自己的生命。

他极端鄙视那些被旧党委捧为"又红又专"典型的修正主义苗子，他无限敬仰雷锋、王杰、焦裕禄这些革命英雄。

刘天章同志为了革命事业，勤勤恳恳，兢兢业业，忠心耿耿，不为名，不为利，不怕苦，不怕死。

刘天章同志不愧为无产阶级革命派的硬骨头，不愧为北航红旗的钢铁战士。

他是耸入云霄的高山。

他是独立支持的大树。

让一小撮混蛋、王八蛋向刘天章烈士和我们狂吠吧！

那些恶毒咒骂刘天章同志"造反动机不纯"，骂他为"痞子"的人，在他高大的形象之下，只不过是一抔黄土。

刘天章同志虽然牺牲了，但他永远活在我们心中。烈士的鲜血把北航红旗染得更红了。

成千成万的先烈，为着人民的利益，在我们的前头英勇地牺牲了，让我们高举起他们的旗帜，踏着他们的血迹前进吧！

从挑起所谓"北京两大派斗争"到炮制"揪军内一小撮"的反动口号

本报评论员

《红旗》第67，第68合刊，1967年9月9日

首都的无产阶级文化大革命又经历了一个光辉的战斗历程。

经过更加深入、尖锐、复杂的复辟和反复辟的伟大斗争暴风雨的洗礼，首都最忠实于毛主席的无产阶级革命派，已经更加巩固和强大。他们正横戈跃马，紧跟毛主席为首的无产阶级司令部的伟大战斗号令，投入新的伟大决战。

一九六七年辉煌的九月，在无产阶级文化大革命又一个波澜过去之后，隐蔽的、投机混入革命阵营的、浑水摸鱼的资产阶级小野心家的形形色色的丑恶面目，更加暴露无遗了。这帮家伙是六十年代的小"袁世凯"。他们伸进革命队伍中的反革命黑手，已经一只只地被人们揪住，他们的复辟阴谋已经宣告破产。

由来已久、影响着北京和全国运动的所谓"北京两大派的斗

争",到底是怎么一回事呢?

过去,本报一直从维护革命大联合的愿望出发,保持了应有的缄默。今天,在新的斗争形势下,我们有必要逐步地阐明自己的观点和立场,揭开所谓"两大派斗争"之谜及其实质。

所谓"两大派斗争",这是一种表面现象。这是阶级敌人的一种具有煽惑性的说法。我们向来认为,首都高等学校的无产阶级革命派和全市无产阶级革命派,从根本利益和革命大方向来讲,完全不应该有,而且也不可能有根本对立的"两大派"。我们都是忠于毛主席的红卫兵,都是在毛主席为首的无产阶级司令部领导之下的革命组织。我们没有根本利害冲突,我们之间有时也可能有这样或那样的分歧,甚至是原则分歧。但是,所有这些,终究是人民内部的问题,是完全可以通过同志式的协商、批评和自我批评来解决的。阶级敌人拼命散布所谓"两大派斗争"的论调,其目的是用"宗派斗争"的烟幕来掩盖他们罪恶的黑手,对于这种阴谋,我们必须坚决予以揭穿!

革命的战友们:

数月以来,在首都政治舞台的风云变幻中,有多少疑团值得我们深深地思索:

为什么,被毛主席和党中央一再倡导的大批判运动屡次横遭冲击?

为什么,尽管有中央首长的直接关怀,某些学校的左派组织却依然没有免于分裂,不能实现革命大联合?

为什么,学生运动的分裂竟在其他领域造成极广泛的对峙之势?

为什么,具有广泛社会关系的反革命组织五·一六兵团一度气焰嚣张,疯狂地炮打无产阶级司令部和动摇、分裂人民解放军?

如此等等。

许许多多这样的社会现象,反映着复杂的阶级斗争,这难道不值得我们深思吗?!

现在"林杰、赵易亚、穆欣"反党集团被暴露在光天光日之下了,岂不是"发人深省"的吗!

阶级斗争是客观存在的,是不以人们的意志为转移的。"树欲静而风不止"。一切阶级都将按照它们自己的规律在政治舞台上进行表演,要他们不表演是不可能的。当前在北京出现的这一场斗争,是阶级斗争的必然。

这一场斗争是以"派别斗争"为幌子,以篡夺无产阶级政权为目标的阶级大搏斗。这一场斗争的特点,就是阶级敌人总是千方百计地企图动摇和分裂以毛主席为首的无产阶级司令部。一方面他们企图通过分裂革命左派队伍来瓦解红色政权的基础,另一方面,他们企图通过破坏人民解放军的崇高威信来瓦解无产阶级专政。这些资产阶级小政客,他们到处施展反革命伎俩、玩弄政治权术,竭力从革命派队伍中拉出一部分人构成"一派"用以攻击另"一派",以此来搅乱阶级阵线,而他们自己从中渔利,窃取无产阶级文化大革命的胜利果实!这就是所谓"两大派斗争"。他们的全部活动,都是靠政治收买、拉拢、欺骗、煽动来进行,而且往往都是通过"高级"的"秘密"串联等微妙关系来结成某种"联盟",靠危言耸听的煽动来蒙蔽群众。这种斗争,往往表现为群众组织之间的斗争。他们挑动一方攻击另一方,从而使革命组织的斗争矛头都互相指向对立的一方,造成一种内战状态。这种斗争,很显然,是由黑手操纵的。如果无产阶级革命派本身看不清这种斗争的实质,看不见黑手,就会真的把它看成一种革命组织之间的"派别"斗争,那就是中了敌人的奸计,那就要犯绝大的错误。

这场斗争是不可避免的。斗争本身就是被推翻的资产阶级司令部的残余势力的垂死挣扎,是行将灭亡的反动阶级对无产阶级的一种本能的反抗。

这场斗争是不可调和的。这场斗争,是阶级搏斗在新的形势下的继续。是关系到哪一个阶级最后取得胜利的问题,是关系到是保卫无产阶级专政和瓦解无产阶级专政的问题。

在这里,必须强调指出,任何时候,在任何情况下都不能说,革命组织的某一方代表了资产阶级司令部的残余势力,都不能说革命组织之间的斗争是不可调和的,更不能说斗争的结果是一方吃掉另一方。而是说，互相斗争着的革命组织之间的矛盾，属于人民内部性质，而伸入革命组织之间进行挑拨离间活动的"黑手"，是一切革命组织，革命同志的共同敌人。

这一伙资产阶级小政客，他们抓宣传，抓舆论、抓意识形态。这些家伙，有的曾经是投降变节的叛徒，有的是反动派豢养的走狗特务，有的是靠卖弄权术起家的小丑。他们是双手沾满了人民鲜血的刽子手，他们对毛主席、对人民、对无产阶级司令部怀着刻骨的阶级仇恨。他们总是妄图从极"左"或极右的方面，来动摇无产阶级司令部，动摇无产阶级专政。他们四处伸出黑手，武汉事件发生以后，这一伙人尤其活跃，他们错误地估计了时机，趁着全国人民义愤填膺地声讨陈再道之流的反革命暴乱的时候，竟然炮制了"揪军内一小撮"的极端反动的口号。他们妄图以极"左"的面目来煽动群众，把矛头指向人民解放军。企图动摇无产阶级专政的主要柱石。可是，正当这一小撮人得意忘形之时，他们的黑手早就被以毛主席为首的无产阶级司令部揪住了，早就被广大无产阶级革命派揪住了。赵易亚被揪出来了！林杰被揪出来了！吴传启、穆欣之流已经成了不戳即穿的纸老虎，成了人人喊打的过街老鼠！

历史的辩证法是无情的。毛主席说："搬起石头打自己的脚"，这是中国人形容某些蠢人的行为的一句俗话。各国反动派也就是这样的一批蠢人。这伙曾经飞扬跋扈，嚣张一时的人物，其实只不过是一个个微不足道的小玩意。这些小玩意至多也只不过是一个纸糊的小灯笼，用一个小小的指头一戳就穿了。

这些家伙，为什么对紧跟毛主席，紧跟中央文革的革命左派如此仇恨，虎视眈眈，咬牙铮铮，而对叛徒、特务和牛鬼蛇神百般包庇，爱护备至呢？这难道不正暴露了他们的资产阶级反动立场吗？

这些家伙，为什么要到处扶植革命派的反对派，组织反对派，拉一派，打一派？他们为什么搞特务活动，收集革命左派的黑材料，千方百计地利用被他们篡夺的政权对无产阶级革命派实行资产阶级专政呢？这难道不正暴露了他们的资产阶级反动立场吗？

这些家伙，为什么千方百计地挑动群众把矛头指向解放军呢？

为什么提出"揪军内一小撮"的反动口号呢?这难道不正暴露了他们的资产阶级反动立场吗?

这些家伙利令智昏,得意忘形,把黑手伸向无产阶级司令部,企图从极"左"的方面来动摇无产阶级司令部,大整总理和伯达同志的黑材料,这就使他们露了马脚。一个反革命阴谋集团"首都五•一六兵团"的黑后台被揪出来了!伸向无产阶级司令部的黑手被揪出来了!

一切反革命阴谋家都要在毛泽东思想的阳光下现出原形。

失败的终究是敌人。而胜利必定属于无产阶级。

曾几何时,他们策划于密室,点火于基层,四面串联,八方呼应,以为时机一到,大权立刻到手。这几个小丑在资产阶级司令部的指使下那种欢喜若狂、魔笛跳舞的狂热劲,何等可笑啊!

曾几何时,他们造谣言,放暗箭,竭力搞垮革命组织。然而革命大旗迎风飘扬,钢铁长城巍然屹立。这几个小丑用脑袋碰壁的傻劲,何等可悲啊!

曾几何时,他们一方面把自己别有用心地与无产阶级司令部联系在一起,另一方面又把罪恶的黑手伸向无产阶级司令部。想当初那种想当"袁世凯第二"的美梦,做得何等香甜呵!

曾几何时,他们十分恶毒地把聂元梓打成"黑手",却恬不知耻地把自己封为某些群众组织的"红后台"。这种手法,用得何等"高超"啊!

但是历史将无情地嘲弄那些可耻的小丑。

请问,斗争的结果,除了是资产阶级的彻底失败和无产阶级的彻底胜利之外,还有什么呢?

毛主席说:"这是大海的怒涛,一切妖魔鬼怪都被冲走了。社会上各种人物的嘴脸,都被区分得清清楚楚。党内也是这样。"

一切妖魔鬼怪都逃不过毛泽东思想的望远镜和显微镜。林杰、赵易亚之流及其反革命小集团被揭露出来了,反动组织"首都五•一六兵团"的反革命阴谋彻底破产了!这些在文化大革命中曾经喧嚣一时的小丑们,他们自以为聪明,其实愚蠢得很。他们自以为强大,其实虚弱得很。只要无产阶级用手指一点，这帮家伙就会变为粉碎。而无产阶级革命派的大联合，必将在彻底摧毁林杰之流的反革命集团和反动组织"五·一六兵团"的斗争中，得到空前的巩固。无产阶级革命大批判将来势更猛，以不可抗拒的强大火力，彻底埋葬资产阶级司令部。

无产阶级文化大革命的形势从来没有现在这样空前大好，无产阶级革命从来没有今天这样振奋。毛主席和中央文革向我们发出了新的伟大战斗号令。我们紧跟伟大领袖毛主席的伟大战略部署，高举革命大批判的旗帜和拥军爱民的旗帜，把无产阶级文化大革命推向新的胜利的阶段！

在胜利的凯歌声中，在战斗的呼啸声中，我们也偶尔听到几声敌人的哀鸣。他们有如失去了父母、死去了丈夫一样号啕，就像丢掉了心肝、吓飞了魂魄一样的没命惨叫。

然而，号啕和惨叫又有什么用呢？

都到地面上来！

红旗论坛　红山石

《红旗》第 70 期，1969 年 9 月 19 日

"全世界无产者，联合起来！"这是无产阶级的响彻云霄的战斗口号。大联合，是首都红卫兵的光荣历史使命！什么"天派""地派"，统统见鬼去吧！"天派"，从天上下来吧！否则，定会摔得粉身碎骨！"地派"，从地下钻出来吧！否则，就要闷死！

我们有共同的敌人，我们有共同的斗争目标，为什么不能联合起来呢？还是到地面上来吧！

在毛泽东思想伟大旗帜下，联合起来，共同战斗！

在毛泽东思想的光辉旗帜下并肩前进

北航《红旗》地质《东方红报》联合刊，1967年9月23日

在我们最高红司令毛主席的伟大号召下，在光辉灿烂的国庆十八周年的前夕，首都和全国的无产阶级革命派掀起了大联合、大批判的新高潮。

乘着首都和全国革命大联合的东风，北航红旗和北地东方红在毛泽东思想旗帜下联合起来了！团结起来了！这是毛泽东思想的伟大胜利！

这个联合，是我们红卫兵认真学习伟大领袖毛主席最新指示的丰硕成果，是紧跟毛主席伟大战略部署的重要标志，是向在大联合中一马当先的工人阶级学习的具体行动。

这个联合，给了以中国赫鲁晓夫为首的党内一小撮走资本主义道路当权派当头一棒，是对"五·一六"反革命阴谋集团及其幕后操纵者的沉重打击。

这个联合标志着首都文化大革命出现了新形势，新局面；展示了文化大革命的光明前景！

我们北地东方红，北航红旗都是从资产阶级反动路线的白色恐怖的统治下冲杀出来的革命战友。在那艰苦斗争的岁月里，肩并肩战斗，互相学习，互相支持，并肩前进！在同中国的赫鲁晓夫及其提出和推行的资产阶级反动路线的斗争中，我们建立了深厚的战斗友谊！我们都是同甘苦，共患难的战友，我们有共同的敌人，有共同的无产阶级的奋斗目标，有共同的指导思想——毛泽东思想。我们过去没有丝毫的理由分裂，同样现在我们仍然没有任何理由分裂。我们之间的分歧完全可以遵照毛主席的教导，用"团结——批评——团结"的方法予以解决。

然而，为什么前段时间却出现了令人痛心的分裂局面呢？

一切社会现象，都是阶级斗争的反映。革命大联合的破坏者从政

治上和客观上是包括党内走资本主义道路的当权派、美、蒋、苏修特务，和地富反坏右在内的阶级敌人；从思想上和主观上是革命派头脑中的个人主义、山头主义、无政府主义等形形色色的资产阶级、小资产阶级思想。

归根结底，是我们没有紧跟毛主席的伟大战略部署，以致被黑手利用，在革命大联合中犯了严重的错误。

阶级敌人暴露出来了！沉痛的教训教育了广大革命群众。无产阶级革命派要坚定地站在毛主席的革命路线一边，在毛泽东思想的旗帜下联合起来，共同战斗！已成为群众的响亮呼声。无产阶级革命派大联合的新形势已经到来了！

毛主席教导我们："在工人阶级内部，没有根本的利害冲突。在无产阶级专政下的工人阶级内部，更没有理由一定要分裂成为势不两立的两大派组织。"而我们红卫兵之间，革命派之间，也没有根本的利害冲突，也应该响应毛主席的伟大号召，在毛泽东思想的基础上联合起来！我们不当什么"天派"或"地派"，誓做毛泽东思想革命派！

而要这样做，就必须有敌情观念，必须牢牢记取过去分裂的教训，随时警惕来自"左"的，右的或同时从两个方面来的阶级敌人的捣乱和破坏！

要这样做，双方就必须勇于自我批评，敢于"否定"自己，而不要总以为自己"功劳大"，"响当当"，别人却不怎么样；不要总觉得自己自我批评了，对方不自我批评这是吃了亏；都必须多看对方的优点，多看自己的问题，而不要做只照别人不照自己的"手电筒"，更不能对同志念念不忘翻老账。

无产阶级文化大革命的经验教训一次又一次清楚地告诉我们：无产阶级文化大革命必须是工人阶级来领导，而绝不是学生去领导工人阶级，左右工人运动。红卫兵是文化革命的先锋；但是，文化革命发展到今天，我们队伍中的小资产阶级革命不彻底性已成为妨碍自己和人民群众前进的障碍！特别是最近几个月来形形色色小资产阶级思想的充分表演，使我们深刻地认识到自觉地改造主观世界，

"把我们队伍中的小资产阶级思想引导到无产阶级革命的轨道"是形势发展的迫切要求！你要做彻底的无产阶级革命者吗？你就应当勇敢地把妨碍自己和人民群众前进的包袱丢掉，把小资产阶级的"派性"看成一堆狗屎！大破资产阶级世界观，大立毛泽东思想的绝对权威！否则，就将成为历史上匆匆来去的过客。

促进革命大联合，是当前文化革命深入发展的关键，是破"私"立"公"的一场白刃战；也是对红卫兵、无产阶级革命派和一切革命同志的严峻考验！

一切无产阶级革命派都应以"只争朝夕"的革命精神联合起来！奋力投入革命大批判的伟大斗争。在毛泽东思想的光辉旗帜下并肩战斗，奋勇前进！

毛泽东思想哺育的英雄

《红旗》第 71 期，1967 年 9 月 24 日

【社论】国际悲歌歌一曲，狂飙为我从天落。

我北航红旗又一名优秀的战士，毛主席最忠实的红小兵周锡坤同志，为了忠实地执行毛主席的伟大战略部署，为了捍卫伟大的毛泽东思想，为了捍卫毛主席的无产阶级革命路线，不幸在湖南湘乡壮烈地牺牲了。

周锡坤同志是刘胡兰式的英雄，是我们队伍里又一个张思德、雷锋、王杰、欧阳海……。

岳麓山上的松涛声声怒吼，湘江里的流水滚滚奔腾。在那长沙白色恐怖的日日夜夜，周锡坤同志，心里时刻想着湖南人民的解放，腥风血雨之中，他冲锋陷阵，英勇顽强，不知疲倦地战斗；在被敌人包围的时候，他首先想的不是自己，而是战友的安全，是抢救负伤的同志；在敌人的严刑拷打面前，他毫不屈服，正气凛然，怒斥敌人从容

就义。他用自己的鲜血写下了文化革命历史上光辉的一页，他用自己钢铁的身躯铸成了我们无产阶级革命派的无上光荣。他永远是我们学习的榜样。

阳光照耀着大地，雨露哺育着青松。

周锡坤同志，就是在伟大的毛泽东思想照耀和哺育下成长起来的英雄。他最听毛主席的话，他最爱读毛主席的书，他坚决照毛主席的指示办事，毫不含糊，毫不动摇。他的一言一行都闪烁着毛泽东思想无际的光辉，他的一言一行都显示着毛泽东思想巨大的威力。

他对于毛主席无限热爱，无限信仰，无限崇拜；他时刻念念不忘的是毛主席的伟大教导，他时刻遵照执行是毛主席的伟大指示；

他对刘邓黑司令部有着刻骨的仇恨。他对毛主席的无产阶级司令部无限忠诚，无限信赖。他坚信中央文革，坚信周总理，对社会上怀疑一切的逆流坚决斗争，坚决反击；

他走到哪里就在哪里宣传毛泽东思想、宣传毛主席的革命路线，宣传毛主席的伟大战略部署。他对敌人无比愤恨，对战友无限亲切；

他立场最坚定，爱憎最分明。在高压和恐怖之下对毛主席的革命路线始终深信不疑。坚决为湖南的革命造反派"湘江风雷"翻案。他认真深入群众，仔细调查研究，给中央文革提供了大量的材料，为中央解决湖南问题做出了积极的贡献；

他处处严格地要求自己。他敢于正视自己的缺点和错误，并且勇于改正它，造"私"字的反。即便在连天的炮火之中也仍然不忘改造主观世界；

他勇于坚持真理，不怕受讥讽，不怕受压制，更不怕自我牺牲。别人劝他，他说："这有什么了不起，死我一个周锡坤也算不了什么"。这是何等伟大的气魄，多么壮迈的豪情；

他具有高度的革命责任感，兢兢业业，勤勤恳恳，不为名，不为利。这又是多么崇高的品质。

周锡坤同志牺牲了，但他英雄的形象却永远活在我们的心中。

周锡坤同志的壮烈牺牲是对刘少奇之流一记最响亮的耳光。我们的英雄用他那激动人心的事实最有力地批判了中国赫鲁晓夫的

"叛徒哲学",痛斥了这个资本家走狗的无耻谰言。那些自诩"老革命"而实则变节投降的叛徒,那些号称"造反派"而又自首保命的败类和我们的英雄比起来是何等的渺小,何等的卑鄙。他们只不过是一群碰壁的跳蚤。而我们的烈士是翱翔在高空的雄鹰。

"斑竹一枝千滴泪,红霞万朵百重衣"。是谁夺去了烈士年轻的生命?是谁夺去了我们最亲爱的战友?是刘少奇!是邓小平!是党内一小撮走资本主义道路的当权派。这是刘邓欠下革命人民的又一笔血债。

血债必须加倍地偿还!同志们,战友们,让我们"揩干净身上的血迹,掩埋好同伴的尸首",接过烈士手中的枪,继承烈士的遗志,向刘邓猛烈开火,向党内一小撮走资本主义道路的当权派猛烈开火,誓与刘邓决一死战!

取刘邓首级,祭烈士的英灵。

周锡坤同志永垂不朽!

斗小私,防大修

《红旗》第73期,1967年10月7日

【社论】在毛主席"斗私,批修"的伟大号召下,全国掀起了一个空前规模的"斗私,批修"的高潮。彻底的无产阶级革命派,挥动"破私"的铁扫帚,横扫一切资产阶级的歪风邪气。奋起毛泽东思想的千钧棒,同头脑里的"私"字展开刺刀见红的白刃战。

毛主席发出的"斗私,批修"的伟大号召,像一座光芒四射的灯塔,照亮了无产阶级文化大革命的航向。一年多阶级斗争的无数事实,使我们从内心感到,毛主席的指示是多么英明,多么及时,多么深刻,多么伟大!

在前一段文化大革命中,一些地方风行的形形色色的资产阶级、小资产阶级思潮,一些同志头脑里"私"字的大发作,极大地阻碍了运动的发展,破坏了毛主席的战略部署。并极大地腐蚀着革命的队伍。每一个革命战士都从亲身经历的无数事实痛切地感到:要批修,就必须斗私;不斗私就不能批修。

当前,在我们的队伍里,在我们的头脑中,"私"字还有相当的市场,资产阶级思想还在一些单位严重地泛滥小资产阶级派性。有的同志,忘记了无产阶级的整体利益,忘记了党的利益,以本团体、本派别的"利害"为处理问题的"最高准则",心目中只有自己的小山头,小宗派。常常记住了宗派的"界限",而忘记了阶级的界限,只看得见宗派的"实力",看不见阶级的力量。把为一己的私利而挑起来的派别纠纷标榜为无产阶级利益而进行的"原则斗争"。

风头主义。有的同志好出风头,好装派头,怕吃苦头,爱拉山头。做了一点好事就觉得了不起,喜欢自吹,也喜欢别人"捧","吹"。对于艰苦细致、踏踏实实的工作则虽然"顶着共产主义者的称号,却对于现在要做的社会主义事业表现很少兴趣。"

无政府主义。有些人,曾经是自命敢于"怀疑一切"的英雄好汉,现在却是"做了一天和尚,连钟都不愿撞"的极其可怜的逍遥派。他们从一个极端跳到另一个极端,而且带有投机取巧的特点。有的同志,饱食终日无所用心。他们见空子就钻,目空一切。有的人甚至思想堕落、道德败坏。

口头革命派。有的人光革别人的命,不革自己的命,嘴上夸夸其谈,行动上则另是一样。

"怕"字当头。有的人屡犯错误,或者是怕犯错误,成天在私字的枷锁下爬不出来,害怕革命,害怕触及灵魂。

如此等等。

有人认为,有点"小私",有点私心杂念,没什么了不起。有的人,总以为小资产阶级思想也还过得去。其实,就世界观来说,就只有无产阶级世界观和资产阶级世界观两家,除此而外,分不出什么小资产阶级世界观。难道由于某些同志头脑里"私"字作怪,给文化大革命带来的损失还小吗?难道那么多的严重教训,还不值得认真汲取吗？

《十六条》指出："运动的阻力，主要来自那些混进党内的走资本主义道路的当权派，同时也来自旧的社会习惯势力。"这种旧的社会习惯势力，主要就是"私"字，就是人们头脑中的资产阶级思想和私有观念。"私"字，是文化大革命进一步深入发展的阻力，是将革命进行到底的敌人。斗"私"，就是革自己的命。革自己的命，要触及自己的灵魂。自己革自己的命，当然是比流血的痛苦还要痛苦的事情，经受和平环境的磨炼，比艰苦环境的考验更难。我们必须有决心，同一切旧的传统观念，实行最彻底的决裂。

头脑中的"私"字，绝不是有的人轻飘飘地说的那样："有点私心杂念，有点小'私'，算不了什么"。"小私"就是"大修"的幼芽。"修"，就是以"私"为心。"修"，就是最大的"私"，就是"私"字膨胀和恶性发展的必然结果。如果不斗"私"，"小私"就会变成"大修"，自己就要滑到修正主义的道路上去，成为不齿于人类的狗屎堆。只有狠斗"小私"，才能防"大修"。不斗"私"，防"修"，批"修"，只不过是一句空话。在当前，我们要拿"斗私，批修"这一块试金石，来检验一个人是不是一个真正的革命者。

红旗战士们、革命的同志们，让我们在斗私的战场上，在批修的决战中，做一个驰骋万里，无所畏惧的勇士吧！

讨伐"逍遥派"

《红旗》第 73 期，1967 年 10 月 7 日

【短评】国际共产主义运动历史上，在无产阶级专政的国家内，由无产阶级自己发动的第一次大革命最普遍最深入地发动起了亿万群众，正如林副统帅所说："从十来岁的娃娃，到白发苍苍的老人，大家都在关心国家大事，关心巩固和加强无产阶级专政"。这是我们

的党、国家、民族、事业兴旺发达的标志，这是人类史上前所未有的宏伟的壮观。

但是，我要说的却是这样一小部分人，他们洒脱地超然于运动之外，"漏网了"，人们赋予他们一个雅号叫"逍遥派"。

他们中间，肝火旺的摆开车马炮将士相的象棋、白子黑子的围棋，乃至石头砖块的跳弹棋，废寝忘食地厮杀于棋盘，有闲情逸致的悠悠然徘徊于绿园的小桥荷池；有的则一头钻进图书馆，"毒草"一本本地吸食了，却从不见他批判；更有有办法者，干脆处理来一个小电炉，掏几个钱，买几个鸡子，再买点香油，在宿舍里吱吱地煎起荷包蛋来……。总之下棋、看小说、打扑克、编塑料口袋……"逍遥派"的生活很丰富、很紧张，倘有同学问起"最近干啥？"他答"逍遥"时，不但理直气壮，而且面有喜色，不无高兴。这些人心广体胖，大都发福了。

逍遥派中，有后起的，也有历史长久、一以贯之的，他们像土拨鼠一样经营着自己的小生活，开拓着自己的小片自留地，不管大革命的风暴如何呼啸，不管斗争是如何炽烈，他们都冷若冰霜、泰然处之，他们把自己的灵魂挂起来、藏起来，似乎下定决心不让文化大革命触动自己。这种人把国家大事置之脑后。"在一些人的眼中，好像什么政治、什么祖国的前途，人类的理想，都没有关心的必要。好像马克思主义行时了一阵，现在就不那么行时了。"毛主席这段话，真是对逍遥派的活写照，不妨请暂时还属逍遥派之列的同志多读上几遍。

逍遥派并不是什么新产品，只是因为现在无政府主义有了泛滥的机会，一些世界观未改造好的同志头脑中"私"字按捺不住地膨胀起来，于是就有了"逍遥"，而且形成了"派"。有的班逍遥成了风，头头不例外。这股风如果不煞住，势必还要成灾。实际上，逍遥是资产阶级向无产阶级的进攻，是对革命的犯罪。

不知逍遥派的同志们面对一天等于二十年的磅礴的斗争现实有何感想？面对周围同志争立新功的热烈景象有何感想？面对为革命而献出了自己年轻生命的红旗英雄刘天章、周锡坤烈士的英灵又当做何感想？难道不感到落伍的寒心吗？清夜扪心、也应感到有愧！

毛主席早在一九一三年就说过："懒惰是万恶之渊薮"；要说到和平演变的五字诀："懒、馋、占、贪、变"，"懒"前缀当其冲。

青年时代应该是风华正茂的时代，是最有作为的时代，毛主席把青年比作"早晨八、九点钟的太阳"。我们需有"以五千之卒，敌十万之军"的奋斗精神，革命加拼命！

如何改变逍遥的状况呢？首先希望各级头头认真地把工作抓起来，同时对逍遥者进行思想教育，多斗斗私，那么，在毛主席"斗私批修"的伟大号令下，在文化大革命的新高涨中，逍遥派一定会大大裁减以至绝迹。

学习毛主席最新指示，把复课闹革命推向新阶段

《红旗》第74期，1967年10月14日

【社论】在毛主席和党中央的号召下，全国大中小学掀起了一个波澜壮阔的复课闹革命的高潮。它标志着学校的无产阶级文化大革命又进入了一个崭新阶段。

复课闹革命，是以毛主席"要斗私，批修"的最新指示为纲，开展革命大批判，进行学校的斗批改，把学校无产阶级文化大革命进行到底的战略部署。今年七月初，我院在复课闹革命的道路上，勇敢地迈出了第一步。我们的这一步，得到了党中央的巨大鼓励和支持。在前阶段复课闹革命的实践中，我们取得了不少体会、经验和教训，取得了一些成绩。

毛主席教导我们说："人类的历史，就是一个不断地从必然王国向自由王国发展的历史"。"因此，人类总得不断地总结经验，有所发现，有所发明，有所创造，有所前进。"

现在，我们要以伟大的毛泽东思想为指导，认真地进行总结。发

扬成绩，克服缺点，不断革命，不断前进。我们要更高地举起毛泽东思想的伟大红旗，在第一步的基础上，迈出更大更豪迈的一步。把我院复课闹革命推向一个崭新阶段！

我院这次复课闹革命，与第一阶段的复课闹革命显得不同，就是有毛主席英明指出的"斗私，批修"的指示为指导。我们一定要抓住"斗私，批修"这个纲，深入进行教育革命。在复课闹革命中，我们一定要把活学活用毛主席著作摆在一切工作的首位，把思想革命化当成一切工作的强大动力。

复课闹革命就是要进一步掀起活学活用毛主席著作的新高潮。在复课闹革命中，我们要认真结合一年多来的无产阶级文化大革命的斗争，进一步深刻理解和掌握毛主席关于无产阶级专政下进行革命的理论、路线、方针和政策。在当前，我们尤其要认真学习毛主席视察华北、中南和华东地区时所作的极为重要的指示。毛主席的指示，是马克思列宁主义的伟大历史文献。是一年多以来无产阶级文化大革命最科学、最完整、最精辟、最透彻的总结，是指引全党、全国、全军奋勇前进的灯塔，是保证无产阶级文化大革命取得彻底胜利的最新、最强大的思想武器。我们必须认真学习，深刻领会，坚决照办，句句照办，字字照办。

毛主席最近指示："正确地对待干部，是实行革命三结合，巩固革命大联合，搞好本单位斗、批、改的关键问题，一定要解决好。"

在复课闹革命中，我们要坚决、不折不扣地贯彻执行毛主席这个最新指示，特别重视干部和教师的问题。要团结干部和教师的大多数，要扩大教育面，缩小打击面。要大胆解放和使用干部，不断扩大、加强和巩固革命的"三结合"，充分发挥革命干部的核心作用。在复课闹革命中，同学要与革命教师、革命干部，一起批判，一起上课，一起搞教育革命。在共同的斗争中，建立起新型的无产阶级的师生关系。

在复课闹革命中，我们要运用"斗私，批修"这个武器，用"团结——批评和自我批评——团结"的方法，结合实际，进行思想整风，进一步巩固和发展以班系为单位的革命大联合，增进革命同志间的战斗团结。

在复课闹革命中，我们要坚决认真地贯彻群众路线。要充分发动群众，依靠群众，尊重群众的首创精神。依靠群众出主意、想办法、提措施、定方案。依靠群众，健全必要的革命纪律，建立革命的新秩序。

十几年来，我们各级各类学校，被资产阶级知识分子们盘踞着。封建主义的、资本主义的、修正主义的黑货、毒菌，充斥课堂，塞满书本。

不立不破。破，就是批判，就是革命。破，就要讲道理，讲道理就是立，破字当头，立也就在其中了。我们要做教育革命的勇敢的探索者。这"探索"，必须在实践中探索，干起来再改，在批判旧世界中发现新世界，创造新世界。

教改不能脱离实践去空谈。边教学边改，

在教学中改革，在教学实践中不断地破旧立新，这是符合马克思列宁主义、毛泽东思想的认识论的。不吃梨子，就不知道它的滋味。不上课，就不知该改什么，删什么，留什么。

复课闹革命是教学改革的必由之路。课堂，是教学改革的战场和实验田。我们一定要高举毛泽东思想伟大红旗，以毛主席的"五·七"指示为纲领，勇于实践，敢于标新立异，为创造出无产阶级的崭新的教育制度、教学方针、方法而奋斗！

必须复业务课

《红旗》第 74 期，1967 年 10 月 24 日

【专论】复课闹革命就必须复业务课。不复业务课，就不能很好地完成毛主席交给我们的"一斗、二批、三改"的伟大任务；不复业务课，就不能很好地"斗私，批修"，不能很好地加强和巩固革命的

大联合和革命的三结合。

　　自去年六月份停课以来，我们在毛主席的领导下，上了一堂最伟大的政治课，一年多的时间里，我们紧跟伟大统帅毛主席，以战无不胜的毛泽东思想为武器，已经把资产阶级的阵线打得七零八落，溃不成军。现在，毛主席的伟大战略部署已经开始了战略转折。目前我们应该考虑的是如何用伟大的毛泽东思想来建立一个良好的革命新秩序，要使运动向纵深发展。在当前，我们就应该积极响应伟大领袖毛主席的最新号召，以"斗私，批修"为纲，团结大多数，加强和巩固我院的革命大联合和革命的三结合，把我院复课闹革命推向一个崭新的阶段。

　　现阶段，摧毁资产阶级旧教育制度建立起以毛泽东思想为指导的完全崭新的无产阶级的教育制度，应该成为我们复课闹革命的一个十分重要的内容。

　　陈伯达同志早在今年六月份就指示我们要做"教学革命的探索者"。怎样探索呢？我们伟大的领袖毛主席教导我们："无论何人要认识什么事物，除了同那个事物接触，即生活于（实践于）那个事物的环境中，是没有法子解决的。"要搞教育革命，不上专业课怎么行呢？所以现在我们就是要边学、边干、边改。想不经过实践，一下子就可以提出一个完美无缺的方案，一下子就改好，然后再学，这种想法，只能是空想，是绝对不会实现的。

　　复业务课，同一专业、系、班级在一起，有利于本专业的教改，让老师、干部大胆地工作，对改进师生关系、考察和识别革命干部有很大的好处。复专业课，大家回班上课，便于从思想上教育和帮助那些犯过错误的同志，团结大多数，有利于加强和巩固以教学班为基础的归口大联合。在复业务课，搞教育革命中巩固、加强和充实革命的结合，结合教改批判中国的赫鲁晓夫，可以使我们更好地"斗私，批修"，改造我们的世界观。

　　我们所从事的是前所未有的、空前伟大、光荣而艰巨的事业，我们要用自己的双手建立起一种合乎为无产阶级所需要的，完全符合毛泽东思想的教育制度。我们面前还有许多困难，甚至要走许多弯路,但是我们坚信,有毛主席的领导,有战无不胜的毛泽东思想,我们就能够克服一切困难,战胜一切艰难险阻,在教学革命中闯出一条无产阶级自己的路来。

人类历史上划时代的伟大革命

《红旗》第 75 期,1967 年 10 月 31 日

【社论】当前开展的教育革命,是人类史上划时代的无产阶级教育大革命。它是无产阶级文化大革命的一个极为重大的组成部分。

教育革命的根本任务,就是高举革命的批判旗帜,彻底摧毁以中国赫鲁晓夫为代表的反革命修正主义教育路线;改革旧的教育制度,改革旧的教学方针和方法;与一切剥削阶级的教育思想彻底决裂,让毛泽东思想占领教育战线的每一个阵地;从根本上结束资产阶级知识分子统治学校的现象。这也是复课闹革命的根本任务,是复课闹革命的中心。

无产阶级的教育大革命,是两个阶级、两条道路、两条路线的决战,是无产阶级世界观同资产阶级世界观的决战,是一个阶级战胜一个阶级的翻天覆地的大革命。离开了阶级斗争,离开了无产阶级专政,离开了革命大批判,不去从根本上改革旧的教育制度,而只单纯去搞教学方针和教学方法的改革,资产阶级也可以接受。这是彻头彻尾的改良主义。

千百年来,剥削阶级的教育体系统治着文化教育界。从某种意义上讲,剥削阶级的教育体系还是相当坚固的。因此,教育革命的斗争是艰巨的。在当前这场教育革命的伟大斗争中,我们仍然面临着两个前途:一是彻底革命;二是基本不动或改良。无论是基本不动或改良都是失败,这二者都没有从根本上摧毁资产阶级教育体系。我们必须以严肃认真的态度对待这场教育大革命,发扬无产阶级的彻底革命精神,走彻底革命的道路。

毛主席教导我们："不破不立。破，就是批判，就是革命。破，就要讲道理，讲道理就是立，破字当头，立也就在其中了。"不破除资产阶级的旧制度、旧传统、旧秩序，就不能建立无产阶级的新制度、新传统、新秩序。在教育革命中，我们必须"破"字当头，敢于实践，敢于革命，敢于批判，敢于创新。敢不敢于彻底摧毁剥削阶级的教育制度，敢不敢于同剥削阶级的教育思想、传统观念彻底决裂，是革命与不革命的试金石。

旧秩序、旧体系的大"乱"就孕育着新秩序、新体系的诞生。群众是真正的英雄，人民群众有无限的创造力。在这伟大变革的时期，广大革命师生冲破了束缚自己的旧传统、旧秩序的羁绊，敢于实践，敢于批判，大胆创造，大破先例的革命举动，好得很！我们热烈地欢迎，坚决地支持！

真理在萌芽状态时，总是由少数先进分子最先掌握。因此必须善于发扬民主，尊重少数的意见。善于把蕴藏在群众中的智慧和创造集中起来，把个别的班的先进水平总结提高扩大为全面的先进水平。这样，教育革命必将出现伟大的奇观。

在复课闹革命中，必须突出政治，把革命放在首位。要教改，就要上业务课。但是，上业务课主要是为了教育革命，学知识决不能压倒革命。

"私"字是修正主义及剥削阶级教育路线的核心，是剥削阶级教育制度存在的思想基础。敢不敢于狠斗私字，是能否彻底摧毁资产阶级教育制度、教育思想的关键。

解放十几年来，文化教育界被修正主义分子把持了，对于知识分子，包括我们这些仍在学校受教育的青年学生来说，世界观基本上还是资产阶级的。从某种意义来讲，还是根深蒂固的。不狠斗"私"字，就会按照头脑中的资产阶级、小资产阶级的世界观去进行教改，就不能彻底革命；甚至为了乞求"知识"，重新拜倒在资产阶级学术"权威"的下面，走回头路。

教育革命的过程就是斗私批修的过程，只有抓住了这个纲，教育革命才能胜利。

毛主席的"五·七"指示是教育革命的最高纲领。毛主席关于教育革命的光辉思想，最英明地指出了培养无产阶级革命事业接班人和向共产主义过渡的重大原则问题，是教育革命的指路明灯，是把学校办成毛泽东思想大学校的必由之路。办毛泽东思想学习班是毛主席的伟大创举，是为更深入地进行中国革命和世界革命的战略部署。我们要以斗私批修为纲，大办毛泽东思想学习班，结合运动，活学活用毛泽东思想，改造自己头脑里的各种非无产阶级思想，提高思想政治无产阶级的教育制度是为人民大众服务的，是为穷苦人服务的，是为社会主义和共产主义服务的。我们是在毛泽东思想指引下创造这个新的教育制度的开路先锋，是这条新道路的探索者。当前进行的无产阶级教育大革命是国际无产阶级教育大革命的伟大尝试，是未来世界教育大革命的战略准备。它开创了人类史上教育大革命的新纪元。在这伟大的革命斗争中，我们要有无产阶级革命家的远大胸怀、伟大气魄和革命牺牲精神；遵循毛主席的教导，发扬无产阶级的英雄气概，为了无产阶级的教育事业，披荆斩棘，不怕挫折，不怕失败，不怕付出艰巨的劳动，不怕自己受到任何损失。在完成教育革命的伟大而豪迈的事业中，创造出人类史上崭新的无产阶级的教育制度来。

"传统是巨大的阻力，是历史的惰力。但是，它是消极的，因此一定要被摧毁。"在毛泽东思想的光辉照耀下，无产阶级的崭新教育制度一定会在摧毁腐朽的资产阶级教育制度的斗争中建立起来！让资产阶级的"权威"老爷们在教育革命的伟大运动面前发抖吧！

牢牢掌握斗争大方向 把无产阶级教育革命进行到底

《红旗》第76期，1967年11月7日

【社论】毛主席的最新指示，吹响了无产阶级教育革命的进军号角。一个人类史上从来未有过的大规模的群众性的教育大革命运动到来了。教育革命，是当前学校运动的斗争大方向。学校中革命的大批判运动同本单位斗批改相结合,就是无产阶级教育革命。我们必须以"斗私,批修"为纲,牢牢掌握这个斗争大方向,以教育革命来推动其他所有工作的开展。

教育革命既然是一场革命,就必不可免地要遇到阻力。

学术教育,几千年来,都是被剥削阶级所垄断,为剥削阶级统治服务。解放以后,虽然有所触动,大学、中学、小学大多仍被资产阶级、小资产阶级和地富出身的人垄断了的。以中国赫鲁晓夫为代表的党内一小撮走资本主义道路当权派,就是妄图利用学校作为他们培养资产阶级接班人、实现其阴谋篡党、篡军、篡政,复辟资本主义的一个顽固堡垒。多年来,这一小撮党内走资派,招降纳叛、网罗牛鬼蛇神,占据这个阵地,疯狂地抵制我们伟大领袖毛主席关于教育革命的一系列英明指示,推行一整套修正主义教育路线,残酷地摧残青年,特别是打击工人、贫下中农子弟。教育战线上两条路线的斗争,一直尖锐地进行着。

毛主席说:"农业合作化运动,从一开始,就是一种严重的思想和政治斗争。"一个崭新的社会制度要从旧制度的基地上建立起来,它就必须清除这个基地。反映旧制度旧思想的残余,总是长期地留在人们头脑里,不愿意轻易地退走的。

农业合作化运动遇到那样大的阻力,今天我们进行教育革命,进行这场向资产阶级最后盘踞的堡垒发动总攻击的伟大斗争,必将同样会遇到更大的阻力。这些阻力,一方面来自人们头脑中存在的旧的社会习惯势力,但主要来自党内一小撮走资派所代表的反动势力。这一小撮阶级敌人一定要拼命地进行垂死的挣扎。他们一有机会,就要挑拨离间兴风作浪,甚至采取分化瓦解,拉出去,打进来的手段,想方设法地扭转斗争大方向,把革命拉向后转。

毛主席说:"革命的谁胜谁负,要在一个很长的历史时期内才能解决。如果弄得不好,资本主义复辟将是随时可能的。"一切革命同志,一定要提高警惕。我们应当看到,在暂时的表面平静的后面,隐藏着时时刻刻围绕政权所进行的阶级斗争。我们千万不要忘记阶级斗争。

当前的教育革命,面临着两条路线、两个前途。一种是冷冷清清,搞改良主义,运动走过场,最后仍然是资本主义复辟。这是一切阶级敌人和旧的社会习惯势力所希望的。

另一种就是毛主席最新指示中说的:"进行无产阶级教育革命,要依靠学校中广大革命的学生,革命的教员,革命的工人,要依靠他们中间的积极分子,即决心把无产阶级文化大革命进行到底的无产阶级革命派。"这是一条充分发动群众的无产阶级革命路线。只要我们不折不扣地按照这条革命路线去做,就一定能够克服各种艰难曲折,冲破重重阻力,取得无产阶级教育革命的彻底胜利。

毛主席的伟大号召,有如震撼大地的春雷,犹如雾海航行中光芒四射的灯塔。在革命的紧要关头,毛主席为我们指明了前进的航向!

毛主席的最新指示,给我们发出了战斗号令,就是要把无产阶级文化大革命进行到底,决不能半途而废。

教育革命,决不允许修修补补,折中改良。必须大刀阔斧,彻底革命,打烂旧的"坛坛罐罐",从根本上改革旧的教育体制,改革旧的教学方针和方法,彻底批判资产阶级反动学术权威和反革命修正主义教育路线,与一切剥削阶级的教育思想彻底决裂;坚决贯彻"教育为无产阶级政治服务,教育与生产劳动相结合"的方针,把学校的领导权牢牢掌握在无产阶级革命手里;从根本上结束资产阶级统治我们学校的现象。

毛主席说:"中国的广大的革命知识分子虽然有先锋的和桥梁的作用,但不是所有这些知识分子都能革命到底的。其中一部分到了革命的紧急关头,就会脱离革命队伍,采取消极态度;其中少数人就会变成革命的敌人。"

在这伟大的革命过程中,形形色色的非无产阶级思想都要充分表演;小资产阶级革命不彻底性,也一定要赤裸裸地暴露出来。总有一些人跟不上形势而落伍。特别是在历史的车子拐弯的紧急关头,总免不了有人站不稳脚跟而掉下去。因此,教育革命必须依靠那些决心将无产阶级文化大革命进行到底的无产阶级革命派。他们有无产阶级的远大胸怀,有跟毛主席革命到底的决心;他们不谋私利,全心全意为人民服务,忠心耿耿地为民族、为阶级、为党而工作;他们是教育革命的中坚和急先锋。只有依靠他们,联系、团结和发动广大的革命群众,才能取得无产阶级教育革命的伟大胜利。

走群众路线,就是要打一场"人民战争",充分调动广大群众的革命积极性、自觉性,尊重他们的首创精神;鼓励大家敢于实践,大胆总结,召开各种串联会、批判会,及时发现新事物,新典型;集中他们的智慧和创造,推动整个运动向前发展。

当前,教育革命已成为不可抗拒的洪流,群众中蕴藏了一种极大的革命积极性。在这伟大的变革时期,我们决不能像小脚女人那样裹足不前,我们要突破一切常规旧习,大踏步向前,为实现毛主席的无产阶级教育革命的伟大蓝图而奋斗!

砸三旧的战旗在风暴中继续前进

红旗第五办公室评论员

《红旗》第 78 期,1967 年 11 月 21 日

江青同志十一月十二日的讲话好得很,她又一次说出了无产阶级革命派彻底砸烂三旧,砸烂反革命文艺黑线的决心。这次讲话必然会和江青同志去年十一月二十八日讲话一样对文艺界的无产阶级文化大革命起着极大的推动作用。

从去年十二月起,我北航红旗文艺口砸三旧兵团深入首都文艺界和赴上海的一些文艺单位,对文艺界尖锐复杂的阶级斗争进行了深入细致地调查和研究,根据主席关于文艺界的两个批示和江青同志十一月二十八日的讲话,和文艺界的无产阶级革命派一起坚定而鲜明地举起了砸三旧的战旗。这一革命行动受到了文艺界广大革命同志的欢迎和支持。但也遭到了三旧势力及其保皇小丑以及社会上的大小牛鬼蛇神的反对,他们视砸三旧的观点为洪水猛兽,采取了极

其卑劣的手段，大肆攻击，歪曲和污蔑我砸三旧的观点，说什么"北航红旗在文艺界提出砸三旧是打击一大片"呀！什么"砸三旧的观点是形'左'实右"呀！什么"砸三旧的阶级路线就是挣三十块钱的比挣四十块钱的革命"呀！还造谣说"江青同志否认了砸三旧的观点"呀！什么"戚本禹同志最反对砸三旧的观点"呀！可是这些并吓不倒文艺界无产阶级革命派和我砸三旧兵团的战士，他们在围攻中仍然高举砸三旧的战旗，昂首阔步，奋勇向前。真理毕竟是真理，鱼目岂能混珠，砸三旧的战旗决不会因为那些旧势力及其保皇小丑的狂吠而倒下，反而在战斗的烈火中越举越高，越烧越红。文艺战线上被颠倒的历史一定要颠倒过来，文艺黑线及其总根子一定要彻底拔除，旧的文艺队伍一定要彻底改造，"三旧"一定要彻底砸烂。我砸三旧兵团的战士和文艺界无产阶级革命派紧密地团结在一起，和那些文艺黑线的代表人物，三旧的保皇势力及那些大大小小的牛鬼蛇神进行了坚决的不调和的斗争。但事物发展总是曲折的，文艺界的无产阶级文化大革命也同样遭到了各种阻力。在某些别有用心的人和文艺界牛鬼蛇神的破坏下，前一阶段文艺界的文化革命造成了一定的损失，他们压制真正砸三旧的革命组织，扶植三旧的保守势力，妄图扑灭砸三旧的熊熊烈火。他们还欺骗江青和戚本禹同志，制造种种假象，吹嘘什么"首都文艺界的大联合给全国的各行各业无产阶级革命派做出了光辉的榜样"真不要脸！很可惜，纸是包不住火的，江青和戚本禹同志的讲话给了这些小丑们一个响亮的耳光。

　　砸三旧的大方向全然没错，砸三旧的观点完全正确。

　　毛主席教导我们："帝国主义者和国内反动派决不甘心于他们的失败，他们还要做最后的挣扎。"江青同志也告诉我们："因为敌人是很狡猾的，一套一套，你搞了他，他又换一套班子。"现在不是有些过去拼命反对砸三旧的人也打起了砸三旧的旗号了吗！那些三旧的保皇势力不是也以坚定地砸三旧派自居了吗？又有那么一些别有用心的人，妄图把过去一些一贯坚持高举砸三旧战旗的革命左派组织打成极左派吗？但是我们相信，文艺界的无产阶级革命派一定会下定决心，排除万难，把砸三旧的战旗高举到底，彻底砸烂反革命文艺黑线，把三旧的天翻成红彤彤的毛泽东思想的天。

砸三旧的战友们，过去我们并肩战斗在一起，现在和将来我们也永远团结在一起，战斗在一起，胜利在一起。我们坚决支持你们！

让那些企图阻挡历史车轮前进的小丑们哭泣去吧！事实将会无情地嘲笑他们这些蠢驴！

大树特树毛主席建党路线的绝对权威
彻底批判航院走资派所忠实推行的修正主义的建党路线

《红旗》第81期，1967年12月12日

【社论】当前，大树特树毛主席的绝对权威，大树特树毛主席建党路线的绝对权威，彻底批判中国赫鲁晓夫刘少奇的修正主义建党路线，正形成轰轰烈烈的群众性运动。红一系的广大革命师生员工，在这场斗争中首当其冲，成为大批判的一支劲旅！

在建党路线问题上的这场大学习，大批判，是我们伟大领袖毛主席的战略部署，是当前最大的政治，一切工作的中心，是推动教育革命的强大动力。这场斗争关系到我们党、国家和世界革命的前途和命运。

这场大学习，大批判，是具有极其深刻意义的全面的毛泽东思想的大学习，是活学活用毛主席著作的大课堂。当代马列主义的最高峰毛泽东思想在党的建设问题上，始终坚持着革命的最高原则，代表着无产阶级的革命利益。而以刘少奇为首的资产阶级司令部，则是继承了从伯尔尼施坦到赫鲁晓夫的修正主义黑货，疯狂对抗毛主席的革命路线。因此，这场大学习，大批判，是一堂最生动的党课，是对革命的党员，广大红旗战士和全院革命师生员工一次最深刻的政治思想教育，党内两条路线斗争的教育。

长期以来，以王恒、周天行为首的旧党委忠实执行党内最大的一小撮走资派刘少奇之流的修正主义路线，使航院成为资产阶级知识分子统治的独立王国。为了使他们的修正主义教育路线畅行无阻，在学校实行资产阶级专政，以王恒、周天行为首的院党委忠实地推行了一整套修正主义建党路线。

一九五六、一九六五年在高校的两次党员大发展，是刘邓黑司令部篡党活动中的一个大阴谋。而在这个阴谋中，以王恒、周天行为首的旧党委冲锋在先，得到了黑市委的赞赏。

这两次大发展，使大批资产阶级反动"权威"，"教授"，一跃成为"工人阶级知识分子"，戴上了"红帽子"，披上了"共产党员"的红外衣。这些叛徒特务，国民党员，地主恶霸，被拉入党后，很快就以"党员专家"的姿态出现，吸血鬼摇身一变成为"副院长""党委常委""主任""人大代表"……，从而全面篡夺了党政财文大权。

更恶毒的是，刘少奇及其在航院代理人，不仅千方百计把资产阶级知识分子拉入党内，改变我们党的无产阶级先锋队的性质，而且在党内极力推行阶级投降主义，强迫出身好的党员、干部、革命学生屈从资产阶级统治；同时，把许多青年党员引上白专道路，把他们培养成拜倒在资产阶级"权威"脚下的新生资产阶级知识分子。从而使得资产阶级右派梦寐以求的"专家治校""内行领导内行"成为事实。就这样，党内一小撮走资派同资产阶级反动"权威""教授"互相勾结起来，疯狂抵制毛主席关于教育革命的伟大指示，推行反革命修正主义教育路线，残酷打击、排斥工农出身的干部、革命的教职员工，残酷打击、迫害工农子弟出身的学生，在教育界实行资产阶级专政。现在，是到了进一步彻底清算他们滔天罪行的时候了！

教育路线从来都隶属于政治路线，而有什么样的政治路线，就有什么样的建党路线；只有彻底批判修正主义建党路线，才能从根本上结束资产阶级知识分子统治我们学校的现象。

在建党路线问题上的大学习、大批判，是两个阶级、两个司令部、两条路线斗争的继续。阶级斗争并没有结束，谁胜谁负的问题并没有真正解决，党内一小撮走资派虽然被揪出来了，被打倒了，但阶级本性决定他们不会甘心失败,他们必定要寻找新的代理人,极力使革命就此止步,或者至少要带上温和色彩。因此,我们决不可忘记敌人,忘记走资派,要警惕敌人背后活动。我们在战略上要藐视他们,在战术上要重视他们。只有进一步从政治上、思想上、理论上、组织上彻底批倒批臭以刘少奇为首的党内一小撮走资派,才能巩固无产阶级文化大革命的伟大成果,巩固夺权斗争,巩固革命的大联合,巩固革命的三结合。

摆在我们面前的这场斗争,严峻地考验着每一个人,迫使我们做出尽快地选择!

是不是勇于彻底批判刘邓的修正主义建党路线,是不是勇于彻底批判以王恒、周天行为首的航院旧党委推行的修正主义建党路线,是衡量我们紧跟不紧跟毛主席的伟大战略部署,忠不忠于毛主席的最灵验的试金石。

如果对批判修正主义建党路线不感兴趣,如果对批判修正主义建党路线轻描淡写,对走资派温情脉脉,甚至有意无意地以所谓"时代局限论""将心比心论""设身处地论"为走资派辩护,为走资派涂脂抹粉,那就是对毛主席的不忠,就是对毛主席革命路线的背叛!

我们批判修正主义建党路线的时候,要火力集中,矛头直指中国赫鲁晓夫刘少奇等党内最大的一小撮走资派及其在航院的代理人。决不能搞人人过关,更不允许用"错误人人有份"来堵革命的党员、广大红旗战士和革命师生员工的嘴。

一切革命的共产党员,广大红旗战士,革命师生员工,要在这场大学习、大批判的战斗中,以"斗私,批修"为纲,向毛主席的好战士李文忠同志和英雄四排学习,坚定地、毫不动摇地站在毛主席革命路线一边,捍卫毛主席的建党路线,大树特树毛主席的绝对权威,大树特树毛主席建党路线的绝对权威,永远、无限、绝对忠于毛主席,为人民立新功!

激扬文字创新篇

纪念《红旗》报刊一周年

本报评论员

《红旗》第 82 期，1967 年 12 月 19 日

《红旗》报的诞生，宣告了航院修正主义党委的忠实喉舌——《上天》报的死刑。《上天》报，这个为航院一小撮走资派摇旗呐喊的小小丑，这个为旧教育制度鸣锣开道的巴儿狗，遭到了历史的判决。

《红旗》报一诞生，就向刘邓资产阶级司令部和资产阶级反动路线发动了猛烈的攻势。掌握了毛泽东思想的"小人物"挥笔上阵，粪土当年走资派，激扬文字创新篇！

红旗战士们，我们永远不会忘记，去年八月二十日红旗战斗队成立的那一天。由于执行刘、邓资产阶级反动路线的某些"大人物"的压制和刁难，我们没有扩音器，但红旗战士高呼"下定决心，不怕牺牲，排除万难，去争取胜利"的声音却洪亮如雷，震撼着旧世界！我们没有油印机、打字机，红旗战士们就动手去"抢"！宣传毛泽东思想，是红旗战士的神圣天职，是红旗战士的光荣权利！……那是多么激动人心的场景，那是多么可爱的革命行动！

在那震惊中外的二十八天二十八夜里，红旗战士凭着一颗颗无限忠于毛主席的红心，用一台旧油印机，昼夜不停地印啊、印，为宣传毛泽东思想而战，为捍卫毛主席的革命路线而战！

红旗战士与中央文革的同志们在战斗中结下了深厚的友谊。他们是我们的指挥员，也是我们的好战友！我们对毛主席亲自领导的中央文革，绝对信任，绝对忠诚。《红旗》报是在反击"十二月黑风"的震天炮火声中诞生的。《红旗》报一诞生，就喊出了三千名红旗战士誓死保卫毛主席，誓死保卫中央文革的钢铁誓言！

《红旗》报诞生不久,我们最最敬爱的伟大领袖毛主席的亲密战友林彪副统帅以及中央文革的同志们就对《红旗》报给予了无限的关怀和亲切的指导。这极大地鼓舞了我们,给了我们无穷无尽地战斗的力量!

　　去年十二月二十六日,在我们心中最红最红的红太阳毛主席七十三寿辰的日子里,出版了第二期《红旗》报。"敬祝毛主席万寿无疆!"的大字标题,说出了全体革命同志的心声。毛主席啊毛主席,您是我们心中最红最红的红太阳。是您带领着我们跨过千山万水,踏碎惊涛骇浪,从胜利走向胜利。在这一期上,红旗战士含着热泪写文章向毛主席宣誓:红心向着毛主席!誓死保卫毛主席!

　　我们遵照毛主席"造反有理"的教导,大造了日共宫本修正主义集团的反,在《红旗》报上发表了编辑部文章——《宫本显治混蛋透顶》。这篇文章,向东京宫本集团投出了一颗"红卫兵号"炸弹。宫本修正主义集团的喉舌——《赤旗报》立刻狂吠了起来,连篇累牍地肆意谩骂和恶毒中伤我北航红旗和中国红卫兵。但是,日共中真正的共产党员和日本的革命左派,却给了我们极大的支持和高度的评价。"梅花欢喜漫天雪,冻死苍蝇未足奇。"历史将无情地嘲弄宫本这批美帝、苏修的爪牙、喽啰们。

　　在"一月革命"风暴中,红旗战斗队夺了航院的党、政、财、文大权!三千名红旗战士通过《红旗》报向全中国、全世界庄严宣告:航院的领导权归红旗!

　　毛主席的北航红旗在风暴中前进!

　　一九六七年五月二十日,闪耀着毛泽东思想万丈光辉的临时权力机构——北航革命委员会诞生了!这是一曲响彻云霄的毛泽东思想的凯歌!

　　航院在欢呼!红旗在欢笑!

　　红旗战士们热泪盈眶,一遍又一遍地高呼:"毛主席万岁!万岁!!万万岁!!!"

　　看今日,教育革命的洪流汹涌澎湃!毛泽东思想伟大红旗高高地飘扬在毛主席的新北航!

在那二十八天二十八夜的战斗的日子里，红旗战士们坚定地预言："试看未来的航院，必是红旗的天下！"

今天，我们——毛主席的红旗战士，向全世界庄严宣告：

试看未来的环球，必定是毛泽东思想伟大红旗高高飘扬的世界！回顾战斗的历程，我们有千言万语要对毛主席讲，我们有千歌万曲要给毛主席唱！

"大海航行靠舵手，干革命靠毛泽东思想"！

敬爱的毛主席啊，跟着您，就是胜利！跟着您，就永远胜利！

现在，世界已经进入了以毛泽东思想为伟大旗帜的新时代。大树特树伟大领袖毛主席的绝对权威，大树特树战无不胜的毛泽东思想的绝对权威，大树特树毛主席的革命路线的绝对权威，是我们光荣的历史使命。北航红旗战士和全院革命师生员工，庄严地向毛主席宣誓：一定为之奋斗终生！

让毛泽东思想的伟大红旗插遍全世界的每一寸土地！让毛泽东思想的灿烂阳光照亮宇宙的每一块空间！

一年来阶级斗争的严酷现实使我们深深懂得了报纸的重要。报纸，是阶级斗争的重要工具之一，是阶级大搏斗的前沿阵地。报纸掌握在资产阶级代表人物手里，他们就要用它为资本主义复辟作舆论准备。旧北京市委把持下的《前线》《北京日报》《北京晚报》，不就是资本主义复辟的舆论阵地吗？

严酷的阶级斗争的现实教育了我们：必须牢牢掌握枪杆子和笔杆子，夺取政权和巩固政权要靠这两杆子！

我们是横空出世的红卫兵小将，我们是毛泽东思想的灿烂阳光哺育成长起来的新一代！我们坚决死死守住一切宣传阵地，寸步不退让，分秒不停留，为大树特树毛主席、毛泽东思想、毛主席革命路线的绝对权威而奋斗！

我们——毛主席的红旗战士，永远忠于、无限忠于、绝对忠于我们的伟大导师、伟大领袖、伟大统帅、伟大舵手毛主席！！！

刹住回家过节风

竹 剑

《红旗》第 84 期，1968 年 1 月 16 日

　　新闻岁岁寻常出，独有今年出得殊，今年春节前，"病患"猖獗，大有流行泛滥之势。君不见，"母病危速回""父病重速归"的电报如春寒之雪，纷纷飘至。五个字、几毛钱成了回家过团圆年的义正词严的凭证。于是乎，提起早已打点齐整的挎包，捎上两瓶"二锅头"，一声聒噪，扬长而去。如此，有的班级已减员过半；更有直言不讳者，自称"归心似箭"，亦"蠢蠢欲动"了。

　　自然，其中确有真病者，然骗子亦不在少数。这种拙劣的障眼法实实在在可憎可恶！

　　一年半来，有小部分人委实只武装了一张嘴巴！此话不算刻薄。若讲大道理，则百宋千元、天球河图、思想主义，真个口若悬河，配套成龙。所憾用不到自己头上。这帮人照例振振有词："无政府主义是对机会主义的惩罚"。似乎如此这般，无政府主义便是天经地义，合法有理了。更鄙者，即使无机会主义，也一概"惩罚"。明明中央明文有令，却十分混蛋地嗤之以鼻，我行我素。这帮人照例地慷慨陈词："你安排事情，我就干！"不安排呢？那……那就"惩罚"了？！要是世界上什么事情都已现成，也就无须去探索、去开拓、去创新了。可惜"万能之主"并不万能。而且叫他去搞整党、教育革命，总结……他要你非安排不可，如他想回家，却实在是不愿听你安排的。

　　革委会通告说："只有我们的敌人和我们敌人的朋友，对那些直接违背和对抗中共中央指示的现象才高兴。直接违背和对抗中共中央指示是亲者所痛仇者所快的事，……我们决不能让阶级敌人看我们的笑话"，但是，每逢佳节倍思亲，去思牵心千万条，哪管什么阶级斗争，我能回家就是合家皆大欢喜的事了。什么"忠于无产阶级司令部""字字照办，句句照办"全抛到云天之外。"私"心的跳跃已

按捺不住，恶性膨胀了！

组织处理即算消极，但却必要，亦不期本文能奏奇效，但规劝那些"闻母病则喜"者，不要忘了现在还在搞文化大革命，别忘了自己是红旗战士，别忘了人民江山，别忘了自己向毛主席立下的誓言。容忍家庭观念的"共产主义者"实乃区区燕雀。要学鸿鹄，高飞远瞻，展翅永前！

毛主席的光辉照红了北航红旗

本报评论员

《红旗》第85、86期合刊，1968年1月23日

"大海航行靠舵手，干革命靠毛泽东思想。"在北航红旗掌权整整一年的时候，航院第一次活学活用毛主席著作积极分子大会胜利召开了！

这是一件大事，是一个阶级推翻一个阶级的伟大变革，是无产阶级革命派把一小撮走资派赶下台、自己上台掌权的大革命！

它标志着毛泽东思想在航院的大普及、大传播！它显示着毛泽东思想的无比的威力！

如今的航院，是毛泽东思想的天下！

过去被颠倒了的历史，又被颠倒了过来。掌握了毛泽东思想的"小人物"，登上了讲台，"指点江山，激扬文字，粪土当年万户侯"。痛快！多么痛快！

"忆往昔峥嵘岁月稠"。

资产阶级专政下的旧航院，摧残了多少革命青年，又培养了多少修正主义的苗子！

毫无自私自利之心，一心为革命，一切为革命的好斗的老黄牛，我们的红旗英雄刘天章烈士，被修正主义院党委压在最低层。什么

"政治不及格"，什么"留级"，……资产阶级老爷们挥舞着资产阶级专政的狼牙棒，劈头盖脸地打将下来！我们的英雄面对着毛主席像，手捧金光闪闪的雄文四卷，一次又一次地向资产阶级老爷们呐喊着冲上去，杀上去。……

有多少"风华正茂"的青年，恨不得点一把火，把旧世界烧个干净！

终于，毛主席亲自发动和领导的无产阶级文化大革命如同火山一般地爆发了！

"撼山易，撼红旗难，红旗战士钢铁汉。最高统帅是毛主席，一片忠心永向党！"

亲爱的红旗战士们，我们永远不会忘记那斗争的岁月。红旗战士们凭着一颗颗无限忠于毛主席的红心，向资产阶级反动路线刮起了十二级台风！

在科委门前斗争的情景，是何等壮丽的宏图！那时，红旗战士啃着凉窝头，吃着咸菜，但他们有火一般的热情，因为他们心中有一颗最红最红的红太阳！

参加过科委二十八昼夜战斗的红旗战士们说：毛主席的著作，给了我们无穷无尽的战斗力量。

那时，每天都坚持几个小时的毛著学习。摆形势，找动向，结合具体情况，学文章、学语录，大家在一起分析，一起讨论，一起辩论，一起得出结论，一起干！

举个例子吧。斗争到了第十二天。院内，筹委会领着赤卫队大搞打击一大片的所谓"斗黑帮"，胡说红旗不搞"斗批改"。红绿告示、大标语贴遍航院，飞满全城。

"我们的大方向到底对不对？""红旗到底还能打多久？"

毛主席的光辉著作照亮了红旗战士的心。"我们的事业是正义的，正义的事业是必胜的！""以斗争求团结则团结存，以退让求团结则团结亡！""我们共产党人是一定要战斗下去，团结下去的！"毛主席的一句句金光闪闪的话，红旗战士们念在嘴里，暖在心上，亮在思想中。

"不破不立,不塞不流,不止不行。"我们和工作组之间的斗争是两条路线的斗争,"不是东风压倒西风,就是西风压倒东风,在路线问题上,没有调和的余地。"

毛泽东思想武装了我们,毛主席的大民主使我们团结得像一个人,我们的斗争又前进了!

陈伯达同志看望我们来了!

在白色恐怖面前,我们面不改色,心不跳,可是在这时,有多少红旗战士热泪夺眶而出!亲爱的同志啊,你可曾记得,在那战斗的黎明,在那白色恐怖的夜晚,我们是怎样的向往

啊,向往着那胜利的一天!

我们在倾听,倾听着毛主席派来的亲人的声音!……

是毛泽东思想的灿烂阳光,哺育着北航红旗的成长!

红旗战斗队的历史,就是为实践和捍卫第三个里程碑的斗争史!

回顾战斗的道路,哪一程不是毛主席步步指引!敬爱的毛主席啊,跟着您,就是胜利!紧紧跟着您,就永远胜利!

在白色恐怖下,"金猴奋起千钧棒",大闹天宫。南下北上,煽风点火,对资产阶级反动路线刮起十二级台风。"谁反对毛主席就打倒谁!"天安门下,北京城里,"10.16"一夜烈火,烧遍全国!

黄浦江边的一月革命风暴,江城的红旗大楼,开封的浴血苦战,长沙的戴镣游街,西藏的磨破铁鞋走,……毛泽东思想指挥着这初生的牛犊,向旧世界猛冲直撞,在国际共产主义运动史上创建了崭新的一页。

开赴文艺界的红旗战士,高举"砸三旧"的革命造反的战旗,在风暴中奋勇前进!

我们英雄的红九连奋战光华木材厂,小分队遍布北京城,斩黑手,送宝书,为北京三大工人总部的成立写下了不朽的篇章。

在北京,在上海,在武汉,在开封,……我们的红旗战士与各地造反派同甘苦、共患难,立下了不朽的功勋。刘天章、周锡坤烈士是北航红旗的光荣和骄傲!

红旗战士徐鹏飞同志,忠心耿耿,刻苦改造世界观,为毛主席创

建的马列主义的第三个里程碑披荆斩棘而战斗。韩爱晶同志称颂他为我们的"活的榜样"。

他曾被修正主义院党委定成在大学里不能入团的"反动学生"。今天航院的天翻过来了!他作为学习毛主席著作的积极分子登上了讲台。他满怀激情地讲道:"是毛主席挽救了我,是无产阶级文化大革命挽救了我。毛主席给了我第二次生命。""毛主席挽救了整个世界!"

如今的航院,年青的红色政权巍然屹立。毛泽东思想正化为人们的灵魂。

每天早晨,一排排、一队队战士,面对着毛主席像,作三件事(祝毛主席万寿无疆;唱《东方红》《大海航行靠舵手》,学毛主席语录)。

"祝毛主席万寿无疆!"这句话,有多重的分量,饱含着多少深厚的阶级感情!

毛主席挥手我前进!

毛主席发出了"要斗私,批修"的伟大号召,一个更深入,更广泛的活学活用毛泽东思想的群众运动的洪流,在航院奔腾飞驰,势不可挡!一个个毛泽东思想学习班如雨后春笋般地成立起来。毛泽东思想学习班,是群众自己教育自己的好形式,是学习毛泽东思想的课堂。

在航院修正主义的旧党委统治时期的那些什么"典型""尖子",那一套套腐朽发霉的"修养经",统统被红扫帚扫到了垃圾箱里!

革命大批判的怒涛巨浪,猛烈地冲击着一切污浊的东西,冲击着人们的灵魂。

在毛主席的"教育要革命"的伟大号召下,红旗战士和革命同志,向修正主义教育制度,向资产阶级知识分子发动了总攻击。

英雄的红航战士,在解放军的直接指导和热情帮助下,破阻力,闯难关,顶逆流,踏恶浪,"革命加拼命",坚定不移地向前进!

展望前程,阳光灿烂一片红。

毛主席的光辉把北航红旗照得红彤彤!

正如毛主席所指出的:"中国人民将会看见,中国的命运一经操在人民自己的手里,中国就将如太阳升起在东方那样,以自己的辉煌的光焰普照大地,迅速地荡涤反动政府留下来的污泥浊水,治好战争的创伤,建设起一个崭新的强盛的名副其实的人民共和国。"

"我们总要努力!我们总要拼命向前!我们黄金的世界,光荣灿烂的世界,就在面前!"

活学活用毛主席著作的群众运动胜利万岁!

我们心中最红最红的红太阳毛主席万岁!万岁!万万岁!

以整党为中心,增强敌情观念,铲除派性

本报评论员

《红旗》第87期,1968年2月6日

目前,以整党为中心的无产阶级教育革命运动,正在我院以排山倒海之势,蓬勃向前发展。

今天,广大红旗战士、革命师生的精神面貌从来没有像现在这样振奋,毛主席的革命路线从来没有像现在这样深入人心,早请示、晚汇报的群众性活学活用毛主席著作运动如火如荼,真是一派大好形势。

但是,我们也不能不看到,在这大好形势下面,资产阶级、小资产阶级派性已成为阻碍我院运动发展、破坏革命大联合和革命三结合的大敌。不打倒这个大敌,我们就休想前进!

资产阶级、小资产阶级的派性,无论是在对待干部问题上,还是在对待革委会的态度上,或者其他群众中有争论的问题上,都已经明显地表现出来。

资产阶级、小资产阶级派性严重的人,在社会上分裂主义思潮的影响下,打破了原来已经实现的班级大联合,在统一的红旗战斗队内

成立了所谓"×××兵团",极力鼓吹"×××必胜",形成一个所谓反对派。

在毛主席最新指示下来以后,一些资产阶级小资产阶级派性严重的人,对毛主席干部路线又加以曲解,从派性出发,对正确执行毛主席干部路线的革委会扣以"在干部问题上执行资产阶级反动路线"的大帽子,相反,对党内走资派却格外同情,想方设法加以美化,甚至错误地喊出:"×、×(革命小将)下台,×××上台"的口号。为了结合他们所鼓吹的"革命干部×××",不惜贬低和打击航院其他大多数革命干部,甚至反对革委会提出的结合和使用大批革命干部的建议。

一些按照观点成立起来的派别组织,从派性的角度出发,无视全院革命同志用极大代价建立起来的政权机构,竟要和革委会搞什么"联合调查"。革委会的决定,适合他那一派利益的,他们就执行。不适合他那一派利益的,他们就反对,或消极对抗,给革委会的工作造成了很大困难。……

毛主席教导我们:"党内不同思想的对立和斗争是经常发生的,这是社会的阶级矛盾和新旧事物的矛盾在党内的反映。党内如果没有矛盾和解决矛盾的思想斗争,党的生命也就停止了。"革命队伍中对某些问题有不同的认识是正常的现象,要按照毛主席"团结——批评和自我批评—团结"的教导,用讨论的方法、说理的方法,彼此辩论和通过革命实践来逐步解决,达到一致。如果一有不同的认识,观点相同的人就互相串联,组织起来,那不就把问题复杂化,形成无休止、无原则的派别斗争了吗?显然,成立新的派别组织,这是一种极端错误,极端有害的做法,是不能用来解决革命队伍内部的思想斗争的,它有害于革命队伍的团结和统一,因而也就直接损害着我们的红色政权——革命委员会。

尽管资产阶级、小资产阶级派性严重的人,用数不尽的华丽语言把自己打扮成马克思主义的样子,但是他却直接违背毛泽东思想,把两类不同性质的矛盾混淆起来,往往受坏人的挑动,把人民内部矛盾当成敌我矛盾,用对付敌人的办法来对待同志。在我院,不是就有人受敌人挑动，甚至不惜造谣生事，收集材料，去整同自己共同患难、一起战斗过的战友吗？我们有的同志，醉心于资产阶级小资产阶级的派性，说什么"航院出现反对派"，是"前进的标志"。我们认为，革命委员会成立之后，在统一的大联合组织中又产生新的派别组织，从历史上来看，它是对于"一月革命"的一个反动。"一月革命"的基本经验就是无产阶级革命派联合起来，向党内一小撮走资本主义道路的当权派夺权。夺权之后，革命派队伍又发生分裂，这是一种倒退。只有我们的敌人和我们敌人的朋友才欢迎这种分裂，他们从这种分裂当中可以浑水摸鱼，捞到过去捞不到的东西。对于无产阶级革命派来说，在毛泽东思想指引下，由联合走向统一，才是"好得很"，才标志着我们的"前进"。在革命委员会成立之后，坚持团结、统一，还是坚持派性，就是搞无产阶级政治还是搞资产阶级政治的大问题，就是搞马列主义还是搞机会主义的问题。这是新形势下的两条路线的斗争。

资产阶级、小资产阶级派性是同党的利益、人民的利益格格不入的，广大的干部群众是反对它的。因此，哪里有派性，哪里就不能动员起干部和群众的大多数，哪里的运动就冷冷清清。哪里派性发作，哪里就仅是少数人打"内战"，多数人逍遥，哪里的歪风邪气就上升，资产阶级思想就泛滥，就会出现资本主义复辟。这些应该引起我们高度的重视。

马克思列宁主义、毛泽东思想教导我们，革命的根本问题是政权问题。成立了革命委员会的地方，阶级斗争集中到一点，仍然是政权问题。一小撮叛徒、特务、死不悔改的走资派和地、富、反、坏、右分子，无时不在妄图颠覆我们的红色政权，复辟资本主义。每一个革命的同志都不能不加强阶级斗争观念，认清当前形势下阶级斗争的新特点，百倍警惕，严防阶级敌人利用我们队伍内部存在的派性进行挑拨离间、分裂革命队伍、破坏我们的红色政权。当前，我们打倒派性，巩固革命大联合，首先要通过大办毛泽东思想学习班，在各级领导核心尤其是在院一级领导核心中肃清资产阶级、小资产阶级派性的影响。只有领导核心消除了派性，才能帮助基层单位克服派性，才能落实毛主席的最新指示，巩固和发展革命大联合，巩固和发展革命的三结合，建立各级革命委员会和革命小组的强有力的革命权威，领导全院革命的师生员工夺取无产阶级文化大革命的全面胜利。

我们相信，我院在克服了资产阶级、小资产阶级派性以后，全院百分之九十五的干部和百分之九十五的群众一定会更紧密地团结起来，在毛主席无产阶级革命路线的指引下，把我院无产阶级文化大革命搞得更好！

为"全面复课闹革命"呐喊

本报评论员

《红旗》第88期，1968年2月13日

最近，我院3232班的革命同志，紧跟毛主席的伟大战略部署，贴出"全面复课闹革命的建议"的大字报，得到了广大同志的坚决支持。喜看航院，一片热气腾腾。一个全面复课闹革命的热潮，掀起来了！我们为它叫好，为它呐喊！

全面复课闹革命就是要把教育革命推向一个崭新的阶段，全面落实毛主席的"五·七指示"，"全面复课"就为"改革旧的教育制度，改革旧的教学方针和方法"提供了"空间"和"时间"。使教育革命不是一句空话，而是脚踏在地上的实际行动。在教学实践中搞教育革命，在干中学习。"干就是学习"这是符合毛泽东思想的。

你们说的"'全面复课闹革命'到底是怎么回事？"有些"小脚女人"们莫名其妙了。怎么回事，这是群众要变革现状的自觉的革命行动，这表明毛主席的最新指示已化为群众的灵魂。群众对航院的现状不满。要战斗，要前进，要大踏步地前进！这就是群众中蕴藏的"极大的社会主义的积极性"。

"全面复课闹革命到底是什么样子？"那只有在教学实践中，由大家共同去描绘出它的"样子"。只有傻瓜才认为,在没有开始做某件事之前,就能事先想出它的完整的"样子"。

"你们专搞业务"这是一些"好心人"的担忧。我们说,全面复课闹革命的中心仍然是"闹革命",这是毫无疑义的。但也可能有个别人,丢了革命,专抓业务。这没有什么可怕。这说明,"学好数理化,走遍天下都不怕"这种反动思潮是不肯轻易退出历史舞台的。趁此机会,正好来个大扫除。金棍子、铁扫帚齐动员,就会打个漂亮歼灭战。但应指出,丢了革命,专抓业务的人毕竟是极少数,这决不会成为群众运动的主流。

我们奉劝一些同志,多一分干劲,增一分热情,少一点忧愁,去一点担心;相信群众,相信群众集体的智慧,相信毛泽东思想的无比威力,这样,我们就将创造人类历史上空前的奇迹。

我们深信,在我院全面复课闹革命之后,广大革命的学生,革命的教员,革命的工人,一定会高举无产阶级革命批判的大旗,破字当头,敢字领先,把统治我们学校的资产阶级知识分子和保护他们的一小撮走资派打翻在地,再踏上一只脚,把他们批倒批透批臭,把航院办成红彤彤的毛泽东思想的大学校。

把教育革命推向崭新的阶段!

航院要战斗!航院要前进!

树立无产阶级队伍,横扫一切牛鬼蛇神

《红旗》第 89 期,1968 年 2 月 20 日

【社论】四海翻腾云水怒,五洲震荡风雷激。无产阶级文化大革命的滚滚洪流汹涌向前,全国各地捷报频传。形势一片大好,越来越好。

在这文化革命即将取得全面胜利的时刻,我们必须开展一场轰

轰烈烈的清理阶级队伍的群众运动。清理阶级队伍就是要彻底摧垮中国赫鲁晓夫和航院的代理人的社会基础，彻底埋葬中国赫鲁晓夫的反革命修正主义组织路线，就是要把混在革命队伍内的叛徒、特务、顽固走资派，地、富、反、坏、右分子统统清洗出去，在组织上彻底挖掉资本主义复辟的根子，树立无产阶级的革命队伍。这是文化大革命发展的必然趋势，是整党、教改的必要准备，是我们无产阶级革命派和年轻的红色政权所面临的一项重要政治任务。

元旦社论指出："宣传、文化、教育部门以及其他党、政工作部门，要把建立无产阶级的队伍，当作一项十分重大的任务。"

长期以来，刘邓黑司令部及其在我院的代理人黑武光之流，结党营私，招降纳叛，网罗了大批的叛徒、特务、顽固走资派和地、富、反、坏、右分子。这些牛鬼蛇神，乔装打扮，披上革命的外衣，混入我们的革命队伍，钻进我们无产阶级政权肝脏，干了大量的罪恶勾当。在我院原党委的核心集团之中，阶级斗争触目惊心。叛徒、特务、阶级异己分子窃踞了书记，副书记，院长，副院长等要职，控制我院的党、政、财、文大权。在一些基层单位也窝藏着他们的爪牙，有的钻入我院的专政机构，当上了保卫科的副科长……，掌握着核心机密。他们究竟向谁施行专政不是很清楚了吗？我们必须刮起清理阶级队伍的十二级台风，把一切暗藏的反革命分子、地、富、反、坏、叛徒、特务、一小撮死不悔改的走资派，统统清除出去，让他们丑恶面目暴露在光天化日之下。

毛主席教导我们："全国人民必须提高警惕！一切暗藏的反革命分子必须揭露！他们的反革命罪行必须受到应有的惩处！"把"那些伪装革命而实际反对革命的分子""从我们各个战线上清洗出去，这样来保卫我们已经取得和将要取得的伟大胜利。"

只有认真地进行清理阶级队伍，才能巩固文化大革命的胜利成果，才能捍卫我们年轻的红色政权，才能把大权牢牢地掌握在无产阶级革命派的手里。

只有认真地进行清理阶级队伍，才能在我院建立一支真正纯洁的阶级队伍，才能把我院整党工作进行彻底，才能把教育革命进行彻底，才能把我院的斗批改进行彻底。

中央首长指出："有些单位为什么打内战？就是因为后面有坏人操纵。敌人利用派性，派性掩护敌人。我们打内战，敌人就溜了。"所以，我们要把派性的盖子揭开，揪出幕后操纵的一小撮顽固走资派、叛徒、特务、地、富、反、坏、轮右，打倒派性，斩断黑手。这个问题不解决，运动不能前进。

清理阶级队伍是我院揭开派性盖子的深入发展，是当前推动各项工作的动力，势在必行。那些把清理阶级队伍和反派性对立起来的言论和行动都是错误的。

清理阶级队伍，是一场极其复杂、极其尖锐的阶级大搏斗。混在内部的一小撮叛徒、特务、党内一小撮死不悔改的走资派，社会上的牛鬼蛇神，以及美帝、苏修和他们的走狗，绝不会甘心于自己的灭亡，一定会采取各种形式，进行破坏和捣乱。大好形势下，也会有某些阴暗的角落，扫帚不到，灰尘不走，需要继续揭开阶级斗争的盖子。因此我们必须百倍提高革命警惕，决不可掉以轻心。在这场群众运动之中，我们必须自始至终地高举毛泽东思想伟大红旗，认真地学习毛主席思想，步步紧跟毛主席的伟大战略部署，这样才能取得这场斗争的彻底胜利。

全院的红旗战士和革命的师生们，让我们奋起毛泽东思想千钧棒，握紧无产阶级专政的拳头，狠狠地打击一小撮暗藏的牛鬼蛇神，让他们处于四面楚歌的境地，陷入天罗地网之中，淹死在人民战争的汪洋大海里。

人民大众开心之日，就是反革命难受之时。一切暗藏的牛鬼蛇神、地富反坏之流，你们的末日到了！摆在你们面前的出路只有一条：老老实实坦白交代，低头认罪，否则无产阶级专政的车轮将立即把你们碾成碎末。

坚定不移地复课闹革命

《红旗》第 90 期，1968 年 2 月 27 日

【社论】我院广大革命学生，革命教员，革命工人积极响应毛主席和党中央"复课闹革命"的伟大号召，一个深入开展复课闹革命的高潮正在蓬勃兴起。

毛主席教导我们："大中小学校都要复课闹革命"。几个月来，我们正是遵照无产阶级司令部的这一指示前进着，今后，我们还必将沿着这个大方向坚定地、毫不动摇地奋斗下去。

"复课闹革命"是我们伟大领袖毛主席的伟大战略部署，也是广大革命师生的共同愿望，是学校夺取无产阶级文化大革命全面胜利的必由之路。能不能坚决贯彻执行毛主席"复课闹革命"的伟大方针，是忠不忠于毛主席，听不听从毛主席的无产阶级司令部指挥的重大原则问题，是坚持毛主席的无产阶级革命路线还是执行资产阶级反动路线的分水岭。这是关系到能不能彻底结束资产阶级知识分子统治我们学校的现象，让我们的国家永不变色，让毛泽东思想伟大红旗占领教育阵地的大事，因此我们必须大大提高对"复课闹革命"伟大意义的认识水平，各级革委会的负责同志更应亲自抓好这一中心工作。

本报今天刊登了院革委会《关于紧跟毛主席的伟大战略部署深入开展"复课闹革命"的决定》及《院革委会斗批改办公室关于紧跟毛主席的伟大战略部署，进一步深入开展"复课闹革命"的规定》，《决定》和《规定》进一步阐述了"复课闹革命"的伟大意义，表达了我院广大革命师生紧跟毛主席的伟大战略部署，按照无产阶级司令部的指示办事的坚定信心。

《毛主席论教育革命》，是我们进行无产阶级教育革命的伟大纲领，是批判刘、邓、彭、罗、陆、蒋党内最大的一小撮走资派所推行的反革命修正主义教育路线的无比锐利的武器，是"复课闹革命"

的根本方针，是深入发动群众开展教育革命的总动员令。因此，我们要反复学习，反复领会，不折不扣地积极贯彻执行。

最近，国防科委有关负责同志，传达了陈伯达同志的重要指示："解放军学校要带头搞好复课闹革命。"同时指出："国防工业高等院校是解放军领导的，也要带好头，要安排好。你们北航要做出成绩来向无产阶级司令部汇报。"

坚持"复课闹革命"，在教育革命上搞出成绩来，是无产阶级司令部对我们的要求，因此，无论在任何时候，或者受到来自社会上任何方面的干扰和冲击，我们都绝对不能背离这个大方向。我们深深懂得，革命每向前发展一步，阶级敌人就会用尽各种办法来破坏。在"复课闹革命"中同样如此，我们必须时刻提高革命的警惕性，牢牢把握住无产阶级司令部给我们指引的大方向，坚定不移地进行"复课闹革命"。

当前，摆在我们面前的教育革命的内容极其丰富，极其广阔。需要我们全身心地投入战斗。整顿党的组织，清理阶级队伍，整顿红卫兵组织，批判资产阶级教育制度，都是教育革命的主要内容。同时，在教育革命中，持续不断地同党内一小撮顽固走资派、叛徒、特务及社会上的牛鬼蛇神的斗争，也必然是极其尖锐复杂的，我们必须充分地意识到这点，决不可以书生气十足，掉以轻心，切不可片面地理解在世界革命中具有极深远意义的这次无产阶级教育革命。

创建闪耀着毛泽东思想光辉的崭新的教育制度，这是时代赋予我们的一项极其光荣伟大的历史任务。我们坚信：毛主席教育革命思想的光辉旗帜必将在我院高高飘扬，无产阶级教育革命的伟大实践活动必将结出丰硕的果实。

决心把无产阶级文化大革命进行到底的战友们，让我们在毛主席"五·七指示"的光辉照耀下团结起来，为创建一个崭新的社会主义教育制度而努力奋斗！

我们的目的一定要达到，我们的目的一定能达到！

二论团结两个百分之九十五

——纪念毛主席伟大的"三七"指示发表一周年

《红旗》第 91 期，1968 年 3 月 5 日

【社论】在迎接无产阶级文化大革命全面胜利的今天，回首细读毛主席的"三七"指示，倍有亲切之感，我们现在所做的一切不正是昂首阔步地沿着毛主席英明的预见和教导行进着吗！

毛主席在"三七"批示中指出："还要说服学生，实行马克思所说只有解放全人类才能最后解放无产阶级自己的教导。"这是无产阶级进行革命的最终目的，只有永远用解放全人类的标准来改造自己，才愧于革命者的光荣称号。

在阶级斗争的风浪中，我们必须保持敏锐的政治嗅觉，坚定的信念，不移的立场，那就是要用无产阶级的思想，用毛泽东思想来灌输、改造我们，使毛泽东思想溶化在血液中，树立起一个解放全人类的思想，学习白求恩同志"毫无自私自利之心的精神"，做"一个有益于人民的人"。将资产阶级的小团体主义和宗派主义像扫垃圾一样把它们坚决清除出去。

"在军训时不要排斥犯错误的教师和干部"，在这里，毛主席又教导我们要团结百分之九十五的广大群众，团结百分之九十五的干部，组成一支浩浩荡荡的无产阶级革命大军。我们要成为一个无产阶级的革命事业的接班人，必须"不但要团结和自己意见相同的人，而且要善于团结那些和自己意见不同的人，还要善于团结那些反对过自己并且已被实践证明是犯了错误的人。"我们必须坚信坏人是极少数，群众、干部中的大多数都是好的，"我们的干部中，除了投敌、叛变、自首的以外，绝大多数在过去十几年，几十年里总做过一些好事！"群众中（包括广大党员）有些人犯了错误，是认识问题，站错了队，站过来就是了。我们诚心诚意地和广大干部、党员、群众团结起来了，共同把矛头指向了党内一小撮走资派。那么，一小撮阶级敌

人就彻底孤立了。

"办学习班，是个好办法，很多问题可以在学习班得到解决""两派要互相少讲别人的缺点，错误，别人的缺点，错误，让人家自己讲，各自多做自我批评，求大同，存小异。"毛主席的这一教导进一步丰富了正确处理人民内部矛盾的这一光辉理论，是当前消除派性的正确途径。对于我们自己队伍中某些问题的争论，只要遵照毛主席这一光辉思想来处理，多做自我批评，就一定能消除派性，增强党性，斩断黑手。

持有不同意见的同志，应该通过办毛泽东思想学习班，斗私批修，总结我们所走过来的路，"不要总是以为自己对，好像真理都在自己手里。"诚诚恳恳地做自我批评，心怀对毛主席的一个"忠"字，狠斗一个"私"字，深挖犯错误的根源，那么，改了就好了。如果斗私怕痛，避重就轻，躲躲闪闪，甚至以派性反派性。自作聪明，正路不走走歪路，越是那样，群众越不买你的账。鲁迅先生说："丑态，我说，倒还没有什么丢人，丑态而蒙着公正的皮，这才催人呕吐。"真正做到亮"私"不怕丑，斗"私"不怕痛，这样才能不断革命下去，大家都这样多作自我批评，就不会被一些无原则的纠纷缠身，就不会让敌人钻空子，就有利于我们革命事业的前进。在我们纪念毛主席"三七"指示发表一周年的今天，无产阶级文化大革命正按照毛主席指引的航道蓬勃向前发展，"再有几个月的时间，整个形势将会变得更好。"形势的发展及掌权的地位，向我们无产阶级革命派提出了更高的要求，我们一定要牢记毛主席的教导，相信团结大多数党员、百分之九十五的干部、百分之九十五的群众，把斗争矛头指向党内一小撮走资派，把斗批改进行到底，把无产阶级文化大革命进行到底。

彻底揭开阶级斗争的盖子

《红旗》第 92 期，1968 年 3 月 12 日

【社论】二月二十一日，周总理、陈伯达、康生、江青等中央首长接见天津市革委会、革命群众及驻京部队文艺系统代表时，揭开了天津一个黑会、一个黑戏的阶级斗争盖子。剥掉了刘邓死党和周扬一小撮反革命修正主义分子方纪、孙振的画皮，剥掉了陶铸式反革命两面派野心家的画皮，粉碎了阶级敌人向无产阶级进行反夺权的又一个阴谋，这是无产阶级文化大革命的伟大胜利，这是毛主席革命文艺路线的伟大胜利，这是战无不胜的毛泽东思想的伟大胜利！

天津的这个黑戏、黑会，绝不是一个孤立的现象，它反映了无产阶级文化大革命中极其尖锐、极其复杂、极其激烈的阶级斗争，反映了社会上反动的资产阶级思潮，是全国阶级斗争的典型反映，必须引起我们每一个革命同志的高度重视。中央首长的这次讲话，是极其严肃的，不单是对天津讲的，对全国同样有十分重要的意义，我们必须认真学习，再三深思，坚决执行。

伟大领袖毛主席最近一针见血地指出："越接近全面胜利，两个阶级、两条道路、两条路线斗争，越是尖锐、越是激烈。"那些党内一小撮走资本主义道路当权派，没有改造好的地富反坏右分子，美蒋苏修日特间谍，还有一些社会渣滓，他们不甘心失败，他们要在死亡的时候挣扎，我们必须提高警惕。

可是，我们有一些同志，半年多来，却直接违背了毛主席的教导，被派性和无政府主义蒙住了眼睛，阶级斗争观念淡漠了，头脑里没有了敌人，斗争矛头不是对准党内一小撮走资派，而是指向无产阶级司令部，指向伟大的中国人民解放军，指向新生的革命委员会，指向革命群众。这是何等深刻的教训啊！

列宁说："马克思主义在理论上的胜利，逼得它的敌人装扮成马克思主义者，历史的辩证法就是如此。"同样，在无产阶级文化大革

命正取得全面胜利，光芒万丈的毛泽东思想正在全国全世界取得了伟大胜利的时候，也逼得阶级敌人伪装起来，打着"拥护"毛主席的旗帜来反对革命，反对毛泽东思想。刘邓陶等党内最大的一小撮走资派垮台以后，他们的第二套班子关王戚反党阴谋集团不就是立刻跳出来，打着"红旗"反红旗吗！这些反革命分子，象变色龙和小爬虫一样，会改变颜色，为了适应它的需要，不断变化它的反革命策略，时而这种颜色，时而那种颜色，时而极右，时而极"左"，造谣诬蔑，挑拨离间，打进来，拉出去，分化反解，使尽了全身解数，分裂无产阶级革命派的队伍，刮起一股炮打无产阶级司令部，炮打中国人民解放军，炮打新生革命委员会的黑风。可是，我们某些"好心"的同志，只能分辨正常情况下的好人和坏人，而不能分辨特殊情况下的好人和坏人，被阶级敌人所欺骗，所蒙蔽，把豺狼当朋友，把同志当敌人。天津的这个黑戏《新时代的狂人》，不就是这伙反革命修正主义分子把陈里宁这个对革命有刻骨仇恨的反革命分子伪装成"革命英雄"，编了剧本，演了戏，大加赞扬，欺骗了不少人吗？这又是何等深刻的教训啊！

近两年的无产阶级文化大革命，给我们最大最深刻的教育，就是要念念不忘阶级斗争，念念不忘路线斗争，头脑里时时刻刻有敌情，特别是当前进行反派性、反无政府主义的时候更不能放松对阶级敌人的警惕，对阶级敌人的斗争。

越是革命的大好形势，党内一小撮走资派、叛徒、美帝苏修日蒋特务及社会上的牛鬼蛇神，越是要进行垂死挣扎，他们无时不想翻案，无时不想登台，无时不想插手，拼命要钻到革命队伍中来，企图动摇以我们伟大领袖毛主席为首的无产阶级司令部，以毛主席为代表的无产阶级革命路线，企图动摇我们的人民解放军，企图瓦解新生的革命委员会，他们人数虽少，反革命活动能量却比较强，他们有黑后台。当然，他们这一切都是妄想，都是注定要失败的。但是，我们决不可丧失警惕，把复杂的阶级斗争看得太简单了。忘记了阶级斗争、忘记了无产阶级的敌人，忘记了无产阶级专政条件下要继续革命，就是忘记了毛泽东思想的根本，就是糊涂人、书呆子，革命就会不可避免地遭到失败。

江青同志去年十一月的重要讲话和中央首长这次讲话，不仅是无产阶级司令部向文艺战线发出的战斗号令，而且也是向教育界和其他战线发出的战斗号令。

教育界，阶级斗争一直是尖锐激烈地进行着，从未停止。从历史上看，就是复杂的斗争。一切统治者，都是派忠于他的人办教育，蒋介石匪帮时期，大学校长都是他的嫡系，他的可靠的人。解放以来，刘邓周陆资产阶级司令部不就是窃据了教育界的实权，到处安插了他们的爪牙吗？第一套班子垮台以后，第二套班子不就立即跳出来了吗？我们这个被人称为"纯洁"又"纯洁"的航空学院，刘邓陶不也安排了他的代理人大叛徒、大特务黑武光来把持吗？今天，黑线流毒扫干净没有？阶级斗争盖子彻底揭开了没有？没有，远远没有。毛主席在最新指示中说："一个工厂，分成两派，主要是走资本主义道路的当权派为了保自己，蒙蔽群众，挑动群众斗群众。"北京高校为什么分成两大派，除了派性和无政府主义以外，主要就是因为有关王戚反党阴谋集团黑手插进来，阻碍了北京运动，严重地干扰了伟大领袖毛主席的战略部署。今天，随着这个反革命阴谋集团的垮台，是到了彻底揭开高校两大派阶级斗争盖子的时候了。

因此，我们当前进行教育革命，就是要解决根本问题，我们就是要"言必称阶级"，"言必称道路"，"言必称路线"。狠狠抓住阶级斗争这个纲不放，用毛泽东思想完全占领教育界阵地，首先从思想上，组织上改，彻底肃清刘邓周陆在教育界的流毒，彻底揭开高校阶级斗争盖子，彻底斩断刘邓资产阶级司令部和关王戚反革命集团伸向高校的黑手。分清敌我，树立无产阶级革命队伍，彻底结束资产阶级知识分子统治学校的现象，把教育界的大权，真正掌握在无限忠于毛主席、忠于毛泽东思想、忠于毛主席革命路线的无产阶级革命派手里。

革命的战友们，团结起来，紧跟我们伟大统帅毛主席，紧跟毛主席为首的党中央，紧跟中央文革小组，向阶级敌人进攻！彻底揭露、彻底批判刘邓陶周陆死党等一小撮走资派，彻底揭露、彻底批判陶铸式的反革命两面派和野心家关王戚反党集团,把阶级阵线分清,把一小撮坏人彻底揪出来,斩断黑手,使他们的阴谋不能得逞,使广大群众得到教育,加强和巩固以毛主席为首林副主席为副帅的无产阶级司令部,加强和巩固我们伟大的人民解放军,加强和巩固我们新生的革命委员会,更快地夺取无产阶级文化大革命的全面胜利!

砸烂关王庙　揪出变色龙

本报评论员

《红旗》第93期,1968年3月19日

北京的春雷震天动地。

总理、伯达、康生、江青、文元、成武等中央首长二月二十一日的重要讲话,是伟大领袖毛主席为首的无产阶级司令部发出的战斗号令。党中央、中央文革最近及时地揭露了湖南反革命组织"省无联"、天津的黑戏《新时代的狂人》和黑会"全国工农兵战士座谈会",这是毛主席的伟大战略部署。就是在文化战线上,要从湖南和天津打开一个突破口,彻底揭露刘邓陶、陆定一、周扬之流在全国撒下的黑网、黑线,把无产阶级文化大革命运动推向一个新的更加深入的阶段。亿万革命人民,闻风而动,发起了一个猛揪变色龙,横扫小爬虫等一小撮阶级敌人的强大攻势!

元旦社论指出:"大好形势下,也会有某些阴暗的角落,扫帚不到,灰尘不走,需要继续揭开阶级斗争的盖子。"文化界和公检法,历来是藏污纳垢、招降纳叛的地方,就是这个大好形势下的阴暗角落,需要我们高举毛泽东思想伟大红旗,进行一番彻底打扫。

从天津的黑戏和黑会,长沙的"省无联"清楚地表明,无产阶级文化大革命越接近胜利,阶级斗争越是尖锐、越是激烈,反映了党内死不悔改的走资派,刘邓彭罗陆杨周的死党和爪牙、老右派,右倾机会主义分子、胡风分子，叛徒、国民党的残渣余孽，还有美蒋苏修日特，这一小撮阶级敌人，越不甘心自己的灭亡，越要进行垂死挣扎。

天津的情况这样错综复杂，难道北京就是那样风平浪静吗！北京的文艺界和教育界长期在刘邓陆周的控制下，公检法也长期受彭罗反党集团的控制，文化大革命以来，王关戚穆林反党阴谋小集团又伸入黑手，情况比天津更为复杂，阶级斗争的盖子并没有完全揭开。北京的怪事难道比天津少吗？

陈里宁这个对无产阶级专政有刻骨仇恨，恶毒反对共产党、反对社会主义、反对无产阶级、反对毛主席，混进革命队伍的地主阶级分子，是谁去解放的？不是别人，就是这个王关戚反党阴谋小集团。我们一定要揪出这个黑后台。

是谁指使反革命分子陈里宁一伙人伪造《狂人日记》反党、反社会主义、反对无产阶级专政？不是别人，就是这个王关戚反党阴谋小集团。

恶毒攻击社会主义、攻击无产阶级专政，反对毛主席为首的无产阶级司令部、反对伟大已的中国人民解放军的大大毒草《新时代的狂人》及湖南反革命大杂烩"省无联"的纲领《中国向何处去？》，小人物是写不出来的，是有黑后台"大人物"插手和指点的，这批"大人物"是谁？不是别人，就是这个王关戚反党阴谋集团。《新时代的狂人》这个名字就是王力起的，北京不也有个黑戏《敢把皇帝拉下马》吗？

疯狂炮打周总理、妄图动摇毛主席为首的无产阶级司令部的臭名昭著的反革命组织《五。一六》的黑后台是谁？不是别人，就是这个王关戚反党阴谋集团。

大"揪军内一小撮"，恶毒把矛头指向伟大的举世无敌的中国人民解放军的罪魁祸首是谁？分裂北京学生和工人运动、破坏无产阶级文化大革命的黑手是谁？也是这个王关戚反党阴谋集团。

去年九·七师大专政委员会的黑后台又是谁？不是别人，就是这个王关戚反党阴谋小集团。据揭露，"九·六"夜里，戚本禹叫傅崇兰（原文如此，似为傅崇碧之误植——编者）打电话给师大樊立跃们，让他们起来造反。这样就组成"专政委员会"的第二套班子。结果反而把颠覆师大革委会的罪名加在师大造反兵团和其他院校的头上，又何其毒也！

这许许多多的事实说明，北京同全国各地一样，阶级斗争极其尖锐，极其复杂，极其激烈。刘邓彭罗陆杨周的死党需要进一步肃清，关王庙里牛头马面必须彻底埋葬。

值得人们注意的是：内蒙有一条乌兰夫黑线，上海有一条陈曹黑线，天津有万张反革命集团，难道北京就没有一条彭真、刘仁黑线？为什么相当长一个时间以来，北京听不到打倒刘邓陶彭罗陆杨等走资派的声音？甚至阶级斗争也很少有人讲。有的地方，你一讲阶级斗争，就要被指责为"派性语言"，岂非咄咄怪事？为什么江青同志去年十一月就指出：要抓阶级斗争，清理队伍，抓坏人，树立无产阶级队伍。这一指示，外地闻风而动，可是北京文化界却按兵不动？无产阶级司令部的指示迟迟不能得到贯彻执行，这到底是为什么？还有些本来是以极"左"面目出现的人，现在却跳到极右，以貌似公允，调和折中的面目出现，捂住阶级斗争盖子，这又是为什么？难道不值得人们深思吗？

毛主席教导我们："千万不要忘记阶级斗争。"阶级和阶级斗争是阶级社会所有现象的总的根源，北京的这许多怪事，说怪也不怪，用阶级和阶级斗争的观点一分析，一切就都清楚了。原来是一小撮阶级敌人在后面作祟。关王庙里的黑手在暗地捣鬼。一切社会现象，都是阶级和阶级斗争的反映，人和人之间的关系，都是阶级关系，各种社会现象，尽管错综复杂，千变万化，归结起来，总脱离不了两个阶级、两条道路、两条路线的斗争。关王庙里的种种阴谋，归根结底，就是要从极"左"或右的方面来动摇毛主席为首的无产阶级司令部、动摇伟大的中国人民解放军，动摇新生的革命委员会。

因此，阶级斗争，我们就是要天天讲，月月讲，年年讲，我们就是要树立明确的阶级和阶级斗争观点。没有阶级观点，没有阶级斗争观点，是右倾思想的根源，是右倾机会主义思想最根本的根源，就是失去了灵魂。谁怕讲阶级斗争，谁怕无产阶级专政呢？只有一小撮无产阶级的敌人。谁反对大讲阶级斗争,就证明谁心里有鬼,我们就越是要大讲特讲阶级斗争。

在我们反对极"左"思潮的时候,我们还要倍加警惕,坚决击退阶级敌人从右的方面干扰毛主席的伟大战略部署、为"二月逆流"翻案的阴谋。"二月逆流"的要害是什么?就是妄想搞资本主义复辟,妄想推翻以毛主席为首的无产阶级司令部,妄想否定无产阶级文化大革命,妄想推翻无产阶级专政,妄想推翻中央文革小组。对待"二月逆流"的问题,同对待"五·一六"反革命组织一样,是个大是大非问题。因此,当前,我们要同时进行两方面的斗争,不但要彻底肃清关王戚反党阴谋集团及其死党,肃清极"左"思潮的流毒,而且随时准备粉碎阶级敌人以卑劣的手法使革命小将"自我否定",进而否定无产阶级文化大革命,为"二月逆流"翻案的新阴谋。

无产阶级文化大革命不断深入向前发展,新的问题不断提到我们每个人面前,在这两个阶级、两条道路、两条路线斗争的关键时刻,实质上又存在一个站队问题。你是坚定不移地站在以毛主席为首的无产阶级司令部一边,站在毛主席的无产阶级革命路线一边,站在中央文革一边?还是站在刘邓资产阶级反动路线一边,站在王关戚反党阴谋集团一边,站在"二月逆流"一边?二者必居其一,中间道路是没有的。

在我们强调阶级斗争的时候,特别要注意团结大多数,阶级斗争的观点和群众观点是统一的。在我们反"左"或反右的时候,同样更要注意坚持真理,修正错误,不要像有些人一样,反"左"时,他否认自己右的错误,反右时,他又否认自己"左"的错误。就像翻个跟头又回到原地不动一样,还自以为一贯正确,这样的人是永远不会前进的。

我们广大红旗战士,广大革命的师生员工,无论过去、现在、还是将来,都永远、无限、绝对忠于毛主席,无论在任何时候,无论有多大的风浪,都坚定不移地站在无产阶级立场,誓死保卫毛主席,誓死保卫林副主席,誓死保卫以毛主席为首的无产阶级司令部,誓死保卫中央文革!谁拥护毛主席,我们就和他亲,谁胆敢反对毛主席,谁胆敢反对林副主席，谁胆敢反对以毛主席为首的无产阶级司令部，谁胆敢反对中央文革，谁胆敢反对中国人民解放军，我们就同谁拼。定叫它粉身碎骨，死无葬身之地。

正如毛主席指出的，当前"形势大好，不是小好。整个形势比以往任何时候都好。"我们满怀革命的壮志豪情，决心紧跟毛主席的伟大战略部署，寸步不离，正确理解和坚决贯彻执行毛主席的最新指示，夺取无产阶级文化大革命的全面胜利！

千万不要忘记阶级斗争！

砸烂关王庙，揪出变色龙！

誓把无产阶级文化大革命进行到底！

反右倾！反复辟！反翻案！反分裂！

清华《井冈山》报编辑部　北航《红旗》报编辑部

《井冈山》第 124 期，《红旗》第 94 期，1968 年 3 月 21 日

伟大的一九六八年，是无产阶级文化大革命夺取全面胜利的一年。在各条战线上都取得辉煌的成绩。全国形势一片大好。

但是，"树欲静而风不止"，这是阶级斗争发展的必然规律。无产阶级的敌人并不会因为革命的节节胜利而放弃他们对无产阶级的斗争，他们还要继续进行顽抗。因此，在当前的新形势下，两个阶级、两条道路、两条路线的斗争并未结束，而是以新的形式紧张、激烈地进行着。

伟大的一月革命的风暴席卷全国，无产阶级革命派联合起来，向党内一小撮走资派夺了权，亿万革命群众响应伟大领袖毛主席的号召，新生的红色政权——革命委员会诞生了。

党内一小撮走资派为了挽救他们即将灭亡的命运，拼命地进行反扑，他们歪曲三结合的方针，继续推行资产阶级反动路线，对下向

无产阶级革命派反攻倒算,对上炮打无产阶级司令部,掀起一股资本主义复辟逆流,妄图推翻以毛主席为首的无产阶级司令部,推翻中央文革,一举扼杀史无前例的无产阶级文化大革命。在这关键时刻,我们天才的领袖毛主席及时地发现了这股资本主义复辟逆流的猖狂反扑。领导亿万人民群众,粉碎了谭震林之流的罪恶阴谋,捍卫了无产阶级文化大革命的胜利成果。

以王、关、林、戚为首的反党阴谋集团,是一伙篡党、篡军、篡政的窃国大盗,他们借反二月逆流为名,迫不及待地跳了出来,他们有的在幕前指挥,有的在幕后策划,煽阴风,点鬼火,以极"左"的面目出现,将斗争的矛头指向以毛主席为首的无产阶级司令部,指向伟大的钢铁长城——中国人民解放军,指向新生的革命委员会。他们这一伙野心家、阴谋家,不择手段地到处夺权,到处插手。他们以百倍的疯狂,结党营私,招降纳叛,制造反革命舆论,大搞资本主义复辟。可是曾几何时,他们的美梦都像肥皂泡一样地破灭了。王关戚林的彻底垮台,是毛泽东思想的伟大胜利,是中央文革的伟大功绩。它不但丝毫无损于中央文革的声誉,反而说明,以毛主席为首的无产阶级司令部的无比正确,无比坚强。

目前,革命大联合,革命三结合的浪潮正在一浪高过一浪,各条战线上都出现了崭新的局面,举国上下一片生气勃勃的欢腾景象,无产阶级文化大革命的航船正沿着毛主席指引的胜利的方向乘风破浪地前进。

毛主席教导我们:"当前的运动的特点是什么?它有什么规律?如何指导这个运动。这些都是实际的问题。"在无产阶级文化大革命走向全面胜利的新形势下,当前阶级斗争的新特点是什么呢?中央首长三月十五日接见四川省革筹小组,及三月十八日接见浙江赴京代表团时,我们敬爱的江青同志一针见血地指出:"目前在全国,右倾翻案是主要危险,我就不相信你们那里没有翻案风,北京学生替二月逆流翻案,我们就轰他一炮,要看到文化大革命的胜利。""当前从思想上反右倾机会主义,反分裂主义,组织上搞黑手、坏人,要拥护解放军,拥护新生的红色政权革委会。"

在四川，就有人公开跳出来反对红十条，他们胡说什么："红十条已经过时了"，要打倒刘张，替反革命修正主义分子李、廖翻案。疯狂地进行反攻倒算活动。甚至叫嚷"宁要李井泉，不要刘、张"的反动口号，这种资产阶级的复辟翻案活动已经达到了令人发指的地步。

在上海，以《共向东》为代表的右倾反动势力一直在进行活动。他们继承了《四一四思潮必胜》的衣钵，极力宣扬"造反派只能打天下，不能坐天下"的反动谬论，恶毒地攻击革命造反派，妄图进行"二次革命"，篡夺无产阶级文化大革命的胜利果实。

在外交部，有人借口"要批判打倒××的口号"，妄图否定外事口一年多来的轰轰烈烈的无产阶级文化大革命的群众运动，否定无产阶级革命派。

在北京市，也有人乘关、王、戚、林反党集团倒台的机会，跳出来为二月逆流翻案，破坏毛主席的伟大战略部署，从右的方面把斗争的矛头指向新生的北京市革命委员会，指向中国人民解放军。有的学校站在二月逆流一边，为二月逆流翻案，实际上就是反对我们的无产阶级司令部，我们要向这些人大喝一声，你们这样做，是对无产阶级的犯罪。

首都高校，历来是两个阶级，两条道路，两条路线的激烈的角斗场，社会上每一个阶级斗争的新动向，都必然在北京高校内得到深刻的反映。在走资派的策动下，一股右倾翻案逆流在高校膨胀。

就在这个时候，清华园的一小撮顽固不化的走资派及牛鬼蛇神，配合了社会上的右倾翻案逆流，借助资产阶级、小资产阶级派性的幽灵，疯狂地进行反攻倒算活动，他们假借批判极左思潮，刮起了一股为走资派翻案的妖风。他们把刘冰、李恩元、吕应中等顽固不化的走资派捧为革命干部。把"黑干站"的王八蛋谭浩强们吹捧成"大方向一贯正确的无产阶级革命派"。他们全盘否定一九六七年的无产阶级革命派的功勋，疯狂地叫嚷"无产阶级革命造反派，沿着一条危险的道路滑得够远的了"，"全部理论和全部实践是完全对抗毛主席的革命路线的，是反动的，是代表资产阶级利益的，是注定要失败的。"这是多么恶毒、多么反动的咒骂啊！我们难道还能容忍这种情况继续下去吗？

北航党内死不悔改的走资派、叛徒、特务不是也认为机会到了，公然跳出来"控诉"，并妄图钻到学习班去吗？不是也猖狂叫嚣过去对他们的批判斗争都是"资产阶级反动路线"，必须"一切从零开始"吗？这些家伙是何等得意啊！

一小撮社会渣滓，被打倒的走资派，也乘着翻案风之逆流，跑了出来，他们得意忘形的叫喊："现在，天变了，天气好了。"他们恶毒地攻击伟大的一月革命，说什么"一月夺权"是"地富反坏右牛鬼蛇神的大翻个儿"，"我们一贯坚持与他们做了坚决的长期的斗争。"扬言刘冰、吕应中要进三结合领导班子，要为炮打无产阶级司令部的反革命小丑周泉缨翻案。他们抓住中央文革清洗了关王戚反党集团的问题，一方面为关王戚反党集团唱赞歌，另一方面又把关王戚反党集团的罪行强加到无产阶级司令部头上，反对无产阶级司令部。全盘否定无产阶级司令部一年来对文化大革命的重要指示，把斗争矛头指向北京市革委会，指向无产阶级司令部，指向北京卫戍区。更有甚者，一些反革命混蛋，在上上下下散布极其反动的流言蜚语，恶毒地攻击林副主席、伯达同志、江青同志，这是我们最最不能容忍的。因此，我们的回答是，挺身而出，勇敢战斗，坚决地、彻底地揭露和击溃他们，用我们的生命和鲜血誓死保卫毛主席，誓死保卫毛主席为首的无产阶级司令部，誓死保卫毛主席无产阶级革命路线，誓死保卫无产阶级文化大革命。

在全国这股右倾翻案妖风猖狂反扑的关键时刻，中央首长发表了3·15、3·18重要讲话，这是党中央的声音，这是毛主席的声音，它大长全国无产阶级革命派的志气，大灭资产阶级保皇派的威风，给了那些狂蹦乱跳的小丑们以当头一棒，中央首长的讲话，向我们发出了反右倾，反复辟，反翻案，反分裂，将无产阶级文化大革命进行到底的伟大号召，决心把无产阶级文化大革命进行到底的无产阶级革命派一定要紧紧跟上，迅速照办。

我们必须清醒地看到："越接近全面胜利，两个阶级、两条道路、两条路线斗争，越是尖锐，越是激烈。"被打倒的垂死的灭亡的阶级不会甘心于他们的失败的，他们还要继续表演，疯狂挣扎的。我们务必要牢记毛主席的教导："千万不要忘记阶级斗争"。言必称阶级，言必称路线，言必称道路，用阶级和阶级斗争观点，看清阶级斗争的新动向，擦亮眼睛，辨别真伪，站稳立场，分清是非。永远、绝对、无限忠于伟大领袖毛主席，忠于毛泽东思想，忠于毛主席革命路线。这样，我们就能够用战无不胜的毛泽东思想去彻底粉碎这股反革命复辟逆流，夺取无产阶级文化大革命的全面胜利。

历史的前进，总是使那些过高地估计反动派力量，而过低地估计人民力量的倒行逆施的人物，很快地就要变成令人嗤笑的小丑。无论他们是怎样地跳啊，蹦啊，一忽儿以极"左"的面貌出现炮打无产阶级司令部，一忽儿从右的方面进攻，大搞复辟翻案活动，或者大搞形"左"实右的反动策略，终归逃脱不了失败的命运。无产阶级文化大革命一定要按照我们伟大领袖毛主席指引的方向，进行到底。

同志们，举起双手，欢呼这史无前例的无产阶级文化大革命全面胜利的到来吧！

反右倾鼓干劲　矛头对准走资派

《红旗》第95.96期合刊，1968年3月26日

【社论】反翻案，反分裂，反复辟的斗争，是一场更新阶段的两个阶级、两条道路、两条路线的斗争，是无产阶级革命派在夺取无产阶级文化大革命全面胜利的进程中的一场硬仗，切切不可等闲视之！

党内党外一小撮公开的阶级敌人，变色的反革命两面派，远在去年冬天，眼看无产阶级文化大革命的胜利进展，预感到他们的死期越来越接近，因而乘着去年秋天反对极"左"思潮之机，煽动右倾情绪，软化群众的斗争性，模糊斗争意识，抹杀阶级斗争，阴谋掀起一

股否定无产阶级司令部，否定文化大革命，否定无产阶级革命派的黑风。从今年二月始，他们认为气候适宜，时机已到，于是明目张胆地把隐蔽的舆论变为公开的行动，把暗流化为明流，将十分炽烈的毒焰，百倍增长的仇恨，长期的复辟希望，凝成子弹，射向以毛主席为首的无产阶级司令部，射向中央文革，射向伟大的中国人民解放军，射向新生的革命委员会。他们狂妄地叫嚷道："现在天变了，天气变好了。"在全国，刮起了一股右倾翻案黑风，"三否定"的反动思潮结合指向"三红"的复辟行动，这就是阶级敌人的新二月逆流的阵势。"翻案"是他们的行动口号，"分裂"是他们的斗争手法，"右倾"是他们的思想特征，"复辟"是他们的根本纲领。斗争极其尖锐、极其激烈。

在北京，这个新二月逆流集中表现在为老二月逆流翻案上，一小撮右倾分裂反党小集团是这次黑风的主将。在航院，广大革命师生，为正确贯彻毛主席的干部路线做出了重大贡献，但是，也有一些糊涂人，在阶级敌人的欺骗进攻下，丧失了阶级斗争观点，以形而上学代替辩证唯物主义、历史唯物主义，以客观主义代替阶级分析，不搞批判斗争，把毛主席的干部路线理解为仅仅是"大胆结合"，"大量使用"，抽掉"革命""批判"的本质，有的同志拔苗助长，硬要不批判就结合尚未深刻认识到自己错误的干部，他们分不清敌我，甚至把货真价实的走资派说成是"革命干部"。他们实际上执行着"造反派只能打天下，不能坐天下"的路线，乱了自己的阵脚，灭了自己的威风，帮了敌人的大忙，助了敌人的气焰。这些同志现在难道还不应该清醒过来吗？

毛主席指示我照办，毛主席挥手我前进！无产阶级司令部发出了战斗的号召："反右倾"。全国，北京以及航院的和右倾思潮作了长期斗争的无产阶级革命派现在更加觉悟更加清醒地奋起而战，给右倾思潮复辟行动以迎头痛击。

在这次反对右倾复辟翻案风的群众运动中，一个右倾分裂反党阴谋小集团杨成武、余立金、傅崇碧之流终于给揪出来了！这是毛主席的无产阶级革命路线的伟大胜利！我们的伟大领袖毛主席的亲密战友林彪副主席和文化革命的英勇旗手江青同志再次为党的事业做出了杰出的贡献!

毛主席最近向我们发出警诫:"越接近全面胜利,两个阶级、两条道路、两条路线斗争,越是尖锐,越是激烈。"毛主席的这个指示,照亮了我们夺取无产阶级文化大革命全面胜利的道路,我们任何时刻都不能、不应忘记伟大领袖毛主席这一伟大教导。

当前的斗争,不只是思想仗,而且更重要的是一场政治仗。毛主席最近还指出:"文化大革命是无产阶级政治革命,也是国内战争的继续,国民党与共产党阶级斗争的继续,资产阶级和无产阶级斗争的继续。"

因此,当前这场斗争,就是保卫毛主席,保卫林副主席、保卫以毛主席为首的无产阶级司令部、保卫中央文革、保卫毛主席的无产阶级革命路线、保卫社会主义的伟大成果的战斗。

反右倾,必须,也只能以伟大的战无不胜的毛泽东思想为武器。我们应当警惕一些别有用心的人乘此机会,从一个极端走到另一个极端,以极"左"否定极右,或者为王关戚林反党集团翻案。在这个问题上,我们必须保持清醒的头脑。

"与天奋斗,其乐无穷。与地奋斗,其乐无穷。与人奋斗,其乐无穷。"我们要通过这次斗争,横扫右倾思潮,批判逍遥歪风,调动广大群众的积极因素,将革命进行到底。

反右倾,就是要把阶级斗争观点,无产阶级专政观点,无产阶级专政条件下继续革命的观点,坚定不移地确立在我们的头脑里,贯彻于我们的行动中。对阶级斗争、无产阶级专政和在无产阶级专政条件下继续革命的观点的任何动摇放松,不管何时何地,都是对毛泽东想的不忠,甚至背叛!

在当前的反右倾斗争中,一定把斗争矛头始终指向党内一小撮走资派、叛徒、特务和一小撮反党阴谋集团,打倒叛徒刘少奇!打倒逃兵邓小平!打倒叛徒陶铸!打倒"双料的"反革命分子彭陆罗杨!打倒王关戚反党小集团;打倒否定群众运动,搞资本主义复辟的二月逆流的黑干将、大叛徒谭震林!打倒右倾分裂反党阴谋集团!打倒黑武光！打倒航院"一小撮"！我们要继续深入地开展革命大批判，大揭特揭本单位的阶级斗争盖子，横扫右倾沉闷的空气，认真清理航院的阶级队伍，特别是干部队伍、教师队伍。整顿党的组织，轰轰烈烈地开展无产阶级教育革命。这就是当前要抓的阶级斗争，这就是当前运动的大方向！

有些单位，有些组织，放弃这个大方向，转移这个大方向，把主要精力依然放在派战内战上，则完全是错误的。他们乘反右倾的"唯派性斗争论"之机，又想把真正的派性斗争说成是路线斗争，说什么"左"就是右，我们过去反"左"就是反右。这些人仿佛一贯正确。但是他们却在新的旗号下，继续打其无休止的派战，甚至把正在弥合的裂缝扩而大之，否定前一段的革命大联合的成绩。这种做法本身正是右倾分裂主义典型，必须坚决反对。

春风杨柳万千条，六亿神州尽舜尧。

全国无产阶级革命派们，行动起来，反右倾，反翻案，反分裂，反复辟，驱霾逐雾，用我们勇猛而坚强的战斗，筑成一道誓死保卫毛主席，誓死保卫"三红"的铜墙铁壁般的万里长城，让第三个里程碑岿然挺立，永远挺立，使毛泽东思想伟大红旗高高飘扬，永远飘扬。

打倒杨余傅　揪出黑后台

《红旗》第 97 期，1968 年 3 月 30 日

【社论】生活就是矛盾，生活就是斗争！一个不大但也不小的杨余傅右倾分裂反党阴谋集团被揪出来了！在毛泽东思想照妖镜的万丈光芒下，他们这些兴风作浪的"鬼蜮"终于现出其反革命的原形，变成一摊臭不可闻的狗屎堆！

喜看稻菽千重浪，遍地英雄下夕烟。紫金山下凯歌扬，钱塘江畔欢浪翻！我们是在前进中，我们是在胜利中！我们的无产阶级文化大

革命是无敌的！"苟有阻碍这前途者，无论是古是今，是人是鬼，是《三坟》《五典》，百宋千元，天球河图，金人玉佛，祖传丸散，秘制膏丹，全都踏翻他。"这就是我们英雄的红卫兵的气概！

杨成武等一小撮阴谋家们，以"最恶毒的敌意，最疯狂的仇恨，最放肆的诽谤"，反对我们的伟大领袖毛主席，攻击光焰无际的毛泽东思想，分裂以毛主席为首的无产阶级司令部，分裂中央军委，攻击中央文革，对毛主席、林副主席封锁，对江青同志造谣中伤，整黑材料；他勾结小爬虫傅崇碧等妄图打掉谢副总理，篡夺北京市革委会大权；他网罗大叛徒余立金，企图搞垮吴法宪等同志，扒走三军大权；他们妄图颠倒无产阶级文化大革命的历史，替二月逆流翻案，替刘邓陶复辟，……其勃勃野心，可见一斑！

我们伟大领袖毛主席的好学生、文化革命的伟大旗手江青同志，以对党、对毛主席的耿耿忠心，以对第三个里程碑的无限忠诚，敏锐地识破了这一小撮阴谋家的狼子野心，在这场无产阶级文化大革命的两条路线斗争的第五回合里，又一次立下了不朽的卓越的丰功伟绩！我们向我党杰出的好干部江青同志学习！向江青同志致以革命的敬礼！

宜将剩勇追穷寇，不可沽名学霸王。杨余傅反党小集团被揪出来，并不是事情的完结，而仅仅是开头。杨成武可谓一帅，但"帅上有帅"。正是这个"帅"翻手为云，覆手为雨，一手掀起右倾翻案风。他秉承刘邓陶的反革命衣钵，招降纳叛，串联阴谋组织，组织攻守同盟，文有王关戚等黑秀才，武有杨余傅等黑打手，"以天下大乱、取而代之、逐步实行、终成大业为时局估计和最终目的。"这个大阴谋家、大山头主义者、大右倾机会主义者，其用心何其毒也！

杨余付被揪出来了，但是"这些人中的最死硬分子永远不会承认他们的失败的。这是因为他们不但需要欺骗别人，也需要欺骗自己，不然他们就不能过日子了。"

"但是从来的顽固派所得的结果，总是和他们的愿望相反。他们总是以损人开始，以害己告终。"

"捣乱，失败，再捣乱，再失败，直至灭亡。这就是帝国主义和世界上一切反动派对待人民事业的逻辑,他们绝不会违背这个逻辑的。"无产阶级文化大革命的前四个回合的铁铮铮的历史已确凿无移地证明了这一点!杨余付已经是如此了,杨余付上面的"帅",也终将被推上历史的断头台,这就是历史的结论!

帅上之帅不投降,就叫他灭亡!

阶级斗争的烈火熊熊正旺,反右倾的战斗号角划破长空。全国无产阶级革命派呼啸着,向阶级敌人发动了一次比一次更为勇猛更为激烈的进攻!可是在航院,却有那么一些人,一心攻读专业书,两耳不闻窗外事。他们不知道屋中方七日,世上已千年。他们废弃阶级斗争,遗忘国家大事。不能再这样下去了!睡狮们,清醒过来,横扫右倾沉闷空气,向阶级敌人扑将过去!

时代的上空,毛泽东思想的伟大旗帜高高飘扬,一小撮右倾保守分子妄想把历史车辆翻到阴沟里去的罪恶企图是绝对不能得逞的!

沉舟侧畔千帆过,病树前头万木春!让我们以高度的觉悟,勇猛的战斗来夺取无产阶级文化也大革命的全面胜利,迎接那春满九州岛的光辉日子告吧!

不获全胜,决不收兵!

打倒黑武光!揪出黑武光在航院的死党和爪牙

本报编辑部

《红旗》第 98 期,1968 年 4 月 10 日

反右倾,反复辟

党中央三·二四、三·二七重要指示在我院引起强烈反响,反分裂,反翻案,反右倾,反复辟的战鼓擂起,清理阶级队伍的战斗打响了。

一场杀向阶级敌人的进攻战,其势如暴风骤雨,迅猛异常!

全院革命同志如饥似渴地学习着毛主席关于阶级和阶级斗争的教导,人手一份无产阶级司令部的三·二四、三·二七重要指示,时时处处大讲特讲阶级斗争,在早请示、晚汇报中,同志们选择的毛主席语录增添和突出了阶级和阶级斗争的内容,浓浓的阶级斗争气氛,群众大搞清理阶级队伍运动的兴起,都是我们见所未见、闻所未闻过的壮观,我院清理阶级队伍的第一阶段——思想准备阶段——正在形成、发展,为这次战役的深入进行奠定了广泛的群众性的雄厚的思想基础。

院革委会在与某些右倾思想进行了坚决的斗争后,加强了清理阶级队伍的领导工作,组成了专门领导班子,采取了一系列措施,勇敢坚决地站在第一线率领群众向阶级敌人进攻;各系也相应地组成了清理阶级队伍领导小组,并充实和加强了第七办公室的力量,深入细致地对专案进行了分析研究。组织上的保证和加强是大好形势的具体体现,也是我们取得胜利的重要因素。

一场威力无穷的清理阶级队伍的人民战争正在向纵深发展。毛主席的英明论断就是对我院当前群众运动形势的最正确最科学的分析,最鲜明的写照:"目前农民运动的兴起是一个极大的问题。很短的时间内,将有几万万农民从中国中部、南部和北部各省起来,其势如暴风骤雨,迅猛异常,无论什么大的力量都将压抑不住。他们将冲决一切束缚他们的罗网,朝着解放的路上迅跑。一切帝国主义、军阀、贪官污吏、土豪劣绅,都将被他们葬入坟墓。"

乱敌人!乱敌人!!

史无前例的无产阶级文化大革命从根本目的上讲是要防止资本主义复辟,防止修正主义出现。

当今,在无产阶级文化大革命夺取全面胜利的时候,从组织上进一步清理阶级队伍,这是一场向阶级敌人的进攻战。

毛主席最近教导我们:"文化大革命是无产阶级政治革命,也是国内战争的继续,国民党与共产党阶级斗争的继续。"这一英明的论断向我们再一次指出反右倾反翻案,清理阶级队伍是一场具有深远意义的进攻战,它将为我们夺取无产阶级文化大革命的全面胜利扫清障碍。

敌人是不会自行消灭的,他们也决不会自行"退出历史舞台",越接近全面胜利,两个阶级,两条道路,两条路线斗争,越是尖锐,越是激烈。航院的阶级敌人从来也没有停止过他们的活动,他们凭着反革命的敏感,意识到航院清理阶级队伍到来之日,就是他们的末日来临之时,所以,千方百计地拖住我们,利用一切可以利用的时机,把革命的口号偷梁换柱,企图使我们患上慢性病,企图蒙混过关。而有些人恰恰是上了敌人这个当,在他们的头脑中,阶级,阶级斗争观点没有了,航院似乎进入了"和平民主新阶段",反之却向一些坚持要大讲特讲阶级斗争,坚持要在航院彻底进行清理阶级队伍工作的同志挥起了不伦不类的大棒。一个月以前,×系的同学怀着满腔的革命热情开进了印刷所、图书馆等单位,一个群众性的轰轰烈烈的清理阶级队伍运动即将在全院兴起,然而谁也不曾忘记,就是有那么某些人迎合了阶级敌人的心理,扼杀了这个群众运动的幼芽,又容忍阶级敌人逍遥法外一月之久,"不抓对阶级敌人的斗争",这个教训是不能不引起我们警惕的!航院的革命师生不是睡狮,而是醒狮!打倒右倾机会主义,向阶级敌人开炮!不获全胜,决不收兵!

捉乌龟,抓王八,革命造反派斗志昂扬,一场威力无穷的人民战争使得阶级敌人的营垒正在发生分化,"我们要把敌人营垒中间的一切斗争,缺口,矛盾,统统收集起来,作为反对当前主要敌人之用。"

敌人营垒中的情况如何呢?

黑武光,这个假共产党,真国民党员,大叛徒,大特务被无产阶级司令部揪出来了,这是毛泽东思想的伟大胜利。多年来,黑武光千方百计把自己打扮成一个老革命,航院的一小撮也为武光涂脂抹粉,把黑武光乔装成受前市委排挤的"左派","红线代表者"云云,进一步揭开和批判黑武光老反革命的画皮及揪出其安插在我院的死党及爪牙,是这次战役的首要回合,也是一个极为重要的回合。

削尖了脑袋钻进新生的红色政权里的叛徒特务分子程九柯，反党反社会主义的反革命分子朱竞选，现行反革命分子孙茜玲被无产阶级司令部、被无产阶级革命派揪出来了，叛国投敌分子周国怀也成了遗臭万年的反革命小丑。在航院，武光、程九柯、朱竞选、孙茜玲、周国怀式的人物以及他们的死党及爪牙在阴暗的角落里，咬牙切齿地窥视着我们，然而无论他们使尽什么诡计花招，革命群众的天罗地网也必将把这些乌龟王八蛋揪出来！我们也要正告这些家伙，坦白从宽，抗拒从严，负隅顽抗，死路一条，一切牛鬼蛇神，顽固不化的走资派，社会上没有改造好的地富反坏右的灭顶之灾来到了！

当然，阶级敌人，充其量不过是一小撮，但是他们破坏革命事业的居心险恶，反革命活动能量大。彻底肃清反革命，就是对无产阶级司令部的"忠"。这就需要我们在清理阶级队伍过程中坚决按照稳、准、狠的方针进行，牢牢把住两个司令部这个关口，严格区分两个司令部这个政治界限，分清敌友我。

树无产阶级革命队伍

"进行无产阶级教育革命，要依靠学校中广大革命的学生，革命的教员，革命的工人，要依靠他们中间的积极分子，即决心把无产阶级文化大革命进行到底的无产阶级革命派。"

遵照毛主席的这一教导，分析我院的具体情况，在清理阶级队伍这场革命中，革命的红旗战士，革命的共产党员是我们依靠的基本力量，一切牛鬼蛇神，顽固不化的走资派及没有改造好的地富反坏右是革命的主要对象。

革命的红旗战士和革命的共产党员在两年来革命的大风大浪中，跟随伟大统帅毛主席经历了无数次惊涛骇浪，受到了极大的锻炼，现在新的革命形势，要求我们拿出当年向资产阶级反动路线猛烈开火的造反精神，高举红旗重开战，在革命委员会的率领下，向阶级敌人进攻，在清理阶级队伍运动中立新功！

我们也深信，在同阶级敌人的斗争中必将锻炼、发展、壮大起一支坚强的无产阶级革命队伍。

革命的红旗战士和革命的共产党员联合起来,向阶级敌人进攻,横扫一切牛鬼蛇神,揪出航院的一小撮,夺取无产阶级文化大革命的全面胜利!

坚决打倒周天行

《红旗》第 100 期,1968 年 4 月 24 日

【社论】毛主席指出:"无产阶级文化大革命,实质上是在社会主义条件下,无产阶级反对资产阶级和一切剥削阶级的政治大革命,是中国共产党及其领导下的广大革命人民群众和国民党反动派长期斗争的继续,是无产阶级和资产阶级阶级斗争的继续。"

党内一小撮顽固不化的走资派、叛徒、特务,就是这样一批国民党的残渣余孽。他们是决不会甘心于自己失败的,还要做疯狂的垂死的挣扎。中国赫鲁晓夫在航院的代理人,大叛徒、大特务武光的黑干将周天行,二月十四日给革委会常委的一封信,就是他猖狂地进行反攻倒算的翻案书,就是他对年青的红色政权革命委员会实行威胁、要挟,对无产阶级文化大革命极端仇视的铁证。这封信,把这个反革命修正主义分子的狡诈阴险的面目暴露无遗。

周天行这个顽固不化的走资派,在翻案书中表面上装着一副可怜相,骨子里对革命小将恨得咬牙切齿。他恶狠狠地叫道:"我从去年十月下旬以来,即被隔离失去了自由,至今将近三个月……有时有人整日面对面地监视着我。报告不能听,党员大会不能参加,广播听不见,报纸看不到。"

反革命修正主义分子感到"不自由"了,感到"受压制"了。这是天大的好事!这是毛主席无产阶级革命路线的胜利!对于这个疯狂反对我们伟大领袖毛主席,极端仇视战无不胜的毛泽东思想的顽固不化的走资派,对于这个一贯追随大叛徒、大特务黑武光和中国赫鲁

晓夫刘少奇的一条疯狗，难道能够给他"自由"吗？对敌人的宽容，就是对人民的犯罪！我们的民主，我们的自由，历来只给人民，决不给反动派，一点不给，半点也不给，我们决不对敌人施仁政。周天行感到不方便了，耳目不灵了，这正是我们的目的。我们就是要把这些反革命分子变成聋子，变成瞎子，决不给他们一丝一毫通风报信和订立攻守同盟的机会。周天行之流"难受"了，"痛苦"了，我们无产阶级革命派高兴得很！人民大众开心之日，就是反革命分子难受之时！

"我参加革命三十年"，周天行又来卖弄他的老资格了！以为这样一来，就可以唬住一些不明真相的群众和青年人了！真不愧为刘少奇的徒子徒孙。假的就是假的，伪装应当剥去！什么老革命？是一贯的老反革命！难道能有伪造历史的"老革命"？难道能有大搞地方主义的"老革命"？难道能有支持并导演反党集团的"老革命"？难道能有一贯包庇重用地、富、反、坏、右的"老革命"？难道能有受到大叛徒大特务黑武光及北京前黑市委青睐的"老革命"？所谓"三十年的老革命"完全是骗人的鬼话。他是一个不折不扣的三十年投机革命、混进革命队伍里来的阶级异己分子，他是一个货真价实的政治大骗子，航院右倾翻案妖风的黑后台，企图分裂革命小将的罪魁祸首。每次重大历史关键时刻，他都是自觉地站在反动立场上，反对毛主席、反对毛主席的革命路线。

请同志们注意：周天行是条并未冻僵的毒蛇，落水而仍要咬人的恶狗。他的这封翻案书，与社会上那股右倾妖风是配合得那样密切，伪装得是那样的可怜，确实迷惑欺骗了不少没有经验的年青人和善良的群众。但骗人是不能长久的，周天行自以为聪明得意，结果只能是搬起石头砸自己的脚。现在，愈来愈多的人识破周天行的真面目了，受蒙蔽的群众一旦觉悟过来，必将毫不留情地痛打这条落水恶狗！

应当指出的是：陆志芳、程曰平这几只小小爬虫，为周天行刮起翻案妖风作了不少坏事，得到了周天行的不少黑指示，我们希望他们自己坦白讲出来，一切同周天行曾密谋过的人都应该起来揭发，划清界限，剥去假面，揭露真相，帮助革委会和广大革命群众彻底弄清武光、周天行之流的全部情况，从此做一个真正的人，这才是唯一的出路。

中国有句古话："恶有恶报，善有善报，不是不报，时候未到，时候一到，一切都报。"现在，是到了彻底撕开豺狼的画皮，彻底清算反革命修正主义分子周天行的滔天罪行的时候了！

广大革命的红旗战士，革命的共产党员，革命的同志们，团结起来，把无产阶级革命派的派性搞得浓浓的；把无产阶级先锋队的党性增得强强的。坚持马克思列宁主义、毛泽东思想武装起来的左派的革命性，反对右倾机会主义、右倾投也降主义、保守派的派性，把在社会主义条件下，无产阶级反对资产阶级和一切剥削阶级的政治大革命进行到底！

敌人一天天烂下去，我们一天天好起来

本报评论员

《红旗》第 101 期，1968 年 5 月 1 日

一八八六年五月一日，美国芝加哥二十万工人爆发总罢工，举行了声势浩大的示威游行，强烈要求改善劳动条件，实行八小时工作制。结果，罢工工人遭到了反动统治阶级的血腥镇压，一批批跌倒在血泊中。鲜血染红了芝加哥街头，染红了"五一"。从此，五月一日便成为国际劳动人民向反动派英勇斗争的光辉纪念日。

八十二年来，在马列主义、毛泽东思想的指引下，世界无产阶级和革命人民经历了对帝国主义及其走狗前赴后继的英勇斗争，赢得了人类历史天翻地覆的大变化，世界进入了以毛泽东思想为伟大旗帜的新时代！

当今世界，与半世纪前相比，世界无产阶级革命的内容要深刻得

多了，规模要广阔得多了，斗争要激烈得多了。我国的无产阶级文化大革命在伟大统帅毛主席亲自统帅下正以泰山压顶之势锐不可当地夺取全面胜利，亚、非、拉革命斗争风暴风起云涌，帝国主义、现代修正主义反动集团四分五裂，日暮途穷。世界革命形势一片大好，"敌人一天天烂下去，我们一天天好起来"，东风绝对压倒了西风，这就是我们时代的总特点。

（一）

早在一九三八年十一月六日，伟大导师毛主席英明指出："革命的中心任务和最高形式是武装夺取政权，是战争解决问题。这个马克思列宁主义的革命原则是普遍地对的，不论在中国在外国，一概都是对的。"

当今的亚非拉，是世界阶级矛盾和各种政治力量斗争的焦点，是世界革命风暴的发源地。蓬勃发展中亚非拉人民的革命斗争对于资本主义高度集中的北美、西欧来说，

恰恰形成了"农村包围城市"，可以断言，伟大的世界革命必定按照毛主席这一伟大思想取得最后胜利。

"一个有纪律的，有马克思列宁主义的理论武装的，采取自我批评方法的，联系人民群众的党。一个由这样的党领导的军队。一个由这样的党领导的各革命阶级各革命派别的统一战线。这三件是我们战胜敌人的主要武器。"这是我们伟大导师对我国革命胜利最最精辟的总结。亚、非、拉人民的革命运动正沿着伟大导师毛主席所指引方向汹涌澎湃地向前推进，出现了一片朝气蓬勃的大好形势。三千一百万英雄的越南人民，把世界上最凶恶的美帝国主义打得走投无路，狼狈不堪，为世界革命人民反美斗争树立了光辉的榜样。在亚洲的广阔农村里，在非洲的密密丛林里，在拉丁美洲的崇山峻岭中，民族解放运动风起云涌。

这些年的历史已经证明，什么"非暴力斗争""议会道路"，什么"三种斗争形式相结合"，统统是十足的出卖革命的右倾机会主义路线。还有什么"一次成功社会主义"的"一次革命论"，什么七

八条枪的"××道路",不要党的领导,不打人民战争,已被碰得头破血流,历史将进一步证明"左"、右倾机会主义的彻底失败!

(二)

帝国主义这个怪胎从它落地的第一天起,就找好了自己的掘墓人。现在,它正走向全面崩溃。正如伟大领袖毛主席所说,帝国主义制度已经"日薄西山,气息奄奄,人命危浅,朝不虑夕,快进博物馆了"。

曾以野蛮的炮舰政策肆行一时的"大英帝国",早成了小英格兰。二次世界大战中发了洋财的暴发户美国的日子越来越不好过。

现在美帝被卷在越南战争、美元危机、黑人斗争这三大漩涡中挣扎,但是抓不到任何救命稻草。强盗头子约翰逊两眼熬红、身上大掉膘。约翰逊拼老命维持的财权百孔千疮、捉襟见肘,美元地位岌岌乎欲坠;最近爆发的美国黑人抗暴斗争,更是美国历史上绝无仅有,给反动统治寡头们当脑门一棒。

美国的黑人革命运动,几经波折,终于像火山一样爆发了。

马丁·路德·金是一个非暴力主义者,他主张"和平过渡",梦想搞"黑人共和国"。"但美帝国主义者并没有因此对他宽容,而是使用反革命的暴力,对他进行血腥的镇压"。他的死,教训了美国黑人,宣判了所谓"选举政治""合法暴力"的死亡!美国黑人斩钉截铁地宣告:"非暴力主义死亡了!我们不能送上另一个面颊!只有拿起枪来!"美国黑人抗暴斗争的新风暴,"是美帝国主义当前整个政治危机和经济危机的一个突出表现。它给陷于内外交困的美帝国主义以沉重的打击"。

毛主席的伟大声明给美国黑人以强大的威力无穷的精神原子弹,使美国黑人的抗暴斗争和工人运动出现了伟大的新纪元,使全世界一切被压迫人民的民族民主革命运动出现了伟大的新纪元。

帝国主义世界的前庭后院都在发生地震,日子一天比一天不好过。

（三）

近二十年的国际共产主义运动发生了剧烈的大动荡、大分化、大改组。最深刻的惨痛教训是以苏联为中心的现代修正主义的出现，列宁故乡的资本主义复辟。现代修正主义比以往任何一个老修正主义分子更要堕落，更要危险。他们害怕革命到这种地步，以至"搬动一个椅子也要死人"；对他们说来，马克思列宁主义都是废话，"脑袋就是原则"，他们有的表面上还虚伪地抱住革命的词句不放，有的，如印共丹吉集团，则公开摈弃马克思主义的面貌。现代修正主义连殖民主义都不反，而苏修实际上却在搞新殖民主义，到处充当"太上皇"，与美国结成一对反革命伙伴，合谋两国主宰世界。现代修正主义对外越来越屈从帝国主义势力，这是它的特点之一。

其二，现代修正主义对内在政治、经济、文化等各方面，为加速资本主义全面复辟大开闸门，实行资产阶级专政。最近东欧捷克等国大闹"自由化"，什么走"独特的社会主义道路"，甚至赤裸裸地叫喊"改革社会主义政治制度"。

其三，老修们加紧反华，拼凑啦啦队，组成反华十字军。前些时候，苏修煞费苦心在布达佩斯经营了一个黑会，参加的既少，离心又大，不成气候。谁反华反得最凶，谁的日子一定最不好过，反倒最后就越倒霉。

现代修正主义叛徒的狰狞面目的日益暴露，使修正主义政党内部真正的共产党人纷纷揭竿起义，集结在高举马列主义大旗的毛主席为首的中国共产党周围。世界无产阶级革命的中心经过德国、法国、俄国，而最后移到了中国。

世界总是在发展中，反映世界规律的理论也在不断发展。马克思主义在各个历史时代都有卓越的阐明者，捍卫者，继承者。在当代，我们伟大的领袖毛主席超越了国家的界限，成为世界革命和国际共产主义运动的领袖，世界革命人民的导师。伟大的毛泽东思想成为马列主义发展史上的第三个光辉的里程碑。毛泽东思想就是我们时代的旗帜。放眼看看世界阶级斗争形势，只要把毛泽东思想同各国革命的具体实践结合起来,就可以把旧世界打得落花流水。

中国是国际上最重要的因素。伟大的中国无产阶级文化大革命是人类历史上最重大的事件。无产阶级文化大革命使中国成为最可靠的世界革命的红色根据地,伟大的战略后方,中国是世界革命的井冈山,有了井冈山,世界革命就大有希望!

我们一定要坚决响应毛主席的伟大号召,同全世界一切马克思列宁主义者、一切被压迫人民和被压迫民族一起,向着我们的共同敌人美帝国主义及其帮凶们发动持久的猛烈的进攻!把反对帝国主义和反对现代修正主义的斗争进行到底,把世界革命进行到底!

可以肯定,殖民主义、帝国主义和一切剥削制度的彻底崩溃,世界上一切被压迫人民、被压迫民族的彻底翻身,已经为期不远!

为实现毛主席的伟大号召而奋斗
——热烈欢呼毛主席伟大的"五·七"指示发表两周年

本报编辑部

《红旗》第 102 期,1968 年 5 月 7 日

今天,是我们心中最红最红的红太阳我们最最敬爱的伟大领袖毛主席"五·七"指示发表两周年纪念日。

毛主席的"五·七"指示,是巩固无产阶级专政、防止资本主义复辟、保证我国逐步向共产主义过渡的伟大纲领,也是进行无产阶级教育革命的宏伟纲领。毛主席说:"学生也是这样,以学为主,兼学别样,即不但学文,也要学工、学农、学军,也要批判资产阶级。学制要缩短,教育要革命,资产阶级知识分子统治我们学校的现象,再也不能继续下去了。"它像一座光芒四射的灯塔,照亮了无产阶级教育革命的道路。"五·七"指示中勾画出的宏图远景,必将永远激励

着我们奋勇向前！

解放十七年来，在中国赫鲁晓夫的扶持下，教育战线上一直被反革命修正主义分子陆定一、蒋南翔把持着，资产阶级专了无产阶级的政。无产阶级文化大革命的滚滚洪流，把中国赫鲁晓夫及其在教育战线上的代理人陆定一、蒋南翔之流送进了历史的垃圾堆，这是一个伟大的胜利！我们必须巩固这个胜利！发展这个胜利！掀起"批判资产阶级"的新高潮！把陆定一、蒋南翔之流在各个单位的黑爪牙统统揪出来，为彻底结束资产阶级知识分子统治学校的现象而斗争！

当前，我院掀起的轰轰烈烈的清理阶级队伍的群众运动，是从政治上、思想上彻底结束资产阶级知识分子统治航院、保证航院的领导权牢牢掌握在无产阶级革命派手中的重要战斗，也是进行无产阶级教育革命的关键性战役。现在，这个群众运动正在把中国赫鲁晓夫在航院的黑爪牙、变色龙从各个阴暗的角落里冲刷出来，战果极其辉煌。有决心将无产阶级文化大革命进行到底的无产阶级革命派必将高举反对右倾保守主义、右倾分裂主义、右倾投降主义的战旗，发扬延安的彻底革命精神，把黑武光、周天行一手包庇下来的同伙，把他们隐藏在航院的叛徒、特务、一切反革命分子及其国民党的残渣余孽，统统挖出来，把混进航院的变色龙、小爬虫们统统挖出来。有一个、揪一个，有一双、揪一双；一个不留、半个也不留！不获全胜，决不收兵！

当前，在清理阶级队伍的群众运动中，出现了一种单纯军事观点，只注意抓材料，忽视大批判的错误倾向。必须给予坚决的纠正。阶级斗争的实践告诉我们：只有彻底"批判资产阶级"，才能从政治上、思想上、理论上彻底摧毁资产阶级司令部，结束资产阶级知识分子统治航院的现象，也才有可能把我们航院办成"五·七"型的革命化的大学校。

"批判资产阶级"，就是要狠揭狠批黑武光、周天行，以及周天行、王大昌、程九柯为首的"地下黑党委"。大叛徒、大特务黑武光以及顽固不化的走资派周天行、王大昌、程九柯是航院资产阶级知识分子统治学校的黑后台，是中国赫鲁晓夫在航院的代理人。长期以来，他们招降纳叛、结党营私，搜罗了一小撮叛徒、特务、国民党的残渣余孽和其它反革命分子、反党分子，拼凑了一套又一套的黑班子，把他们塞进了航院的各个重要部门，控制了航院的党、政、财、文以及教学、科研大权；他们利令智昏，在航院疯狂地推行中国赫鲁晓夫的修正主义教育路线，抵制毛主席的无产阶级革命路线，梦想把航院变成他们培养资产阶级接班人复辟资本主义的黑据点；他们实行资产阶级专政，打击、迫害工农出身的干部和学生，而把那些资产阶级权威老爷们捧上了天，让他们称王称霸，为所欲为。昔日之航变成了资产阶级知识分子的天堂和乐园。……大叛徒、大特务黑武光及其黑干将周天行罪行累累，罄竹难书。现在是彻底清算他们的时候了，我们无产阶级革命派战士一定要高举毛泽东思想的伟大红旗，抓住当前的战机，掀起大批判的高潮，从政治上、思想上、理论上把黑武光、周天行批深、批透、批倒、批臭！坚决把它打死，使它遗臭万年，永世不得翻身。在这个问题上，如果有半点犹豫和让步，那就是十足的右倾保守主义、右倾投降主义。无产阶级革命派必须坚决反对。

值得注意的是，××单位的某些人，在航院的"二月逆流"中也跳了出来，与周天行之流遥相呼应，极力宣扬什么"红线主导论"，把黑武光、周天行之流一手把持的航院说成"红线占主导"。他们这样做，客观上就是站在群众运动的对立面上，为即将灭亡的资产阶级招魂。奉劝这些人不要走得太远了。现在是悬崖勒马的时候了。如果你们硬要一意孤行，可以断言，绝没有好下场。

阶级斗争的经验告诉我们，清理阶级队伍的群众运动愈是深入，斗争愈是艰苦和复杂，也就越是需要无产阶级革命派战士，高举毛泽东思想伟大红旗，发扬彻底革命精神，将革命进行到底。在前一段的运动中把那么一大串"浮"在水面上的"游鱼"抓了出来，这是一个伟大的胜利。但是，我们必须看到，沉在水底的"鱼"要比浮在水面上的"鱼"狡猾得多，阴险得多，因而捕捉起来也要困难得多。我们的任务还远没有完成。在这种情况下，如果我们就骄傲和麻痹、懈怠起来，或者遇到困难就怕麻烦、灰心丧气，不愿作艰苦深入细致的调查、研究工作，那末，狡猾的敌人就有可能漏网。我们的革命就不可能取得彻底的胜利。这是值得每个革命同志警惕的。

"无限风光在险峰"，革命的红旗战友们，革命的党员同志们，让我们携起手来，团结广大的群众，大反右倾保守主义、右倾投降主义、右倾分裂主义，粉碎右倾翻案妖风，把阶级斗争的烈火烧得旺旺的，把对敌人的仇恨搞得深深的，乘胜前进，发展大好形势，夺取无产阶级文化大革命的全面胜利，沿着毛主席"五·七"指示开辟的航道前进！前进！！

把反右倾的战鼓擂的更响

《红旗》第102期，1968年5月7日

【社论】"宜将剩勇追穷寇，不可沽名学霸王。"

一场亿万人民反右倾的斗争正在更大规模地向纵深发展，它将荡涤一切阴暗的角落，触及一切人的灵魂，横扫一切万马齐喑的右倾沉闷空气。这场运动方兴未艾，呼啸着，奔腾着，不可阻挡地勇猛向前倾发展，浪淘尽一切阻碍无产阶级文化大革命全面胜利的污泥浊水，整个形势空前大好！

为了响应我们伟大统帅毛主席和林副主席"三·二四"发出的战斗号召，紧跟毛主席的伟大战略部署，夺取无产阶级文化大革命第五回合的彻底胜利，为了坚决贯彻周总理代表以毛主席为首林副主席为副的无产阶级司令部所作的"四·二〇"重要指示，誓把国防科委系统无产阶级文化大革命进行到底，五月四日，国防科委系统无产阶级革命派在京召开了"高举毛泽东思想伟大红旗，彻底揭发批判国防科委某些负责人的山头主义，右倾机会主义，右倾投降主义，右倾分裂主义誓师大会"。这是一个团结的大会，一个战斗的大会，它大长毛泽东思想无产阶级革命派的志气，大灭资产阶级右倾保守势力的威风,对科委某些负责人是一次严重警告,对他们推行的山头主义、右倾机会主义、右倾分裂主义是一个沉重打击!

无产阶级文化大革命越接近全面胜利,两个阶级、两条道路、两条路线斗争,愈是深刻、愈是复杂。党内一小撮顽固不化的走资派,叛徒、特务,及一小撮变色龙,小爬虫,愈不甘心于自己的灭亡。在第五回合中揭露出来的杨余傅反革命小集团及其黑后台,大搞山头主义,大搞分裂主义,恶毒地把矛头指向以毛主席为首林副主席为副的无产阶级司令部,指向中央文革,指向广大无产阶级革命派,刮起一股右倾翻案妖风,妄图否定无产阶级文化大革命,为刘邓陶之流招魂,做了典型的表演。在这场斗争中,科委某些负责人完全适合了右倾翻案逆流的需要,扮演了极不光彩的角色!

就是他们,长期以来,在科委系统大搞山头主义,大搞宗派主义,利用各种场合,"大树特树"聂荣臻的"权威",鼓吹什么"一贯正确""一贯紧跟",大搞什么"以我为核心""以我为标准",推销"多元论",起着与毛主席和林副主席分庭抗礼,动摇和分裂以毛主席为首林副主席为副的无产阶级司令部的作用。

就是他们,大搞"特殊论",把国防科研上两条路线斗争与全党全军两条路线斗争割裂开来,对立起来,对抗毛主席一系列指示,甚至把国防科研路线称为"照亮一切工作的灯塔",公然凌驾于毛主席无产阶级革命路线之上。

就是他们,配合"二月逆流",在科委系统自上而下的,刮起一股翻案黑风,为资产阶级反动路线鸣冤叫屈,否定"一月风暴",否定无产阶级文化大革命,否定新生的红色政权,极为敌视革命群众,对运动中炮轰过他们的无产阶级革命造反派实行打击报复,搞"秋后算账""顺聂者昌,逆聂者亡",对抵制他们错误的同志采用高压政策。直到今天,他们还竟敢散布什么"反对于笑虹,就是反对刘华清,就是反对聂荣臻,就是炮打无产阶级司令部,就是反革命"的谬论,并且公开叫喊:"只承认你们政治上夺权,不承认你们组织上夺权。""必须恢复旧秩序",必须"原班人马上任",大搞资本主义复辟,是可忍孰不可忍!

就是他们，一而再抗拒毛主席和林副主席的指示，破坏科委系统革命大联合，拉一派打一派，挑动群众斗群众，压制不同意见，实行白色恐怖，甚至颠倒是非，混淆黑白，围剿革命派，进行抄家、劳改，实行资产阶级专政。妄图把国防科研系统变成针插不进，水泼不入的独立王国。

科委某些负责人在国防科研系统刮起的这股右倾黑风，有他的"理论"，有他的"资本"，有他的"山头"，有他的"市场"，极能迷惑人，因而危害性也就极大。

科委某些负责人山头主义已经够严重的了！在右倾机会主义的泥坑中已滑得够远的了！科委某些负责人已经欠下了不少债，特别是副主任刘华清，对抗毛主席指示，对抗无产阶级文化大革命，态度尤其恶劣。是到了想彻底清算的时候了！我们要大喝一声，悬崖勒马，犹未为晚！

历史已经多次证明，那些狂热搞山头的人，那些发展个人野心的人，是从来没有好下场的！"王明、博古、张闻天他要做核心，要人家承认他是核心，结果垮台了"，张国焘垮了，刘邓彭贺垮了，"大树特树"自己为"绝对权威"的杨成武，不是也进了历史的垃圾堆了吗？前车之鉴，不可不戒！我们奉劝科委某些负责人，是到了醒悟的时候了，如果一定要一意孤行，必定走向垮台的局面！

林副主席在"三·二四"讲话中指出："山头主义在历史上历来是起破坏作用的，当它泛滥、抬头时，党的事业就受到损失。""山头主义是放大了的个人主义，膨胀了的个人主义，要把我们党的、无产阶级的政权，变为个人的、宗派的、资产阶级的政权，变为镇压无产阶级的政权。"山头主义发展下去，就必然反党、叛党。

因此，当前彻底揭发批判科委某些负责人的山头主义和右倾机会主义，有着极重要的意义。这场斗争，绝非仅仅是被压制的革命群众能不能彻底翻身的问题，而是直接关系到国防科研系统能否把无产阶级文化大革命进行到底的大问题，是保卫以毛主席为首、林副主席为副的无产阶级司令部的一场严重斗争，是捍卫毛主席的无产阶级革命路线，夺取无产阶级文化大革命第五回合彻底胜利的一条极为重要的战线。是关系到我们国家和党将来变不变色的大问题!

十六条指出:"文化革命既然是革命,就不可避免地会有阻力。"我们前进的道路上,必定会遇到各种困难和波折,但是,我们是用毛泽东思想武装起来的无产阶级革命派,我们有颗誓死保卫毛主席的红心,我们前面有毛泽东思想光辉灯塔的指引,我们坚信,胜利一定是属于我们的!

一切毛泽东思想无产阶级革命派,联合起来,团结起来,发扬延安彻底革命精神,不断发展大好形势,誓死保卫毛主席,誓死保卫以毛主席为首、林副主席为副的无产阶级司令部,誓死保卫中央文革小组,誓死保卫毛主席的无产阶级革命路线,为彻底粉碎右倾机会主义、右倾投降主义、右倾分裂主义,彻底揭开国防科委阶级斗争盖子,夺取无产阶级文化大革命的全面胜利而奋斗!

打倒刘邓陶!打倒彭贺彭罗陆杨!打倒王关戚!打倒杨余傅!

彻底批判国防科委某些负责人的山头主义、右倾机会主义、右倾投降主义、右倾分裂主义!

刘华清必须向毛主席低头认罪!火烧聂荣臻!

欧洲北美的革命大有希望

《红旗》第 106 期,1968 年 5 月 29 日

【社论】"欧洲、北美和大洋洲的无产阶级和劳动人民,正处在新的觉醒之中。"在法国和欧洲、北美兴起的革命群众运动正以排山倒海之势,雷霆万钧之力冲击着腐朽的没落的资本主义制度,成千成万的法国工人投入了罢工斗争;农民运动也随着工人斗争的深入而迅速发展起来;学生运动在工农运动的强大声援下正在掀起新的怒涛。人民群众的斗争,在资本主义制度的国家发生了连锁反应。帝国主义的心脏发生了猛烈的地震,帝国主义的老巢燃起了熊熊的革命烈火!

辩证唯物主义和历史唯物主义告诉我们：最重要的，不只是现时似乎坚固、但已经开始衰亡的东西，而是正在产生、正在发展的东西，因为只有正在产生、正在发展的东西，才是不可战胜的。

为什么似乎弱小的新生力量总是能够战胜貌似强大的腐朽力量呢？因为真理在他们一边，人民群众在他们一边。而反动统治阶级总是脱离人民群众，同人民群众对立。

一切革命的历史，整个阶级斗争的历史，整个人类的历史，都证明了这一点。帝国主义和一切反动派都是纸老虎的理论是颠扑不破的真理；法国和欧洲、北美人民群众摧毁腐朽没落的资本主义制度的革命运动是历史的必然，是不可战胜的。真理在欧洲、北美的人民群众一边。用毛泽东思想武装起来的七亿中国人民，在无产阶级文化大革命中建立了巨大功勋的毛主席的红卫兵最最坚决支持欧洲、北美人民的革命斗争，永远和欧洲、北美人民战斗在一起、团结在一起、胜利在一起！

列宁曾经指出，帝国主义的政策，使国际工人运动分裂为两派，一派是革命派，一派是机会主义派。

在帝国主义及其走狗的武装镇压面前，敢不敢进行针锋相对的斗争，这是敢不敢革命的问题。这个问题是测定真革命还是假革命，真马克思列宁主义还是假马克思列宁主义最灵验的试金石。

在这试金石面前，那些修正主义、机会主义分子不是已经和正在进行着卑鄙的小丑式的表演吗？在欧洲、北美炽热的革命风暴中革命派和机会主义派的分野不是正在随着运动的日趋深入而展开着剧烈的斗争吗！

在这场伟大的革命风暴中，欧洲、北美的革命群众敢于藐视反动集团的法律和刺刀，不怕镇压，英勇斗争，他们斗争的矛头明确地指向垄断资产阶级，指向整个资本主义制度，他们的大方向全然没有错！他们的革命行动使帝国主义、垄断资产阶级丧魂落魄，他们的革命行动好得很！

然而苏修叛徒集团，法修叛徒集团这些历史舞台上的小丑们却急不可待地跳将出来，公然叫嚷反对"暴乱"，竟要工人释放被扣的资本家，竟要向反动统治集团乞讨什么"要求"，和反动统治集团穿一条裤子，真是无耻之极。打倒出卖革命运动的机会主义者！打倒叛徒工贼！

马克思列宁主义关于无产阶级革命的学说，归根到底，就是用革命暴力夺取政权的学说，马克思说得好："暴力是一切旧社会在孕育新社会时的产婆。"不用暴力革命，不夺取政权，而"善良地"要反动统治集团进行什么改革，那完全是痴心妄想。革命就是"一个阶级推翻一个阶级的暴烈的行动"。

我们相信，在这场革命风暴的锻炼中，一定会使革命人民提高觉悟，识破反动统治集团的各种阴谋伎俩，决不会用选票换掉枪杆子，也会认清那些机会主义小丑们企图依靠帝国主义势力压榨劳动人民的血汗，分得一杯残羹剩饭，喂肥自己的丑恶嘴脸。也一定会锻炼出一支革命的坚决反帝反修的革命派队伍，孕育和成长起一个用马列主义、毛泽东思想武装起来的革命政党，领导人民团结一致，建立起自己的武装力量，持久地向资本主义和帝国主义制度开火！

"人民，只有人民，才是创造世界历史的动力。"

历史经验证明，在欧洲和北美，真正有力量的是那里的人民，而绝不是垄断资产阶级。

人民革命力量从弱到强、从小到大，是阶级斗争发展的普遍规律，人民革命的发展过程尽管会不可避免地遭受许多困难、曲折和失败，但是，人民革命一定胜利的总趋势，是任何力量也改变不了的。欧洲、北美的人民革命斗争大有希望！

历史经验又证明，欧洲和北美资本主义国家的工人运动，要取得彻底胜利，必须同亚洲、非洲、拉丁美洲的民族解放运动结成紧密的联盟，必须同修正主义进行坚决的斗争。

面对着欧洲、北美人民的革命风暴，全世界革命人民、用毛泽东思想武装起来的七亿中国人民无不为之欢欣鼓舞。"可以肯定，殖民主义、帝国主义和一切剥削制度的彻底崩溃，世界上一切被压迫人民，被压迫民族的彻底翻身，已经为期不远了。"

坚决炮打聂荣臻，粉碎"多中心论"
巩固和发展大革命的辉煌战果

《红旗》第 116 期，1968 年 8 月 7 日

【社论】从一九六六年八月五日我们的伟大领袖毛主席写出《炮打司令部》的大字报，至今已经整整两年了。这两年惊天动地、气壮山河的斗争，波澜壮阔、壮丽动人的场面，至今依然历历在目，振奋人心。

两年的历史是短暂的，然而这不平凡的无产阶级文化大革命的两年，却对今后几十年、几百年将有多么伟大、多么深远的影响啊！

近视症患者，或者是庸夫俗子们，始终只能模糊不清地看到鼻子尖上的黑斑，而见不到大千世界正是万物更新的气象！一小撮阶级敌人，则完全用一种虚无主义的态度来看待无产阶级文化大革命的意义。

风物长宜放眼量！无产阶级凭借马列主义、毛泽东思想这个望远镜，具有比资产阶级、小资产阶级强上千百倍的眼力。他们看到，两年来的文化大革命群众运动，最广泛、最深入地动员了人民群众的革命性、积极性和创造性，最有力、最沉重地打击了一小撮阶级敌人和整个旧世界，取得了决定性的辉煌胜利。

伟大领袖毛主席深刻指出："无产阶级文化大革命，实质上是在社会主义条件下，无产阶级反对资产阶级和一切剥削阶级的政治大革命，……"在这一思想的指导下，我们把被一小撮反革命修正主义分子篡夺的党、政、财、文大权夺了回来，胜利地实现了这一政治革命的任务。

任何政治革命，都必然会带来社会的革命。因为占据统治地位的阶级必然会按照自己的面貌来改造社会。无产阶级革命派不仅打下了天下，而且坐了天下，他们将按着无产阶级的面貌，把整个社会改造成人类历史上最先进的社会——共产主义。在今后几十年，几百年

里，我们将会更加体会到史无前例的无产阶级文化大革命，对未来人类历史起着不可估量的、有着决定性意义的影响！

在社会主义祖国日臻强盛，革命的事业飞速发展，革命的形势空前大好的日子里，在对阶级斗争进行了辩证唯物主义的分析的情况下，我们重读毛主席的《炮打司令部》的大字报该是何等的意味深长，发人深省！它的强烈高昂的革命热情，坚定果敢的革命气魄，深刻宏远的革命意义，极大地鼓舞激励着我们将革命进行到底的雄心壮志，启发我们科学地分析当前形势，召唤我们去迎接新的战斗，夺取新的胜利！

当前，无产阶级文化大革命已经进入了巩固和发展大革命成果的新阶段。正如林副主席所指出的：经过乱，经过破，经过革，转化为治，转化为立，转化为胜利，转化为建设。

在这一阶段，全党、全军和全国人民，能否紧紧地团结在以毛主席为首、林副主席为副的无产阶级司令部周围，是个极其重要的关键问题！这是夺取无产阶级文化大革命全面胜利的基本条件！

一小撮阶级敌人，却在这个问题上大搞右倾分裂主义，贩卖"多中心论"，分裂无产阶级司令部，破坏军民、军政、军种、群众组织之间的团结。杨成武就是这种代表人物。

这种"多中心论"，实质上是阶级敌人阴谋篡权的反革命理论。

在哲学上，多中心论，是多元论的衍生物，是变相的折中主义，是违反马克思主义的一元论和重点论的。我们伟大领袖毛主席说：马克思主义"坚持重点论，因为事物的性质是由事物的主要方面决定的"。又说："任何过程如果有多数矛盾存在的话，其中必定有一种是主要的，起着领导的、决定的作用，其他则处于次要和服从的地位。"

这种"多中心论"，是个人主义、山头主义的理论，是资产阶级世界观的表现，它破坏了党的民主集中制原则，动摇了无产阶级的坚强领导，削弱了无产阶级专政，造成封建割据的局面，形成资产阶级独立王国。

"派别组织的存在，无论和党内统一或党内铁的纪律都不能相等。几乎用不着证明,有派别组织就会产生几个中央,有几个中央就是表明党内没有共同的中央,就是分散统一的意志,就是削弱和破坏纪律,就是削弱和破坏专政。"斯大林同志的这段话,深深地打中了"多中心论"的要害!

"……哲学上的折中主义,必然导致政治上的机会主义、修正主义。"在政治上,"多中心论"是反动的。

"中国共产党是全中国人民的领导核心",是"中国人民的中流砥柱","没有这样一个核心,社会主义事业就不能胜利。"中国共产党成立以来四十七年的全部成功经验和失败教训,都证明毛泽东同志是党的最好领袖,都说明毛泽东同志必须是党的最高领袖。党的四十七年的战斗,终于形成了以毛主席为首、林副主席为副的无产阶级司令部。其他什么"王明、博古、张闻天,他要做核心,要人家承认他是核心",企图取代毛主席,"结果垮台了"。这是历史的必然,历史的规律:凡是分裂、对抗以毛主席为首、林副主席为副的无产阶级司令部的人,都没有好下场!

杨成武,这个右倾分裂反党阴谋小集团的干将,不也被历史判处死刑,宣告破产了吗?

国防科委聂荣臻等人,也滑的够远的了。长期以来,就是聂荣臻偕同杨成武大肆推行"多中心论",刮起右倾分裂主义妖风。这些,已经是人所共知的了!

林副主席说:"对毛泽东思想抱什么态度,是一个很重要的问题。我们就是要抓对毛主席的态度、对毛泽东思想的态度问题。""大海航行靠舵手,干革命靠毛泽东思想。"

然而聂荣臻却歪曲、捏造最高指示。直至今天,仍然拒不检查,对抗革命群众,对抗文化大革命。

十六条指出:"当前开展的无产阶级文化大革命,是一场触及人们灵魂的大命,……"《人民日报》的"八五"社论,宣判了反革命的"多中心论"的死刑,粉碎了阶级敌人阴谋篡权的复辟资本主义阴谋。聂荣臻何去何从,我们拭目以待!如果顽固不化,拒不投降,那就会滑到危险的泥坑里去,那就是死路一条。

杨成武的前车之覆，是聂荣臻的后车之鉴。休学飞蛾扑火，自取灭亡！

张国焘这个叛徒，在长征的最艰难时期，拒绝毛主席的领导，自立"伪中央"，结果身败名裂。叛党投蒋时，他连一个警卫员都没有能带走。聂荣臻虽然现在还有一批无耻之徒在死保，但最后如不痛改前非，将功折罪，则绝对逃脱不了历史的审判，陷于"茕茕孑立，形影相吊"的死地！

我们北航红旗战斗队，和全国无产阶级革命派一样，决心紧紧地团结在毛泽东思想大旗下，团结在以毛主席为首、林副主席为副的无产阶级司令部周围，团结在毛主席的无产阶级革命路线的基础上，用我们的青春和战斗，筑成一道誓死卫东的万古不朽的铜墙铁壁。"这是真正的铜墙铁壁，什么力量也打不破的，完全打不破的。反革命打不破我们，我们却要打破反革命。"

胜利永远是属于我们的！

在无产阶级司令部的号令下统一意志 统一步伐 统一行动

本报评论员

《红旗》第 117 期，1968 年 8 月 14 日

《人民日报》的八·五社论，宣判了反动的"多中心论"的死刑，在亿万人民中间，一个新的大批判的高潮正蓬勃开展。

我院革命师生，紧跟毛主席的伟大战略部署，决心坚决肃清"多中心论"在我们头脑中的影响和流毒，进行认真的自我批评，端正态度，改正缺点，纠正错误，为无产阶级文化大革命再立新功。同时，我们以更大的力量，更猛烈的炮火，对准国防科委聂荣臻山头，展开有力的攻势！不彻底粉碎"多中心论"，荡尽踏平聂氏山寨，决不罢休！

从奴隶社会到现存社会的全部历史，都是阶级斗争的历史。在阶级社会里，两个根本对立的阶级为争夺政权斗争着，其他阶级则或附庸于反革命的阶级，或是革命阶级的同路人。

在大革命时期，一个阶级和另一个阶级为着夺取政权，展开了尖锐的阶级斗争。这种政治斗争，最后都以建立一个阶级专政为结果。在相对稳定时期，阶级斗争变成被统治阶级夺权和统治阶级反夺权的斗争。

长期的阶级斗争历史告诉我们，每一个阶级为了本阶级的利益，都形成了中心以统率本阶级的队伍。从根本上说，每个阶级只有一个中心。而事实上，除了无产阶级因为是最先进的阶级，所以仅有一个中心外，其他阶级由于本身的落后性或反动性的局限，而形成一个阶级内的几个中心。

既然我们所处的历史时期，仍然存在着尖锐的阶级斗争，那末，根据马列主义、毛泽东思想所揭示出的客观规律——对立统一法则，现在社会就至少存在两个对立阶级，因此，也就必然存在两个以上的中心。

毛主席在《矛盾论》这篇光辉著作中指出："事物发展过程中的每一种矛盾的两个方面，各以和它对立着的方面为自己存在的前提"，失去一方，它方也就不能单独存在。

在这种意义上，整个无产阶级专政时期，就是消灭多中心的革命时期。即无产阶级司令部率领广大革命群众，向资产阶级进攻，粉碎它的反动司令部和复辟阴谋。只要资产阶级没有最后灭亡，它总是存在有形或无形的司令部。资产阶级最后灭亡了，无产阶级也就会在历史舞台上消失，人类就进入了共产主义时代。

不难明白，在全部阶级社会中，只可能存在多中心，不可能是单中心。多中心的现象是历史的必然现象！同时，多中心现象的最后消灭，也是历史发展的必然结果！

自从社会主义社会出现之后，无产阶级专政的国家里，仍然存在着阶级和阶级斗争，仍然存在着资产阶级和资产阶级司令部。政权是最有力的阶级斗争工具。因此，资产阶级千方百计地采用打进来、拉出去的手法，窃取了一些部门和单位的领导权，加强资产阶级司令部，削弱无产阶级司令部。他们把这些盘踞的地方，改造成资产阶级独立王国，形成了封建割据的局面，营造了一个个小中心。在独立王国中，他们为最后的资本主义复辟大作舆论和组织准备。

这种封建割据式的资产阶级独立王国，必然会造成历史的大倒退！赫鲁晓夫就是首先在乌克兰共和国，用两面派的手法爬上首席交椅，逐渐变成"资产阶级乌克兰独立王国"、复辟的根据地，苦心经营出一套未来"登基"的班底。一旦他窃取了苏共第一书记职务之后，便把早已准备好的队伍安插到国家各部门，最后使苏联走上了修正主义道路，实现了资本主义复辟。

历史的教训何等的惨痛，何等的深刻！

独立王国有大有小，表面上各自立为中心，实质上是一个中心——资产阶级司令部的片片分店。一小撮阶级敌人所贩卖的反动的"多中心论"，实质上是要资产阶级中心，不要无产阶级中心，企图复辟资本主义，颠覆无产阶级专政。他们妄想用蚕食的办法，最后走赫鲁晓夫的道路，把中国重新置于法西斯的铁蹄下。

轰轰烈烈的无产阶级文化大革命，胜利地摧毁了以中国赫鲁晓夫刘少奇为首的资产阶级司令部及在各地的分店。我们把一小撮走资派篡夺的大权夺过来了！

但是，如果陶醉于胜利，那就是最大的失败！刘记司令部垮了，李记、王记司令部还会出现。"革命的谁胜谁负，要在一个很长的历史时期内才能解决。如果弄得不好，资本主义复辟将是随时可能的。全体党员，全国人民，不要以为有一二次、三四次文化大革命，就可以太平无事了。千万注意，决不可丧失警惕。"

每一个自觉的无产阶级战士，都应该深刻地吸取苏联的教训，领会主席的这一段教导的伟大意义，以高度的觉悟，自觉的纪律，智勇的战斗，投入于对反动"多中心论"的批判中去！

国防科委聂荣臻等人，取代中国赫鲁晓夫的地位，鼓吹"以我为核心"，贩卖"多中心论"，大搞独立王国，营造聂氏山寨，和以毛主席为首、林副主席为副的无产阶级司令部分庭抗礼。他们今天对抗无产阶级司令部，明天就要吃掉无产阶级司令部。这难道是可以令人有一丝一毫容忍的事情吗？

我们北航红旗战斗队全体战士，誓死保卫毛主席，誓死保卫以毛主席为首、林副主席为副的无产阶级司令部。我们把斗争矛头准准地对着以聂荣臻为首的一伙资产阶级政客，给他们一个又一个沉重的打击！我们坚信，胜利一定属于全国无产阶级革命派，属于科委（直）卫东革命造反派，属于我们！

然而，就在这一片大好形势下，我们却看到有些单位别有用心地把斗争矛头指向犯过一些错误的革命造反派，转移斗争的大方向。他们不曾有一个字用来炮打聂荣臻，却放过他，拦住正在追击的人们。他们大骂造反派是"机会主义者"，"资产阶级反党野心家、阴谋家"，责骂他们，贩卖极端虚伪、极端反动的"多中心论"，"向无产阶级司令部夺中心"，"为已经垮了台的资产阶级司令部摇幡招魂，为资本主义复辟鸣绳开道"。其用意阴险，居心恶毒，语言刻薄，无以复加。

我们认为，革命造反派、革命小将在前进的道路上犯错误是不可避免的。他们也决不会因为上帝允许年轻人犯错误而原谅自己。他们会醒悟过来，会进行自我批评的。这时，他们需要的是严厉的批评，循循善诱的引导和帮助。毛主席、林副主席和周总理及中央文革小组正是这样对待我们的。他们的慈祥的教导、严格的要求，使我们万分感动，热泪盈眶，决心改弦易辙，重新前进。

那些落井投石甚至混淆敌我、是非不分、造谣诬蔑者，虽然口口声声痛骂别人是什么"资产阶级派性"，其实恰恰是他们念念不忘以前的宿仇旧恨，现在披着大旗作虎皮，见有机可乘，便大棒交加来了。他们念念有词地说革命造反派在搞"多中心论"，其实恰恰是他们为王关戚的"多中心论"大效其力，唱武生，耍文刀，直至肝脑涂地。在被革命造反派识破他们资产阶级阴谋后，"此恨绵绵无绝期"，现在又乘机报复来了。

我们真诚地希望，在首都无产阶级革命派正紧跟毛主席的伟大战略部署，制止了武斗，迅速实现革命大联合的时候，不要再重新挑起无产阶级革命派的内战了！我们真诚地希望我们的战友们不要上当。我们将竭力避免和制止首都无产阶级革命派的第三次内战，牢牢掌握斗争大方向！

首都无产阶级革命派们，在无产阶级司令部的号令下，统一意志，统一步伐，统一行动，把无产阶级文化大革命进行到底！

粉碎"多中心论"，踏平聂氏山寨

钢铁纵队评论员

《红旗》第 117 期，1968 年 8 月 14 日

史无前例的无产阶级文化大革命在两年多的胜利发展中，经过了多次反复较量，摧毁了以中国赫鲁晓夫为首的资产阶级司令部，揪出了他们一批又一批的代理人，把被他们篡夺的那些党政财文大权夺回到无产阶级革命派手里。

回顾两年多来的斗争，不难看出所经历的各次回合的共同特点：在每个回合的斗争中，阶级敌人都推出一套新的班子，都有一些曾经是显赫一时的人物代表他们赤膊上阵，每个回合斗争的焦点都始终集中在政权问题上。同时，我们也可以看到，在各次回合中，由于所处的客观斗争形势不同，阶级敌人所采取的斗争方法和策略也是各不相同的。

当前正处于巩固和发展文化革命伟大成果的时期，在这个时期，阶级敌人更是要极力破坏全党、全军、全国人民的团结，妄图分裂和搞垮无产阶级司令部，在这个时期，他们采取的手法便是大搞反动的"多中心论"，阴谋搞掉无产阶级的中心，建立资产阶级的中心，这种反动的"多中心论"的代表者、资产阶级新的代理人，就是显赫一时、大名鼎鼎的聂荣臻，即在文化革命初期，看起来躲在一旁，实际上大耍两面派，暗中窥测动静，极力扑灭文化大革命的烈火，伺机夺

取成果、妄图篡夺无产阶级司令部大权的聂荣臻。

今年七月二十八日，伟大领袖毛主席在接见首都红卫兵小将代表时，向我们发出了批判"多中心论"的伟大号召，并明确指出国防科委在搞"多中心论"。

毛主席指示我照办，毛主席挥手我前进！我们无限忠于毛主席的红卫兵，坚决紧跟毛主席的伟大战略部署，向聂荣臻的反动的"多中心论"猛烈进攻！彻底粉碎他分裂无产阶级司令部、篡权、复辟的罪恶企图！

（一）

聂荣臻野心勃勃地步王明、博古、张闻天这些老机会主义者的后尘，长期以来，大搞山头主义、独立王国，同以毛主席为首、林副主席为副的无产阶级司令部分庭抗礼。他恬不知耻地宣扬自己"一贯高举""一贯紧跟""一贯正确"，把自己标榜为革命的化身、正确路线的化身、无产阶级司令部的化身。他还收罗、雇佣一批吹鼓手为他大唱赞歌，肉麻地吹捧。

有了舆论准备之后，在组织上便大搞"以我为中心"的针插不进、水泼不进的聂氏独立王国，这个王国有自己的纲领、组织和领袖。在这个王国里，一些叛徒、特务、修正主义分子成了聂荣臻最卖劲的狂热的吹鼓手。

凡是搞"以我为中心"的人总是要搞"以我为标准"的。在聂荣臻统辖的整个领地里，根本不以对毛主席的态度作为区别革命与反革命、真革命与假革命的试金石，而是以对他、对这个山头寨主聂荣臻的态度当作标准。顺他者昌，逆他者亡。他们宣扬："在国防科研两条路线斗争中，对待聂副主席的态度就是对待毛主席革命路线忠不忠的问题，是站在那一边的问题。""不管你直接也好，间接也好，明目张胆也好，含沙射影也好，只要你们最后指向了聂荣臻同志，你的大方向就错了，你在科研战线上的两条路线斗争中就站错了队，你所有那些革命词句和理论，就等于零，甚至等于一个负数。"这就是聂氏山头的"站队论"，真是荒谬之极，反动透顶！他们还把国防口炮轰聂荣臻的人当作"五一六分子"大整，使大批革命群众惨遭迫害，被踩在聂荣臻脚下。

在文化革命两年后的今天，聂荣臻如此大造两个司令部，两个核心，两个副主席，两个光辉榜样，两种站队标准的舆论，这究竟是为什么？！联系到两年以前有人大喊两个主席、开口闭口"刘主席"，现在又有人大搞两个副主席、开口闭口"聂副主席"，这就不难看出聂荣臻究竟要干什么、究竟要走什么道路了。中国赫鲁晓夫的狼子野心已经暴露无遗，聂荣臻所搞的这一套不也就是"司马昭之心，路人皆知"了吗？！

（二）

聂荣臻对毛主席非常不忠！对以毛主席为首、林副主席为副的无产阶级司令部极度不满！！他顽固地站在资产阶级反动立场上，反对毛主席的无产阶级革命路线，他一直对文化大革命采取抗拒和敌视的态度，一有风吹草动就进行攻击、污蔑，为被打倒的一小撮牛鬼蛇神感伤落泪，千方百计地保护叛徒、特务、走资派过关，不惜捏造最高指示，从政治上陷害毛主席。在文化革命的第五回合中，他又大搞"三右"、"三否定"，大刮右倾翻案妖风。

聂荣臻对林副统帅早就心怀不满，多年以前就曾伙同反革命野心家彭真诽谤、攻击过林副主席，挑拨赵尔陆和林副主席疏远。近年以来，聂荣臻对林副统帅的崇高威望更为不服，伙同军委的×××，×××公开反对林副主席。前个时期他又在国防科委系统滥用林副主席过去的指示，压制革命群众，从政治上陷害林副主席。直到最近，他还怂恿其追随者，明目张胆地攻击林副主席。

聂荣臻对周总理更是不放在眼里，不仅多次对抗总理指示，更有甚者，竟在公开场合直接攻击总理。他还怂恿反革命分子李庄炮打周总理。直到最近，总理关于"封存科委军管办公室和'516'专案组全部材料"的"七·七"指示下达后，聂荣臻等人还采取惯用的两面手法，阳奉阴违地进行对抗。继续销毁疯狂迫害革命群众的大量罪证，真是恶劣之极！

这些事实，以及聂荣臻等人多次明显表露的与中央文革对立的态度，足以说明他对以毛主席为首、林副主席为副的无产阶级司令部不仅是离心离德、顽固对抗，甚至企图凌驾其上。

（三）

冰冻三尺非一日之寒，聂荣臻对抗以毛主席为首的无产阶级司令部绝非始于今日。聂荣臻与刘邓司令部早就有着千丝万缕的联系，与中国赫鲁晓夫的许多黑干将们有着十分密切的关系。

聂荣臻长期追随中国赫鲁晓夫，大肆贩卖修正主义黑货，鼓吹阶级斗争熄灭论。刘少奇说："现在我们已经消灭了阶级"，聂荣臻跟着叫嚷："现在的时代已经进入了原子弹、氢弹的时代。"中国赫鲁晓夫在科技界反对突出无产阶级政治，大力推行资产阶级专家路线，胡说建设社会主义要靠资产阶级专家，聂荣臻紧跟紧追，更把资产阶级专家捧上了天，大搞物质刺激、名利挂帅，在科技和教育领域内替资产阶级争夺接班人。中国赫鲁晓夫推行修正主义的干部路线，结党营私、招降纳叛，聂荣臻也是把国民党残渣余孽纷纷聚集到自己身边委以重任，形成群魔乱舞的局面。

聂荣臻与彭真早在晋察冀时关系就非常亲密。聂荣臻对彭真，崇拜得五体投地，曾尊称彭真为"活的马克思"！彭真在晋察冀和东北推行王明路线，聂荣臻紧紧跟上。无怪乎狐群狗党称彭真和聂荣臻为晋察冀的"两个英雄"。

当赵尔陆同志要调离华北军区，随同林副主席南下时，聂荣臻竟威胁说："你跟林彪去，不会有好结果的，林彪与彭真不一致，你就不怕得罪了彭真？"听一听这副腔调，就知道聂是彭贼的一个怎样热心的同伙了！

聂荣臻与贺龙、罗瑞卿在许多根本问题上都是一致的。贺、罗大搞突出技术、鼓吹军事第一，聂也大搞突出业务、鼓吹尖端武器决定一切，罗在军队中搞"大比武""尖子队"、用军事冲击政治，聂在科技界大力培养"技术尖子"、用技术冲击政治，贺、罗疯狂地攻击三面红旗，聂荣臻也同样指手画脚地附和，在六〇年××工业的三级干部会上，聂与贺、罗合伙表演了一出"大将点火，元帅升帐"的黑戏，恶毒攻击毛主席的革命路线，全盘否定大跃进的成果，残酷打击赵尔陆同志。直到文化大革命中，他还以这个会上"两个老总"的声誉感到荣耀呢！

对于反革命野心家杨成武，聂荣臻与他更有十分亲密和奥妙的关系。他们是一丘之貉，聂只是在野心与阴谋上比杨成武更加杰出！

这些事实，足以表明聂荣臻与刘邓司令部有着多么密切的关系！"世上绝没有无缘无故的爱，也没有无缘无故的恨"，对比一下，聂对两个司令部各抱什么态度，各怀什么感情，问题就更加清楚了。聂荣臻今天搞的"多中心论"，完全是刘邓司令部阴魂不散，是妄图接替被打倒的刘邓继续搞资本主义复辟。

（四）

从上述事实中，我们也可以看到聂荣臻在当前斗争中所处的地位。他就是资产阶级做垂死挣扎、疯狂向无产阶级进行反扑时期的代表人物，是目前妄图篡夺无产阶级司令部大权的头面人物。

聂荣臻宣扬的"多中心论"，当然不是不要中心，而是不要以毛主席为首、林副主席为副的无产阶级司令部，要的是以他为首的中心、接替刘邓的资产阶级中心，对他来说，"多中心论"只是目前采用的一种口号，也是通向以他为中心的过渡阶段和中间桥梁。列宁说："每个口号都应当从一定政治局势之一切特点的总和中得出来。"革命派懂得这一点，反动派也明白这一点，聂荣臻深知在当前情况下他的山头势力还不够强大，还不足以排斥在全国人民中享有极高威望的以毛主席为首的无产阶级司令部，因此便搞"多中心"，以加速发展自己的势力，扩大霸权，待到羽毛丰满、时机成熟、就可以抛弃"多中心"的口号，换上唯一的聂氏中心的口号了，就可以排除无产阶级司令部、代之以资产阶级司令部了。所以"多中心"不是聂荣臻的目的，只是他为了搞掉现有的中心、另立自己的中心而采用的一种手段而已。正如恩格斯所说："他们企图用这种种手段使无产阶级运动为他们的狂妄野心和自私自利的目的服务。"

毛主席教导我们说："凡是错误的思想，凡是毒草，凡是牛鬼蛇神，都应该进行批判，决不能让它们自由泛滥。"聂荣臻的"多中心论"是阶级敌人阴谋篡权、实现资本主义复辟的反动"理论"，我们必须坚决批判它，彻底粉碎它！

人民日报八月五日的社论传达了无产阶级司令部的战斗号令，表达了全国上下亿万人民的心声，宣判了聂荣臻"多中心论"的死刑。以毛主席为首、林副主席为副的无产阶级司令部，是全党、全军、全国唯一的领导中心。我们只能在无产阶级司令部的号令下，统一意志，统一步伐，统一行动，决不允许搞什么"多中心论"，决不允许什么"以我为中心"的反动谬论和反动行为继续存在下去！杨成武的前车之覆正是聂荣臻的后车之鉴！

聂荣臻不投降就叫它灭亡！

第二辑

讲话与函电

聂荣臻给北京航空学院革命师生的一封信

1966 年 8 月 19 日

北航文化革命委员会诸同志并转广大革命师生员工同志们：

最近接到一些同学和教师的来信，要求我到学院来。我十分感谢大家的这些希望和要求，最近我因身体有病，不能直接到学院来向革命师生员工们学习，深为遗憾。我坚决主持你们把无产阶级文化大革命进行到底。

从来信中反映，最近大家有些意见和分歧，特别是对工作组的看法。工作组在学院的文化大革命中，有不少缺点和错误，特别是组织反干扰的大辩论，是个方向的路线的错误。大家对他们的批评是完全应该的。工作组有责任，有义务虚心听取大家的批评，接受大家的教育。他们作了检讨，大家有不同意见仍然可以提出。我希望这些问题不要影响革命师生员工的团结，不要成为你们前进的障碍。在伟大毛泽东思想哺育下的广大革命师生员工是有觉悟的，有魄力的，有智慧的，一定会识别哪些做法是正确的，哪些做法是不正确的。在伟大毛泽东思想的光辉照耀下，坚决按十六条的伟大纲领文件办事。通过摆事实，讲道理，具体分析，认真总结经验教训，我坚信问题一定会得到解决的。我希望广大革命师生员工团结起来，团结就是力量，把无产阶级文化大革命的熊熊烈火迅速转到一斗，二批，三改上去，沿着我们敬爱的领袖毛主席所指引的无产阶级文化大革命的方向奋勇前进，勇敢战斗。

无产阶级文化大革命万岁！

伟大的，光荣的，正确的中国共产党万岁！

战无不胜的毛泽东思想万岁！

我们最敬爱的伟大领袖毛主席万岁！

聂荣臻，八月十九日

（原载《无产阶级文化大革命参考资料》1）

林杰接见北京航空学院和北京地质学院部分同志的讲话

1966 年 10 月 3 日

亲爱的红旗战斗队的同志们：

我代表《红旗》杂志社全体革命同志向你们问好！自从文化大革命以来，你们向一切牛鬼蛇神开火，向资产阶级顽固堡垒冲锋陷阵，我们向你们表示崇高的敬意！

我们《红旗》杂志社在党中央和毛主席的领导下，在陈伯达同志的领导下，如果说取得一点成绩的话，应当归功于党中央和毛主席的领导下，归功于伟大的毛泽东思想，是陈伯达同志正确领导的结果。但我们还有缺点，诚恳地希望你们多提意见，贴大字报和批评。

这期社论（六六年第十三期）是根据毛主席的教导和毛主席的亲密战友林彪同志的指示写的。同志们，你们学习得很好，我学习得不好。我念一段林彪同志在"十一"国庆十七周年大会上的讲话："毛主席早就指出，在整个社会主义的历史时期，存在着无产阶级和资产阶级之间的阶级斗争，存在着社会主义和资本主义两条道路的斗争。无产阶级文化大革命，就是这两个阶级、两条道路斗争的新阶段。在无产阶级文化大革命中，以毛主席为代表的无产阶级革命路线，同资产阶级反革命路线的斗争还在继续。那些坚持错误路线的人，只是一小撮人，他们脱离人民，反对人民、反对毛泽东思想，这就决定了他们一定要失败"。我们是根据这个精神写的。这里我再念一段八届十中全会的公报，这是毛主席亲自主持下开的。公报是毛主席亲自参加写的。八届十中全会指出，在无产阶级革命和无产阶级专政的整个历史时期，在由资本主义过渡到共产主义的整个历史时期（这个历史时期需要几十年，甚至更多的时间）存在着无产阶级和资产阶级之间的阶级斗争，存在着社会主义和资本主义这两条道路的斗争。被推翻的反动统治阶级不甘心于灭亡，他们总是企图复辟。同时，社会上还存在着资产阶级的影响和旧社会的习惯势力，存在着一小部分小生产者的自发的资本主义倾向，因此在人民中间，还有一些没有受到社会主义改造的人，他们人数不多，只占人口的百分之几，但一有机会，就企图离开社会主义道路，走资本主义道路。在这种情况下，阶级斗争是不可避免的，这是马克思列宁主义早就阐明了的一条历史规律，我们千万不要忘记。这种阶级斗争是错综复杂的、曲折的、时起时伏的，有时甚至是很激烈的。这种阶级斗争，不可避免地要反映到党内来。国外帝国主义的压力和国内资产阶级影响的存在，是党内产生修正主义的社会根源，在对国内外阶级敌人进行斗争的同时，我们必须及时警惕和坚决反对党内各种机会主义的思想倾向。

我再重复最后一句："我们必须及时警惕和坚决反对党内各种机会主义的思想倾向。"国庆节《人民日报》社论精神，我不妨在此念一段："阶级斗争，一抓就灵。"我们所取得的一切成就和胜利，都证明了毛泽东同志这一英明论断的正确性。

毛泽东同志早就指出："在整个社会主义历史时期，存在着无产阶级和资产阶级之间的阶级斗争，存在着社会主义和资本主义两条道路的斗争。被推翻的资产阶级和一切剥削阶级，对他们的失败是不甘心的。他们通过钻进共产党内一小撮走资本主义道路的当权派，利用自己在思想文化领域里所占有的老阵地，妄图实现资本主义反革命复辟。"毛泽东同志发动和领导的这场无产阶级文化大革命，就是为夺取剥削阶级在思想文化领域中所占领的阵地，粉碎资本主义反革命复辟的阴谋，进一步巩固无产阶级专政，使我国能够在社会主义，共产主义的道路上，合乎历史规律的前进。无产阶级文化大革命既然是革命，既然是挖一切剥削制度、挖资本主义、修正主义根子的革命，就必然会遇到阶级敌人的疯狂反抗，遇到来自各方面的阻力。

无产阶级的敌人，继续在用各种方法对抗无产阶级文化大革命。他们甚至打着"红旗"反红旗，欺骗和蒙蔽一部分群众，妄图打击无产阶级革命派，妄图炮打我们无产阶级司令部，对此我们必须提高警惕，识破他们，并且要更加依靠群众、信任群众，进一步地放手发动群众，使敌人的阴谋在广大群众日益觉悟的情况下永远不能得逞。

另有一些人，他们对于以毛泽东同志为代表的无产阶级革命路线至今还很不理解，对群众运动仍是"怕"字当头。他们口头上也讲十六条，在行动上却离开十六条，他们自觉地或不自觉地搞宗派活动，利用广大群众对党和毛主席的无限热爱，制造一部分工农群众反对革命学生，造成学生斗学生，群众斗群众的一些局面。他们这样做，正好为无产阶级的敌人利用，浑水摸鱼。我们对于这些人本来是好心善意地希望他们改正错误，他们如果坚持不改，就会脱离人民，结果就必然会滑到资本主义的道路上去。

党的八届十一中全会号召全党全国大学毛泽东同志著作，全会公报指出，用毛泽东思想武装工农群众、革命知识分子和广大革命干部，进一步促进人的思想革命化，是防止修正主义，防止资本主义复辟，使我们社会主义和共产主义事业取得胜利的最可靠、最根本的保证。

我们要坚决响应党中央的号召，在文化大革命中高举毛泽东思想伟大红旗，突出无产阶级的政治，把活学活用毛主席著作的群众运动推向一个新的高潮。我们要自觉的掌握毛泽东思想这个最强大的思想武器，去回答和解决文化大革命中的各种问题。我们要坚决地捍卫和执行毛泽东同志的指示，捍卫和执行党中央关于无产阶级文化大革命的决定、十六条，捍卫和执行无产阶级的革命路线。

同志们：我们就是遵照林彪同志的讲话写的，如果说这篇社论是对的，那是林彪同志指示的结果。如果不对，那是我们《红旗》杂志社同志的责任。希望同志们认真学习林彪同志指示。以上是对社论的说明。

最后，同志们敢想、敢说、敢闯、敢革命、敢造反的五敢精神，同志们既敢于斗争、又善于斗争，既敢于革命、又善于革命的精神值得我们学习，我们要学习你们一心一意为捍卫十六条、捍卫毛泽东思想，不惜牺牲，排除万难的革命精神，特别要学习的是同志们的革命的大无畏精神！

战无不胜的毛泽东思想万岁！

伟大的领袖毛主席万岁！万岁！万万岁！

（原载北京航空学院红旗战斗队《无产阶级文化大革命运动中首长讲话》1966.11）

戚本禹、关锋对北航工人赤卫队和地院红卫兵的讲话

1966 年 10 月 12 日

关锋：我是关锋，他是戚本禹。昨天打电话说北航、地质学院部分同学找我们谈一些问题。对不起，我们现在才来。不过我们在开会中间，林杰来了一趟。我们很想听听大家的意见，今天计划一个半小时，我们也有组织性、纪律性，希望最能代表你们意见的人发言，说不完还有下次，斗争是长期的。

（问：前两个月的斗批改如何评价？）这个问题我不能回答，我倒想听听你们的意见，现在还开会，同学们知道吗？（答：不知道。）

关锋：我先说点意见，回头戚本禹同志补充纠正。《红旗》社论发表的背景是什么？这很清楚了，十六条公布以后，许多地方看来，两条路线的斗争还在继续，林彪同志上次的讲话也谈到这一点。《红旗》社论的发表是了解了全国各地的情况，特别是根据林彪同志的讲话精神。十六条通过时，毛主席说，是否大家都会执行，那不一定。有的会执行，有的不一定。后来斗争在继续进行着，有不少地方有些单位很激烈。我佩服你们的精神，也包括地质学院"东方红"和北航的"红旗"，但有些情况你们不一定了解。毛主席教导我们，世界是复杂的，我们每个人头脑也都得复杂一点。通过这几个月的斗争，你们对复杂性有了了解，像这样复杂的斗争，你们预料到没有？没有！我预料到没有？没有！抽象地说是复杂、尖锐。我从来没有经历过，现在认识得也很不够，请同学们相信这一点。我们不是根据这个学校几个人的反映写出这篇社论的。社论的发表，这是大事，社论讲得对不对？哪些地方对，哪些地方不对？可受时间考验。同学们可以批评。据我们看来，两条路线斗争确是复杂尖锐，在场同学不妨和外地同学座谈一下。外出串联的同学，他们受了很大的锻炼和教训，也帮助我们了解了很多情况。当然，也要查对。

我们要人在学校，心怀祖国，放眼世界，看得更远一些，这样对

本校就会看得更清楚。肃清资产阶级反动路线和它在群众中造成的恶劣影响，不是一件容易的事情。同学们都学过党史，三次"左"倾机会主义路线和以毛主席为代表的正确路线的斗争，花了多少时间？花了几十年，直到一九三五年遵义会议在组织上确定了毛主席的领导，到延安一九四二年整风才在思想上确定了毛主席的领导。当然现在不同了，有利得多了，毛主席有这样高的威信，有无产阶级专政，有利条件多得多了。但也要力气花时间。群众斗争群众的根子怎么造成的？许多地方是工作组造成的，留下来的恶果和影响。

北航、地质这两地方我没怎么去，航院一次也没去过，地质六月份去了一次，看大字报，那时你们还不认识我。我们要解放一部分同学，又要不怪另一部分同学，一时被打成"反革命"的，也要解放另一部分同学，另一部分同学也不要怪他们。他们出于对党，对毛主席的热爱，是工作组造成的。有些地方发生了工农斗学生，工农斗学生能怪工农吗？不能。他们了解情况吗？不了解。外地来的同学、工农我们都接待，他们给了很多情况……。这个在社论上讲得很清楚，坚持错误路线的人，利用群众对党的热爱发动群众斗群众，是工作组造成的这个恶劣影响，看来不彻底批判是不行的。要站在无产阶级立场、观点、方法上，用毛泽东思想来批判资产阶级的反动路线。

有一个同学问：是不是群众斗群众？是谁挑动的？刚才大家反映的情况还需要调查，是不是有人怀疑我们挑动？（众：有）好，可以继续辩论继续调查，对北航、地质学院的具体问题，我不多说了。不是说我们是地质学院的观察员吗？当时地质学院发生冲突，我是临时派去的，第二天开了个会，大会是吴德同志主持的，有"东方红"的红卫兵，工人参加了，我和戚本禹参加了，邹家尤也参加了。

我在会上发言，对两部分都没有批评，我批评了邹家尤，现在仍然要批评他。"东方红"同学找他，他应该接见，结果是十几天都没有接见，跑到地质学院，说部里的同志们打电话通知西城区纠察队，说人家偷机密文件，把人家请来了，结果打起来了。到底谁搞起来的呢？是他邹家尤请来的。这样愈搞愈被动，早解决就没事了。我们是不是群众斗群众，可以调查。所谓观察员是临时性的，不可能长期在地质学院工作，现在无所谓了。怎么消除分歧呢？群众互相都不要怪，应该在毛泽东思想基础上团结起来，互相不要扣帽子，要擦亮眼睛。同志们、同学们，要用毛泽东思想辨别是非，要以理服人。有些地方的情况确实很复杂。你们在场的同学应该多多帮我们的忙。有没有人在捣鬼呢？有些地方的同学告诉我们，不是你们两院的，我们确实不太了解，如果你们赞成这篇社论的话（众：赞成），大家讨论怎么样肃清错误路线的影响？同学之间，这个组织，那个组织，不要你代表什么，我代表什么，地质学院你们愿意批判邹家尤吗？（众：愿意）愿意就好吗！不要群众负责，双方都要解放。

戚本禹：为什么要搞文化大革命？为什么毛主席亲自接见小将？还不止三次，国庆还要接见，毛主席对青年寄有无限希望，文化大革命解决不出修正主义的问题。毛主席说，你们要关心国家大事，就是要关心国家命运。我们有没有修正主义的危险？毛主席说，如果不注意，少则几年，十几年，多则几十年。你们对学校情况了解得多，对社会情况可能不了解。远的不说，自五七年以来，我们国家在惊涛骇浪中度过的。不是说你们是修正主义的，但是有没有方向不对，认识不清的呢？有。你们坦白地说，我也坦白地说。你们看《毛泽东选集》，毛主席批评一些东西，就是因为有错误的东西。四五年有人要交出武器；合作化时有人要解放合作社。（关锋：四大自由）这不是一般问题。你们谁提出问题也不成为路线，不是路线错误。那是有地位的人，很多事情不能讲，高岗、饶漱石早公开了。这几年，六二年"三自一包"，困难时期斗争非常激烈，那时要是我们伟大的舵手不在，稍微离开，那么我们的国家就要危险。那时主张"三自一包"的不是底下的同志，不是基层干部。一条线贯下来，六二、六三、六四、六五，直到六六年，有些是党内的问题，不能公开讲。你们从党的公报中好好看看，可以看得懂。这次文化大革命是从《海瑞罢官》开始的。首先《海瑞罢官》跳出来，公开跳出来攻击党，为右倾机会主义喊冤。这文章一出来，很明显的问题，很多人懂得了。姚文元的文章出来后，《北京日报》根本不登。（关锋：当时同学们可能不注意，上海登姚文元的文章，为什么北京不登？为什么《北京日报》和《解放军报》按语距离那么大？）

后来北京市委大大小小的"三家村"都揭出来了。（关锋：我和戚本禹还在里面挨训嘛！你们看看大字报就知道了。）

这是生死斗争啊！很激烈。大大小小的"三家村"揭出来后，斗争还在继续。聂元梓的大字报，毛主席支持，把火点起来了，形势很好。《人民日报》发表评论员文章，全国特别是北京轰轰烈烈地向资产阶级反动人物开火。但突然六月十八日以后冷下来了。派工作组干革命吗？不是，因为工作组本身就是镇压运动的，给我们的印象很深。当时中央办公厅一个镇压学生运动的通知，我看到了。经过几天斗争，一个礼拜，各校抓"右派"，抓"反革命"和抓"游鱼"，打击首先向党委发难者，对革命群众进行政治迫害，很多学校死了很多人。他们利用同学对党和对毛主席的热爱，欺骗群众。你们这里有没有被打成"反革命"的？被打成"反革命"的与没有被打成"反革命"的感情是不一样的。那个礼拜接待室的人员很多，反映很多意见，可是过了一个礼拜，门口冷冷清清。有，是来诉苦的，（自己被打成"反革命"。）揭发党委的。那一天，一个也没有。

聂元梓的火是毛主席点的。当时红卫兵寄来很多信，说他们是"反革命小集团"，我看了他们的文章，不是反革命。主席回来后，扭转了局面。但斗争并没有结束，群众斗群众采取了新的形式。谭力夫讲话是一篇代表性的作品，我们到今天为止，没有说谭力夫是"反革命"。为什么？因为他是一个同学，他的讲话代表一种思潮。这样，性质就不同。严重的是群众斗群众，他们利用工农，说这些人是"反党"，来镇压学生。西北地区是很厉害的，一个很负责的人组织打学生。工人打了后，很后悔，痛哭流涕，觉得自己犯了罪。工人是没有罪的，有罪的人是欺骗工人的人。多数里情况和工人不同，像北航两派，我有没有倾向性呢？有！倾向"红旗""东方红"，因为他们方向较正确，他们对错误路线比较清楚，但不是说他们每个人，每个行动我都支持。因为他们不批判资产阶级反动路线就不愿斗批改。（关锋：这里有没有"红旗""东方红"的人，你们回去可不要骄傲。）你们可以贴我的大字报，但贴了以后，你们可以想一想，我有没有道理。错误路线有没有呢？那些同学都是很好的。（关锋：那里受骗的同学、工人、农民帮助我们了解了许多情况。）我们与外宾谈话时，有两位同学，两种观点向我们宣传，我们认为那个反对工作组的更有道理。他没有说。后来观察发现那个保工作组的人对党感情深厚。我们相信你们绝大多数是这样的人。但你们是不是紧跟了毛主席呢？会不会南辕北辙呢？

毛主席思想接受不那么容易，有许多同志经过长征，但还是跟不上主席的思想。他们愿意为革命抛头颅，洒鲜血，但是还是跟不上毛主席。他们还长期不理解主席思想路线，我们就那么容易理解？

关锋同志去年十二月才明白这一点，到现在才开始有一点理解。你们提出许多问题，要调查"红旗""东方红"，当然有缺点，有错误。革命不是请客吃饭，不是绘画绣花，绣花还会扎手，把手扎破呢！要从革命大局出发，不要揪着不放，要揪着错误路线不放，不要揪着同志的缺点不放。我对你们做工作，也要对"红旗""东方红"做工作。总之希望你们学习《红旗》十三旗社论。这社论不是关锋写的，也不是林杰写的，他们参加了起草工作，但这是经过中央的，你们同意也好，不同意也可以保留，但要好好学习，来纠正自己对一些问题不正确的认识。

（原载《无产阶级文化大革命参考资料1》）

全军文革小组副组长、总政治部宣传部部长

李曼村的讲话

1966年10月26日

没有提纲，说错了请给纠正。

昨天上午，谢部长找了七个同志，听取了他们意见。昨天下午，

又请了赤卫队、红卫兵三个同志谈了一下，有××、×××、×××，也听了他们一下意见，交换了一下意见。交换意见的情况昨天都向周总理、聂副主席、刘志坚作了报告。

总理、聂副主席指示大意：原则上同意把科委工作组现存的，过去由工作组找别人整理的群众的材料交出来，给北航同学，协商处理办法。但总理提出一条就是处理这材料，一是不能引起群众斗群众，学生斗学生。二就是一定要做出个好样子。在处理原工作组整材料问题上，北航同学做个好样子，在北京在全国做个好样子。通过处理工作组整材料，可以使多数人解放，放下包袱。因为被整人不拿到材料不放心，怕以后哪一天还会挨整，另一方面整人材料的也放心不下，总感觉内心惭愧。这笔账总要还的，对不起同学，他也有很大顾虑。所以把材料问题正确处理，可以使大多数人得到解放，可以使一切革命同志在毛主席指引下的一斗二批三改的大方向下团结起来，进行一斗二批三改，把文化大革命进行到底。昨晚刘副主任还打电话给李部长，要北航同学能做个榜样。我们意见是否能搞个文件出来，在北航同学那里宣读，在各处宣读，因为目前最关键的分歧就反映在材料方面（这是首长指示和我们理解的）。

我和谢部长商议这个问题。昨天上午据"红旗"同志谈话理解，就是，一是工作组整群众材料交出来给他们（七个组织）；二是材料中属于个人检讨，不论怎样的，交给本人，给他自己处理；三就是别人整理的。被整人的材料交给他本人看，如其本人同意公布，可根据需要以适当方式公布（他们提议开展览会，批判资产阶级反动路线，教育群众，可以考虑）。第四经过么一段协商，经过适当的公布，各方面群众在场，当众销毁，最后付之一炬，算是一个历史上的错误，付之一炬。"红旗"等战士表示一定不再重复发生群众斗群众，学生斗学生的现象……。当然对过去做过一些错事的，可以进行一些同志式的批评与自我批评，这和群众斗群众要严格区别开来。

下午三同志提出大意是：原则上是同意"红旗"及其他七组织的提法，但是提出这样的要求，第一，赤卫队、红卫兵、工人赤卫队，每一个队派一个代表参与材料小组工作。第二，在销毁时所有各种学生组织都要在场，这样更有教育意义。三同志表示承认"红旗"等七组织大方向是正确的，而且革命造反精神是值得学习的。他们认识到确受错误路线影响，愿开门整风，接受批评。但也提出，对上星期六以来搜查材料以后的一些看法：6月1日以前的材料不要查与公布，不在紧急指示包括范围之内，而是同学私人日记，不要查抄（谢部长插话，这次总理讲过不要搜身，当然本人拿出更好）。第三，党支部一些与文化大革命无关之会议记录，和入党申请书不要公开。当然有整人材料例外。因此听了两方面昨天大体意见，他们表示担心发展下去会发生学生斗学生的现象。希望"红旗"战士注意这问题。过火一点可以理解，不要发展下去。这是同志们的大致意见。

我们认为在几个重要问题上基本一致，距离不大。大家都希望不再重复群众斗群众、学生斗学生。大家都基本同意把材料交出来。在这个基本点上一致了以后，我想有可能经过科委、北航有关学生组织商量之后，取得比较一致的意见。别的不讲，先讲这个材料问题，达到一个比较一致的协议。如果同意的话，提议搞一个"会议纪要"，"倡议书"或其他什么，用文字形式把它公布出来，一方面向北航同志宣读，一方面向其他地方同志宣读。据我所知，科委刘主任等参加会议，赵、罗也承认在北航五十多天执行了一条错误路线。赵只是执行者，不是发明者，但他在北航应负主要责任。应说清楚，在北航范围内主要责任在工作组，应承认同学们是受害者、受蒙骗，如有缺点作一点检查（林副主席说这是考验，总理说，青年人思潮起伏容易犯错误）。如果中央没有指出犯了错误，情有可原；但如中央指出后还坚持，那就不是好同志。大多数同志还是革命的，只要不坚持错误，还是应该欢迎、允许的。工作组和同学们大多数也是革命的嘛！如果同学们同意，科委明天下午就把材料交出来，交给北航同学们。

（原载周良霄、顾菊英编《十年文革中首长讲话传信录》，2009）

陈伯达、江青对北京航空学院同学的讲话

1966 年 11 月 19 日

11月19日下午3时50分到6时10分，陈伯达、江青在政协礼堂三楼接见北航红旗约五百名同学。参加接见的有王力、关锋、戚本禹同志。

伯达：你们到过哪些地方？（同学们答：上海……。王力：就是没有到过福建？到过天津没有？我是天津人。我的话是天津话。）你们有什么问题没有？提几个问题。提多了，睡觉睡得不好，答复不完。你们到过那么多地方，没有问题？

同学：我们去第一机床厂，不让进，说我们不符合中央精神。

陈伯达：你们爬墙进去的吗？

同学：昨晚第一机床厂派了二十七辆汽车游行，还通过天安门广场，叫北航红旗滚出去，横扫一切牛鬼蛇神。（另一同学：他们叫北航红旗从工厂滚出去。他们到劳动人民文化宫，第三司令部还接见他们。）提几个问题：（1）目前可不可以到车间跟班劳动？（2）我们在光华木材厂，保守派一百多人要把我们从工厂撵出去。他们在学校已没有市场，现在却联合各厂的保皇派，散我们的传单。

陈伯达：我给你们谈一点小意见。用造谣、浑水摸鱼的手段，想取得群众信任，没有一个不失败的。我们希望同学们，做记录或不做纪录，每句话都要落实，每一个字都要落实。毛主席告诉我们要实事求是。我们要记住毛主席的话。这样，我们就站住了，事实就完全清楚了。真理掌握在我们手里，我们就所向无敌。但是，也有一种情况：基本上站在真理方面，站在毛泽东思想方面，但是没有什么办法。因为年纪轻，也有一种可能，给对方加了一些帽子，这也不是实事求是。对不对？赞成吧？！（众鼓掌）你俩自己年纪很轻，政治上敏感，有勇气，敢于斗勇，接受毛泽东思想比较容易。这是你们的好处。这是你们的优点。但是，你们有缺点没有？今天我找你们来，就是讲你

们的缺点。(鼓掌)同学们鼓掌,是真的,假的?(鼓掌)一个人尽讲优点,你们尽听优点,听了觉得了不起,这就包含着很大的危险。你们就容易骄傲,容易自己满足,觉得谁也没有我高明。这样,本来是对的,可是按照辩证法,就要转到不对的方面。中国有一句古话:"行百里,半九十"。一百里路,走了九十里路,算走了一半吧!最后十里路,最难走了。走了九十里路,觉得了不起了,可是偏偏这十里路不容易走(众鼓掌),可能要发生错误。要跌倒的,不是前面的九十里路,而是后面的十里路。对不对?我是文革组长,他们三人是造反团的。对不对?

王力、关锋、伯达的话,也是对我们三个人说的。

陈伯达:也是对我自己说的。中央、毛主席委托我们做文化革命工作。有时做得对,有时做得不对。我经常对文革小组的同志们说,要提高警惕,不要冲昏头脑。反对我们的人看着我们,看着你们,要跌下来了。我对我们造反团讲的话,也对你们讲了。你们好好想想我们的话,对的,接受,不对的,可以批判。我们赞成你们批判,赞成你们监督。不要称我们"首长"。我们不过是小组。我的官比你们小多了。你们有司令部,有造反团。你们可以蔑视我们,可以批评我们。但是如果是对的,你们可以接受。我们不过是一个普通的老百姓。虽然现在有这些名义,也还是普通的老百姓。我的知识很少很少,还不如乡村的老太婆。不妨跟你们说一些闲话。1947年春,一天我在一个贫农家吃饭,贫农的老婆,被人瞧不起。我问她,你家在什么地方?他说:在蔡家庄。我说:你们搞过土改没有。他说:搞是搞了,但什么也不知道。你们看,这不是工作组包办代替吗?毛主席在我们身边,有事要和群众商量,我在脑中就形成了一种思想、一种概念、一种行动。原来我还没有明明白白,听了这位女人的话,想了毛主席的话,什么叫群众路线呢?现在闹明白了,最根本的东西是有事要和群众商量。我们读过毛主席著作,又经过了整风,又听了毛主席的许多话,但要领会,就不那么容易。我是一个低能的学生,因为这样,就写了一篇文章,有事和群众商量。一个普通的女人,无意之中讲两句话,给了我很大启发。要按照毛主席的教导:勤勤恳恳地当群众的学生。如果这样做，就会多多少少成为有出息的、给群众办事的人。现在，你们有很多同学到群众中去，我认为是很对的。这是毛主席告诉我们的道路。但是我下面说几句话，你们不要难过，不要以为我给你们泼冷水。

　　要像毛主席那样到群众中去，到工人农民中去，到机关、到别的学校中去，都要懂得和群众说话。一个是态度，一个是通不通。首先是态度问题。我不会说中国话，不会说普通话，所以请了一个翻译官。但是最重要的是一个给群众谈话的态度问题。你们感到对不对？（鼓掌）我的话可能是无的放矢。你们走的地方比我多，我是同你们商量，我想提出这个问题。你们今后工作非常艰巨的就在这个地方。你们同学之让，说话、吵架、打几下也容易。我不赞成打架，从我个人利益，也不赞成打架，打几下就完蛋了。从整个利益，也不要打架。毛主席说，要文斗，不要武斗。要文斗，并不容易，要说服人家。一个家庭有好几个方面，夫妻、父母、兄弟，经常闹家庭不和。你们到群众中去，与在学校不一样。你们同学读书有共同点，几点钟上课，几点钟下课，剩下是大家的，这个规律好掌握。你们到工厂、农村去，他们有他们的情况，你们不一定懂得。你们以为工人都听你们的，不一定。昨天晚上这个事情，给你们很大的警告。昨晚我到机床一厂，谈了四个钟头。你们不要吵架，不要只许这方面说，不许那方面说，这就辩不起来。我想找同学们谈话，听说第一机床厂与你们有关系，有工人对你们说了不少意见。我就想，学生的确需要向工农学习，同工农打成一片。我们学生到工厂去，首先抱着做小学生的态度，不是带着一个当先生的态度，我来教训你们，你们应当怎么做，变成瞎指挥。与大家商量，两三个人谈都可以。不要采取工人或老工人不喜欢的手段。当然，他们的话也有打折扣的。那几位同学到第一机床厂去，你们爬过墙没有？（同学答：没有！开证明信去的。）我说，你们北航要特别谨慎。你们在体校坚持二十八天，这种坚持精神是宝贵的。（这时，江青同志来到会场）

　　江青：不要录音。我们与你们谈谈心。伯达同志与你们谈谈心。

　　陈伯达：你们争论什么问题，我们不知道。你们这么多同学，到体校住,要见赵如璋、罗舜初。我觉得他们没有理由不见你们,所以我就去看你们。还没有去,就立了个军令状:"要赵如璋去。如同学伤害你,我赔偿你的性命。"所以人家认为北航是我们指挥的。其实你们一举一动,我们都不知道。刚才打听一下,才知道你们到过什么地方。我只看到一些电报:这里说北航学生怎么样,那里说北航学生怎么样。我就有一个感觉:你们要会做工作,要懂事。不然,你们过去坚持二十八天的荣誉,就要受到损失。你们做得不好,首先是中央文革小组陈伯达支持你们不对。我个人问题没什么,主要在文化革命中要善于学习。你们懂得毛主席的话吗?"重要的问题在善于学习"。这是主席著作"中国革命战争的战略问题"一文中的一个题目。如果认为过去当了左派,就不需要再学习了;过去抵抗了工作组的错误,就认为自己绝对正确了,百分之百地正确了。那么,刚才说过:"行百里,半九十",你们走了九十里,最后十里没走好。何况还没走到九十里,还差得远。可能你们现在走了十里,也可能只走了一里,还差九十九里。昨天我保护少数几个工人,多方面用各种措施、各种行动,支持现在被打击的。但是多数派的语言,给了我启发。工人多数派中,有些工人,可能他们没有地位,不怎么样,但对他们的话,要注意。就是说,我们有些同学,到工厂不是先当学生,后当先生,不是一个谦虚态度,好像世界上的事情就那么容易,一下子就可以按我们的意图办事。这是不可能的。虽然你们有少数人拥护,但多数人没有争取过来,老工人没有争取过来。有一个四十来岁的女工讲话,她既不是多数派,又不是少数派,她的话,批评多数派的做法不对,这对少数派有利,她的话可能比少数派的更生动、更说服人。刚才讲的是一个对群众的态度问题。你们去,是当一个勤勤恳恳的小学生。你们不要瞧不起老师傅,老师傅在工厂有威信。他们一下子与你们不一致,不要勉强一致。他们是有经验的,他俩要看行动,我刚才说到1947年的笑话,农民看你的态度,然后逐步变换。我那时用行政公署的工作组的名义下去,那里是老根据地,日本人破坏得很厉害,第一天晚上给我们吃糠窝头。他们看我们的工作,一步一步地给我们改善生活。工人农民就是这样。他们看你的工作是不是给他们办事。我最受激动的是我们住在房东家里,他是一个中农,他侄子是一个贫农。当我同房东闲聊时,他侄子进来了,这时,我就出去把门扣上,突然听到这样一句话:"这个人可能是好人。"我们已经去了两三天了,对他们的态度很好,他们还怀疑我们。你们到工厂去,一下子工人就会听你们的话?每一句话都会听你们的?不一定。

1957年我在一个城市联系一个工厂,我同他们关系很好,他们批评一些青年人,利用劳保,好吃懒做,不上班,占半天看病,医生看了没有病,他们就闹,医生就给阿司匹林;每次大扫除,从铺盖底下翻出的都是一包一包的药。他们本来没有病,不做工,拿了药不吃。我才晓得劳保条例这么糟糕。后来我跟他们说,中国有句成语:"船顺风走得快,逆风走得慢",老工人说叫青年讨论,解放后生活这么好,他们不懂得。我走后,他们讨论了一个星期。劳保条例也有这样的规定:多少年工龄,在半年内做两个星期的工作,就可拿全部工资,再过半年又做两个星期的工作,又可拿全部工资。这样,做三四个星期的工作,就可拿全年的工资。我的一个熟悉的工人,说了我很多好话,我到他家去参观,他爱人在纺织厂工作,有病在家,我说很久了吧?她说:没关系,照拿工资。她不感到这样不对。前年我又到这个工厂同他们商议,班组长每天参加劳动;车间主任可以一天参加几个钟点的劳动;厂长、党委书记也参加劳动。这个厂对我是有好感的,但一提这个问题,就顶了。后来,我想了一个办法,我到他们厂里去劳动,想用这个办法触动他们。那时,还想以这个厂作样板厂,到他们厂住两天。但他们厂里太糟糕了,把一个给人结婚住的房子给我住。我们住进去,四周都是工人,工人有了变换,不一定以前都见过。我这个人没有技术,能做什么劳动?后来工人能我安排包装劳动,可不简单,包不好就卖不出去。我转了一下,看见一个堆废品的地方,我们就捡废品,这个最可靠了。开始工人们看我们有点怪,这些是下脚料,没有用的。可能我今天给你们泼冷水。第二回有工人又说,这些东西可以回炉,是百分之百的好钢,那我就不给你们服务了,给钢厂服务了。第二天有工人叹口气说:遍地都是金子。我们住了两天,就听到各种不同的反映。我们捡的不光是废品,也有成品,要他们展览一下。我用劳动去触动班组长、车间主任、厂长，他们都是老工人，但是我们开会都是说不拢的。他们说，我们不是不喜欢劳动，我们都是老工人，我们怕一劳动，工厂出事故，工厂的组长管修理，实际上工人很不满意，工人的机器坏了，要等他们修理，这是从苏联学来的。本来他们同我很好，但接触到他们的实际利益，他们就不听了。其中重要的理由是小组长劳动，怕机器没人修理。我就说，机器坏了，有人劳动，有人修理，我承认你们是老工人，但有两大问题：你们十几年脱离生产，你们技术不如工人，这样劳动几个月就赶上工人了。另一个是怕面子，车间主任忽然下车间劳动，面子不好看嘛！后来我去大庆回来又到天津，还没有解决，我就生气了。参加劳动也这么难？！我提出厂长下放劳动，我去代厂长和书记，但他们市委书记也没有说。我讲这么多事情，同工人说话要懂得他们的思想情况，还要懂得与他们谈话。我的话不行，但基本上听得懂。我说这些，对同学们有什么意思呢？你们到工厂要交朋友，要谈心，先当学生，这样，学生和工人结合，才能结合得好。昨天，厂里多数派说，学生来参加劳动，我们欢迎，为什么不欢迎？但在我们生产时，他们来串联，我们不赞成。你们到工厂去，要懂得工人的心理，群众的心理。不但要团结少数，而且要懂得团结大多数。他们欢迎你们去劳动，同吃同住同劳动，你们不要一下子拥进去。这不可能，要有计划、有组织、分期分批地去。有人说我说的话是反映老工人老农民的话，说我年纪老了。我不同意。我接触过大量的青年工人。你们在接触老工人时，有落后的东西，不要那些落后的东西嘛！老工人在工人中工作很久，有威信。必须懂得团结他们。工人的生产、文化革命要搞好，要团结他们。

　　爬墙不是你们。你们要说服机械学院的同学。这个错误，首先是工厂的领导，他们为什么不开门呢？我们去时，他们鼓掌可少鼓一些，对你们同学，可多鼓一些。我这些话，他们不反对。（江青插话：有些工人受了蒙蔽。你们要原谅他们）如果他们有这些行为，你们不要有对抗情绪。他们是受了蒙蔽，有人在幕后操纵，有走资本主义道路当权派在幕后操纵。你们不能怪工人，昨天我在第一机床厂替学说话。今天我替工人说话。可能你们要批评我折衷主义。江青同志，你讲一讲。

江青：同学们！同志们！我首先要你们原谅我，有客观的原因，有主观的原因。今天关起门来谈心，不许记录，我们谈心。刚才吃饭时，我还想了很久，对左派同学要进行一点帮助。我这是一点建议（鼓掌）事实上，你们的革命行动，冲劲，干劲，革命的组织，都是在我们知道以前，你们就搞了。但是，我们发现你们的革命组织受迫害、受压抑，我们就坚决支持你们，学习你们的革命造反精神。我这个人要做一些自我批评，世界上没有圣人。我也常说错话、做错事，思想上也不是那么很快跟上主席思想。就是对你们的革命行动，我也在紧跟紧追。我们之间没有联系，你们可以作证。我们支持你们，学习你们，就有人对我们有意见。我们不怕。问题是我们整个小组对你们负有政治责任。（鼓掌）而你们同样也要对我们负有政治责任。（鼓掌）我感觉最大问题，我看了一些材料，7号那天，我接见了一些同学后，我病了，这几天好一些，我知道有这样的机会，还是想来与同学们商量。你们的主流是非常好的，勇于革命、敢闯、敢干、不怕天、不怕地，是好的。但不太讲究策略，我就忧虑。这一点讲得对不对？（同学：对！）你们看过西游记没有？我这个人像孙悟空，"身在水帘洞，心追取经僧"。我心里想看你们，当我知道北航同学在受折磨，我非常难过，我确实哭了。如果我不是主席的老婆，我就要和你们一块儿去。（同学高呼：毛主席万岁！）我们小组大部分同志很是激愤。但我们受中央常委委托，我们不能去。你们不是唐僧，你们是革命先锋。中央批转军委的紧急指示以后，你们又出现了新苗头，分不清敌、我、友。这是战略问题。这个不懂，这儿打一炮，那儿打一炮，目标就不那么集中。这个我可以理解。我年轻时也是这样，没有你们那么顺利，没有你们聪明。在这个问题上，不讲清楚，要犯错误。一是要分清敌、我、友，一是要把自己的核心力量扩大起来。要团结那一批受蒙蔽的人，看准了目标，孤立最少数。我也有点左派幼稚病。7号晚上（问：清华来了同学没有？清华同学答：来了！），最热闹了。同学们发了一个电报，反对我们总理。我不知道总理说了些什么话，我知道总理受中央、主席的委托。这样一来就要大乱。最近又有叫伊林的，贴副帅的大字报。林彪同志，恩来同志，我认识三十多年了。贴出来后，又撕了。不经辩论，这不妥当。随便贴副帅的大字报，从政治上考虑不妥。既然已经贴了，不要采取撕的办法，可以用大字报辩论嘛！撕了，他倒神气了。散发了很多传单。你们自己分不清敌、我、友，从党内到同学，这是非常重要的事情。主席不是讲过吗？！"以无产阶级为领导，以工农联盟为基础……团结一切可从团结的人。"这样才能打败敌人。你们以为越少，越以为少数派是革命的。我觉得大多数同学是好的，对他们不要用"保皇派""罢官"等名词。你们不是扫四旧吗？对他们要做艰苦细致的工作。我有狭隘的经验。做工人农民的工作好做，做知识分子的工作，我害怕。能不能提出这么个问题：在马列主义毛泽东思想的原则基础上，求同存异。"同"是原则，"异"是枝节。第三司令部不是已分裂，第二司令部不是被抄家了吗？有人问我怎么办。我们不能包办代替。分裂没有什么原则性问题，要进行批评和自我批评。我们看到，不仅我们老共产党员对民主集中制做得不好，有些青年同志也不容易冷静地坐下来，做些批评和自我批评。我过分性急、认真。你们有没有这个？（同学答：有）主席常常告诉我们俩，要采取"惩前毖后，治病救人"的做法。你们有没有这样做？不能认为我们自己都是一贯正确的吧？各人有各人的性格，共性要在个性之上，没有集体就不能革命。个人利益不能强加于集体之上。但不一定不能改正错误，也还可以教育。刚才伯达同志讲，你们才走了五步、十步，就四分五裂。我们希望你们真正革命者好好地读读毛主席著作，只读语录，不能解决。

陈伯达：要掌握毛泽东思想，必须读毛主席著作。许多青年非常认真，真正了解毛泽东思想，不折不扣地执行毛泽东思想。要艰苦学习。江青同志说过："战略、策略非常重要。

江青：战略问题，要把敌人缩小到最小的范围。同盟军是什么？"我"是什么？还有一个间接同盟军，又是什么？那就是敌人之间的矛盾。敌人有很多矛盾，不能把他们看成铁板一块。

陈伯达：现在敌人反来利用我们的矛盾。

江青：蒯大富到哪儿去了，来了没有？他脱离群众，做起总指挥，不到群众中去就不行。我批评他，是爱护他。阵地应在学校，要掌握着核心，把阵地组织好，团结同盟军，并善于利用间接同盟重，孤立最少数，不能乱打一遭。我没有准备，想了一些问题，这是个大问题。军队在林副主席领导下（军委主席是毛主席），他高举毛泽东思想红旗。有人钻空子，调子越提越高。对不明真相的人，要说服。对思想有问题的，要批评。你们还辩不过谭力夫，辩不过伊林。看你们谁辩过他？（同学高呼：一定驳过他来！）你们有没有这个气度？（众答：有！）我在解放后，除了病只能做幕僚，第一我是共产党员，我是主席身边的一个干部，

要活学活用主席著作。我年轻时，读列宁"国家与革命"，读了六次，没有懂多少，可是我懂了一个问题：资产阶级的专政机关是压迫人民的，眼看国民党压迫我们，我们连爱国的自由都没有。如果不是今年五月把党内、军队的内部问题基本解决了，你们能有这样的民主吗？（众答：不能。）不要跑到法院去抢保险柜。实际上，文件早已转移了，要逼着他们交出来，不能上他们的当。公安部也不要去冲了。你们是不是说，今天江青来给我们划框框、定调子。有些问题已经解决了，不然不能这样。不能出乱子。你们革命的大乱，越乱越好。有革命的大乱，才能搞好革命的大治。治与乱是对立的统一。有些人怕乱。没有乱，就没有治。要知道，敌人只是一小撮，不要看着好像哪里都有。我相信，你们会成为中国革命的红色接班人。

还想讲一个问题。对过去曾经整过你们的少数同学，只要他们检查得好，承认错误，又有揭发，可以让他们归队。对高干子女，要一分为二，有一小部分走错了路，不怪他们。要怪他们的中年人、老年人、幕后人。你们要主动找他们谈。他们有人找你们谈，你们不感兴趣，对吗？谭力夫做了一点检讨，不坦白。你们不要采取他们采取过的办法。对谭力夫，也不要打他，要批透他，批倒他。批不倒还算什么本事？对承认错误的，要欢迎归队，要把是非搞清。觉得他的检查出较深刻，就要团结他们。这个问题不解决，你们互相之间又会斗。我们最反对挑起学生斗学生，工人斗工人。你们下工厂，最重要的是

到工人的宿舍去，向他们请教，像一家人一样。我解放前与工人同吃同住，像一家人，不那么难。宣传毛泽东思想，了解他们要不要搞文化革命。如果一哄就上车间，工人会害怕把机器搞坏了。红卫兵一定要学习三大纪律八项注意。到农村去，要给老农挑水，做农活，做几天，他们就会说这个孩子不错。徒步串联就能起到这个作用。群众的智慧大如天。不要哄进去。真正做思想工作，要到工人农民住的地方。去车间工作时，怎么能做宣传工作呢！要同吃同住，先把友谊搞好，先服务。在陕北王家湾时，群众要毛主席回王家湾，群众检讨说：主席走时，只给小米吃，我们把面藏起来了。我们说，对我们很好，小米也是很好的粮食。要到工人那里宣传毛泽东思想，中央指示、十六条，建立友谊。他们不会反对你们。工厂同你们不一样。你们放假，他们只能利用业余时间。我建议与工人住在一块儿，吃饭，谈心，宣传中央指示，访贫问苦，用这种方法来做群众工作。如果你们不能与工农结合，你们能不能坚强起来？凝固起来？（同学答：不能？）在同学间要做艰苦工作，这样才能团结大多数。没有准备，讲这一点。还有一点，你们有什么不同意见、要求，可写信来，简练一点，你们原谅吧！

陈伯达：刚才江青讲了与工农的关系，同学与同学关系，要注意战略策略。不懂得毛主席的这些思想，就不会搞革命。（关锋递条子说：不能做包打天下的英雄好汉。）我们就不能胜利。对同学，要团结他们，争取最多数。（江青：不要以其人之道，还治其人之身。）只要他俩转变过来，我们就要鼓掌欢迎。（江青：在搞清是非的基础上，让他们回到正确的道路上来。不然就没有是非了）不然你们就成了包打天下的英雄好汉了。不能依靠吵架和打架，吵架有些也不可避免，但不能吵得不能说话。

江青：你们不是学习毛泽东思想吗！有一点我觉得主席善于团结与自己意见不同的同志。彭德怀一开始就反对毛主席。在井冈山，彭德怀以两个团打主席的一个团。他到井冈山后，杀了一个起义的好团长，把部队弄到他自己那里。对四方面军也是如此（张国焘一个坏了嘛！），主席说不能杀。主席一直讲要团结他，要有这个气度。这一点很重要，不然我们就不能击溃一小撮党内走资本主义道路的当权派。王明，应是个汉奸，这是我个人意见，七大时不选他，主席做工作要选他，做反面教员。他现在在莫斯科，写文章骂我们。但主席长时间保护他们。在原则上主席做了很多斗争。主席团结了很多反对他自己的人。你们应学主席这一点。你们现在又开除一个，他不是谭力夫，不是方立功。你们要做工作，批评他们，要他们不要这么搞。这一点是中国革命胜利……主席团结了许多直接反对他的人，主席从不以无情打击、残酷斗争对待他们。我学得不好。我想我们应当互相勉励，努力学习。

陈伯达：你们要研究一下，总结一下。要善于总结经验，把各地方的经验好好地总结一下。

江青：没有出去串联过的，建议出去见见世面，增加你们胜利的信心。主席建议设兵站，五十里设兵站。不一定走雪山草地，那里没有阶级斗争。你们要到有阶级斗争的地方去。安源煤矿是毛主席首先去的，一步一步走去的，碰一个人就讲一个人。走路，不要坐火车、轮船，运输有困难。现在我们是无产阶级的天下，锻炼一下不要紧。我们过去能走。我想你们也能走的。不要把打击目标扩大。

王力：会议开到这里结束！（学生鼓掌。高呼：毛主席万岁！）

工作人员：让首长先走！

江青：同学们，我不是首长，就是江青同志！（学生又热烈鼓掌）

（原载《无产阶级文化大革命参考资料》3）

中央文革陈伯达、康生、江青与一司三司北航矿院等代表座谈时的讲话

1966 年 12 月 14 日

（参加座谈的还有谢富治、关锋、戚本禹、刘志坚、阎长贵同志）

你们谈的这些情况很好，过去很少与你们座谈，直接联系少，间接联系多，以后要经常联系，我们是你们的小学生，首先向你们学习，我们要从你们这里吸取营养。

昨天与一部分中学生讲了，知道了许多事情，今天与你们谈又知道了许多事情，我们应经常和你们接触，我们相信你们会给我们许多真实的材料，这样我们头脑里可以有许多材料了，大家还准备给我们提供什么？

有人问：准备在十七号开个大会，象十月六号一样，内容是：

1．控诉资产阶级反动路线，重庆代表发言。

2．平反问题：外地很严重，至今未平反，号召群众自己解放自己把材料抢出来平反。

3．一小撮人反对文革，与他们进行坚决斗争。

4．与工人结合问题。（以上四点是大意）

伯达：从你们反映的情况看，文化革命中阶级斗争的表现，还是长期的。毛主席说：无产阶级文化大革命，是触及人们灵魂的大革命，是换脑筋的问题，从一个脑筋换成另一个脑筋，用无产阶级脑筋换资产阶级脑筋，这是件不容易的事。平反的问题，要执行中央方针政策，简单宣布平反能不能解决问题，刚才提的这个问题很值得想。材料烧毁了，也平反了，但是思想没革命。他（指当权派）思想不革命，还可以随时写黑材料，主要是解决他们的思想问题。我们也要革命，包括我在内。不革命是不可能前进的，无产阶级革命事业要不断前进，不断有新的经验出来，有许多的经验被新的经验代替了。要不断革命，不断改造，如果不懂这一点，总以为"老子天下第一"那就成了前进中的绊脚石了。

你们对我们有无产阶级感情了，在有阶级的社会，所有感情是有阶级性的。你们对我们有深厚的无产阶级感情，我们很感激，感谢你们。

同时你们还要不断鞭策我们，帮我们改正。我们不可免地有缺点有错误。这和踢开中央文革、解散中央文革是两回事。你们要中央文革帮助，我们也要你们帮助。动脑筋想一想我们说得对不对？不对的可以批判。

我们要在实践中总结经验,毛主席说过,中国共产党有三大作风,一条是理论联系实际的作风,一条是群众路线,一条是批评与自我批评。这是我党同一切剥削阶级区别的标志,我们不可能没错,有错必须改,所以要批评和自我批评的勇气。

康生、江青等同志的插话。

有人说:矿院反映说:"批判戚本禹联络站已公开解散了……"。

康生:对反革命分子实行严厉镇压,这是最大民主,……李洪山就是反革命小头目。

有人反映:保守派党员特别多。

陈伯达插话:共产党员不是买到的,如果可以买到就成假的了。

有人问:清华有人叫嚣要为陆定一翻案,大家贴了许多大字报,保守派就说是不让他们发言。大家组织起来写大字报,开辩论会对反革命逆流进行反击,有人说是一言堂。(大意)

江青:首先搞清什么是无产阶级专政问题。

康生:大民主是广大人民的民主,对反革命分子要实行专政。一言堂,只有革命人民的言论自由,没有无产阶级专政就没有大民主,大民主是巩固无产阶级专政的。

矿院有人说:保守派说:我们揪文革、戚本禹等是炮打无产阶级司令部,那么你们揪王任重也是炮打无产阶级司令部。

关锋:王任重在北京,湖北、湖南情况与中央文革没关系,没汇报过文革不负责任。轰他不算炮打无产阶级司令部。

还有人反映:我校秋后算账派说:"你们闹吧!秋后再算账。"

江青:现在不是算我们的账,是我们算他们的账。

有人问:有人造谣,毛主席在一次部长会议上承认了三点错误:1. 支持聂元梓的大字报,2. 支持红卫兵,3. 支持革命大串联。

康生:这是反革命造谣。这些话是主席对那些走资本主义道路当权派说的,(即:有些当权派(走资本主义道路的)说,我就是这样革命的,就是支持聂元梓,支持了红卫兵,支持了大串联;这就是我的"罪")(主席是引用他们的话对他们说的。)

有人反映：我们斗争了很长时间，把×××的官罢了，大家觉得胜利了（大意）。

江青：把官罢了，还要斗。光罢官不行，黑东西没抖出来，不解决问题，要斗。

有人反映：关于给林总提意见，攻击林总的事。

康生：攻击林总是否叫群众？凡是反对林总和毛主席的就是反革命。他们不是群众，是群众的敌人，是他们与群众做斗争。对中央文革态度的辩论是要不要无产阶级专政的问题。

矿院东方红反映：多数派说（保守派），你们少数派不怕当反革命，我们也不怕当反革命。

江青：别忘了咱们是无产阶级专政。又说：有人把反对林总的标语，传单隔墙投到林总家里去，你们也可以给他们贴，你们认为他们谁是后台，可以给他贴，揪对不对？

陈伯达：对！（鼓掌）

有人反映：保守派党员特别多。

伯达插话：共产党员不是买到的，如果可以买到，就成了假的了。

有人问：清华有人叫嚣要为陆定一翻案，大家贴了许多大字报，保守派就说是不让他们发言。大家组织起来写大字报，开辩论会对反革命逆流进行反击，有人说是一言堂。（大意）

江青：首先搞清什么是无产阶级专政的问题。

康生：大民主是广大人民的民主，对反革命分子要实行专政；一言堂只有革命人民的言论自由，没有反革命言论自由；没有无产阶级专政，就没有大民主，大民主是巩固无产阶级专政的。

矿院有人说：保守派说"我们揪中央文革戚本禹等是炮轰无产阶级司令部，那么你们揪王任重也是炮轰无产阶级革命司令部。"

关锋：王任重在北京、湖北、湖南情况与中央文革没关系，没汇报过，文革不负责任。轰他不算炮打无产阶级司令部。

还有人反映：我校秋后算账派说"你们闹吧！秋后再算账。"

江青：现在不是算我们的账，是我们算他们的账。

有人问：有人造谣，毛主席在一次部长会议上承认了三点错误：

1. 支持聂元梓大字报；2. 支持红卫兵；3. 支持革命大串联。

康生：这是反革命造谣。这些话，是主席对那些走资本主义道路的当权派这样说的："我就是这样革命的，就是支持聂元梓、支持了红卫兵、支持了大串联，这就是我的罪。"（主席是引用他们的话对他们说的。）

有人反映：我们斗争了很长时间，把×××的官罢了，大家觉得胜利了。（大意）

江青：把官罢了还要斗，光罢官不行，黑东西没抖出来，不解决问题。

有人反映：关于给林总提意见，攻击林总的事。

康生：攻击林总是否叫群众？凡是反对林总和毛主席的就是反革命。他们不是群众，是群众的敌人，是他们与群众做斗争。对中央文革态度的辩论是要不要无产阶级专政的问题。

矿院东方红反映：多数派（保守派）说"你们少数人不怕当反革命，我们也怕！"

江青：别忘了咱们是无产阶级专政。有人把反对林总的标语、传单隔墙扔到林总家里去，你们也可以给他们贴，你们认为他们谁是后台，可以给他贴，揪对不对？

伯达：对！（鼓掌）（原载《无产阶级文化大革命参考资料》4）

陈伯达、江青接见北京航空学院红旗战士的讲话
王力、关锋、戚本禹同志参加

1966 年 12 月 13 日

江青：同学们，同志们！我首先要你们原谅我，有客观的原因，主观的原因。今天关起门来谈心，不讨论，我们谈心。刚才吃饭时我

想了很久，对左派同学要进行一点帮助。我这是点建议。（鼓掌）事实上，你们的革命行动、冲劲、干劲、革命的组织，都是在我们知道以前，你们就搞了。但是我们发现你们革命组织受迫害，受压抑，我们就坚决支持你们，学习你们造反精神。我这个人要做一些自我批评。世界上没有圣人，我也常说错话，做错事。思想上也不是那么很快地跟上主席。就是对你们的革命行动我也在紧跟、紧追。我们之间没有联系，你们可以作证。我们支持你们，学习你们，就有人对我们有意见，我们不怕。问题是我们整个小组，对你们负有政治责任（鼓掌）而你们同样，也要对我们负有政治责任。（鼓掌）我感觉最大问题，我看了一些材料，七号那天，我接见一些同学后，我病了，这几天好一些。我知道有这样的机会还是想来与同学们商量。

你们主流是好的、勇于革命，敢闯、敢干、不怕天，不怕地是好的，但不太讲究策略，我们忧虑，这一点讲的对不对？（同学说：对）你们看过西游记没有？我这个人，像孙悟空"身在水帘洞，心追取经僧"。我心里想看你们，当我知道北航同学在受折磨，我非常难过。我确实哭了。如果我不是主席的老婆，我就要和你们一块去（同学们高呼毛主席万岁！）我们小组大部分同志是很激愤的。但我们受中央常委的委托，我们不能去，你们不是唐僧，你们是革命先锋。中央批转的军委紧急指示以后，你们又出现了新苗头，分不清敌、我、友，这是战略问题。这不懂，这里打一炮，那儿打一炮，目标就不那么集中，这个我可以理解。我年轻时也是那样，没有你们那么顺利，没有你们聪明。一定要分清敌、我、友。一定要把核心力量扩大起来，要团结那一批受蒙蔽的人，孤立最少数……七号晚上（问：清华来了同学没有？清华同学答：来了。）最热闹了。同学发了一个电报，反对我们总理，我不知道总理说了些什么话，我知道总理受中央、总政委托。这样一来就要打乱。最近又有叫伊林的贴副帅的大字报。林彪同志、周总理我认识三十多年。贴出来以后又撕了，不经辩论这不妥当，随便贴副帅的大字报，从政治上考虑不要好，既然已贴了不能采取撕，可用大字报辩论么！撕了他倒神气了，散发了很多传单。你们自己分不清敌、我、友，从党内到同学，这是非常重要的事情，主席不是讲过吗？"以无产阶级为领导，以工农联盟为基础……，团结一切可以团结的"。这样才能打败敌人。你们越以为少，越以为少数派是革命的。我觉得大多数同学是好的，不能"保皇派""罢官"等名词，你们不是扫"四旧"吗？对他们要做艰苦细致的工作。我有狭隘的经验，做工人农民的工作好做，做知识分子工作我害怕。能不能提出这么一个问题：在马列主义，毛泽东思想原则基础上求同存异，同是原则，异是枝节。第二司令部不是分裂、不是被抄家了吗？有人说我们怎么办？我们不能包办代替。分裂，没有什么原则性问题，要进行批评自我批评。我们看到不仅我们共产党员民主集中制做得不好，我看到青年也不能冷静坐下来。做些自我批评。我过分性急认真。你们有没有这个？（答：有）主席常常告诫我们，要采取"惩前毖后""治病救人"。你们有没有？不能认为我们自己都是一贯正确的吧？各人有各人的性格，共性要在个性之上，没有集中就不能革命，个人利益不能强加于集体之上。但不一定不能改正错误，也可以教育。刚才伯达同志讲，你们才走了五步、十步就四分五裂。我们希望好好读一读毛主席著作，读语录不能解决（伯达同志：要掌握毛泽东思想，不折不扣地执行毛泽东思想，要艰苦学习，江青同志讲的战略策略非常重要。）战略问题要把敌人缩到最小范围。同盟军是什么？我是什么？还有一个间接同盟军又是什么？那就是敌人之间的矛盾。敌人有很多矛盾，不能把他们看成铁板一块。（伯达：现在敌人利用我们的矛盾）蒯大富到哪儿去了？来了没有？他脱离群众做总指挥，不到群众中去就不行。我批评他是爱护他。阵地在学校要掌握核心，把阵地组织好，团结同盟军，并善于利用间接同盟军，孤立最少数。不能乱打击，我没有准备，想一些问题，这是一个大问题。军队在林副主席的领导下，高举毛泽东思想红旗。有人钻空子，调子越来越高，对不明真相的人要说服，对思想有问题的要批评。你们还辩不过谭力夫，辩不过伊林，看你们谁辩过他（同学：一定驳过他），你们有没有这个气度？（答：有！）

我解放后除了病只能做幕僚，第一我是共产党员，我是毛主席身边的一员干部，要活学活用主席著作，我年轻时读列宁的"国家与革命"读了六次没有懂多少，可是我懂得一个问题，资产阶级专政机关是压迫人民的，眼看国民党压我们，我们连受国的自由都没有。如果不是今年五月把党内问题基本解决了，你们能有这样的民主吗？（众：不能！）不要到法院去抢保险柜，实际文件早已搬走了。要逼着他们交出来，不能上他们的当。公安部不要冲了，你们是不是说，今天江青来划框框定调子。有些问题已经解决了，不然不能这样。不能怕出乱子，越乱越好，有革命的大乱，才有革命的大治。治与乱是革命的统一。有人怕乱，没有乱就没有治，要知道敌人只是一小撮，不要看着好像那里都有。

我相信你们会成为国家红色接班人，对过去曾经整过你们的一些同学，只要他们检查的好，承认错误，又有揭发，可以让他们归队。对高干子女要一分为二，有一小部分人走错了路，不怪他们，要怪他们的中年人，老年人和幕后人，他们要主动找他们谈，他们有人找你们谈，你们不感兴趣吗对？谭力夫做了一点检讨，你们不要采取他们采取过的办法，对谭力夫，也不要打他，批透他，批倒他。批不倒这不算什么本事。对承认错误的要欢迎他们归队，要把是非弄清，觉得他们检查比较深刻就要团结他们。

这个问题不解决你们互相之间又会斗，我们最反对学生斗学生，工人斗工人。你们下工厂最重要的是到宿舍去，向他们请教，要像一家人一样，我们解放前和工人同吃同住，像一家人一样，不那么难。宣传毛泽东思想，了解他们要不要搞文化革命，一哄就上车间，二人害怕把机器搞坏。红卫兵一定要学习三大纪律八项注意，到农村去，要给老农挑水，做几天农活，他们就会说：这个孩子不错，徒步串联就能起到这个作用，群众的作用大如天，不要轰进去，要真正做思想工作，要到工人农民住的地方。去车间，工作时间怎么能做宣传呢？要同吃同住，先把友谊搞好，先服务。在陕北王家湾时，群众要主席回王家湾，群众检查时说："主席走时，只给小米吃，我们把面藏起来了"，我们说："对我们很好，小米也是很好的粮食。"要到工人那里宣传毛泽东思想，中央指示，十六条，建立友谊。他们不会反对你们，工厂同你们不一样，你们放假，他们只能利用业余时间。我建议与工人住在一起，吃饭、谈心、宣传中央指示，访贫问苦，用这种方法来做群众工作，如果你们不能与工农结合，你们能不能坚强起来？（同学说：不能）在同学中间要做艰苦工作，这样才能团结大多数，没有准备，就讲到这儿。

伯达：刚才江青同志讲与工农兵的关系，同学与同学关系要注意战略策略，不懂毛主席这些思想，就不会搞革命。关锋递条子说："不能做包打天下的英雄好汉"。我们就不能够胜利。对同学要团结他们，争取最大多数。

江青：不要"以其人之道，还治其人之身"。只要他们转过来，我们就要鼓掌欢迎。……在搞清是非的基础上，让他们回到正确的道路上来，不然就没有是非了，不然你们就成了包打天下的英雄好汉了。不能靠打架、吵架。吵架有时也不可避免，但不能吵得不说话。你们不是学毛泽东思想吗，有一点，我觉得毛主席善于团结意见不同的同志。彭德怀一开始就反对毛主席，在井冈山彭以两个团打主席一个团，到井冈山后杀了一个起义的好团长，把部队带到他那里。对四方面军也是如此（张国焘一个坏了嘛！）主席说不能杀，主席要团结他，要有这种气度，这一点很重要，不然我们就不能击溃一小撮走资本主义道路的当权派。王明是个汉奸，这是我个人意见，七大时不选他，主席做工作要选他做反面教员，他现在在莫斯科，写文章骂我们，但是主席长期保护他们。在原则上，主席做了很多斗争，主席团结了很多反对他自己的人。你们应当学习主席这一点。你们现在又开除两个，他不是谭力夫，不是方立功，要做工作，批评他们不要这么搞。这一点是中国革命的胜利。主席团结许多直接反对他的人。主席从不以无情打击，残酷斗争对待他们。我学得不好，我想我们应当互相勉励努力学习。

伯达：你们要研究一下，总结一下，要善于总结经验，把地方经验好好总结一下。

江青：没有出去串联过的，建议出去看看，见见世面，增加你们的胜利信心。主席建议设兵站，五十里设一兵站，不一定要走雪山草地，那里没有阶级斗争，你们要到有阶级斗争的地方去。安源煤矿是主席首先去的，一步一步走去的，碰一个就讲一个。走路，不要坐火车、轮船。运输有困难，现在我们是无产阶级的天下了，锻炼一下不要紧，我们过去能走，我想你们也能走。不要把打击目标扩大。

王力：会开到这儿结束。

学生鼓掌高呼：毛主席万岁！工作人员宣布让首长先走。江青又回到扩音器前说："同学们，我不是首长，我是江青同志。"同学们又热烈鼓掌。（原载《大字报选 第二集》（北京：一院大字报选编小组，1966.12）

致毛泽东主义赤卫队中全体党员的一封信

《红旗》第 2 期，1966 年 12 月 26 日

赤卫队中全体共产党员同志们：

在这场轰轰烈烈的无产阶级文化大革命中，在以毛主席为代表的无产阶级革命路线的指引下，冲破了重重阻力，夺取了一个又一个的胜利，并且正向着更深入、更广阔的方面发展。我院的形势也是这样，以《红旗》战斗队为代表的广大革命同志，在批判资产阶级反动路线等方面，取得了很大的成绩。广大的革命同志经过外出串联，受到了很大的教育，对问题的认识也深刻和开阔了。但是，在大好的形势下，也有那么一小撮人不甘心失败，顽固地抱着资产阶级反动路线僵尸不放，他们"拉大旗作为虎皮，包着自己，去吓唬别人。"我院以现行反革命分子赖锐锐为代表的反对无产阶级革命路线、反对中央文革的逆流的出现，就是明显的例证。在此我们愿以曾经是赤卫队员的身份，向你们说几句话，但愿能起到"抛砖引玉"的作用。

首先，让我们回顾一下"历史"吧！赤卫队是在"崔人复事件"之后诞生的。这个婴儿在那么几个"头头"的操纵下，好事干的不多，坏事倒干了不少。它和红卫兵的保守派，和筹委会的保守派，密

切配合起来。利用他们优厚的物质条件和筹委会的"特权",对《红旗》战斗队横加干涉和限制,不给他们汽车,不给他们印材料等;自己不去批判工作组和国防科委的资产阶级反动路线,还去拉人家的后腿,并且横加罪名,大加指责,甚至以筹委会主任为首扬言要在"红旗"中去抓"右派"等等。这些顽固执行资产阶级反动路线的人,不但不认真检查,改正自己的错误,反而不告而辞,逃之夭夭,不见踪影。而现在呢,被广大革命群众,批驳的体无完肤的资产阶级反动路线,为了挽救自己的垂死命运,来了一个拼命的挣扎,向无产阶级革命路线进行了大反扑,就在这时,"赤宇支队"的干将们,感到了适宜的气候,土壤,紧步北航红卫兵八一纵队的后尘,突然地冒了出来,充当了资产阶级反动路线反扑的急先锋,以美其名曰:"致中央文革公开信"的形式,向无产阶级司令部——中央文革进行攻击。

为什么"赤卫队"老是一而再,再而三地犯方向性、路线性的错误呢?毛主席教导我们说:"我们看事情必须要看它的实质,而把它的现象只看作入门的向导,一进了门就要抓住它的实质,这才是可靠的科学的分析方法。"我们遵照毛主席的教导,就看看它的实质吧!

一、"赤卫队"中的组成人员,党员多、干部多。对这些人来说,一般是框框多,受黑帮党委的影响大。

二、在运动中,这些人一般地都受工作组重用,没有受过压制,所以对资产阶级反动路线的危害之大,体会不深。

三、在历次政治运动中,多数党员,都是以领导者的身份出现,触及自己的灵魂不够。

由于这些根本的原因,对工作组和筹委会所执行的资产阶级反动路线恨不起来,也就自然而然地结合在一起了,也就保起工作组和筹委会来了。

"赤卫队"的共产党员同志们,通过外出大串联,你们可会想过吗?!有多少革命的同志坐过"班房",被迫写自己的所谓的"反党材料",多少同志被这条反动路线所杀害。同志们,这都是血的教训。而这血的教训实际上又是在我们的背上猛击了一掌,难道这还不足以唤醒我们吗？过去，我们受蒙蔽，对资产阶级反动路线认识不清，但不能老受蒙蔽，应该清醒：绝对不能再糊里糊涂了。毛主席教导我们说："错误和挫折教训了我们，使我们比较的聪明起来了，我们的事情就办得好一些。任何政党，任何个人，错误总是难免的，我们要求犯得少一点。犯了错误则要求改正，改正得越迅速，越彻底，越好。"同志们，伟大的导师毛主席又在我们犯了错误的时候，给我们提出了方向，只要我们抛开"我"字，树立"公"字，想一想党的利益，人民的利益；想一想无产阶级文化大革命这个大事，想一想我们国家的前途，我们有什么自己的东西不可以丢掉呢？放下臭架子，走到群众当中去，听取群众的意见，接受批评，挺起腰杆子，站起来，追上去。

我院红旗战斗队，他们的立场是坚定的，观点是鲜明的，他们最坚决地捍卫了无产阶级革命路线，捍卫毛泽东思想和最坚决地保卫我们伟大领袖毛主席，在这方面，他们给我们做出了榜样，我们要虚心地向他们学习，听取批评和意见。当然，在他们批判资产阶级反动路线的时候，有些个别同志的言辞有些过激或者在某些方面也还有这样那样的缺点。但是我们看问题要按毛主席的教导去看，看主流，看本质，看大方向，识全体，观大局。不要光看到枝节方面的缺点就不服气，不认真检查自己，不虚心听取人家的批评，这就会使自己越走越远，错上加错。毛主席说："我们是站在无产阶级的和人民大众的立场。对于共产党员来说，也就是要站在党的立场，站在党性和党的政策的立场。"同志们，让我们以一个共产党员的名誉，来记取资产阶级反动路线给我们留下的血的教训，并坚决彻底地与资产阶级反动路线决裂。站到无产阶级革命的立场上来，站到以毛主席为代表的无产阶级革命路线这一边来，站到广大的革命群众这一边来，和广大革命同志们团结起来，坚决彻底地批判资产阶级反动路线，打垮资产阶级反动路线的猖狂反扑，为完成一斗二批三改的光荣任务而奋斗！

无产阶级专政万岁！

无产阶级文化大革命万岁！

坚决打垮资产阶级反动路线的猖狂反扑！

伟大的导师、伟大的领袖、伟大的统帅、伟大的舵手

毛主席万岁！万岁！！万万岁！！！

1221班中国共产党员正式党员谢东、刘辉

1966.12.21

中央文革陈伯达、江青同志

召集部分大专院校革命师生座谈会纪要

1966年12月28日

一、中央文革小组受主席委托，要起草一个大、中学校都适用的红卫兵的几条。因此，要求推举一些大，中院校的代表，组成起草小组。起草的几条要力求简明，不搞烦琐条例，要大、中学校都适用，是全国红卫兵都必须遵守的几条。起草小组决定七人，由清华"井冈山"、北大、地质"东方红"、北航"红旗"、政法学院、二十五中、二中组成。

二、主席特别反对多用经费。伯达同志说："现在人家拿钱收买我们，新形势下吹捧，收买左派。钱是坏事，可怕的是左派被收买。"江青同志："时传祥是个工贼，他被收买了。"伯达同志："红卫兵应当成为一个朴素战斗的革命团体，行政管理和红卫兵组织要分开。行政瘫痪了，学生可以管理自己的学校，可以成立管理委员会，为什么一定要校长呢？要建立新学制，社会主义新学制，不但要关心国家大事，而且要善于管理。"

三、江青同志一再讲："红卫兵有无政府主义倾向，这不能说是无政府主义，有极端民主化倾向，你们的精神状态有些不好，要把你们锻炼成无产阶级'小猴子'。"伯达同志："没有纪律就造不了反，

没有纪律就不能有力地造反。红卫兵不能搞山头主义。老造人家的反,不造自己头脑中的反,这怎么能行?这样可能被腐蚀,你们要向解放军学习。"江青同志:"你们军训一个时期。现在我感到你们很涣散,精神面貌不正常。"后来我们要求在清华搞试点,江青同志同意啦。春桥同志:"左派占优势的地方,可以军训。"江青同志:"中央要发出通知,让各地同学回学校。"王力同志:"批改任务应提到日程上来,下厂要有目的。"伯达同志:"军事训练,要突出政治,搞政治,清思想。"

四、关于阶级斗争形势。江青同志讲了三次:"两条路线斗争的胜负还没有定",要学习《学习和时局》,附件:《关于若干历史问题的决议》。把一些不该美化的人美化了,现在的错误路线跟那时很密切,目前还在跟我们较量中!你们现在就封侯了,行吗?当时白区组织被破坏百分之十。

北航"红旗"一个同志讲:"没有事干。"伯达同志:"可以睡觉了吗?"江青同志:"阶级斗争激烈得很哪!"

(有人提到刘少奇的检讨)江青同志:"他的检讨是不成话的,在干部中没法通过,全国人民有个认识过程。我对小平同志认识了十几年,对刘少奇是一九六四年认识的。当时,我觉得我们党处在危险之中,那时我听了他一个报告,七个小时,完全是赫鲁晓夫式的报告,他反对主席的调查方法,主张王光美的蹲点。其实,王光美蹲点也是假的。"江青同志又讲到王光美,说王光美不老实。王光美去印尼之前找过我,当时我在上海生病。她说她要戴项链,做带花的衣服。我说:"你是个大国主席夫人,多做几件衣服倒可以,但你是共产党员,不能戴项链。"因为这件事,她好几夜没睡好,事后答应了。说:"我接受你的意见,不戴项链了。"结果这次一看电影,她又带了,她骗我。电影为什么不放到清华去演一下。刘志坚同志,八一制片厂有片子没有?到清华去放放,那是一株大毒草。你们要揪王光美回来,我支持。

五、我们提到十二月十三日传单上江青同志的讲话中关于刘少奇问题的一段。提到江青同志说曾让陈伯达同志制止过贴刘少奇的大字报，说那是几个月以前了，你们现在要背对背，不要死揪她回来，其他怎么的都可以。

六、江青同志说："有人说我们中央文革小组不敢去清华，其实不是这样，过去中央有几条纪律不能来，现在没有这个规定，我们要来清华听听各种不同的意见。"

七、江青同志讲："你们都说没事干，其实有很多事情你们看不到。例如，街上有一种不正常的现象，就是把原来可以贴大字报和标语的地方，都用红漆给刷上语录和标语了，这方面是很大的浪费，浪费很多油漆；一方面是有政治阴谋的，使得大家没有地方贴大字报了。这难道不是事吗？"

八、十二月二十七日戚本禹对我们说："刘涛可以揭发他老子，大字报可以贴到中南海。让能进中南海的高干子弟，让刘涛他们去贴，抄好大字报贴到外面他看不到，贴到他家里去，让他看。"

九、十二月二十七日晚，我们问王力能否把中央首长对刘少奇的批评交给我们编入大字报。王力同志回答："可以交给你们。"

（原载《无产阶级文化大革命参考资料》4）

中央文革小组陈伯达、康生、江青
与北京航空学院红旗座谈要点

1967 年 1 月 2 日

一、红色海洋问题：首长说现在街上用红漆把墙上漆满了，漆也没有了，贴大字报地方也没有了。我们怀疑里面有阴谋，使革命群众没有贴大字报的地方，要赶快制止。红卫兵起来宣传，留一些就可以了。（中央已发出有关制止这方面的通知。北航红旗二日采取了行动，进城用大字报贴掉了一些红色海洋，遭到围攻）。

二、组织建设问题。康生说，红卫兵普遍存在着组织涣散问题，要搞军训。

同学们反映：有人不参加怎么办？

江青说：搞军训不参加，这样人还能参加红卫兵？又说解放军来了，要服从解放军。同学们希望首长讲话以后多多谈怎样学好毛泽东著作。现在有的同学学毛著时间少，看首长讲话多。

三、斗批改问题。首长说人不要全出去，至少要保持二千人留校，斗批改你们要多多动脑筋。同学说：同学们要急着下乡下厂。江青说：你们对批判资产阶级反动路线还很不理解。

四、下乡下厂问题：要有组织有计划。

五、抓革命，促生产。陈伯达说：现在有的厂矿，码头完不成任务，影响了外汇。你们要去宣传，要抓革命促生产。

六、国际形势。

同学们提到苏联，××变修问题。康生说：这是斗争深入的必然结果，你们阴暗面看得太多了。每个地方都有两派。苏联有两个共产党，也有地下党。××也一样，北京和全国两条路线的斗争还没有结束。

陈伯达、聂荣臻接见北京航空学院红旗战士的讲话

北航《红旗》红一连整理

1967年1月5日

地点：北京业余航校

聂荣臻讲话：

同志们：

因为我昨天才回来，同学们对我有意见。我想在电话里讲，回来以后没有讲，我错了，我欢迎大家批评。科委成立十年之间，十年的

工作不可能没有错误，我相信会有很多错误的。对于学校工作才六年，我们更无经验。我相信有很多错误。尤其是在文化大革命中。

我是在文化大革命以前回北京来的。大半年在生病。所以回来时正值无产阶级文化大革命时间。在外地也没考虑到了，在今后应补上这一课。但在这次无产阶级文化大革命中，执行错误路线，我不是来推卸责任的。我没有听指示，也没有听汇报，八届十一中全会后以来，对北工，北航的工作有很多错误，不多讲特别是北航红旗在科委二十多天，这不管是八局赵如璋，还是参加北京市工作的同志有责任。作为我主任应负责。你们提出如何批评我都欢迎。你们不是提出火烧聂荣臻？我愿意烧掉错误的聂荣臻，在火中重生，我愿意改正错误。

我刚回来，我交待给了科委同志要见你们。我欠你们的账一定要还，但请同志们原谅。同志们提出的问题，我还要回忆一下，有错就承认，没有什么可躲的，一个共产党员有错就敢承认。我们不搞鬼，我也不搞地下活动，我的错误也可以揭发的。同学们在两个二十五（即十月二十五日。十二月二十五日）两次找我，可能没有那么巧，两个二十五都走了，一找就走了。我决不会撒谎瞒人，听说同志们今天在这里，我不能再让同志们等二十八天，一晚上也不能等，以前的一些误会，可能讲不通，但一天不通讲两天，总会通的，今天时间很短，不要弄得很晚。看同志们怎么样。

陈伯达的讲话：

我讲话你们听不懂，对吗？（众：听得懂）今天大家态度很好，欢迎聂荣臻到这里来和大家见面这是一个很好的现象。聂荣臻向大家说的事情，是诚恳的，他身体不好，事情很忙。今天到这里来，也算弥补以前没有见面的缺点。以后出来了，他今天说了很多自我批评的话，很好，大家应该爱护这个老同志。

北航红旗同学文化革命以来名誉不错，大家应该珍重爱惜这个荣誉，希望大家在文化大革命中更好的工作，更好地学习毛主席著作。现在你们自己是有很多经验的，半年了，你们应该根据主席思想做一些总结怎么样？

有事情要和聂荣臻同志好好商量，对不对？（对！）聂荣臻从不强迫命令你们，你们也不要命令聂荣臻同志，对不对？（对！）商量就好办！有些细节也不要那么坚持，要坚持斗争的大方向。坚持无产阶级文化大革命的大方向，坚持毛泽东思想的大方向。细小问题的账就不一定还了。大账要还，小账就不要还了。已改正的就不要还了。说错了话的时候是有的，比如我今天说话也难免叫你们抓尾巴。不能保证没错的（指着记录的同学笑着说）你们把我的话记录下来是不是要算账（众笑），提出罢我的官，说我在北航《红旗》中胡说八道。

我今天说话，要允许人家改正错误。最后希望北航红旗在文化大革命中保证全国取得的荣誉。完了。（鼓掌）

戚本禹与北京航空学院等校同志的谈话

北京航空学院红旗宣传组

1967 年 1 月 17 日

北航红旗，我让你们派一百多人去天津，去了吗？（答：正在准备，我们去二三百人，可以吗？）可以，不要你们自己去，你们组织一下，别的学校也去。（北航红旗：我们准备步行去。）好嘛！步行去站得住！（北航红旗：我们让解放军跟我们一块去。）行，行，让他们跟你们一块。（北航红旗：我们要军训）这并不矛盾。

今天是一个预备会，明天中央文革要开一个比较大型的会。江青，总理听你们讲意见，主要听你们讲，你们讲一下你们认为重要的问题。对于夺权，对于左派联合等多种问题都可以讲。

北京的运动已经不如上海，你们感不感到惭愧！我们感到惭愧！工人运动，学生运动都落后于上海，有差距。（众：差一大截呢！）上海左派组织联合起来，夺权，把市委的权都夺了。可是北京的左派组织还有分歧，有原则分歧，有非原则分歧，方法分歧，吵得不可开交，影响了集中矛头。你们都还是造反派嘛！为什么联合不起来，这是很大问题！伯达同志推荐的《关于纠正党内的错误思想》你们学了，为什么效果不大？（有人讲：根本没有效果。）为什么？（众：没好好学！）

朱成昭（北京地质学院"东方红"负责人），你们要了吉普车？还分钱！这么大的事为什么不先告诉我？你们是有一些缺点和错误的！你们搞些自行车还说得过去，你们少坐些小轿车好不好！你们写大字报用红绿纸，为什么不用报纸？文化革命的经费学校都有嘛，你们再向人家哪儿要，怎么行？

小团体主义！北京落后了。与上海为什么有差距，你们想一想。那一天开那个会，我没有去，十万人只去了一半，五万人，左派联合都联合不起来，不用说全市了。

要说老实话，毛主席说嘛。不说老实话是要吃亏的。明天你们一五一十地给伯达同志，给江青同志讲。

（北航红旗在下边问，我们要开始军训了，可以吧？）可以，我同意军训。北航最近出了一张大字报《谈谈孙悟空》我看了看，是攻击中央。（北航红旗，他攻击我们最最敬爱的领袖！）

（有人问陈云问题）陈云问题你们自己可以做出结论的，陈云你们可以提。

（当一个"全国性"组织问戚本禹时）全国性的组织我一个也不承认，总理、江青也是这样。一个兵、一个农民、一个工人就组织"全国工农兵革命造反总部"，这怎么行？全国性组织多如牛毛，你们几个能代表全国新闻界吗？

（原载 1967 年 3 月北京玻璃总厂红卫兵联络站编《中央首长讲话（1）》

周恩来、江青关于萧华问题的指示

中央文革办公室江才熙传达记录

1967 年 1 月 23 日

一月二十一日北航红旗战斗队关于萧华问题请示中央文革。周总理指示如下：

不是萧华个人可贴不可贴，因为还是内部矛盾，不宜公开，扩大化，是因为传单是别有用心的歪曲，有很多是造谣。

江青同志指示：把这个批示传达到每一个红卫兵战士。

（原载周良霄、顾菊英编《十年文革中首长讲话传信录》，2009）

首都大专院校红卫兵第一次代表大会在京隆重举行

周恩来、陈伯达、康生、江青等中央首长出席了大会并做重要讲话

《红旗》第 13、14 期，1967 年 2 月 28 日

【本报讯】二月二十二日下午，首都大专院校红卫兵代表万余人满怀着对我们最最敬爱的伟大领袖毛主席的无限热爱、无限信仰、无限忠诚、无限崇拜的心情，汇聚在人民大会堂，隆重举行首都大专院校红卫兵第一次代表大会。

下午三点钟，大会在庄严的《东方红》的乐声中开始。当大会主席庄严宣告首都大专院校红卫兵代表大会（红代会）在激烈的阶级斗争的暴风雨中光荣诞生的时候，全场掌声雷动，红卫兵小将挥舞着《毛主席语录》纵情欢呼："无产阶级革命派联合起来！""无产阶级

革命派大联合大夺权万岁！""以毛主席为代表的无产阶级革命路线胜利万岁！""我们最最敬爱的伟大领袖毛主席万岁！万岁！万万岁！！"

中央首长极其关怀和支持首都红卫兵的大联合。周恩来同志、陈伯达同志、康生同志、江青同志等受党中央和毛主席的委托，参加了这次大会，向到会的红卫兵问好，热烈庆贺首都红卫兵大联合、大团结、大会师。党中央和毛主席的亲切关怀和热情支持，给了大家极大的鼓舞和力量。党中央和毛主席同我们心连心！千万颗红心剧烈地跳动着，千万双手挥舞着红彤彤的《毛主席语录》，汇成一片红色浪涛的海洋，"毛主席万岁！万万岁！"的欢呼声经久不息，在人民大会堂上空回荡。

周恩来同志在暴风雨般的掌声中讲了话。

周总理说："同学们，战友们，首先向你们致以无产阶级文化大革命的战斗敬礼！我代表毛主席和他的亲密战友林彪同志，代表党中央、国务院、中央军委、中央文革小组向你们祝贺，祝贺你们北京三个司令部的无产阶级革命派实行大联合、大团结、大合作。庆贺你们这次大联合是在马列主义、毛泽东思想的基础上联合起来了。我相信你们这个大联合是日益巩固的。你们这个联合一定会团结在一起，战斗在一起，胜利在一起。"

陈伯达同志在大家暴风雨般的掌声中做了重要讲话。（全文另发）陈伯达同志的讲话使大家信心百倍，斗志昂扬，浑身增添了无穷的力量。他的讲话不时被大家雷鸣般的掌声所打断。

在大家热烈的掌声和欢呼声中，江青同志、康生同志先后讲了话。

江青同志指出："……胜利一定属于无产阶级，一定属于代表无产阶级利益的劳动人民，胜利一定属于用毛泽东思想武装起来的红卫兵战士们！"

康生同志说："我庆祝大家的大联合胜利万岁！我们大家团结在一起，战斗在一起，胜利在一起。"

江青同志和康生同志的讲话，使大家感到亲切和温暖。

原首都红卫兵第一司令部革命造反联络站、第二司令部革命造反联络站、第三司令部的代表,北师大井冈山、北航红旗、地质东方红以及北大聂元梓同志在大会上发了言。

代表们在发言中,首先敬祝我们心中最红最红的红太阳我们最最敬爱的伟大领袖毛主席万寿无疆!万寿无疆!代表们强调指出要像爱护自己的眼睛一样爱护这个大联合,要永远团结在一起,战斗在一起,胜利在一起。

代表们在发言中一致认为:要夺走资本主义道路当权派的权,必须实现革命造反派的大联合;革命造反派要实现真正的大联合,必须活学活用《老三篇》,破"私"立公,在灵魂深处闹革命,用毛泽东思想夺自己头脑中"私"字的权,打倒"私"字。代表们在发言中一致强调:必须按照毛主席一贯提倡的党的干部政策,来正确对待干部;坚决反对对当权派不做阶级分析,一概怀疑,一概否定,一概排斥,一概打倒。

北京卫戍部队代表、革命工人代表、革命农民代表也出席了大会,并在大会上发言,热烈祝贺红代会胜利召开,坚决支持红卫兵在毛泽东思想基础上的大联合。坚决响应毛主席的伟大号召,"抓革命,促生产",为早日实现北京市革命派大联合而奋斗。

大会还收到许多来自全国各地的革命造反派的贺信、贺电。山西革命造反联合委员会的代表专程赶到北京参加了这个大会,热烈祝贺红代会的胜利召开。

这时,全场呈现出一片团结战斗的热烈情景,革命的战友们共同高呼:"伟大的中国人民解放军万岁!""向工人同志学习!""向贫下中农学习!""无产阶级革命派联合起来!""毛主席万岁!万岁!万万岁!"

世界革命人民向往着北京,向往着毛泽东。当大家听到,在北京的外国革命专家组织的《毛泽东思想白求恩——延安造反团》给大会送来了贺信的消息时,情不自禁地纵情欢呼:"全世界无产者联合起来!""世界革命人民的伟大导师毛泽东万岁!万岁!万万岁!"

最后,周总理指挥全场同声歌唱《大海航行靠舵手》,大会在一片雄壮的歌声中胜利闭幕。

在首都大专院校红卫兵代表大会上
周总理的讲话

清华井冈山,北航红旗联合版,1967年3月3日

同学们、战友们:

我首先向你们致以无产阶级文化大革命的战斗的敬礼!我现在代表我们伟大的领袖毛主席和他的亲密战友林彪同志、代表党中央、国务院、中央军委和中央文革小组向你们致以热烈的庆贺!庆贺你们北京的大专院校的三个革命司令部,也就是第一司令部、第二司令部的造反派、第三司令部的全体无产阶级革命派实行大联合、大团结、大会师。庆贺你们这次大联合是在马克思列宁主义、毛泽东思想的原则基础上联合起来的、团结起来的!我相信你们这个联合是会日益巩固的。我相信你们这个联合是会团结在一起、战斗在一起、胜利在一起!我相信你们这个联合将会影响我们中等学校的革命小将们,他们也会跟你们一样在毛泽东思想的伟大红旗的指引下,实行你们这样的大联合!我同样相信你们这个联合能推动我们北京市的工人阶级和无产阶级革命派的大联合!拿这样一个大联合来实行北京市的全体的无产阶级革命派的大联合和夺权的斗争!这样的斗争才是最有力量的斗争。这样的斗争也才能实现我们期待了很久的北京夺权斗争的联合、胜利!回想到我们无产阶级文化大革命第一张大字报是出现在北京,这是北大的聂元梓等七位同志写的,是毛主席亲自发现和批准把它在我们的报纸上公之于全国、公之于全世界的人民中间。这就在世界响起了我们无产阶级第一声炮响。这一次,我们进入到夺权斗争的新阶段。上海的工人阶级就以他们的《告上海全市人民书》和反对经济主义十项紧急措施,带头进入到上海的夺权斗争,又是我们伟大领袖毛主席首先发现了。首先提议把它登在我们的《人民日报》上,广播到全中国、全世界。这就响起了第二声号炮。在这个关键时刻,我们北京市的革命的学生,首先是大专院校的无产阶级革命派应

该当仁不让、应该首先来响应。所以这个大联合在我们人大会堂里举行了这样一个庄严的集会，这就说明了我们将要在北京像在上海一样也要进行一场伟大的胜利的夺权斗争。

我没有别的话说了，预祝你们这胜利很快地就要到来！并且我们希望我们在座的主席团上的我们中央的工作的同志将要参加你们夺权斗争的胜利的大会！我祝贺你们北京大专院校无产阶级革命派的大联合的胜利万岁！

以毛主席为代表的革命路线胜利万岁！

无产阶级文化大革命万岁！

无产阶级专政万岁！

伟大的战无不胜的毛泽东思想万岁！

我们伟大的领袖毛主席万岁！万岁！万万岁！

（首长讲话均据录音整理，仅供参考）

在首都大专院校红卫兵代表大会上陈伯达同志讲话

清华井冈山，北航红旗，1967年3月3日

今天的大会是无产阶级文化大革命的一个盛大的大会！是我们伟大的导师、伟大的领袖、伟大的统帅、伟大的舵手毛主席所在地的红卫兵的盛大的大会！这个大会所表现的就说明了我们的无产阶级文化大革命一定要胜利，一定会胜利，一定要胜利到底！谁想破坏无产阶级文化大革命就是破坏无产阶级革命、破坏无产阶级专政，我们就要同他们拼到底！我们准备为无产阶级文化大革命的胜利、为无产阶级革命的胜利付出代价！同志们！要一方面高呼我们的胜利，一方面要警惕敌人的反扑！

中国的无产阶级文化大革命是世界上第一次出现的这样的革

命。是毛泽东同志引导我们革命同志发动起来的革命。我们可以信赖，可以相信。过去毛主席领导中国革命经过了一个漫长的道路达到了最后的胜利，现在的无产阶级文化大革命，毛主席领导我们同样地经过一个曲折的道路，一定能够达到最后的胜利！不管什么样的曲折，我们将在无产阶级文化大革命这个大风大浪中前进！胜利最后是我们的，胜利最后是属于毛泽东思想的！

现在我顺便说一下，我们无产阶级文化大革命自从毛主席发动以来，广大革命群众的大方向始终是正确的。是代表中国历史的不可避免的胜利的方向，也是代表着人类历史发展的不可避免的胜利的方向！所以我们的取得胜利、夺取胜利的信心是不可动摇的！在这个人类历史上空前未有的大革命洪流当中，在斗争方法上可能有一些不可避免的缺点，敌人想利用在一些群众运动当中群众自发出现的一些斗争方法上的缺点。这些缺点不是中央文化革命小组提倡的，也不是党中央提倡的，更不是毛主席提倡的。这些缺点是可以很快地纠正的；并且已经开始在纠正了。比如在大街上有这样子的标语，口号，也不一定是在座的同志们提的喔！——什么砸烂你的狗头喔，砸烂谁的狗头喔；还有在一些斗争会上出现的有的什么戴高帽子呀，什么罚跪呀，什么搞"喷气式飞机"呀。这样一些斗争方式，在座的同志们可以证明，这些方式是不是中央文化革命小组提倡的呀？（众大声回答：不是！）这有两种情况：一种情况是群众没有很好的考虑，不自觉地就这么搞了；还有一种情况是坏人把这样一种作法故意扩大化了。他们的目的是要丑化我们的无产阶级文化大革命。我说的敌人包括国际上的帝国主义、修正主义、反动派和国内的一小撮走资本主义道路的当权派和反革命修正主义分子，还有蒋介石派来的特务。他们故意夸大和扩大这些不适当的东西。所以我在这个会上向同志们建议，要注意这个斗争方式、斗争方法。什么砸烂你的狗头呀，什么"喷气式飞机"呀，什么戴高帽子呀，罚跪呀，这样一些斗争方式不要采用。还要注意不要什么"砸"，破坏国家的物资。这样子的一种斗争方式呀，"联动"他就利用，到处来砸，破坏了好多学校，破坏了好多国家资材。群众当中对于学习毛主席的著作还没有到家，还没有学好，包括我在内，毛主席的著作也没有学好。在群众当中产生了这样一种不适当的斗争方式，这种斗争方法是无产阶级文化大革命不需要的这样一种斗争方法。我想这样一些不适当的容易被敌人利用的斗争方式，向同志们提提，我相信一天之内就可以解决的。因为大家都是一心一意为革命、一心一意为毛主席思想的胜利！我们如果有什么缺点，没有什么不可以丢掉的。

最后我还要说一下，最后胜利是属于我们的，是属于你们的，是属于大家的，是属于全世界革命人民的！还是要继续地鼓起勇气前进！鼓起更大的勇气前进！按照毛泽东思想给我们指出的道路前进！

红卫兵万岁！

我们伟大的导师毛主席万岁！

无产阶级专政万岁！

无产阶级文化大革命万岁！

谢富治对北京市红代会核心组的讲话

1967 年 3 月 20 日

昨天我们开了个农代会，质量很高，首长都去了，你们要帮助他们做些宣传工作。工代会二十二日开，现在闹得很厉害，如果不行就推迟一下。听说目前有些学校斗争保守派很激烈。有些学校说我说过红卫兵要解散，我哪里讲过这些话？老红卫兵也有好的，不能一概而论，有联动性质的组织都要取消，现在大学红代会开过了，中学的红代会就要开，不能解散红卫兵，高干子弟也要分析，大部分是好的，红卫兵不能解散。解放军要支持学生中的左派，要把持有保守思想的组织解散，中学近来比较紧张，海淀区的中学，北航附中的保守势力近来比较嚣张。现在有阶级敌人搞反夺权，进行反扑，这也就是反毛主席的革命路线。向中央文革小组反扑，我们任何时候，都要拥护毛主席、林副主席、中央文革小组，当谁要反对毛主席、林副主席时，我们站出来要保护（毛主席、林副主席），要反击他们。你们前些日子的游行搞得好。今天给你们打个招呼：太大的游行要少搞，敌人容易钻空子。目前有人想利用三结合钻空子。打倒一切是他们（刘、邓）搞的。四八年刘少奇提出搬石头，五四年又把干部都打成四类，戴高帽子也是刘、邓搞的。八•二四斗小黑帮是王任重一手搞的，我们要永远高举毛泽东思想的伟大红旗，斗争的大方向是斗倒一小撮走资本主义道路的当权派，对保守派要"惩前毖后，治病救人"。他们大部分已经回校，不要无情打击，要善于工作，善于帮助，不要歧视他们，他们保工作组，犯了方向性错误，但只要改正就欢迎，早革命的好，晚革命的也要欢迎。反中央文革就是反革命，就要专政。反我可以，但一贯反也要处理。首犯不能扩大化，反革命也不能扩大化，联动的处理就是这样。斗这些人不要开大会，一千人的我就不同意，开几十个人的会就可以了。今后要注意斗争方向，有事多请示中央文革，政策是党的生命，刘、邓现在就是从我们错误中捞稻草，我们就是不给他们这根稻草。北航红旗、清华井冈山等学校派些同学到中学中做义务劳动（指帮助他们，不是指手划脚）。联动要搞臭。一个大学要帮助一个中学，联动还十分猖狂。十六日他们开文娱晚会，还放鞭炮，要充分利用军训。搞一个临时性的权力机构。听说清华的蒋介石（蒋南翔）要反攻大陆，（假三结合）搞三结合要具备条件，不够条件暂不搞，没有基础就不要勉强。

关于刘建勋，河南有一个四清工作团是反他的，他们有造反的，来了一年多，他们要再待下去，就不给他们饭吃，现在内蒙、邢台、四川夺权反过来（指大局），其他还有一些地方还不清楚，听说外省有的人来抓人，这不行，主要经过公安部、中央文革。解放军有缺点错误可以提，但不要贴大字报、游行示威，河南四清工作团的大部分是当权派，估计有坏人，我们不支持，也不欢迎他们，再不走，不给饭吃，这不是我个人的意见，是中央文革的意见。

（原载《中央首长讲话》3，北京玻璃总厂红卫兵联络站编，1967年4月）

打倒刘少奇，批臭黑《修养》
比利时邱亨利同志在 4 月 19 日矿院东方红批判修养大会上的发言

矿院东方红，清华井冈山，北航红旗联合刊

1967 年 5 月 1 日

一九六五年初，我要求到中国来工作，当时我还没有读过毛主席的书。到中国的时候我就希望同中国人民同吃、同住、同工作，共同学习毛泽东思想。但是我们很快就知道了，外国人不能和中国人住在一起，因为中国人住的没有外国人好；

外国人不能吃中国饭，因为外国人只吃西餐；

外国人不能坐硬卧车，因为软卧车更舒服；

外国人不能去劳动，因为劳动太累，太危险；

外国人工资总是很高，因为外国人需要所谓高级生活水平；

外国人不能参加社会主义革命，因为社会主义革命不是外国人的事情，而是中国人的事情；

外国人不能同中国同志一起学毛选，因为外国人只能在家里"修养"；

当时我们觉得很难受，想不通。这是社会主义中国吗？这是人民中国吗？这是无产阶级国际主义吗？……很多问题怎样来回答，让我们去问问领导人吧。而以××为首的外办专家局内走资本主义道路的当权派回答什么："好，我们欢迎你们给我们提意见，我们要考虑考虑。我们送你们一本《论共产党员的修养》希望你们好好学习。"

在刘邓资产阶级反动路线控制下，外国同志读不到《毛主席语录》。以陆定一为阎王的旧中宣部说什么："《毛主席语录》只是摘要，外国人理解不了。"一九六六年文化大革命前夕中国同志都领到一本红彤彤的《毛主席语录》，当时只有中文版，我们懂一点中文的外国同志非常想要这本书，但是总得不到，《毛主席语录》当时只是中国同志的，不是外国同志的。当时一位很热心的中国同志赠给他的外国同志一本《毛主席语录》，不久，党内走资本主义道路的当权派想办法把它拿走了。一个同志也赠给我一本《毛主席语录》，当时我很高兴，用纸把《毛主席语录》包起来。

毛主席是率领中国被压迫被剥削的广大群众去争取他们的解放的伟大统帅，毛主席是领导中国人民努力建设社会主义的伟大领袖，毛主席是哺育世界人民思想革命化的伟大导师，毛主席是指导世界人民的伟大舵手。毛泽东思想不只是中国人民的思想武器，毛泽东思想还是世界革命人民最强大的无敌于天下的战无不胜的共同的武器。

一小撮党内走资本主义道路的当权派对毛泽东思想怕得要死、恨得要命，妄图阻挠我们学习和掌握毛泽东思想，但是真理是封锁不住的，他们的阴谋永远不会得逞！我们不能和中国同志一块学习，那么，我就自己开始学毛选。因为我本来还没学过毛选，我也不知道从哪里开始学。我就拿了第一卷开始学第一篇文章《中国社会各阶级的分析》这篇文章对我有很大教育，我初步懂得了，一切人和事物都有阶级性。我一步一步地懂得了毛主席的这个教导："在阶级社会中，每一个人都在一定的阶级地位中生活，各种思想无不打上阶级的烙印。"

这篇文章我学了好几次。现在也不能说我学得很好，我认为，谁要学习毛著，谁就首先要学这篇文章，只要你懂得了阶级和阶级斗争，你才能懂得其他一切。在学习毛著的问题上，我们在过去的这条路线的统治下，也是受了压迫，例如，中国同志每天有一个小时的时间学毛著，而我们一旦到了办公室，就马上应该开始工作，没有精力学习毛选。我是怎样学习的呢？一方面是在家里学习，另一方面，我们在工作中，有点空就学习。

一九六六年六月一日是中国历史上的一个伟大的日子，毛主席批准了聂元梓等七位同志写的第一份马列主义的大字报，发动了伟大的无产阶级文化大革命。但是对外国革命同志，六月一日却是个满天空乌云的日子，刘邓反动路线进行了一次大反扑。当时我也受到了压制，更加靠边站。我们见面不能谈论文化大革命，而只能谈天晴，下雨，吃饭，睡觉的问题。完全被压制，排斥在外。后来四位美国同志造反了，写了第一份革命的大字报，九月八日毛主席看到了这张大字报，他立即给予巨大的支持，对这四位美国同志的大字报做了很好的批示。但是党内一小撮走资本主义道路的当权派，拒不传达毛主席的指示，在外办和外国专家局顽固地执行刘邓资产阶级反动路线。

去年八月中旬，在我们新华社大字报开始公开贴出，揭露了党内走资本主义道路当权派的一些罪恶。九月初许多大字报要求高级领导干部降低高工资。这时我对照着学习了《纪念白求恩》。毛主席说："一个外国人毫无利己的动机，把中国人民的解放事业当作自己的事业，这是什么精神？这是国际主义的精神，这是共产主义的精神。"我感到自己不能再坐在办公室埋头搞业务了，根据毛主席的教导，"马克思主义的道理千条万绪，归根结底，就是一句话，'造反有理'，我写出了第一份大字报，要求和中国同志一齐学习，并肩战斗。新华社的革命群众热烈欢迎这张大字报，他们认为这些要求是完全正确的。但是执行刘邓资产阶级反动路线的革委会，仍然不让我们参加会议，不让我们看中央和中央文革的主要文件和重要文章等等。一直到一月五日革命群众封闭了新华社革委会时，我们才真正能够参加运动。

毛主席教导我们："世界上怕就怕认真二字，共产党就最讲认真。"我说，参加运动这并不是当做观察员或者游览者看一看，而老是抱有自己的意见。参加运动是参加阶级斗争，这是造资产阶级反动路线的反，造党内走资本主义道路的当权派的反，造自己头脑里"私"字的反，这是和中国同志一直战斗，为了以毛主席为代表的无产阶级革命路线的伟大胜利而奋斗！为了伟大的毛泽东思想的彻底胜利而奋斗（鼓掌）！为了把刘邓反动路线打个落花流水而奋斗！（鼓掌）

无产阶级文化大革命是关系到全世界人民的命运的一场大革命。毛主席亲自发动和领导的无产阶文化大革命是决定国际共运的命运的一个大决战，是决定国际无产阶级命运的大决战，要把无产阶文化大革命进行到底争取最后胜利，才能保证无产阶级中国——世界革命人民铁打的堡垒永不变色。

目前，资产阶级反动路线和无产阶级革命路线两条路线在思想领域里的谁胜谁负的斗争，到了关键的时刻。在这场你死我活的斗争中，无产阶级革命派已经取得了决定性的胜利，现在资产阶级反动路线头号代表人物，中国的赫鲁晓夫党内最大的走资本主义道路的当权派刘少奇被无产阶级革命派揪出来了，这是以毛主席为代表的无产阶级革命路线的伟大胜利，这是伟大的战无不胜的毛泽东思想的伟大胜利！（热烈鼓掌）（众呼：打倒刘少奇，批臭黑修养！）

"宜将剩勇追穷寇，不可沽名学霸王"。现在，我们的任务更重要，为了彻底肃清刘少奇之流毒，彻底挖掉在中国的修正主义根子，我们必须实行一场深刻的思想斗争。刘少奇的黑《修养》，这是资本主义复辟的舆论准备的主要工具，这本黑书从第1页到第76页都是一株大毒草，大肆叫嚷个人主义、奴隶主义、教条主义、投降主义、修正主义，否定阶级和阶级斗争，污蔑毛主席，吹捧封建主义社会的资产阶级思想家的大毒草。

黑《修养》，是在雷声滚动的抗日战争的时候写的，但是根本没有反映中国当时的情况，没有反映中国共产党当时的武装斗争和政治斗争，刘少奇在修养中最后的总结里面赤裸裸地暴露了自己的真面目，他说共产党员在思想意识上进行修养的目的就是要把自己锻炼成一个干净纯洁的先进模范的党员和干部。

毛主席教导我们："应该使每个同志明了，共产党人的一切言论行动，必须以合乎最广大人民群众的最大利益，为最广大人民群众所拥护为最高标准。"而刘少奇和毛主席唱对台戏，要把共产党员变成抽象的人，脱离群众，脱离阶级斗争，坐在办公室里闭门思过，进行所谓"修养"，为了把中国引到资本主义道路上去，为了使共产主义运动走上邪路，为了使其他国家的共产党员蜕化变性成为修正主义者。中国的赫鲁晓夫刘少奇，大力印刷他的黑《修养》，用汉、蒙古、维吾尔、朝鲜、哈萨克斯坦、藏、俄、法、德、英、缅等中国和外国语完全发行，这样一来，许多外国共产党组织和进步组织都受到了中国的赫鲁晓夫的影响。他打着马列主义的旗帜，自觉不自觉地执行了反动政策，也执行了法西斯政策，破坏共产主义事业，破坏社会主义事业，破坏民族解放运动，等等。因此，批倒批臭中国赫鲁晓夫、党内头号走资本主义道路当权派和批臭他的黑《修养》，就是中国革命人民驻中国的外国革命同志和世界上其他的革命人民的共同任务。

世界革命人民心中最红最红的红太阳毛主席教导我们："我们都是来自五湖四海。"我们要集中火力，向刘少奇和他的黑《修养》猛烈开火。对我们驻华外国革命同志，主要的是把刘少奇的"驯服工具"谬论彻底批臭，推翻奴隶主义。

多年以来，不少的在华工作的外国革命同志在中国的赫鲁晓夫、党内头号走资本主义道路的当权派刘少奇黑《修养》毒害下，成了"驯服工具"，受害者绝大多数外国革命同志都读过刘少奇的黑《修养》。根据刘少奇所散布的谬论，他们被迫接受思想上的白色恐怖，实现这个白色恐怖的唯一目的，就是要把他们变成为向全世界宣传修正主义的"驯服工具"。这是因为，一方面，外国工作人员是在宣传机关工作，刘少奇的这个谬论蒙蔽了外国革命同志，自觉不自觉地向共产主义和革命组织宣传了奴隶主义，给他们带来了不良影响，许多外国同志被迫完全接受了完全和革命和阶级斗争隔绝的生活制度。在国际上想达到企图以所谓"中国通"来向全世界证明革命已经完成，阶级斗争已经消灭，共产主义就是"土豆烧牛肉"。（众笑）

毛主席教导我们，"千万不要忘记阶级斗争。"他又说，"一个共产党员，无论何时何地，都要坚持正确的原则，同一切不正确的思想和行为做不疲倦的斗争。""共产党员对任何事情都要问一个为什么，都要经过自己头脑的周密思考，想一想它是否合乎实际，是否真有道理，绝对不应盲从，绝对不应提倡奴隶主义。"

但是，世界革命和国际共运的大叛徒刘少奇却散布奴隶主义，"驯服工具"的谬论。党内一小撮走资本主义道路当权派总是执行了这一谬论。根据这一谬论，他们向外国革命同志实行排外的修正主义政策，其主要表现为：禁止他们参加阶级斗争、劳动，中国的社会生活和集体学习，给他们高工资，过多的照顾，豪华的宴会施行等等。根据这一谬论,凡是起来造修正主义制度反的外国革命同志都被看成不懂享受的傻子,是反对中国法律和中国共产党,不懂得礼貌和道德。

实际上,指导外国工作人员生活的唯一原则是:造反无理。在"驯服工具"谬论的统治下,有些外国革命同志相信了党内走资本主义道路当权派的话,接受了这个修正主义制度,他们中间某些人甚至堕落成为修正主义分子,或者重新过着资产阶级腐化堕落的生活。他们否定外国工作人员中存在着阶级斗争。"驯服工具"谬论的作者,把外国革命同志看成是一种工具,按照能用就用的原则,他们到中国来就是为了从事有限的事业工作,这种谬论是彻头彻尾的市侩哲学。作者的逻辑,就是地主和资本家的逻辑。我们要把革命的目的放在第一位,和中国人民打成一片一起干革命,要革自己的命,让毛泽东思想伟大红旗高高飘扬在全世界!(热烈鼓掌)把我们的天下变为红通通的毛泽东思想的天下。(热烈鼓掌)为了达到这个光荣的目的,我们决不能忘记阶级斗争,决不能忘记无产阶级专政,决不能忘记高举毛泽东思想伟大红旗,要把无产阶级文化大革命进行到底。

彻底批判产阶级反动路线!

以毛主席为代表的无产阶级革命路线胜利万岁!

全世界人民心中最红最红的红太阳毛主席万岁!万万岁!

矿院《东方红》编辑部根据录音整理

毛主席,世界人民跟您干革命

美国朋友李敦白同志五月二日在北航的讲话

《红旗》第 36 期,1967 年 5 月 6 日

同志们,让我们首先祝愿世界革命的天才,各国人民,各国被压迫人民,各国无产阶级的伟大领袖,伟大导师,毛主席万寿无疆,万

寿无疆!(热烈鼓掌,呼口号)

让我们祝愿各国人民的好朋友、好老师,林彪同志身体健康,永远健康!(热烈鼓掌,呼口号)

昨天晚上,我们上了天安门城楼,和中国第一名,和世界第一名朝气勃勃的革命造反派毛主席握手,使我们感到无限的幸福,无限的光荣。毛主席的身体那样的健康,毛主席的话是那样的亲切。我们感觉这不是对我们个人做的表示,而且是对全国全世界无产阶级革命造反派最大的关怀,最大的支持,最大的鼓舞!

全世界无产者是一家人,全世界被压迫的人民是一家人。当着我们广播局革命造反派在进行反对资产阶级反动路线的斗争的时候,我们把战斗团组织起来了。我们组织了毛泽东思想红卫兵,来对抗由那些顽固派把持着的当时的官方的红卫兵组织。当我们戴上了红卫兵红袖章时,当时党委第一书记,叫丁莱夫,就跑到我们战斗团总部来,指着我们的鼻子说:你们这样搞,你们知道吗?你们就是里通外国(大笑)。当时我们的同志回答说:我们就是通,我们通我们各国的无产阶级,你通你的各国资产阶级去吧(大笑,鼓掌)。

毛主席发动领导了中国无产阶级文化大革命,把中国的政局搅活了,把中国的革命推向前进,同时把世界共产主义运动,把世界无产阶级的革命事业推向前进,进入了新的阶段。为什么这样讲呢?我们可以回忆一下,为什么从十月革命一九一七年在列宁的领导之下,在布尔什维克党的领导之下,俄罗斯的无产阶级夺取了政权,建立了第一个社会主义国家。在一八七一年巴黎公社以后,第二次出现无产阶级专政和政权和巴黎公社不同,这个政权算是巩固了,社会制度在许多方面暂时建立起来了。在欧洲和亚洲,在第二次世界大战以后,有一系列的社会主义国家出现了。但是呢?在这一些无产阶级夺取了政权的许多国家中,绝大多数后来的政权是被资产阶级又夺回去了,又重新走资本主义道路,反对了革命人民,出卖了世界革命。为什么在中国就不一样呢?为什么中国无产阶级在领导全体劳动人民、全体被压迫人民、全体不愿做奴隶的人们夺取政权以后,资产阶级并没有能够进行一个成功的反夺权,而是建立了一个非常巩固的,非常无产阶级化的一个中华人民共和国。不但革命没有向后退，而且越革命越普遍，越往前走，越高举无产阶级革命派的大红旗。什么原因呢？是不是中国受的压迫最深，并不是，印度就比中国深嘛，非洲的一些国家，东南亚的一些国家，缅甸就比中国深，受压迫比中国深。是不是中国的工人阶级，企业工人、产业无产阶级就特别多吗？并不是这样的。要说产业工人多的话，在当时，那就是美国多，英国多。是不是中国的外力援助就特别多呢？并不是这样的。可以说中国革命战争一直到解放战争胜利为止，是没有什么外援。除了各国人民在道义上和政治上的支持以外，没有什么外援嘛。要是和三十年代西班牙内战的时候，西班牙那个进步的政府得到的各国志愿军，一些武器的援助，经济的支持，要跟那个小小的西班牙来比，西班牙得到的外援是很多的。但中国的革命力量实际上没有什么外援，没有什么外力的援助，为什么中国那样一个大国，条件又是那样的复杂，革命能够得到成功，能够胜利呢？关键的问题是因为中国出了个毛泽东，一个毛泽东思想。（热烈鼓掌）中国革命跟毛主席跟一步，就成功一步，脱离毛主席革命路线一步，就遇到挫折，就失败。这是几十年经验的总结，这是中国人民的总结，也是各国无产阶级革命派的总结，这是我们当代的一条大道理，大真理，大法宝。这是跟着毛主席就能得到胜利。（热烈鼓掌）

刘少奇就是世界革命的大叛徒，出卖国内革命人民也出卖各国的革命人民，大力支持国内的剥削阶级复辟，提出三自一包嘛。三自一包实在意思就是让被推翻的剥削阶级和新生长出来的一些无产阶级专政内部的新的剥削者分子，是让他们三自一包，自由自在的恢复资本主义，通过修正主义的腐蚀作用恢复资本主义在中国的统治，恢复反动派统治，恢复地主对农民的统治。刘少奇、邓小平他们又提出三和一少的投降主义主张，实际上是让中国人民向美帝国主义向苏修领导集团，向印度反动派来投降，求和。所以美国帝国主义的报纸，很早就看出来刘少奇这个人对他们没有危险，只有好处。美国的大报纸像纽约时报，老早就在吹嘛，中国革命真正的理论家思想家是刘少奇。它为什么要对他那样吹呢？这里由他的阶级本质、阶级本能决定的。它感觉到了,刘少奇对它不危险,而在文化革命当中,在去年,你们英雄的红旗战士和其他革命造反派一起,在揭发刘邓反动路线的时候,就是这同样的纽约时报就叫苦连天,它说:现在不好了,因为那些本来对美国政府比较讲道理,比较友好的人是在被推翻、被打倒。我们说,这些帝国主义的老爷们说得很对,而且今后我们坚信中国无产阶级革命造反派一发现有那些人以人民利益作为牺牲,跟帝国主义、跟修正主义、跟反动派讲友好、讲道理的话,就是要随时地坚决地把他推翻,把他打倒!(打倒刘少奇!打倒邓小平!)

刘少奇的黑《修养》,就是这本书,流传全世界,流毒很广,一般老百姓嘛不知道,但正好在无产阶级革命运动、无产阶级革命政党内部放了大量的毒,毒害了大批的革命干部,尤其是青年。所以去年在一个也是一个马列主义政党的负责干部、一个反修政党的负责干部到中国在国庆节的时候来了,他跟我们谈了这样的话,他说:听说毛主席写了一篇文章讲一个加拿大大夫,叫白求恩,可是,他从来没有看到这一篇文章,因为在他们本国的语言里可能还没有翻译出来。但是刘少奇的黑《修养》呢,早就翻译了,而就是这个负责同志,在用黑《修养》来教育他们党的干部,这个不是偶然的事情,绝不是偶然的事情。

就是黑帮控制了文化出版宣传事业造成的后果,这些黑帮、反动路线的代表人物搞的都是放毒,这是在尽量地抵制毛主席思想在对各国的宣传,我们中央人民广播电台过去是不允许对外广播毛主席的著作,大家可以去调查去了解。我们一九六五年为了满足听众来信的要求,要播一篇《纪念白求恩》都是打了官司才同意播的。所以文化大革命对世界革命的伟大的贡献首先第一条就在这里。要把这本黑书批倒批臭,而把光芒万丈的红书送到全世界,这本红书就是毛主席语录。美帝国主义报纸它经常谈到这个红本本,在美国的话,今年这一个红本本是第一本畅销书。这个红本本在亚洲、非洲、拉丁美洲那些革命性更强、运动更发达、解放更迫切的那些国家,那就更不用说了。但就在美国的话,是毛主席语录本,是毛主席语录,在书店一销而空,有的同志提出来,为什么在美国国内能够买,能不能自由地买毛主席语录，这个话也涉及到美帝国主义的本质就是暴力和欺骗相结合的，这是一个东西吗，资本家的卖可以，共产主义的卖不行。所以资本家也要赚钱嘛，在他们的书店里，他们可以运进一部分一些书来出售，这是一方面为了赚钱嘛，也是生意经嘛，另外一方面他们也还没有理解，这本书对美帝国主义是一个最危险的武器，帝国主义是纸老虎，帝国主义也是笨猪（大笑，鼓掌）他知道他十分重视我们的飞机，我们的核子武器，这个他是一看到这些消息就心惊胆战，但对这一个更厉害多了的这个红本本，他不了解这力量。

最近，有些美国朋友来了，就讲这个情况。在美国的情况，尤其美国全国有二千二百万黑人，绝大多数是无产阶级。最受压迫，除了一般的剥削以外，还受民族压迫，受残酷的迫害，他们就是知道有个毛主席，是代表解放的福音。一见到毛主席的书，毛主席的像就是想。有个黑人青年就写了一封信来，也讲了他的心情。他说他其实本来不知道毛泽东思想是什么东西，也不知道中国是怎么一回事，但是他就凭一件来考虑，就下了结论。因为美帝国主义的报纸最恨的是除了美国黑人就是中国，最恨的就是毛主席。既然他自己的凶恶的敌人那样恨毛主席的话，他说我就看定了毛主席准是我们的朋友。（鼓掌）

这为什么现在英国公开有一个马克思墓可以去参观，到瑞士、到日内瓦也可以去看列宁曾经住过的房子和工作过的地方，那都有公开纪念。中午时，你出一点钱，向导也带你去，那是资本主义的向导嘛。但是呢，你在日内瓦、在伦敦公开搞一个纪念毛主席的地方，你看他什么态度，就不一样。所以今天各国的革命派，尤其是受压迫特别深的，象美国黑人的话，他对这一点也理解很清楚。这是你光谈马克思列宁主义，光凭这一点的话，还不能辨认你是不是一个真正的革命派。你要是把毛泽东思想作为自己的指导思想的话，那就有把握，那就是彻底的革命派！（鼓掌）

刘少奇这本书毒害很深。首先他跟毛主席在许多重大问题上唱对台戏，他让刚参加革命斗争，刚刚开始考虑怎样学习马列主义的青年，一开始就迷失大方向。刘少奇这本书里提到修养的方法，修养的目的。这个怎么提呢？就是说在第三页就讲："为了求得自己进步，提高自己革命的品质和能力，由一个幼稚的革命者变成一个成熟的、老练的、能够运用自如的掌握革命规律的革命家。"这跟刚才大家念的语录是多么鲜明的对照。毛主席是怎么教育我们的呢？不是为了求得自己个人的进步，不是求得自己的提高，而是要做到毫不利己，专门利人，完全彻底为人民服务，把各国的革命事业、各国人民的革命事业当作自己的事业来办。毛主席是这样教导我们的，不是让我们高升，而是让我们去和人民打成一片，和群众打成一片，当群众的勤务员、小学生，当群众之中的核心力量。真正的无产阶级革命派永是把自己看作革命的动力，又是把自己看成革命的对象，而不是像刘少奇提的那样，追求"熟练"，追求"运用自如"。难道我们看到那些先生们"运用自如"还没有看过了吗？还没有看够了吗？过去"运用"我们，也够"自如"了！（大笑）

根据这样的一个错误目的、错误的目标、错误的方向而学习马列主义的革命青年，无论是哪国的，他怎么能够不走向歧途？特别是他认为这本书代表中国党的指导思想，是代表中国革命的经验的话，他不知道。那么他就更容易中毒。所以我们现在有绝大的必要来告诉各国的革命派，黑书和红书分了家了，你们千万注意不要上当。（鼓掌）

奴隶主义在国际革命运动中的危害，那是多么惨痛的教训！刚果大家还记得吧，这个刚果曾出现了蓬蓬勃勃的民族革命的大好革命形势，正把殖民主义的军官和殖民主义的老爷们赶走、打倒。那个时候，就去了一个苏联大使，找了卢蒙巴，这个年青的革命派，还缺乏经验的，跟他谈了六个钟头说服他、动员他，要他到联合国总部来谈判，实际上就是让人家把他抓起来，使刚果革命运动失去了自己的领导，也暂时迷失了自己的方向。卢蒙巴这个青年的民族主义革命派，他为什么听信苏联大使的话呢？是不是他就想出卖本国的革命人民？并不是这样的。后来他知道上当被抓起来以后，一直是英勇坚持斗争直到最后，而且总结了一些自己的经验教训，说了一些话。原因呀，主要的原因就是刘少奇的这一套，驯服工具论，奴隶主义。苏联大使好像是代表社会主义国家、马列主义的意见嘛，应该接受。这一接受整个刚果的革命斗争就遇到挫折了，但现在又开始起来。现在的刚果自由战士一访问北京的时候，你跟他一谈，第一句话，他就会谈到这个问题。他说过去就是不知道苏联苏修是怎么一回事，现在的话，我们看准了，世界上有一个红太阳，我们就跟这红太阳跟定了（鼓掌）。

我们小的时候在美国，在美国南部，那黑人多的地方，三K党法西斯迫害很凶恶，它的那些做法有一些也跟过去中国的封建地主、和西藏的农奴主很像。它把人吊起来打，挖心，刮皮，放火烧。当时我们的党很小，在地下活动，这是三十年代、四十年代的初期。三K党来迫害我们的同志，警察来镇压，几乎没有不坐牢的，也没有不挨打的。美国政府联邦调查局帕特务钻到内部，来搞破坏。各种反动势力的进攻，可是呢，从来没有破坏那个党组织，因为她受到一部分有觉悟的人民群众的拥护，尤其是黑人群众。他们就保卫我们，保护我们，拥护我们，一起来发展革命事业。但最后我们那个党组织被彻底消灭了，怎么消灭的呢？就是一个叫做白劳德的美共总书记，坐在中央办公厅里头写了一道命令，命令解散，南方的党组织解散。结果呢，就这样地把十一个州十一个省的党组织都解散了。含着眼泪去解散，把一些骨干力量转移到别的地方。为什么能够出现这样的情况，归根到底，就是一个道理，因为当时我们根本不知道天下有一个毛泽东思想，如果我们知道共产党员是要反对奴隶主义，知道对任何事情都要问一个为什么，如果我们知道，这样一个为了人民的事业坚持真理，为了人民的事业改正错误的这个道理的话，我们不会造反吗？肯定是会造反的，而今天的形势就会是不同的。

同志们不要以为这都是过去几十年以前的事，就在我们的国家内和在其他一些国家内还有这样的事情存在。最近二年以内，美国出现了一个左派的青年组织，站在反对侵越战争的最前线，积极斗争。它也开始在宣传毛泽东思想，在转载中国党的一些文件。但这一个青年组织也是被从上面解散了，也受到一定损失。但是这一次就不同了，这一次不同在什么地方呢？大部分的成员就不服气，就不接受解散的命令，就坚持保持了自己的革命组织，并且还在发展。（鼓掌）

现在和过去的区别主要在哪，归根到一点，主要就是毛主席思想，就是红本本！（鼓掌）过去我们不知道在共产党内部总是有一个无产阶级革命路线和资产阶级反动路线这两条路线斗争的存在。我们要充分觉悟到这个斗争的存在。你不知道它存在，但是它照样存在。你不知道它存在的话，那么这个反动路线就可以把你征服，把你俘虏过来。中国党内的反动路线就实行和平演变，革命派自己也变了，放弃了革命。你知道有这两条路线的斗争，你研究它的规律，你用以毛主席为代表无产阶级革命路线的道理来武装自己，来进行批判，进行战斗的话，那就可以永葆革命的青春，就可以把无产阶级革命事业进行到底。就是这么简单的一个道理，这个道理是从什么地方来的呢？就是从你们的文化大革命起来替毛主席打仗，替毛主席的革命路线打仗，打出来的一个道理。现在全世界各国革命派开始理解开始知道这个就意味着今后世界革命的局势和过去社会不相同了。中国是我们革命的基地，是革命的中心，领导全世界无产阶级革命派的核心力量，就是以毛主席为首的中国共产党。指导我们思想的理论基础就是最高最活的马列主义，就是毛泽东思想（鼓掌）。

　　文化大革命里头我们取得了这样一个教训，大方向的问题是根本的问题。你本来水平很高，很懂得政治，学得不少，经验也多。但是呢，你的方向改变了，你不是不断地深入群众，跟群众打成一片，顺着群众的大方向闹革命，而是开始衰退，开始革命意志衰退，开始当官做老爷，那么你的水平完全由好事变成坏事，越有水平越去压制人，越去抵制革命，越起坏的作用。这是个方向的问题，方向一改，好事就变成了坏事，或者坏事就变成了好事，相反的，有一些同志本来并不怎么进步，不怎么先进，不怎么注意学习毛主席思想，但在革命当中，他是发动起来了，他的大方向就是向着红太阳，因此有飞跃的进步。原来所谓水平很高的，走下坡路，快得很。这是个大方向的问题。失去了革命的大方向，就失去一切，一切技术，一切设备，一切能耐，不但不能解决问题，而且越有能耐越成了包袱，越成了坏事。而相反的，能够坚持毛主席的革命的批判的无产阶级的斗争的哲学，那不管有什么困难，不管原来的水平怎么样，不管敌人怎么样来攻，最后的胜利是肯定的，是一定的。

因为人民群众的大方向始终是正确，我们跟群众站在一起，能够满足群众不断革命，不断前进的要求，我们就是始终有力量，始终能够前进。这是毛主席的革命的哲学，跟刘少奇提倡的这一套东西是相反的。

我们对这样的一些问题谈起来不是理论上的体会。因为在出现了赫鲁晓夫以后，各国的革命派心理负担很重，这个大家都可以理解。苏联变了，苏联原来那么强大，现在强大到替帝国主义说话，联合帝国主义来压制各国的革命群众。中国更大了，今天原来是革命的，是支持各国的革命派，但是有什么把握以后中国不变。怎么解决这个问题呢？

要解决这个问题，在于革命的第二代、第三代的问题，能不能接班。那个时候还没有接班这一个明确的概念，但是有这样的想法。我记得在六三年到上海去，找了一些老工人和一些干部来座谈，他们就说，他们也担心这个问题，就是上海的青年学生和青年工人，跟他讲政治，他说有的时候讲不进去，有些青年就觉得你们讲过去受苦的那些事情，那是老早以前的问题，我们想都没有想到。我们现在是生活在新时代的新青年，我们用不着去老翻那个老账，老考虑那些事。我们听到那些话也很担心，觉得怎么办？后来这个问题就解决了。毛主席就发动文化革命。主要的想法之一我想也就是这个问题。毛主席就是用马列主义的根本方法，毛泽东思想的根本方法，放手发动群众，在革命中学，在革命中用，在革命中用马列主义来武装头脑，锻炼了一大批青年的革命造反派，一大批一大批的。去年十一月二十日我们广播学院北京公社的革命小将，来冲我们广播大楼，冲进那个最不让冲的大门，一直冲到那个最不让进的密室去，就是放档案材料的地方。我在电台这么多年，都从来没有去过的。他一冲，五分钟以内就冲进去了（笑）。他又善战，他又掌握了毛主席的革命的战术，革命的政策，能说。犯了什么错误，革命群众指出来，当场他们接受，能检讨、能改正。但是造反精神十足。想的是中国革命进行到底，想的也是世界革命。我是当天晚上就放下心里的这块石头，当天晚上就感觉到，世界革命就不用担心了，有把握，有你们啦！（鼓掌）

当你们北航，当你们北航红旗的战士们在去年十月十六日大干一宵，把警钟敲起来了，把大标语贴满了北京市时，第二天我到北郊到飞机场去，就看见一路上出现了这些大标语，就看出问题来嘛，有人在继续反对毛主席，毛主席的革命路线在危险之中，而毛主席有千千万万的红小将起来战斗，起来敲起警钟。这对我们也是一个很大的鼓舞，很大的教育，我们也起来了。我们觉得像你们和兄弟单位的革命小将和革命造反派的工人农民干部实际上不但是中国的一批革命力量，而且也是全世界革命的力量，我们相信是一定会把革命斗争坚持到底，而不会半途而废，一直到世界上没有帝国主义，没有修正主义，没有掌握政权的反动派，给我们打开向共产主义前进的这个航道。我们相信你们一定能做到这一点，也一定会做到这一点。最后让我们高呼：

打倒刘少奇！刘邓陶从党中央滚出去！

批臭黑修养！

战无不胜的毛泽东思想万岁！

毛主席的革命路线胜利万岁！

我们伟大的领袖毛主席万岁！万岁！万万岁！

（因篇幅有限，故有删略）

北京航空学院革命委员会通告

《红旗》第 39 期，1967 年 5 月 21 日

（一）北京航空学院革命委员会于一九六七年五月二十日宣告成立。北京航空学院的党、政、财、文各项大权，从即日起，归北京航空学院革命委员会。

（二）北京航空学院革命委员会由四十五名委员组成。其中学生三十二名，教师六名，工人三名，干部四名。这些委员由北京航空学院红旗战斗队战士代表大会根据红旗战士和全院革命师生员工及革

命干部充分酝酿、讨论和推选而表决通过。

（三）一九六七年五月十九日，举行了北京航空学院革命委员会第一次全体会议，从四十五名委员中推选出十三人组成常务委员会。其中学生九人，教师一人，工人一人，干部二人。

（四）北京航空学院革命委员会第一次全体会议一致推选韩爱晶为北京航空学院革命委员会主任委员，井岗山为第一副主任委员，仇北秦、田东为副主任委员，暂缺一名副主任委员，将由"三结合"的干部中推选担任。

北京航空学院革命委员会委员名单：

常委：韩爱晶、井岗山、仇北秦、田东、张有瑛、程九柯、屠海鹰、侯玉山、王洪发、李乐、杨瑞云、刘德威、崔光极

委员：（总名额四十五名，实有四十三名）

刘德威、韩友民、邵重威、屠海鹰、匡正芳、刘春田、赵伦忠、刘崇勤、贾焕民、惠凤荣、田东、车成伟、韩爱晶、王发动、侯玉山、康文彬、李明启、李乐、郝瑞、戴维堤、石兴国、罗钰源、李忠孝、宋光庆、仇北秦、莫世禹、张树泉、徐佛书、王文懋、杨瑞云、刘建华、井岗山、张聚恩、崔光极、黄铭钧、王惠民、黄文敏、张维彬、何麟书、王洪发、张有瑛、程九柯、陈翠娣

北京航空学院革命委员会宣告成立

毛主席革命路线的伟大胜利　毛泽东思想的伟大胜利

聂荣臻、谢富治、肖华、杨成武、吴法宪、余立金等同志到会祝贺并作重要讲话

《红旗》第 39 期，1967 年 5 月 21 日

今天，在纪念马列主义的伟大历史文件，二十世纪六十年代的《共产党宣言》，中共中央"516"通知诞生一周年的时候，在庆祝中

央文革成立一周年的时候，在向党内最大一小撮走资本主义道路当权派发起总攻击的猛烈炮火声中，北京航空学院无产阶级革命派最盛大的节日来到了，北京航空学院革命委员会胜利诞生了！这是光焰无际的毛泽东思想的又一声威震寰宇的雷鸣，这是毛主席的革命路线的又一伟大胜利！

航院红色政权的诞生，宣告了由资产阶级知识分子及其后台党内一小撮走资本主义道路当权派把持的旧航院彻底完蛋了，一个毛泽东思想光辉普照的无产阶级的崭新的航空学院将从此屹立在我们伟大祖国的首都！

无产阶级专政下的阶级斗争，集中到一点，还是政权问题。航院的一年文化大革命，就是一部惊心动魄的夺权史。无产阶级革命派为了夺取政权，做出了极大的努力，付出了极大的代价。在科委二十八天二十八夜斗争最艰苦的时候，我们就曾豪迈地预言：试看将来的航院，必是红旗的天下，必是革命群众的天下，必是光焰无际的毛泽东思想普照的天下。现在，预言变成了现实，这一天终于来到了！我们怎能不激动？！我们怎能不欢呼？！航院在沸腾，航院从来没有像今天这样充满革命朝气和昂扬的战斗气氛。整个校园锣鼓喧天，彩旗飘舞，红灯高照，横幅标语挂满全院。大道两边的喜报，像一条红色的长廊。革命委员会成立和庆祝的会场，是一片红色的海洋。伟大领袖毛主席的巨幅彩色画像高挂在大会主席台上。革命的红旗插遍全场，革命的歌声响彻四方，主席台对面高竖着毛主席语录牌，上面写着革命委员会好！北京航空学院的无产阶级革命派和来自首都和全国各地革命造反派战友欢聚一堂，热烈庆祝北京航空学院革命委员会的成立，共庆毛主席革命路线的辉煌胜利。

政治局委员、军委副主席、国务院副总理、国防科委主任聂荣臻同志，人民解放军总政治部主任、全军文革常务副组长肖华同志，代总参谋长、全军文革副组长杨成武同志，政治局候补委员、国务院副总理、公安部长、北京市革命委员会主任委员谢富治同志参加了大会。他们的到来，给北航红旗战士和全院革命师生员工带来了巨大的鼓舞，会场立刻沸腾起来，人们激动地高呼："毛主席万岁！万岁！

万万岁！"首长们在全场热烈掌声中先后作了重要讲话，他们高度赞扬了红旗战士和革命师生在毛泽东思想光辉照耀下，坚定站在毛主席革命路线一边，紧跟中央文革所取得的伟大成就。首长们强调指出，中共中央一九六六年五月十六日通知的发表，又一次为我们无产阶级革命派指出了斗争的大方向，我们一定要紧紧抓住无产阶级同党内一小撮走资本主义道路当权派这个主要矛盾，牢牢把握斗争大方向，坚决把党内一小撮走资本主义道路当权派斗倒、斗臭、批深、批透，并把这个大斗争、大批判同本单位斗、批、改结合起来。首长们勉励我们要永远高举毛泽东思想伟大红旗，把活学活用毛主席著作运动推向一个新阶段，加强革命性，科学性，组织纪律性，把无产阶级文化大革命进行到底！

中国人民解放军空军司令员吴法宪同志，政委余立金同志，国防科委副主任罗舜初同志、刘华清同志参加了今天的大会。吴法宪同志代表空军党委在大会上宣读了贺信。参加今天大会的还有北京市革委会副主任委员傅崇碧、吴德、聂元梓，北京市卫戍司令部副司令员李钟奇。北京市革命委员会常委蒯大富、谭厚兰、王大宾、李冬民、周景芳、丁国钰，红旗杂志社林杰同志，中央文革办公室王光羽、张根城，国家科委革委会主任张本同志。参加今天大会的还有专程坐飞机赶来参加大会的济南市革命委员会常委玄兴昌、李泰英同志，以及山东革命工人造反总指挥部红卫兵山东指挥部，红卫兵山东革命文艺造反司令部联合作战指挥部代表杨华军同志。

大会在《东方红》的雄壮乐曲声中开始，接着高声朗读毛主席语录："在需要夺权的那些地方和单位，必须实行革命的'三结合'方针，建立一个革命的、有代表性的、有无产阶级权威的临时权力机构。这个权力机构的名称，叫革命委员会好。"北京市革命委员会常委、北航革命委员会主任韩爱晶同志在全场热烈的掌声中代表革命委员会讲话。他的讲话在人们面前展示出一场场惊心动魄的革命风暴、一幕幕激动人心的斗争场面。航院文化大革命的一年历史，红旗战斗队成长、壮大的历史，也就是一部革命造反史，一部阶级斗争史，一部夺权斗争史。是谁引导我们无产阶级革命派成长？是谁引导我们从一个胜利走向又一个胜利？是毛主席，是高举毛泽东思想伟大红旗、捍卫毛主席的革命路线的中央文革小组。天翻地覆慨而慷。今天当我们无产阶级革命派崭新的红色政权在航院诞生的时候，我们怎能不纵情欢呼：毛主席万岁！毛主席万万岁！我们无产阶级革命派坚决拥护中央文革的领导，永远和中央文革战斗在一起、胜利在一起。

庆祝大会自始至终洋溢着革命战斗友谊，在文化大革命最艰难的日子里和我们红旗战士共同奋斗风雨同舟的革命战友，今天又来到航院，和我们欢聚一堂，共叙战斗友谊，共庆无产阶级革命派的盛大节日。清华井冈山，新北大公社，北师大井冈山，地院东方红，矿院东方红，轻工红鹰，国家科委革命造反派，光华木材厂红色造反者，军事院校的革命造反派以及西安临委会，哈军工红色造反团，上海反到底兵团，河南二七公社等来自山东、河南、四川、新疆、西安、武汉等地的六百多个革命造反组织的四万多革命战友参加了大会。蒯大富、张本、济南革命委员会代表、光华木材厂红色造反者代表，以及河南、四川、新疆、湖北革命造反派代表在会上做了发言。

今天，在京阿尔巴尼亚、比利时、澳大利亚、日本、美国、哥伦比亚、法国等国家的国际友人二十余人前来参加了大会,热烈祝贺北航革命委员会成立。澳大利亚共产党（马克思列宁主义者）中央书记处书记弗兰克•约翰逊同志，比利时共产党中央代表团团长、政治局委员斯特劳纳•斯图伦斯同志，在京工作的美国作家李敦白同志,日本井出润一郎同志以及阿尔巴尼亚万介尔•莫侬修同志，在大会上发表了热情洋溢的讲话，同声歌颂全世界革命人民心中最红最红的红太阳毛主席，欢呼无产阶级文化大革命的伟大胜利。他们的讲话受到极其热烈的欢迎。

大会收到了贵州省革命委员会和来自全国各地数百个革命造反派组织赠送的贺信、喜报和礼物。

大会在"毛主席万岁！万万岁！"的欢呼声中通过了给我们最最敬爱的伟大领袖毛主席的致敬信。北航无产阶级革命派向毛主席庄严宣誓，一定要牢记毛主席的"我们不但善于破坏一个旧世界，我们还将善于建设一个新世界。"的教导，万众一心，把航院建成红彤彤的毛泽东思想的大学校。我们要做世界革命派，让华盛顿，让莫斯科，让那一切黑暗的地方，都燃起革命造反的熊熊烈火，把所有害人虫统统烧光！让毛泽东思想的伟大红旗在世界上空永远飘扬！

晚上六点，大会在《大海航行靠舵手》的雄壮歌声中结束。

革命委员会的成立，必将把我院文化大革命推向一个更深入的阶段。我们全体红旗战士和全院革命师生将永远高举毛泽东思想伟大红旗，以中共中央一九六六年五月十六日的通知为指南，抓主要矛盾，牢牢把握斗争大方向，和全国革命造反派团结在一起，把无产阶级文化大革命进行到底！

让我们以不屈不挠的努力，去迎接更加光辉灿烂的未来吧！

在北航革命委员会成立与庆祝大会上吴法宪司令员宣读空军党委贺信

《红旗》第 39 期，1967 年 5 月 21 日

北京航空学院革命委员会
革命的同志们，战友们！

首先让我们共同敬祝我们心中最红最红的红太阳，我们伟大的领袖毛主席万寿无疆！万寿无疆！！万寿无疆！！！敬祝我们副统帅林副主席身体永远健康！永远健康！！永远健康！！！

北京航空学院革命委员会今天正式成立了。这是一件大喜事，我们代表空军无产阶级革命派和全体指战员向你们致以最热烈的祝贺，向你们致以无产阶级文化大革命的战斗敬礼！

北京航空学院革命委员会是在无产阶级文化大革命的风暴中，是在彻底批判党内最大的一小撮走资本主义道路的当权派和对资产

阶级反动路线进行坚决斗争中，在伟大领袖毛主席的亲切关怀和中央文革的正确领导下光荣诞生的。这是战无不胜的毛泽东思想的胜利！是以毛主席为代表的无产阶级革命路线的胜利！是无产阶级文化大革命的胜利！我们热烈地欢呼这个胜利！庆祝这个胜利！

北京航空学院的无产阶级革命派，北航红旗的革命小将，在这场史无前例的文化大革命中，高举毛泽东思想伟大红旗，高度发扬了革命的首创精神，敢想、敢说、敢做、敢闯、敢革命，大破四旧，大立四新，大立毛泽东思想，紧紧掌握了斗争大方向，在向党内一小撮走资本主义道路的当权派的斗争中取得了一个又一个的重大胜利。你们在文化大革命中建立了丰功伟绩。你们的无产阶级的大无畏精神，给我们树立了榜样，我们一定虚心地认真地向你们学习。

北京航空学院革命委员会是在革命斗争中建立的，它是"一个革命的、有代表性的、有无产阶级权威的临时权力机构"。我们坚信，北京航空学院在革命委员会的领导下，一定会更高地举起毛泽东思想的伟大红旗，继续站在无产阶级革命斗争的最前列，为文化大革命做出更大的成绩，把北京航空学院办成个红彤彤的毛泽东思想的大学校，一定会对我国社主义的航空事业做出新的贡献。

亲爱的同志们！战友们！让我们在毛主席的领下，在毛泽东思想伟大红旗和毛主席的无产阶级革路线的指引下，为无产阶级文化大革命的彻底胜利为社会主义革命和社会主义建设的新胜利，并肩战斗，奋勇前进！

无产阶级文化大革命万岁！

毛主席的无产阶级革命路线胜利万岁！

战无不胜的、光焰无际的毛泽东思想万岁！中国共产党万岁！

我们的伟大领袖毛主席万岁！万岁 11 万万岁！！

中国共产党中国人民解放军空军委员会

（公章）

在北航革命委员会成立庆祝大会上

聂荣臻副主席讲话

《红旗》第 39 期，1967 年 5 月 21 日

同志们，同学们，战友们：

你们好！今天是北航的具有重大历史意义的日子。我热烈祝贺北京航空学院革命委员会的成立！向北航的革命师生员工同志们致以无产阶级文化大革命的战斗敬礼！

北京航空学院革命委员会的诞生，标志着北航的无产阶级文化大革命进入了一个新阶段。这是北航无产阶级文化大革命的伟大胜利，是毛泽东思想的伟大胜利！

一年以前，我们最敬爱的伟大领袖毛主席亲自点燃了无产阶级文化大革命的熊熊烈火。过去这一年，是中国革命历史上极不平凡的一年，是国际共产主义运动中划时代的光辉灿烂的篇章。在七亿人口的大国里，在政治、经济、军事、文化教育、科学和社会生活的各个领域，亿万革命群众，在光焰无际的毛泽东思想的光辉照耀下，进行着一场史无前例的文化革命，向十七年来资产阶级及其在党内的代表人物的猖狂进攻进行总反击。这场大革命已经取得伟大的胜利，目前正处于决战阶段。

北航红旗战斗队是坚定的无产阶级革命派，是一支坚强的毛泽东思想的战斗队。在一年来的无产阶级文化大革命中，北航红旗始终掌握着革命的大方向，始终高举着以毛主席为代表的无产阶级革命路线的旗帜，粉碎了资产阶级反动路线一次又一次的进攻。在斗争中团结广大革命群众，自下而上地向党内一小撮走资本主义道路的当权派手中夺了权，逐步地实现了革命大联合，实现了革命的三结合。你们不仅在政治思想上取得了优势，在组织上也取得了优势，建立了革命委员会。在一年来惊心动魄的阶级斗争中，北航的青年红闯将，高举毛泽东思想伟大红旗，在中央文革小组的亲切关怀下，同资产阶

级及其在党内的代表人物进行了反复的较量和搏斗,在两个阶级、两条道路、两条路线的斗争中,走过了一段艰苦的、光荣的战斗历程,受到了大风大雨的锻炼。你们不但搞好本单位的文化大革命,而且和国防科委的革命群众在一起,批判资产阶级反动路线,给了国防科委机关的文化大革命以很大的支援和帮助。你们在参加全国许多地区的文化大革命中,也起了积极作用。通过尖锐复杂的阶级斗争,一大批年青的毛泽东思想的红色战士成长起来了!我这个老兵,看到这个战斗队伍在毛泽东思想哺育下成长壮大,心情是很激动、很高兴的。我自己向你们学习了很多东西。你们在毛泽东时代成长和斗争,是最大的幸福。希望你们永远珍惜这个幸福,永远跟着毛主席,永远高举毛泽东思想句的伟大红旗,胸怀祖国,放眼世界,永远做一个革命闯将。

现在,严重的斗争任务还摆在大家面前。在全国解放前夕,在一九四八年底,毛主席曾经向全国军民尖锐地提出"是将革命进行到底呢,还是使革命半途而废呢"的问题。全国军民坚决响应了毛主席的"革命进行到底"的伟大号召,取得了我国人民民主革命的辉煌胜利!当前的文化大革命,也正处于决战阶段。毛主席在具有伟大历史意义的八届十一中全会后,号召广大革命群众:"你们要关心国家大事,要把无产阶级文化大革命进行到底!""把无产阶级文化大革命进行到底",这就是我们伟大统帅毛主席给我们下的进军令!

同学们,同志们,战友们!你们夺了权,但是,两条道路、两条路线的斗争,并没有结束,建立了革命委员会,这是很大的胜利,但以后的路程更长、工作更伟大、更艰巨。

党内最大的一小撮走资本主义道路的当权派和盘踞在各地区、各部门、各单位的混入党内的资产阶级代表人物,一个一个地被广大革命群众揪了出来。对党内最大的一小撮走资本主义道路当权派的大批判运动,正在深入地开展。我们要从政治上、思想上、理论上彻底地把他们批倒、批臭、彻底肃清他们长期以来在各方面散布的流毒,把两个阶级、两条道路、两条路线的斗争进行到底!这是有关我国社会主义革命毛和社会主义建设的全局问题,是有关世界革命的全局问题，是斗争的大方向，是百年大计！

对党内最大的一小撮走资本主义道路当权派的大批判，一定会有力地带动我们学院的斗批改。同时，我们学院的斗批改，又可以更充分地揭露和批判资产坤阶级反动路线在教育战线上散布的毒素。我们一定要彻底斗垮走资本主义道路的当权派，彻底批判资产阶级教育路线，彻底砸烂资产阶级教育制度，批判资产阶级的反动学术"权威"，批判资产阶级和一切剥削阶级的意识形态。要大立毛泽东思想，用毛泽东思想改革我们的教育。

毛主席在具有伟大历史意义的"五·七"指示中说："学生也是这样，以学为主，兼学别样，即不但学文，也要学工、学农、学军，也要批判资产阶级。学制要缩短，教育要革命，资产阶级知识分子统治我们学校的现象，再也不能继续下去了。"这就是我们教育革命的伟大纲领。这就是我们挖掉修正主义根子、培养共产主义新人的根本措施。这是我们伟大领袖毛主席对马克思列宁主义的划时代的新发展。我们一定要深刻地反复地学习这一最高指示，坚持不懈地贯彻执行这一最高指示。

同志们都知道，斗批改的任务是很繁重的。要搞好教育革命，我们必须按林副统帅的指示，把活学活用毛主席著作的群众运动推向一个新的阶段，学出新的水平，不断地加强革命性、科学性和组织纪律性。革命性是最根本的。毛主席说："只有破坏旧的腐朽的东西，才能建设新的健全的东西。"不彻底批判旧教育，就不可能建立在毛泽东思想统帅下的崭新的教育制度。毛主席告诫我们："现状和习惯往往容易把人们的头脑束缚得紧紧地，即使是革命者有时也不能免。"这一点，教师和干部要特别警惕，一定要十分重视革命群众的首创精神，十分关心、爱护新生事物。要加强科学性就必须更好地活学活用毛主席著作，用毛泽东思想武装自己的头脑，充分发动群众，依靠群众，开动脑筋，进行周密、深入的调查，进行科学的分析研究，而且要到兄弟院校、科研和生产单位做必要的典型的调查研究，不断地摸索和总结经验把教育革命搞好。

要使斗批改能顺利进行，加强革命的组织纪律性是十分重要的。

我们的组织纪律性，就是坚决按毛主席的指示办事。要做毛主席的忠诚战士，要紧紧掌握毛泽东思想这个威力无穷的武器。毛主席说："我们要领导人民打倒敌人，我们的队伍就要整齐，我们的步调就要一致，兵要精，武器要好。"怎样使队伍整齐，脚步一致呢？这就要求我们统一于毛泽东思想，严格遵守体现毛泽东思想的各项方针政策。要不断地防止和克服妨碍我们团结战斗的各种错误思想和作风，比如无政府主义、个人主义、小团体主义、风头主义、宗派主义以及最近在某些单位出现的打内战、武斗风等等。只有这样，才能以革命左派为骨干，实现毛主席教导我们的团结百分之九十五以上的群众和百分之九十五以上的干部的伟大战略方针，成为一支非常无产阶级化，非常战斗化的队伍，沿着毛主席的无产阶级革命路线，永不停止地前进！

北航的无产阶级文化大革命已经取得重大成绩。我们要时刻记住毛主席的教导："成绩有两重性，错误也有两重性。成绩能够鼓励人，同时使人骄傲；错误使人倒霉，使人着急，是个敌人，同时是我们很好的教员"。我相信，北航的广大师生员工，一定能够珍视已取得的胜利，戒骄戒躁，继续发扬革命性、科学性和组织纪律性，为无产阶级文化大革命的彻底胜利而奋斗到底！

我衷心希望，北航的革命师生员工同志们更好地学习毛主席著作，更高地举起毛泽东思想的伟大红旗，遵照毛主席的教导，在革命的大批判运动中，在巩固和发展革命的大联合和三结合中，在抓革命、促生产中，在学校的斗批改中，取得更大的胜利！按照毛主席提出的无产阶级革命接班人的五个条件来严格要求自己，在斗争中学习，在斗争中成长，成为毛泽东思想的可靠的革命接班人。

北京航空学院一定能够建设成为一个活学活用毛泽东思想的大学校！愿北航同志们永远高举毛泽东思想的伟大红旗，让毛泽东思想伟大红旗永远飘扬在北航！

让我们高呼：

伟大的无产阶级文化大革命万岁！

伟大的无产阶级专政万岁！

伟大的中国共产党万岁!

以毛主席为代表的无产阶级革命路线胜利万岁!

伟大的战无不胜的毛泽东思想万岁!

我们伟大的领袖毛主席万岁!万岁!万万岁!

在北航革命委员会成立与庆祝大会上
肖华主任的讲话

《红旗》第 39 期,1967 年 5 月 21 日

敬爱的同学们,战友们!

我们伟大的领袖毛主席亲自发动和领导的产阶级文化大革命发展到向党内一小撮走资本主义道路当权派进行夺权斗争的新阶段,今天,这个广场上红旗飘飘,锣鼓喧天,在一片欢呼中北京航空学院革命委员会胜利成立了!向你表示热烈祝贺!向你们致以无产阶级文化大革的战斗敬礼!

北航革命委员会的成立,标志着北航的新生,标志着以红旗为代表的无产阶级革命派经过英勇战斗已经取得重大胜利,这是战无不胜的毛泽东思想的伟大胜利。党内一小撮走资本主义道路的当权派和反动的资产阶级学术权威统治北航的时代一去不复返了!无产阶级革命的同志们!把大权夺过来,掌握在自己的手中,这是保证你们北航永不变色,保证中国永不变色所做出的战斗,是我们的有决定意义的胜利,因此这是值得我们热烈庆祝的!

同志们!革命委员会的成立,是新的战斗开始,在你们的面前还着更艰巨更光荣更重大的任务,这就是同全国人民一道向党内最大的一小撮走资本主义道路当权派进行深入的大批判,把他们彻底批深、批透、批臭,把彭真、陆定一小撮反革命修正主义分子所推行的

旧教育制度彻底砸烂。按着毛主席的教导，特别是"五·七"指示所教导的这样一个崭新的教育制度，把北航变成毛泽东思想的大学校。

你们学校担负为祖国培养航空事业人才的光荣任务，在发展人民的航空事业、在我国国防方面占着一个重要的地位。我们祖国的天空无限广阔的优秀空军在等待着你们的贡献！我相信，在思想革命化的基础上，你们在航空业方面一定能像毛主席所教导的有所发明、有所发现、有所创造、有所前进，我们航空事业经过你们的努力一定能攀登世界航空事业的最高峰。

把无产阶级文化大革命进行到底，最重要的是学好毛主席伟大著作，活学活用，在斗争中学，斗争中用。毛主席是当代最伟大的天才，是活着的马克思，是活着的列宁，毛泽东思想是当代马克思列宁主义的顶峰，毛主席著作是全世界人民闹革命的宝书。林彪副主席说：要抓住活学活用毛主席著作不放，这是革命的需要，这是形势的需要，这是阶级斗争的需要，是取得无产阶级文化大革命彻底胜利的需要，是防止、反对修正主义的需要，是防止资本主义复辟的需要。所以希望同志们要抓住活学活用毛主席著作，抓住这件大事，抓住不放。

同志们，战友们！夺权是不容易的，掌好权，用好权更是不容易的。要在当前的大批判中进一步加强和发展革命的大联合，和革命的三结合，希望同志们在中央文化革命小组和北京市革命委员会的领导下，总结经验，再接再厉，加强革命性、科学性、组织性、纪律性，巩固已得的胜利，争取更大的胜利！

同志们！北航红旗，所有全国造反派，全国人民都把你们称作左派、老左派，人民解放军也是左派，也是最大的造反派，人民解放军过去造了蒋介石的反，造了美国的反，造了日本的反！现在他们要和你们战斗在一起，去造刘少奇、邓小平党内最大的走资本主义道路当权派的反！

同志们！我们紧紧团结在一起，牢牢地记住毛主席的伟大教导，"宜将剩勇追穷寇，不可沽名学霸王"。同志们，让我们更高地举起毛泽东思想伟大红旗，英勇地前进吧！人民解放军永远支持造反派！

人民解放军永远和你们团结在一起，战斗在一起，胜利在一起。

无产阶级文化大革命万岁！

无产阶级专政万岁！

毛主席的无产阶级革命路线胜利万岁！

伟大的中国共产党万岁！

战无不胜的毛泽东思想万岁！

我们伟大的领袖毛主席万岁！万万岁！

在北航革命委员会成立与庆祝大会上
谢富治副总理的讲话

《红旗》第 39 期，1967 年 5 月 21 日

同志们，战友们：

今天是北航三结合革命委员会成立，我代表北京市革命委员会向全体同学、教职员工最热烈的祝贺！

向同志们，战友们致以无产阶级文化大革命的敬礼！

同志们：北航革命委员会成立这是我们伟大领袖毛泽东思想的胜利，是我们伟大领袖为代表的无产阶级革命路线的胜利！

北航在过去近一年文化革命斗争中，北航同志们同学们，你们做出了很大贡献。在整个斗争中，你们是高举毛泽东思想的伟大红旗，完全是站在我们伟大领袖为代表的无产阶级革命路线一边，完全跟着高举毛泽东思想伟大红旗的无产阶级革命参谋部中央文革小组的，跟得很紧，你们是有战功的。你们不仅仅在你们学校闹革命，而且对全北京市革命派的支持甚至对全国革命派的支持，你们作了很多工作。这一点，我个人必须向你们学习。同志们，无产阶级文化革命这个斗争，已进入两个阶级、两条道路、两条路线的决战。你们对

文化大革命做出了一系列贡献，但是，当前我们任务还是很重要。你们应该继承过去斗争的传统，总结经验，发扬成绩，克服缺点，戒骄戒躁。应该继续高举毛泽东思想伟大红旗，完全站在我们伟大领袖毛主席为代表的无产阶级革命路线一边，完全紧跟我们中央文革小组，要掌握斗争大方向，要把当前一小撮走资本主义道路当权派刘邓彻底揭露、彻底批判、彻底斗争！再就是对彭真、刘仁为首的反革命修正主义彻底批判、彻底斗争！把他们批倒、批臭！结合学校的斗、批、改，掌握这个斗争的大方向。为这个大方向的斗争贡献你们的力量。在北京来讲，全国来讲，当前革命派大联合，革命派内部团结是很重要的。应该为这个革命派的大联合、革命派的团结贡献自己的力量。

我们伟大领袖毛主席号召我们，革命派要联合，革命派要内部的团结。我们一致去对付主要的敌人。不要去深入那些干扰我们的大方向的活动，不要去搞那些没有原则的分裂。左派的分裂我们不赞成。要响应毛主席号召："抓革命，促生产"。响应我们伟大领袖号召，"节约闹革命。"响应我们伟大领袖号召，"只许文斗，不要武斗"。同志们，你们过去有光荣历史，如果我们紧紧掌握毛泽东思想，紧紧依靠伟大领袖毛主席为代表"的无产阶级革命路线，紧紧地跟着中央文革小组，按照我们党的政策，按照我国将近一年的经验，我们要提高我们斗争的艺术，保持我们的警惕性。我们在斗争中间，不要放松警惕，防止上敌人的当。他们挑拨离间，制造左派之间分裂，我们要注意。

希望北航同学们、战友们，记住你们过去光荣的斗争，我们希望你们为今后的斗争，做出更大的贡献。希望你们在斗争中成功、胜利，希望你们身体健康。

毛主席万岁！

战无不胜的毛泽东思想万岁！万万岁！

在北航革命委员会成立与庆祝大会上
韩爱晶同志的讲话

《红旗》第 39 期，1967 年 5 月 21 日

敬爱的首长、外宾、无产阶级革命派的战友们、革命的同志们：

首先，让我们共同祝愿我们心中最红最红的红太阳毛主席万寿无疆！万寿无疆！！祝愿林副统帅身体健康！永远健康！！

我代表北京航空学院革命委员会、北航红旗三千名战士和航院全体革命师生员工，向参加大会的首长、外宾、和兄弟院校、兄弟单位的无产阶级革命派战友和革命的同志表示最热烈的欢迎，并致以无产阶级文化大革命的敬礼！

同志们，今天在纪念马列主义的伟大历史文件《五一六通知》诞生一周年，也就是无产阶级文化大革命开展一周年的时候，在庆祝高举毛泽东思想伟大红旗的中央文革小组成立一周年的时候，在无产阶级文化大革命取得决定性胜利的时候，我们胜利地进行了这个大会。今天，是不平常的一天，是北京市革命委员会成立一周月，是北航红旗战斗队成立九周月，是陈伯达、王力、关锋同志在航校接见我院红旗战士八周月，也是北航的革命派"六二〇"大反工作组十一周月！就在今天，我们向全北京、全中国、全世界庄严宣告：北京航空学院革命委员会正式成立了！这是光焰无际的毛泽东思想在航院的伟大胜利！这是毛主席的革命路线在航院的伟大胜利！它宣告资产阶级反动路线在航院遭到了彻底的破产！

无产阶级专政下的阶级斗争，集中到一点，还是政权问题。航院的一年文化大革命，就是一部惊心动魄的夺权史。从院党委到工作组、到筹委会，再到红旗战斗队，直到今天的革命委员会，无产阶级革命派为了夺取政权，做出了极大的努力，付出了极大的牺牲。但是，即使是在科委二十八天二十八夜斗争最艰苦的时候，我们就曾豪迈地预言，看将来的航院必是红旗的天下，必是革命群众的天下，必

是光焰无际的毛泽东思想普照的天下。现在，预言变成了现实、这一天终于来到了。

沉舟侧畔千帆过，病树前头万木春。

历史在前进，革命在前进，把一切腐朽没落的东西抛在后面，文化大革命中的人民群众正在创造崭新的历史！中国发生了翻天覆地的变化！航院发生了翻天覆地的变化！刘少奇、邓小平，彭陆罗杨，和航院一小撮走资本主义道路的当权派被一个个揪出来了，那些昔日风云一时的所谓"刘克思""大人物"，今天到哪儿去了？！到阴沟里去了！到墙角里去了！！到历史的垃圾堆里去了！！！我们无产阶级革命派，这些过去被压制的，不起眼的"小人物"上台了！问苍茫大地、谁主沉浮？！我们！我们无产阶级革命派和亿万革命群众！一个阶级把权丢了，一个阶级把权夺来了，一个旧航院死去了，一个新航院诞生了！这就是历史、这就是一年来阶级斗争的历史！让我们最最热烈地欢呼革命的辩证法在航院的胜利吧！

北京航空学院革命委员会的光荣诞生，这只不过是无产阶级文化大革命胜利的凯歌声中的一个音符，只不过是汹涌澎湃的革命浪潮中一个飞溅的浪花。但是，她的成立却清楚地记述了一个阶级战胜另一个阶级的历史，深刻地反映了文化大革命开展一年来，全国翻天覆地的变化。可以说，航院一年来文化大革命的历史，正是整个无产级阶文化大革命的一个缩影！

回溯起一年前的情景，当时的阶级斗争形势是多么险恶！刘少奇，这个中国的赫鲁晓夫正睡在我们身旁；彭陆罗杨反党集团正阴谋在中国制造匈牙利事件，实现反革命的复辟，以彭真、刘仁为首的旧北京黑市委竟把我国首都变或一个"水泼不进，针插不进"的独立王国，谁也过问不得，老虎屁股摸不得。连毛主席要发表姚文元同志《批判海瑞罢官》的文章也不得不在上海发表，这是多么危险的情景。毛主席在《五一六通知》这个伟大历史文件就英明指示"中央和中央各机关、各省、市、自治区，都有这样一批资产阶级代表人物。"世界上原来的社会主义国家有许多变修了，这种情形，使世界各国的无产阶级和各国人民十分痛心，十分焦虑。在这紧要的历史关头、当着世界的上空出现乌云的时候,我们伟大统帅毛主席亲自主持下制定的极其伟大的历史文件——中共中央《五一六通知》,这个二十世纪六十年代的"共产党宣言"吹响了无产阶级文化大革命进军的号角!我们伟大的舵手毛主席,以无产阶级革命家最伟大的气魄,亲自发动和领导了这场史无前例的无产阶级文化大革命,揪出了中国的赫鲁晓夫和党内最大的一小撮走资本主义道路的当权派,彻底粉碎了他们的反革命复辟阴谋,避免了一场世界历史的大倒退,重新打开了被苏联赫鲁晓夫修正主义集团堵塞了的通向共产主义的航道!中国无产阶级文化大革命一声炮响,给世界各国人民送去了当代最高最活的马列主义——毛泽东思想。中国革命大有希望!世界革命大有希望!

　　我们的伟大统帅英明地指出:在社会主义社会特别是在生产资料所有制的社会主义改造基本完成以后,仍然存在着阶级和阶级斗争、存在着社会主义和资本主义两种命运的决战,这个斗争的焦点仍然是政权问题、在无产阶级专政的条件下,革命的主要对象就是党内一小撮走资本主义道路的当权派,而要把他们打倒,就必须发动自下而上的群众运动进行无产阶级文化大革命。毛主席在理论上和实践上解决了无产阶级专政下进行革命,防止资本主义复辟的大课题,照亮了社会主义通向共产主义的道路。

　　一年来,我们亲身经历的斗争实践,使我们更深刻认识到,伟大的、战无不胜的毛泽东思想是现时代马克思主义发展的一个崭新阶段,它的威力是不可抗拒的!毛主席是当代最伟大的马克思列宁主义者,国际无产阶级最杰出的领袖和导师。

　　短短一年的文化大革命,正如戚本禹同志比喻过的,我们跟着毛主席,好像把整个历史都重演了一遍。

　　我院文化大革命的历史,就是一部革命造反史,一部阶级斗争史,一部夺权史,也就是一部无产阶级革命造反派和广大革命群众,活学活用毛主席著作,跟随毛主席在阶级斗争的大风浪中前进的历史。它是整个中国无产阶级文化大革命的缩影。我们所经历的历史雄辩地证明:毛主席的话句句是真理,一句顶一万句,我们掌握了毛泽东思想，我们的队伍就能兴旺，斗争中就无坚不摧，无往不胜。离开了毛泽东思想，在阶级斗争的大风大浪中就会晕头转向，不知道走到哪里去了。

战友们、同志们，是谁抚育我们无产阶级革命派成长？是谁引导我们从一个胜利走向又一个胜利？是毛主席、林副主席、周总理和高举毛泽东思想伟大红旗捍卫毛主席的革命路线的中央文革小组。

今天，回忆那战斗的日日夜夜，是多么令人难忘啊！在那资产阶级反动路线白色恐怖的日子里，在那南征北战的点火途中，在与工农接触中，当时为什么革命有罪，造反无理的混蛋逻辑却那样得势？我们学习了毛主席关于社会主义时期阶级和阶级斗争学说，伟大的统帅指出：无产阶级专政下的阶级斗争集中到一点还是政权问题。革命的谁胜谁负要在一个很长的历史时期内才能解决。如果弄得不好，资本主义复辟将是随时可能的。我们终于认识清楚了，这是两个司令部夺权的斗争，这是两条路线、两种命运、两个前途的大决战，这是资产阶级复辟，与无产阶级反复辟的斗争。从而，把由于受资产阶级反动路线迫害而形成的自发反抗上升到了无产阶级的路线觉悟的高度上。

在最困难的九月中旬，王力、关锋、戚本禹等同志，召集革命少数派的座谈会，向我们推荐毛主席的语录："我们的方针要放在什么基点上？放在自己力量的基点上，叫做自力更生。"为我们指明了艰苦斗争的前进方向。

总理和中央文革伯达、江青同志和我们革命造反派心连心，他们多次指示要赵如璋出来澄清问题，陈伯达同志还为这事同罗舜初、赵如璋立下军令状，当总理得知我们没有饭吃的消息后，亲自指示一定要平等对待，按时送饭。九月二十日伯达同志又带病和王力、关锋同志来到航院看望，支持我们。

尤其使我们感到兴奋、激动、欢欣鼓舞的是：毛主席和林副主席对我们的斗争给予了直接的支持，早在八月底毛主席他老人家就知道了我们的斗争情况，并作了指示：不要怕，不要让学生席地而坐，搭起棚子来，让学生闹上三个月。毛主席在九月二十日，又一次指示赵如璋，毛主席下命令说"要谈"，要他向红旗战士澄清问题。毛主席的亲密战友林彪同志也指示：赵如璋再不出来，派一排人把他押出去。

爹亲娘亲不如毛主席亲，毛主席和我们革命造反派战士心连心。有毛主席为我们撑腰，我们一定要为他老人家争气。

毛主席教导我们："革命的根本问题是政权问题。"有了政权就有了一切，没有政权就丧失一切。这场文化大革命就是围绕政权的问题展开的。回想一年以前，为什么我们许多同志对修正主义的东西听而不闻，视而不见？为什么资产阶级知识分子、资产阶级代表人物统治了航院，还麻木不仁，亦步亦趋？就是因为我们头脑里没有装这个"权"字。那时候，连一个学院究竟是什么政权都不曾想过。更不用说去关心国家大事，去考虑党和国家的政权在谁的手里，无产阶级的政权会不会变为资产阶级的政权的问题了。但是，一年来文化大革命的实践，却使我们深深懂得了政权问题的重要性。权，镇压之权，刘少奇掌权，就要把我们打下去，不许起来革命，无产阶级就要遭殃，资本主义就要复辟。我们夺了权，就对刘少奇之流实行专政，把他们踏在脚下，叫他们永世不得翻身，这就是两个阶级你死我活的大搏斗！

我们遵照毛主席的指示，在去年九月二十五日，响亮地提出了一切权力归左派，在今年"一月革命"的风暴中，夺了航院党政财文一切大权。马列主义、毛泽东思想教导我们，必须加强政权观念，必须不断强化无产阶级专政，只有这样，才能对付反革命威胁，舍此没有第二条路。记住这一点，懂得这一点，是一年来文化大革命中活学活用毛主席著作的一个头等重要的收获。

今天，我们成立了革命委员会，年轻的革命权力机构进一步强化了，无产阶级革命派大联合进入了更高更新的阶段，但是正如毛主席教导的那样："夺取全国胜利，这只是万里长征走完了第一步。……中国的革命是伟大的，但革命以后的路程更长，工作更伟大，更艰苦。"我们又按照最高统帅的教导，及时地提出了反修防修，把文化大革命进行到底的问题。五一晚上在天安门城楼上我代表全体红旗战士向毛主席表示我们的决心:"我们要突出政治,防修反修,把文化大革命进行到底!"毛主席连声说:"好,好!"这是最高统帅对我们的最大鼓励,我们一定不能辜负毛主席对我们的殷切希望。

每当革命的关键时刻,总是毛主席的教导为我们指明方向,中央文革为我们领路引航。每当遇到困难挫折,我们也总是如饥似渴地学习毛主席著作,从中汲取了前进的力量。相信党,就是相信以毛主席为首的党中央,以毛主席为首的无产阶级司令部,就是相信毛泽东思想在全党的绝对领导地位。永远听毛主席的话,永远跟毛主席走,下火海上刀山永不动摇,这是我们胜利的最根本的保证。

相信群众是另一个根本原理。也是我们最深刻的体会之一。无产阶级文化大革命中两条路线斗争一直是围绕着对待群众的问题。

林彪同志指出:"在毛主席正确路线的指引下,我国广大群众创造了无产阶级专政下发展大民主的新经验。这种大民主,就是党无所畏惧地让广大群众运用大鸣、大放、大辩论、大串联的形式,批评和监督党和国家的各级领导机关和各级领导人。同时,按照巴黎公社的原则,充分实现人民民主权利。"林彪同志又说:"这样大民主,不但领导和群众之间必须彻底实行,而且在群众中,在群众相互之间,也完全必须彻底实行。在群众之间,没有这样的大民主,不善于互相商量,不善于倾听不同的意见,不善于摆事实讲道理,不善于开动脑筋,思考问题,这样,就不可能自己教育自己,自己解放自己,就不可能达到发展左派队伍,团结大多数,孤立一小撮资产阶级右派的目的,就不可能不折不扣地实行我们伟大导师——毛主席所提出的无产阶级文化大革命的路线。"我们从斗争的实践中深刻地体会到林彪同志对于无产阶级专政下开展的大民主的高度评价,是完全正确的。

发扬大民主,才能正确对待犯错误的同志,团结广大群众。发扬大民主,才能坚决执行毛主席的干部政策,彻底解放一大片。还有一点,发扬大民主,是确保我们的队伍不蜕化变质,保证我们会的各级领导不出现新的资产阶级分子的头等重要的措施。各级勤务员就是人民的勤务员,而决不能做那种挂着勤务员招牌的官老爷。群众随时监督、批评各级领导，正确的领导坚决拥护，错误的领导坚决抵制，坚决造反，这是文化大革命中出现的新的社会风尚的一个反映。发扬大民主能够使得我们队伍中的阴暗面充分地暴露出来，把个人主义、小团体主义、无政府主义、宗派主义等非无产阶级的脏东西，随时随地地揭发出来，保证我们队伍永远是一个活得健康的肌体。

同志们，毛主席的大民主，是我们红旗战斗队的一个大法宝，一个好传统。

今天，在革命委员会成立之际，我把它再提出来，这种大民主不仅要在红旗战斗队中继续发扬，而且要推广到全院去，在干部与群众之间，老师与学生之间，完全形成一种崭新的大民主的政治局面。

红旗战士们，同志们，毛主席一再教导我们，中央文革的首长一再告诫我们，在这个无产阶级盛大的节日里，当我们欢呼胜利的时候，千万不要忘记阶级斗争！不要忘记敌人和敌人的朋友！阶级斗争就是最大的政治，政治就是灵魂。一个人如果忘记了阶级斗争就根本没有了灵魂！同志们，我们应该是清醒的革命者。今天，我们必须清醒地认识到，现在，仍然处在两个阶级、两条路线、两条道路地拼死的大决战中。这场大决战，仍然存在着两种命运、两种前途的严重问题。万万不可糊涂起来！我们不能做口头革命派，也不能做半截子革命派。我们绝不辜负毛主席他老人家的殷切期望。把无产阶级文化大革命进行到底，进行到最后胜利！

同志们，就目前的形势和任务，我讲三个问题：

第一个问题，深入开展大批判。

当前文化大革命错综复杂的阶级斗争形势中最主要的矛盾是什么？最主要矛盾就是无产阶级革命派，广大革命群众与党内最大的一小撮走资本主义道路的当权派的矛盾，这也是整个无产阶级文化大革命最主要的矛盾。在航院革命委员会成立以后，最最重要的任务，第一位的任务就是要掀起一个轰轰烈烈的深入批判刘少奇、邓小平之流党内最大的一小撮走资本主义道路的当权派的高潮。这一个大批判运动在革委会一成立就要有起色，就要打开新局面。马克思列宁主义、毛泽东思想的本质就是要批判的，要革命的；我们实行的就是无产阶级的战斗哲学！斗争就是生活！红旗战斗队，就是战斗的队伍，不批判就是百分之百的修正主义！

无坚不摧，战无不胜的毛泽东思想就是大批判最锐利的思想武器。革命委员会号召，在开展对刘少奇、邓小平之流党内最大的一小撮走资本主义道路的当权派的大批判的同时，掀起一个活学活用毛主席著作的高潮。尤其要认真学习二十世纪六十年代的"共产党宣言"，我们伟大领袖毛主席亲自主持制定的极其伟大的历史文件——中共中央《五一六通知》，认真学习《人民日报》编辑部、《红旗》杂志编辑部五月十八日重要文章《伟大的历史文件》。

同志们，我们要紧紧掌握斗争大方向，坚决按照毛主席的战略部署，坚决执行中央文革无产阶级司令部的指示，高举无产阶级的革命批判大旗，开展运动。在这场大批判中，三千名红旗战士和全院革命同志应该也能够为无产阶级文化大革命做出突出的贡献，建立新的功勋！

第二个问题，完成斗批改的光荣历史任务。

同志们，斗、批、改是毛主席他老人家交给我们的光荣的历史任务，我们一定要不折不扣地坚决完成，决不可半途而废！

我们伟大统帅曾再三告诉我们，在社会主义社会，特别是在生产资料所有制的社会主义改造基本完成以后，"社会主义和资本主义之间谁胜谁负的问题还没有真正解决。"无产阶级专政下的阶级斗争，集中到一点，还是政权问题。同样，在航院，在建立了革命红色政权革命委员会以后，同样存在着无产阶级和资产阶级谁战胜谁的问题。同样存在着航院走什么道路的问题。这个斗争将必然地围绕政权的问题剧烈地进行。在无产阶级当权以后，反修、防修的问题尖锐地向我们提出来了。我们一定要时刻警惕这种危险。同志们，北航红旗自成立的第一天起，就把我们的负责人叫勤务员，把领导核心叫勤务站，这是个优良的革命传统，在革命委员会成立以后，应该永远保持下去。革命委员会要革命化，不要官僚化；要人民的勤务员，不要骑在人民头上的官老爷。只要我们永远高举毛泽东思想伟大红旗，勤俭朴素，艰苦奋斗，我们就能永葆北航红旗的鲜红颜色，把航院办成一个红彤彤的毛泽东思想的大学校。

斗批改是一场深刻的大革命，是一个阶级推翻一个阶级的大革命，是一场惊心动魄、翻天覆地的大革命！在这个问题上一定要坚决反对右倾改良主义！改良主义就是犯罪！

毛主席光辉的"五七"指示，就是我们进行斗、批、改的指南和纲领。离开了这个纲领，斗批改就会走过场，就会恢复修正主义旧秩序！在一定程度上就是实现资本主义复辟！

同志们，毛主席殷切期望我们，中央文革充分相信我们，我们一定能发扬敢想、敢说、敢干的革命首创精神，在斗批改的大革命中，建立革命的新秩序，杀出航院一个崭新的天地！

第三个问题。立足航院，胸怀祖国，放眼世界。"立足航院，胸怀祖国，放眼世界"是北航红旗战士的一句豪迈的革命口号，这个战斗的口号在过去曾激励着我们把两条路线的斗争杀向全国，和刘邓黑司令部进行殊死的搏斗。今天，明天，将来，我们永远要牢记这个口号，实行这个口号，把这个口号永远传下去！

我们一刻也不能忘记，我们是生活在无产阶级国际主义和无产阶级集体主义的大海洋里。我们的斗争，从来就是和全北京全中国的无产阶级革命派互相联系的，没有兄弟战友的支持，就没有我们今天的胜利！毛主席一再教导我们要实行马克思提出的，只有解放全人类才能最后解放无产阶级自己。这是区别真革命派还是假革命派的一块试金石。我们必须提高到无产阶级世界观的高度来看待这个问题。

红旗战士们，革命的同志们，当着我们今天胜利地举行这个大会的时候，我们千万不要忘记在四川，在河南，我们的红旗战士和外地无产阶级革命战友，他们正在资产阶级反动路线的白色恐怖下浴血奋战！正在以自己的鲜血和生命保卫毛主席和中央文革，保卫毛主席的革命路线！当我们今天胜利地举行这个大会的时候，我们不能忘记，世界上还有三分之二的人民还没有解放！那里的人民正在水深火热之中受苦受难！我们不能忘记红旗艰苦斗争的二十八天二十八夜！忘记了这些，就是背叛，背叛毛主席，背叛毛主席的革命路线，背叛无产阶级！我们要做有志气的无产阶级革命派，我们的志气大得很，不但要做航院的革命派，而且要做中国革命派，国际革命派！

我们将一如既往，坚决拥护中央文革的正确领导，坚决拥护北京市革命委员会的正确领导，坚决维护工代会、农代会、红代会、中学红代会的统一和团结。坚持团结！反对分裂！坚持文斗！反对武斗！

让我们和全市、全国革命派战友一道刮起毛泽东思想的二十四级台风，把阻碍革命大联合的无政府主义、山头主义、小团体主义、个人主义等种种坏"主义"统统刮个干净！

我们生活在北京，战斗在毛主席身边，我们是世界上最最幸福的人了。当我们在这里欢庆胜利的时候，我们不会忘记远在四川、河南浴血奋战的当地革命派战友们。忘记了他们，就是背叛！战友们的鲜血不会白流，胜利一定属于毛主席的革命路线！北航的全体革命群和革命干部永远和川大"八二六"、成都工人造反司令部、河南"二七"公社、开封"八二四"等革命派战友团结在一起，战斗在一起，胜利在一起！我们要把仇恨集中在党内一小撮走资本主义道路当权派身上，集中在刘邓陶身上，对准他们，猛烈开火！

我们北航的全体革命群众，革命干部，对北京的无产阶级文化大革命，应该做出应有的贡献。现在，比起党的要求来说，我们做得太不够了。我们要和兄弟单位的战友们一起，坚决维护毛主席、林副主席、周总理、中央文革、北京市革命委员会的革的权威，维护红代会的革命权威。当前，我们特别应该为巩固全市革命大联合而奋斗。

在我们夺取政权后的第二阶段，革命又把新的课题推到我们面前，"我们不熟悉的东西正在强迫我们去做"。如果说，在资产阶级反动路线统治的白色恐怖下，我们广大红旗战士曾表现出革命英雄主义的气概，今天则要求我们破"私"立"公"，创造无产阶级组织的奇迹来！"我们不但善于破坏一个旧世界，我们还将善于建设一个新世界。"无产阶级的敌人，在新生的苏维埃刚成立时，曾经怀疑过列宁、斯大林领导下的苏联人民的建设能力，但是他们遭到了彻底的破产。无产阶级的敌人，在新中国刚成立时，又曾怀疑过毛主席领导下的中国人民的建设能力，但是，他们也遭到了彻底的破产。今天，被夺了权，滚下台的一小撮党内走资本主义道路的当权派也正等着看我们的笑话，但是，我们无产阶级革命派说："让资产阶级老爷见鬼去吧！没有他们，我们照样能活得更好！"

革命派的战友们，革命的同志们，时间紧迫，任务重大，让我们高举毛泽东思想伟大红旗，坚持四个第一，以只争朝夕的革命精神把无产阶级文化大革命进行到底，坚决进行到底！

毛泽东思想是世界革命者的绝对武器
比共中央政治局委员，中央代表团团长
斯特芬纳·斯图伦斯同志讲话

《红旗》第39期，1967年5月21日

亲爱的同志们，朋友们：

我们比利时共产党中央代表团热烈祝贺由革命的三结合力量组成的你们学院的革命委员会在今天成立！

这是在由无产阶级革命派夺取并巩固政权的道路上向前迈出的新的一步，这是无产阶级文化大革命的一次新胜利。

亲爱的同志们，朋友们！无产阶级文化大革命是真正的霹雳，它使全世界的反动分子，帝国主义者和修正主义者陷于恐慌之中，它激起了全世界人民群众的热情。

毛泽东同志亲自发动和领导的无产阶级文化大革命从根本上发展了和无可比拟地丰富了马克思列宁主义。

用毛泽东思想武装起来的中国革命群众必定不断取得胜利，必定把社会主义的中国变成一个更红的红色中国，变成一个同以美帝国主义为首的帝国主义、同以苏联共产党领导集团为中心的现代修正主义进行不调和斗争的更加强大的堡垒。通过这次无产阶级文化大革命，中国将更进一步成为世界无产阶级革命的最强大的堡垒。

中国的无产阶级革命派、工人、农民、革命干部和革命知识分子卓有成效地贯彻伟大和光荣的中国共产党中央委员会的十六条决定,敢于斗争,敢于胜利,坚决批判企图复辟资本主义的资产阶级反动路线,他们正在取得具有历史意义的胜利。

马克思列宁主义、毛泽东思想是全世界革命者的绝对的武器。战无不胜的毛泽东思想是在帝国主义走向全面崩溃,无产阶级革命走向全世界胜利时代的马克思主义。用毛泽东思想武装起来的、实现了三结合的革命派必将加强无产阶级专政。

向北京航空学院革命委员会热烈致敬!

无产阶级文化大革命万岁!

无产阶级专政万岁!

伟大的、光荣的中国共产党万岁!

战无不胜的毛泽东思想万岁!

无产阶级国际主义万岁!

打倒美帝国主义!

打倒现代修正主义!

世界无产阶级革命万岁!

祝毛泽东主席和林彪同志万寿无疆!万寿无疆!

文化大革命威震全球

澳大利亚共产党(马列主义)中央书记处书记弗兰克·约翰逊同志讲话

《红旗》第 39 期,1967 年 5 月 21 日

北京航空学院的亲爱的同志们:

非常感谢你们邀请我们来参加你们学院成立革命委员会的庆祝

大会。我们以前曾经有机会到你们学院来听你们关于向走资本主义道路当权派造反的丰富经验的介绍。今天我们又在这样一个有历史意义的节日里,当你们在解决你们的问题和巩固与加强无产阶级专政方面实现了新的跃进的时候,参加你们的庆祝大会。你们的活动是对无产阶级文化大革命的贡献。你们所表现出来的革命精神和决心,像一条支流注入革命的巨流,汇合成一股革命的洪流。这股革命的洪流正在吞没一切要想把这个伟大的社会主义国家拉向资本主义复辟道路上去的人。

你们学院的革命活动在实践上和理论上都具体地表现了毛泽东同志的教导和领导的革命威力,以及他对群众的深刻的绝对的相信。

在毛主席思想的指引下,中国文化大革命的影响正像巨大的海啸扫荡着全世界,大大地鼓舞着世界各国的人民,他们正以加倍的决心,高举革命斗争的旗帜,使帝国主义者、修正主义者和各国反动派恐惧万分。

据澳大利亚可靠的消息,在澳大利亚对毛泽东著作的要求已经大大地增加,《毛主席语录》这本宝贵的书已经销售数千本。澳大利亚的马克思列宁主义者正以旺盛的精力学习毛主席的思想和中国文化大革命的经验,并把这些丰富的经验运用到他们的群众工作中去。

在短短的时间内,文化大革命已经取得了伟大的成就。但是,资本主义和社会主义两条道路的斗争不是一帆风顺的,这场斗争将是长期的、艰苦的,我们不能让胜利冲昏头脑,也不能让胜利模糊我们的警惕性,我们的工作作风应该保持谦虚谨慎、戒骄戒躁,始终把我们思想的革命化放在最首位。

我们代表我们党的中央委员会和澳大利亚的一切马克思列宁主义者向你们学院的所有革命造反派表示最热烈的祝贺!

文化大革命万岁!

无产阶级专政万岁!

中国共产党万岁!

不可战胜的毛泽东思想万岁!

世界革命人民团结万岁!

敬祝我们伟大的领袖毛泽东主席万寿无疆！万寿无疆！

海内存知己，天涯若比邻

阿尔巴尼亚万·莫依修同志讲话

《红旗》第 39 期，1967 年 5 月 21 日

最高指示

海内存知己，天涯若比邻，中阿两国相隔千山万水，我们的心是连在一起的。

亲爱的同志们：

我们高兴地应邀参加北京航空学院革命委员会成立大会。今天，我们来到了你们中间，来到了北航"红旗"——无产阶级文化大革命英勇无畏的红卫兵战士们中间，感到十分光荣和幸福。中国的无产阶级文化大革命在伟大的马克思列宁主义者毛主席的英明领导下，正在胜利前进。

请允许我衷心地感谢你们的邀请，向你们表示兄弟的、革命的敬意。

我们自从来到我们友好的盟邦——中华人民共和国的最初日子起，就会见了我们的兄弟、革命的男女青年，光荣的红卫兵。在"五一"劳动节，你们，同志们给我们赠送了"北航红旗"红袖章。你们这个组织，不仅在中国是闻名的，而且在阿尔巴尼亚和世界上许多其他国家也是闻名的。就从"五一"节那天起，我们就把自己看成是你们的成员了，我们怀着骄傲的心情佩戴着这个红袖章，而今天，我们又很幸福地同你们一起站在毛主席伟大思想的红旗下。同志们，阿尔巴尼亚人民，我国的青年和学生，在阿尔巴尼亚劳动党和恩维尔·霍查同志的领导下，对伟大的中国人民、光荣的中国共产党和中国人民

伟大的、最亲爱的领袖、阿尔巴尼亚人民和劳动党最尊贵的朋友毛主席，怀着最热烈的兄弟友谊。

阿尔巴尼亚人民和青年学生十分注意和关切地注视着伟大的中国人民在毛泽东主席的英明领导下在社会主义建设的各方面所取得的巨大成就。无产阶级文化大革命唤起了工农兵和青年亿万人民群众去争取社会主义的胜利，把中国建设成革命和社会主义的坚不可摧的堡垒。无往不胜的毛泽东思想红旗永远高高飘扬在它的上空。

今天，所有马克思列宁主义者，所有革命力量和革命人民的目光都向着伟大的中国。伟大的中国在毛泽东主席的英明领导下，已经成了全世界革命、自由和社会主义的坚不可摧的堡垒，成了正在为反对帝国主义、争取民族解放而斗争的各国人民的坚定而有力的支持者，成了为捍卫马克思列宁主义、反对以苏修叛徒集团为中心的现代修正主义而斗争的旗手。

毛泽东主席给我们党的第五次代表大会的贺电中说："我们两党、两国人民一定团结在一起，战斗在一起，胜利在一起。"这对我们党、阿尔巴尼亚人民和青年学生是一个很大的鼓舞。

同志们，我们革命青年和革命师生要永远记住毛主席的话："世界是你们的，也是我们的，但是归根结底是你们的。你们青年人朝气蓬勃，正在兴旺时期，好像早晨八、九点钟的太阳。希望寄托在你们身上。"

……

恩维尔·霍查同志也教导我们："青年们要接过我们社会主义的火炬，并高举向前，要建成社会主义社会并为建设共产主义而斗争，要继续并深入进行反对帝国主义、反对修正主义和反动派的斗争，要高举马克思列宁主义旗帜。"

同志们，在我结束讲话的时候，我们祝愿你们在革命事业中进一步取得成过，祝北航"红旗"和你们的革命委员会取得更大的成就。我们深信，你们的组织将无愧于自己的名字，将永远高举毛泽东思想的伟大红旗。

阿尔巴尼亚和中国两党、两国人民和青年伟大的、牢不可破的友谊万岁!

无产阶级文化大革命万岁!

我们两国伟大的领袖毛泽东同志和恩维尔·霍查同志万岁!

毛主席万岁!万岁!万万岁!

打倒日修宫本之流 日本反修战士井础润一朗讲话

《红旗》第 39 期,1967 年 5 月 21 日

北京航空学院红旗战斗队的战友们,红卫兵战友们,革命的同志们:

首先,让我们衷心地敬祝世界革命人民的伟大领袖、世界革命人民心中最红最红的红太阳毛主席万寿无疆,万寿无疆!衷心地敬祝毛主席最亲密的战友林副主席身体健康,永远健康!

我们日本的革命左派,今天在这里衷心地祝贺北京航空学院革命委员会的成立,并向同志们致以热烈的敬礼!

这是北京航空学院的革命造反派同志们在伟大的毛泽东思想的指引下,经过一年的斗争取得的光辉成就和胜利。这是战无不胜的毛泽东思想的又一巨大的胜利。

我们能够参加这个值得纪念的庆祝大会,这对我们来说是个巨大的光荣、无限的鼓舞。这是你们崇高的无产阶级国际主义的表现。我们对你们这一邀请,表示衷心的敬意和感谢。

战友们,同志们!

你们同我们之间,有着巩固的战斗的团结。当我们十位同志,当我们声明同追随苏联现代修正主义的日共修正主义集团宫本之流一刀两断,坚决地进行斗争的时候,你们最先热烈地支持我们。你们连续发表了把日共修正主义集团宫本之流驳得体无完肤的革命的论文。这不仅是对我们,对日本全体革命左派的强大支持,而且也是对

那些在日本追随现代修正主义的无耻的追随者的痛击。

官本之流,对于你们这一猛烈的打击,感到惊慌失措,于是就声嘶力竭地反对你们。但是,毛主席教导我们说:"如若被敌人反对,那就好了,那就证明我们同敌人划清界限了。如若敌人起劲地反对我们,把我们说得一塌糊涂,一无是处,那就更好了,那就证明我们不但同敌人划清了界线,而且证明我们的工作是很有成绩的了。"

正因为是这样,日本的左派一致欢呼你们这一不愧为毛主席的红卫兵的行动。你们为日本革命运动的前进,做出了巨大的贡献。这是你们崇高的无产阶级国际主义的胜利。

日本修正主义集团官本之流,对于你们的打击,为什么那样疯狂地叫喊呢?那是因为你们打中了他们的痛处,打中了他们致命的地方。这就是说,你们照毛主席的教导"世界上一切革命斗争都是为着夺取政权,巩固政权。""枪杆子里面出政权。""革命的中心任务和最高形式是武装夺取政权,是战争解决问题。"这一永恒的真理为武器,同官本之流进行了针锋相对的斗争。你们在日本革命人民面前证明了毛泽东思想是多么地锐利和战无不胜。

战友们,同志们!

现在,以你们红卫兵为先锋,正在全中国汹涌澎湃地掀起一个七亿人民对党内最大的走资本主义道路当权派刘少奇、邓小平的大批判、大斗争。

刘少奇、邓小平一伙的最大的背叛是什么?不是别的,正是在政权问题上的背叛。是对无产阶级专政的背叛,现在我们可以明确地断言,刘少奇、邓小平一伙和以宫本之流为代表的现代修正主义集团是一丘之貉,是反革命的伙伴。

因此,同党内最大的一小撮走资本主义道路当权派刘、邓等的斗争,是你们的斗争,同时也是我们自己的斗争。我们在这一斗争中,是同你们并肩战斗,同呼吸,共命运,胜利在一起的战友。

我们要坚决地同宫本之流斗争到底,同时我们要同你们一起,坚决地同刘少奇、邓小平一伙进行斗争,把这些反革命分子打倒并丢进历史的垃圾堆里去。

战友们，同志们！

在对党内最大的走资本主义道路当权派的汹涌澎湃的大批判、大斗争中，北京航空学院革命委员会今天成立了。

我们坚决地相信，你们将和这个革命委员会一起，更高地举起毛泽东思想的伟大红旗，为在世界历史上放出异彩的无产阶级文化大革命的最后胜利而斗争到底。

我们决心学习你们大无畏的革命造反精神，把无产阶级文化大革命，当作自己的事业进行到底。我们决心为了日本革命和世界革命的最后胜利而奋斗到底。

最后让我们共同高呼：

无产阶级文化大革命万岁！

无产阶级国际主义万岁！

战无不胜的毛泽东思想万岁！

世界人民的伟大领袖毛主席万岁！万岁！万万岁！

闯出一个红彤彤的共产主义新世界来

美国朋友李敦白同志讲话

《红旗》第39期，1967年5月21日

向毛主席学习！向同志们学习！

世界上只有一个太阳，全世界无产阶级和被压迫人民的心中只有一个最红最红的红太阳就是毛主席。让我们祝愿世界革命的伟大旗手毛主席万寿无疆！万寿无疆！让我们祝愿世界各国被压迫人民的好朋友，教导我们怎样活学活用毛主席著作的毛主席的最亲密的战友林彪同志，身体健康，永远健康！

中国的红太阳升起来了！中国出了一个毛泽东，毛泽东思想和中国革命的具体实践结合起来了，此在中国，这一个地球上的大国革命就成功了，同别的一些国家不同，中国的无产阶级和全体革命群众在夺权以后不断地把无产阶级革命事业推向前进，没有让资产阶级实行反夺权，没有放弃世界革命的前进基地，我们感谢你们，向你们致敬，向你们学习！毛主席把马克思列宁主义发展到一个崭新的最高最活的新阶段。中国人民在文化大革命中，在毛主席和无产阶级专政条件下，继续闹无产阶级革命。一直闹到共产主义的光辉灿烂的学说和他们的实践斗争结合起来了，使世界革命的基地更加坚强了，以毛主席为首的中国共产党使反帝反修的核心力量更加强大，使毛主席战无不胜的革命红旗更高地举起并飘扬于全世界！

在毛主席的旗帜上写的是一个"公"字完全彻底为人民服务，在毛主席的旗帜上写的是：剥削无理，压迫无理，革命造反永远有理！在毛主席的旗帜上写的是一个敢字：敢于为全人类的解放事业奋不顾身，斗争到底。在毛主席的旗帜上写的是一个学字，带着自己的问题活学活用，彻底闹革命。

我们各国的无产阶级革命造反派决心学习你们红旗战士和整个中国的革命造反派，学习你们的榜样。把毛泽东思想的普遍真理和我们各国人民的革命实际问题紧紧地结合起来，在毛泽东的马列主义的旗帜下，彻底造旧世界的反，与你们一起闯出一个红彤彤的共产主义的新世界。毛主席说，"现在世界上的局面是革命和反革命两大势力作最后斗争的局面。"最后斗争是什么意思呢？就是坚持斗争一直到最后胜利。胜利已经在望了。让我们庆祝北京航空学院革命委员会的成立。让我们高呼：

打倒美帝！

打倒苏修！

世界革命胜利万岁！

毛主席的革命路线胜利万岁！

战无不胜的毛泽东思想万岁！

我们伟大的领袖毛主席万岁！万岁！万万岁！

谢富治接见北航韩爱晶、井岗山等人

1967年6月12日

谢副总理在北京市革命委员会，接见北航"红旗"韩爱晶、井冈山等同志。韩爱晶和井冈山向谢副总理介绍北航情况，并反映同学要求复课闹革命。谢副总理说：是否可以半天上课，半天闹革命。上毛泽东思想的课。谈到毕业生鉴定问题时，谢副总理说：我倾向少数人（表现好、表现差）做鉴定。

关于三军联合演出

关于五月十三日三军联合演出，谢副总理说，演出是林总、江青同志支持的。你们不要管了。演出派在海军是支持李作鹏、王宏坤、张秀川，在北京军区是支持郑维山的。在空军是支持吴法宪、余立金的。反对演出派打砸抢很厉害，第二次我们去看了戏，但还有人要打，第三次演出林副主席去了，他们还要打，结果抓了打人的人。

大学也有支左问题

在谈到支左的问题时，谢副总理说，大学也有支左问题，支左好的话，有贡献，否则就要降低你们的威信。成立了革委会后，支左要统一，要经过革委会讨论。支左要注意五点：1. 被支持的是左派，要坚决地支持；2. 情况不大清楚，要做深入细致调查工作，不要轻易表态；3. 双方都是左派的，不要支持一派，打击一派；4. 支持错了要马上改；5. 一个学校支左要统一。你们学校名声大，支左要慎重，要支准。支持一方时，对另一方不要说得一塌糊涂。至于两边都是造反派就更不用说了。你们北航在支左问题上要做出模范。现在北京军管了××个厂，军代表表态的××个厂，就是采取调查研究、讨论后才定的嘛！对支左要总结。

关于红代会

谈到关于红代会的问题时,谢副总理说:对聂元梓这次批评,还是爱护她。红代会核心组要扩大到十五人(参加市革委会的十四名委员,加上财经"八·八"),王大宾要当核心组组长,把北大、矿院、轻工开除出核心组是不对的。《红卫兵报》编辑部也要加人。抢印、利用多数压人都不对,我们党从来不用这一套。要努力学习毛主席著作。对高校两派,你们两边都要做工作,但不要陷进去,陷进去就没有发言权。你们要做思想工作,一家一家地做,先去地质、师大、问问他们,这样搞下去会搞出什么名堂。事情不见得几天就能解决,但是还是应该做工作。蒯大富革命性很强,就是不大稳。

中央文革小组分工

谈到中央文化革命小组分工时,谢副总理说:现在宣传由王力负责,教育由关锋负责,文艺由戚本禹负责。

谈到文化革命何时结束时,谢副总理说:中央文革讨论了几次,还没有得出结果来。

北京运动应该先走一步

谈到目前运动情况时,谢副总理说:运动应该先走一步,但现在北京工代会、农代会、中学红代会都快给搞散了。你们为大联合出了多少力啊?学校斗批改都有待解决吧?现在中央各部都在吵,四、五月生产有所下降,这非常不好。前一阶段是揪,现在应该是批判。但是保守势力大的地方就打,左派占优势也自己打内战,如哈尔滨。有的是原则分歧,有些是为的争权,有的风格不高,那天(指三号)伯达同志发那么大的脾气,就是因为北京有些乱,没有成为文化革命的模范首都。因为五月二十七日讲话没有解决问题,所以才决定六月三日接见。"西革电"解放干部做得比较好,清华就差些。

关于学部

谈到关于学部的问题时，谢副总理说：学部前几天出了问题，我们对他进行了批评。市革委工作人员不能同学部联系。在学部问题上你们要注意，岁数大的人，你们知道他们安的是什么心？对别人的支持，也要小心。

谈到《红卫兵报》时，谢副总理说：现在办两家报纸或许是有坏人挑动，或许是山头主义、风头主义造成的。你们要好好把握住斗争大方向，紧跟毛主席、中央文革就不会犯错误，要抓大方向，不要管社会上的事。当前的大方向，就是要大联合、三结合、搞斗批改。

谈到关于对待毛主席讲话时，谢副总理说：现在一讲话就录音，到处贴，这还行？！毛主席讲话，要待一年修改后才能发表。

上次主席对清华的讲话，蒯大富就传出去了，这样我也犯了罪。

（原载周良霄、顾菊英编《十年文革中首长讲话传信录》，2009）

江青7月22日凌晨在接见河南代表团时的讲话

《红旗》第54期，1967年7月26日

（群众呼口号）应该是向同志们学习，向同志们致敬！（群众高呼：毛主席万岁！）

刚才有一位同志讲，要发动群众制止武斗，这个意见很好，要大力宣传。挑动武斗的人总是一小撮，如果广大的群众知道了他们的阴谋诡计，揭出了他们，他们就会像过街的老鼠人人喊打。要发动群众，要向群众做深入的宣传工作，这样我们才能胜利。

我们不能太天真烂漫。当挑起武斗的一小撮人，他们拿起武器打你们的时候，革命群众可以拿起武器自卫，在双方达成停止武斗的协议以后，他们仍然不把武器收起来的话，你们自卫的武器不能放下！

（鼓掌，并高呼：毛主席万岁！）

我记得好像就是河南一个革命组织提出这样的口号，叫做"文攻武卫"，这个口号是对的。（热烈鼓掌）我们坚持毛主席提出的文斗，坚决反对武斗，做深入的群众工作，这是第一条，同志们要向群众深入地宣传这一条，做比较艰苦的群众工作，要广大的群众识破一小撮坏人的阴谋，是要做一些工作的。但是，还要有第二条，不能天真烂漫。当他们不放下武器，拿着枪支、长矛、大刀对着你们，你们就放下武器，这是不对的。你们要吃亏的，革命小将你们要吃亏的。现在在武汉就有这个情况。当然，武汉的革命小将也在采取自卫手段。同志们当我们听到"百万雄师"以及他们的幕后一小撮操纵者拿着那样的武器对手无寸铁的革命群众行凶，甚至绑架、殴打我们的谢富治同志、王力同志，我们能允许吗！（群众高呼口号）

河南的情况现在已经达成了协议，我希望各方面都不要撕毁协议，谁撕毁协议谁就是蒋介石。蒋介石在一九四六年十月十号跟我们订了停战协议，他马上就撕毁了。

我今天看看同志们，就把这个道理讲一下，我们有理，真理在我们这边。就是说，毛泽东思想在革命小将、革命干部、革命工人、革命农民这边，不在他们一小撮那边。我们必胜，他们必败。如果他们挑起武斗，不肯放下武器，你们不要天真烂漫放下武器。我支持这一点。

我就讲这么一点。（热烈鼓掌，并高呼：毛主席万岁！向江青同志学习，向江青同志致敬！）（按记录稿整理，未经本人审阅）

周总理 7 月 30 日在接见河南代表团时的讲话

二七战报、东方红报、《红旗》联合战报，1967 年 8 月 2 日

你们达成了几次协议，你们响应康老、伯达、江青同志的号召，

这是好的。但是必须监督执行。你们还要监督军区、军分区，帮助他们改正错误。首先要求河南军区经过加强以后，要负起责来。在今天晚上开始表现出改正错误，有的真正改，有的表面上改，实际不改。他们要表现的。军区同志多次开会，光说不行，要行动，经过群众揭发，改正错误。

其次，过去曾经发了一些枪，军区、军分区、野战军给支持军区的保守组织发了枪。名字叫发给基干民兵。他们拿了枪进行武斗，或者挑动农民进城市进行武斗。我们反对这样做。应该由军区、军分区、野战军负责收回来，封存起来。这也是一个考验。过去放纵群众斗群众，是有人策划的。

第三，刚才十大总部的部分组织，省、市工人总部，河造总的代表团做了检查，承认了过去的错误，这是好的。但是最重要的是表现在行动上，要在行动上改正。我们要教育他帮助他。比如不离开工作岗位，不停产，不停业，不停交通，现在要回到生产、业务和交通运输岗位上去。从抓革命促生产、促业务上表现。二七公社、八二四造反组织要欢迎他们回来。他们愿回来生产，愿意回到毛主席革命路线上来，就要欢迎。停产、停业、停交通不行，要有实际表现。你们的宣言是口头的。毛主席说我们要做实际革命家，要从行动来表现。现在凡是回到工厂，不进行武斗，埋头生产，表示站到毛主席革命路线上来的，造反派应该欢迎，允许他们从行动上改正错误。不要对立，弄得大家不敢回来。现在有些坏组织中极少数人，甚至一些军事方面的人，煽动工人离开生产、业务和交通运输岗位，到农村中去到处流浪，制造事件，这是错上加错。我们发现在"百万雄师"中就有这种情形，把工人搞散；十大总部也有这种现象。这需要双方做工作。犯有错误的回到抓革命促生产方面来表现，造反派帮助他们改正错误。这样才可以把一个机关，一个学校，一个工厂，一个企业，一个商店搞好，才能共同地站在毛主席革命路线上来考验，左派更坚强，犯了错误地回到毛主席革命路线上来。对于"百万雄师"不要叫"百匪"。他还是一个组织，作为一个群众组织，还要争取教育这个组织中的群众，启发他们觉悟，揭露他们的坏头头。他们的坏头头还是依靠他们来揭。比如河造总、十大总部也有这样的坏头头,也要他们组织中的群众起来揭发,不是由二七公社、八·二四揭出来,那样也揪不准。毛主席最近教导我们,对于犯了严重错误的干部包括群众组织的坏头头,要到群众中去考验,一、要承认错误。二、要坚决改正,认真改正。三、要得到群众的谅解。群众的眼睛亮得很,你是不是承认错误,认真改正错误,是不是回到毛主席革命路线上来,要通过群众来证明。四、要给左派做工作,不要乘机报复。要帮助受蒙蔽的群众提高觉悟,使他们迅速回到毛主席革命路线上。五、不允许坏人钻空子,破坏我们的社会秩序。如果坏人操纵工人散了,威胁无产阶级专政,威胁革命领导,不怕,有广大群众支持。在武汉证明了这一点。陈再道掌握一个大军区的兵权,现在他一叛变,最后暴露了,那个地方的问题可以解决得最彻底。"百万雄师"好像了不起,实际上没有什么了不起。你们河造总曾经犯了错误,不要去辩护,你们河造总不但有声明,而且还有报纸,要坚决承认,认真改正,这样才能得到群众的谅解。群众的错误是受蒙蔽,头头的错误就要看,从实际中看,看他是不是真正改正错误。你们达成的协议,要认真贯彻执行,不管谁,群众都看得很清楚。

军区要有集体领导。对他们有意见,可通过组织交给他们,不要满街贴大字报。

(根据记录稿摘要整理,未经本人审阅)

七月三十日在接见河南代表团会议上的康生同志的讲话

二七战报 东方红报《红旗》联合战报,1967年8月2日

同志们:

解决河南问题的会议已经开了多次,今天是最后一次会议。会议完了以后,你们回到河南去,要执行毛主席的革命路线,把河南的无

产阶级文化大革命进行到底！在这个时期中，由于各方面同志的努力，取得很大成绩，会议开得很好，首先是由于自己主观的努力，其次也有客观上文化大革命大好形势的大发展，对我们会议有帮助。在主观上，你们各个群众组织，还是按照毛主席指示的无产阶级革命派大联合的方向走的。如果包括今天提出签字的协议书在内，就达成了三个协议。这些协议都是你们自己写的，一个是"七·五"协议，制止武斗，一个是"七二·三"协议，反对武汉百万雄师，反对陶铸、陈再道、王任重、钟汉华；一个是现在签字的，关于解决河南问题的协议书，这个协议表示，大家赞成和拥护中央关于河南军区检查报告的批示。这些东西都是很好的，同志们做了很大努力。当然，也经过一些反复，经过摆事实讲道理。但是总的方面是向前看的。很好。

武汉发生反革命叛乱事件的形势，促使了我们河南造反派、群众组织和军区、部队干部、战士的觉悟，这也帮助了我们解决河南问题。因为我们一着手河南问题就感觉当中有陈再道、钟汉华反革命分子的黑手伸在河南，如果武汉问题不解决，河南问题是比较难于解决的。当然，从另外一方面说，河南问题解决了，也可以促使武汉问题的解决。这一点我们是做到了。中央批评河南军区特别是何运洪犯有方向路线错误，主张给二七公社平反，认为二七公社是革命的造反派。中央的这个态度明确表示以后，反转头震动了武汉，也就是武汉军区一小撮反革命分子感觉他们的问题严重，特别是"百万雄师"，他们感到严重了。因为他们过去是反对二七公社的。谢副总理亲自去调查，中央解决河南问题触动了武汉军区的问题，触动了武汉文化大革命的问题。这样一来，武汉军区的盖子就揭开了。"百万雄师"一小撮头头的反革命面貌暴露以后，也就促进了同志们的了解和觉悟。在搞"七·二三"协议的时候，我问过同志们：你们河南方面有没有群众组织受蒙蔽？有没有一些群众组织支持"百万雄师"？因为我们知道确实是有的。"百万雄师""产业军""荣复军""联动"纷纷到河南去，不是偶然的。他们觉察到那里可以捞到稻草。这个问题现在看得很清楚了。背叛的人也有所觉悟，这可以帮助同志们认识这个问题。据武汉反映也好，我知道的也好，你们河南十大总部有几个总部是支持"百万雄师"的。这一点我们提出来了。希望你们做工作。你们在这里同大家一起反对"百万雄师"。但是，你们在家里有的还是支持"百万雄师"。

河造总也要注意这个问题，确实你们有的组织支持"百万雄师"，你们河造总还派了专案调查团到武汉，六月十七日公开发表声明，这个声明被"百万雄师"到处翻印。六月十七日到现在一个多月了。这一点你们要注意。为什么呢？道理也很简单，你们河造总支持何运洪，而何运洪就是陈再道、钟汉华在河南执行反动路线的代表，在思想上不能不接触这个问题。这个问题很清楚，希望同志们从很严肃的对待武汉问题上，得到教训。毛主席告诉我们：武汉一小撮人的叛乱行为，可以使全国的解放军、革命造反派、群众组织从中得到教育。现在武汉军区常委的一部分同志发表了一个公告，这个公告在武汉都知道了。河南也传了去，我现在把这个公告和中央的批示告诉大家。

武汉军区党委的这个公告是前几天搞的，对问题说得还不是那样全面，但是基本方面说了。这个公告一共写了四条，这个批语是我们的伟大领袖毛主席亲自批示的。批语说：

中共武汉军区党委：七月二十四日十二时十分的来电并所附武汉部队公告全文已经收到。中央进行了讨论，认为第一，你们现在所采取的立场、政策是正确的，公告可以发表。第二，对于犯了错误的干部，包括你们和广大革命群众所要打倒的陈再道在内，只要他们不再坚持错误，认真改正，并为广大革命群众所谅解之后，仍然可以站起来，参加革命行列。（这一段的意思是说，一方面给他们一条出路，看看他们到底是不是真正改正错误；但是，另一方面同志们要看到，说他们做到三条仍然可以站起来参加革命行列，这就是说他们现在不是在革命行列，而是在反革命行列。对主席这个批示的精神要认真地领会。只要不坚持错误，为广大群众所谅解，那个时候才可以站起来，参加革命行列，现在不是革命行列的人。）第三，要向思想不通的某些部队人员，和"百万雄师"做工作，使他们转变过来。第四，要向左派做工作，不是乘机报复。（因为广大群众是受蒙蔽的，应该帮助他觉悟，不应该报复，不然为什么算革命左派。）第五，要警惕坏人捣乱，不许破坏社会秩序。这是中央的批语。这个批语以及公告已发到部队、群众里边去，受到广大群众的热烈欢迎。现在独立师很多战士检讨了错误，同"百万雄师"划清了界线，广大群众纷纷退出"百万雄师"。当然，还有一小撮头头在那里挣扎，这是没有好结果的。恐怕就在这里边也还会有人觉悟起来的。这种情况促使了我们对河南问题的解决。同志们从报上可以看出，全国广大革命群众、解放军干部、战士一致声讨陈再道、钟汉华等一小撮反革命分子的叛乱行为。这一点在七月二十三日，我向你们介绍情况以后，得到你们各派同志的赞成，一致反对这种叛乱行为，反对"百万雄师"，反对陈再道、钟汉华，并且达成了一个协议，这是很好的。但是我们晓得，现在河南问题还要同志们去努力解决。上次我讲过了，有些"百万雄师"，从武汉派人到河南去，甚至退到河南去，四川"产业军"也到你们那里去，"荣复军""联动"也到河南去。更重要的是河南的武斗还没有制止。新乡、开封、洛阳、平顶山武斗现象都还没有制止，你们还要努力。你们今天又签字达成了一个协议，这很好。我讲这个问题你们应当想一想，七月二十三日为什么你们达成了协议，而河南军区没有表示态度。本来，那天晚上，一方面你们群众方面对武汉政治上表示态度，另一方面，我想省军区也应该立刻表示态度。因为河南军区属于武汉大军区直接管。但是那天晚上没有达到这个目的。因为那天晚上何运洪不来参加我们这个会议。当然，他说他有病，也许有病。但是最近我们在军队干部会议上对他做了严厉批评。在那样的关键时刻，在会上讨论那样的问题，也不参加我们的会议，完全是错误的。打了陈再道，他心里有点痛。

　　……要引起十大总部、特别是工人总部的警惕，陈再道、钟汉华、及河南军区里边的何运洪、李善亭等人，他们主要是依靠十大总部。这一点，十大总部的人，特别是省工人总部的人，要告诉他们，提高警惕，这是第一。第二，你们十大总部、工人总部同"百万雄师"有关系。不是所有人，但是也不要否认有些人有联系。这一点也要使下边的人引起警惕。现在有些人已经警惕了，政治上要特别注意这个问题。因为"百万雄师"坚决反对二七公社，你们过去也坚决反对二七公社，在思想上有共同基础，在某些问题上有联系。这一点我希望你们同"百万雄师""产业军""荣复军""联动"划清界限，坚决反对他们，在这方面你们要注意做工作。第三，我知道在郑州有些工人总部的人向农村撤退。这个方向不太妙。现在已经有些厂子停产了，这一点应该向他们解释，他们没有责任，受蒙蔽无罪，反戈一击有理。要给他们开脱，不是他们的责任，希望他们坚决执行毛主席的路线，抓革命、促生产。否则，一散布到农村，就可能走错了路。同时，长期在外边，对生产不利，对自己的家庭也不利，很多家属也劝他们回头。这一点二七公社要保证不报复。他们有错误，要帮助他们改正。李×同志代表省工人总部检讨了以后，我特别提请你注意。"产业军""百万雄师"在向你们方面伸手，这一点要特别注意！在这方面，二七公社的同志不要歧视他们，要带动他们改正错误，团结他们。一些过激是有的，中央会议完了以后，二七公社可能犯错误，骄傲了，翘尾巴了，觉得自己完全对，百分之百的布尔什维克，这一点要特别注意。

中央除了派刘建勋同志回去以外，军区干部要加以改组，这一点，同志们放心好了（二七战士呼口号）中央已经决定调王新同志去帮助刘建勋同志做军区工作，有的同志去问何运洪怎么样？同志们，我可以告诉你们，何运洪没有资格再领导河南文化大革命。因此，中央决定着手成立以刘建勋同志为首的，有革命群众组织代表、军队代表、革命领导干部参加的河南省革命委员会筹备小组，领导全省的文化大革命和工农业生产。革命委员会筹备小组的名单你们通过后报告中央。

现在河南军区党委发了检查报告，一军也有一个检讨报告，这方面是好的。但是另一方面，的确像总理讲的，群众还要监督，看他犯的错误是不是真正改正了。要帮助军区以及一军改正错误。上次我讲过了，他们认真改正错误，我们要相信他们能够改正错误。只要改正了错误，广大群众一定会热烈拥护解放军的。何运洪等人不能真正代表解放军。我们相信群众能够支持和欢迎军区改正错误，这一点我再三讲不要给军区施加压力,使他不改正错误。有这种苗头,有些人还要硬说他过去支左的大方向是对的,这样对河南的文化大革命是不利的,尤其是武汉问题,陈再道问题被揭出来以后,同志们可以看得很清楚。过去何运洪等人长期的顽固地拒绝党中央、毛主席的指示,坚决执行陈再道、钟汉华的黑指示。所以我们希望军区坚决改正错误,群众要帮助他改正错误,坚决反对口头上承认错误,实际上坚持错误。坚决反对不支持他改正错误,给他施加压力,使他不改正错误。

在我们这次会议上,几个组织达成了三个协议,这很好了。但是这还要在实践中检验。从文字上达成协议,到实践中贯彻执行,这要做很多工作。所以,同志们要言行一致。二七公社平反了,中央承认他们是革命造反派了。他们反对何运洪,反对军区的错误路线是对的,这是好的。但是正像在会议期间二七公社同志讲的,不要在中央会议以后就骄傲了,翘起尾巴了,刚才二七公社的同志还讲了,的确有些组织有些不纯,特别是要注意掌握政策,决不搞报复,还要做工作,向左派做工作,不要乘机报复。这一点你们代表要紧紧掌握。有的组织有错误,要帮助他们改正错误,同他们团结在一起,在毛主席革命路线上团结起来。不要讽刺、歧视,要好好团结。当然中间也经过一些批评和斗争,在新的基础上达到团结。这就是毛主席说的:"团结——批评——团结。"这一点二七公社的同志要戒骄戒躁、兢兢业业,不要在这方面犯错误,不要背包袱。要善于掌握政策。毛主席说:政策和策略是党的生命。我很担心二七公社可能要犯错误,因为各个地方常常是这样,中央支持一下,自己骄傲起来了,不讲政策,打击报复,结果自己犯了错误。我看了你们各个组织,虽然观点不同,但是你们的思想方法有共同点,二七也好,河造总也好,十大总部也好,有一个共同点,就是说辩证法太少,不会反复考虑问题。

还有一条要注意,就是当着他受压迫的时候,自己团结在一起;当着平反,不受压迫的时候,就打"内战"。你们一定要注意。

河造总犯了一些错误不要紧,犯了错误,得到了教训,并不因为犯错误把整个工作都否定了,我们也不是这样。不过的确你们需要有自我批评，有自我批评才能真正团结。我讲这个问题请你们注意。你们是青年，是革命小将，决不能玩这样的手段，表面上承认二七公社，是为了巩固阵脚，巩固组织，把阵脚、组织巩固起来，又会发生变化，那就不好了。你们今天晚上的检讨是好的，但我还要说一下，你们不但在这里检讨，在家里有什么毛病，有什么缺点，也要检讨。今天河造总作自我批评，我很高兴，在整个会议中，我感觉你们自我批评不够。我觉得自我批评这是最重要的，这对你们有很大好处，是很大教训。

十大总部李×同志的讲话我是赞成的。但是你们自我批评不够。你们是工人总部，在这方面应做得更好一些。这一点请你们注意，我已经听到你讲的那个话里面还有话。你们对二七公社还有一些小嘀咕，这一点更要注意。革命群众组织有错误，改正了就好了，尤其是革命组织。我入党以后长期在上海做工人工作，我懂得工人的品质，他们无产阶级本质是好的。从武汉事件可以得到一个教训，你们千万不要轻信许多谣言，要从陈再道反革命叛乱中得到教训。他们有一个口号，说是中央文革只要知识分子、学生，不要工人，不要农民。百万雄师也是这样，说中央文革只要学生、知识分子，不要工人。四川产业军也得是这样讲。他们想利用这点离间工人阶级同我们党的关系，工人阶级同革命的红卫兵，革命知识分子的关系，这是一个大阴谋。

实际上真正不要工人，不要农民的不是党中央，不是毛主席，不是中央文革，而恰恰是这些反革命分子。他们欺骗工人、农民，引导他们犯错误，煽动他们参加反革命暴乱。因此，我前天晚上问陈再道，陈再道假装他是不认识字的老粗，想说明他是劳动人民。我问大家，陈再道能不能代表劳动人民？（众答：不能！）不能。他是劳动人民的叛徒，工人、农民的叛徒，不能代表劳动人民。这一点希望省、市工人总部的同志千万要注意，不要上这个当。不然工人、农民就会上一小撮走资本主义道路当权派的当，这是一个教训。反对文化革命的一小撮走资本主义道路的当权派、修正主义分子、反革命分子，他们诬蔑文化大革命、诬蔑党中央、诬蔑毛主席、诬蔑中央文革小组，他们说文化大革命就是整解放军,他们甚至更狂妄地问我们,你们还要不要解放军?如果不要就回家种地去。同志们,千万不要受这样的挑拨,这样的欺骗,谁不要解放军呢?真正爱护、信任、依靠解放军的恰恰是毛主席、林副主席、中央文革小组。像陈再道、钟汉华、独立师牛海龙、蔡炳臣才是真正不要解放军,他们把独立师的有些干部煽动起来反对毛主席,反对党中央,反对中央文革小组,他们是要破坏解放军的声誉,瓦解解放军的组织。同志们想一想,像陈再道、钟汉华、牛海龙、蔡炳臣他们能不能代表解放军?(众答:不能!)不能。他们是解放军的败类。这一点同志们要注意,要警惕。凡是煽动部队对抗党中央,反对毛主席,反对林副主席、反对中央文革小组的人,才是真正破坏我们的解放军。这一点是一个很大教训。

有些人反对文化大革命,反对毛主席,反对林副主席,反对中央文革小组。他们说,文化革命不要党了。同志们,要想一想,千万不要轻信这样的污蔑。大家知道,文化大革命是毛主席亲自发动和领导的,是林副主席亲自领导的,是中央文革小组亲自领导的,怎么会不要党的领导呢?我们不要刘、邓黑党的领导,说这种话的人就是想象以前那样要刘,邓黑党的领导。那个党不能领导。我们的文化大革命,恰恰是反对党内一小撮走资本主义道路的当权派。有的人污蔑我们的文化大革命,他们恰恰是要复辟刘、邓路线,想让刘、邓的党来领导。同志们想一想,武汉的军区政委是王任重,被打倒了,以后陈再道是第二书记,实际是第一书记,钟汉华是第三书记,实际是第二书记。我们要不要陈再道、钟汉华的党领导?(众答:不要)我们应当得到一个教训

他们反对文化革命,反对毛主席,反对林副主席,反对中央文革小组,说文化革命,中央文革小组专门整老干部,不要老干部了。实际上恰恰是毛主席、林副主席、中央文革小组最关心老干部。老干部是宝贵的财产,要保护他们。但是,离开马列主义,离开毛泽东思想,离开阶级路线,笼统地讲要不要老干部,那不行。刘少奇算老干部吗?邓小平算不算老干部?陈再道算不算老干部?钟汉华算不算老干部?(众答:是老反革命)他们不能代表我们的老干部,是老反革

命。说那样话的人，就是要那些人在我们党内当权，恰恰是他们不要老干部，是对老干部的诬蔑，老干部应是坚决执行毛主席革命路线的干部，老干部应该是坚决执行毛主席革命路线的干部。如果像他们执行资产阶级反动路线的干部，是相反的。这一条同志们应该注意，应该引起我们的警惕。所以我们说，武汉问题使我们取得了教训。从这些重大问题上看，取得了教训就对我们解决河南的问题有好处。因为河南还没有发生像武汉那样绑架王力同志，毒打谢富治同志，还没有发生那样的反革命叛乱，但是，有些问题是相同的，陈再道，钟汉华他靠什么呢？第一，煽动独立师；第二，利用公、检、法；第三，利用分区武装部；第四，利用省直机关保守组织。这样去煽动蒙蔽一些群众、工人、干部。同志们，仅仅是百万雄师搞不起来那样的叛乱的，河南的何运洪一直在军区煽动镇压革命造反派组织，利用公、检、法大量逮捕人，到底逮捕多少，何运洪说一千多人，实际上在一万人以上，直到现在他还没有忠实的交代。何运洪就是利用这些东西，何运洪自己是搞公安工作的，在彭德怀保卫部当特派员、文敏生也是做公安工作的，赵文甫是领导公安工作的，省委机关的丁石也是做公安工作的。他们利用公安总部在郑州大量捕人，实行残酷的白色恐怖，使用法西斯手段，刚才张钦礼讲的，不是一个孤立的例子，而是很多。他们利用这个东西同样在河南支持某些犯错误的军分区、人武部，这一点应当说河南比湖北还厉害。我希望他们执行毛主席的指示，有了错误坚决改正，这是我们解放军最好的一种品质。犯错误有时是难免的，但是要认真改正，我相信多数同志能够做到这些。他们今天应该脱裤子，彻底检查自己的错误，解决河南的问题。

（根据记录稿摘要整理，未经本人审阅）

陈伯达、李富春在"彻底批判陈毅大会"上的讲话

1967 年 8 月 27 日

八月二十七日,外事口无产阶级革命派联合委员会召开了彻底批判陈毅大会,陈伯达、李富春在会上讲了话。摘要如下。

陈伯达:批陈是对的嘛,他有错误,应当批判嘛。群众可以批判,他自己也应当作自我批判。我赞成批判,也赞成他本人作自我批判。

我今天来想提一点意见。你们今天开这样一个大会,你们自己批就行了嘛,非要总理参加才行?你们没有学好主席亲自制定的无产阶级文化大革命十六条的群众自己教育自己。你们自己批好了!为什么非要总理参加才行呢?总理因为不能来,就派了中央政治局常委的李富春来代表总理,这是重视你们的批判。总理叫富春同志来代表党参加你们的大会,这就够重视你们的了。

李富春:昨晚和今晨总理叫我来参加你们的大会,这说明总理是支持你们的大会的。总理亲自确定为"彻底批判陈毅大会",你们批得对,批得好。希望你们今后彻底批深批透。你们提出陈毅必须向毛主席低头认罪,提出陈毅不投降,就坚决打倒他,我都赞成。但是你们有的同志提出"打倒陈毅",我看还不是,你们勒令陈十天交出检查,我支持你们的革命行动。刚才陈伯达特地打电话告诉我,要我说一句:总理和中央文革是一致的,现在有的人想挑拨是办不到的。

李富春与韩爱晶、谭剑峰、李冬民的谈话

1967 年 8 月 27 日

(一)毕业生问题:六六年毕业生今年九月份分配,六七年毕业生今年年底到来年年初分配,中央有个关于毕业生问题的文件,要由

我们伟大领袖毛主席亲自批改。很快就要发下来了。不能分配下去的，就留在学校里搞运动，或者下乡，参加劳动。

（二）关于教改问题，高等学校在高教部的领导下，没有真正贯彻毛主席革命路线。你们要把毛主席关于教育方面的指示收集起来。与刘少奇、陆定一的言论比较，才能批改。大学分系分得太细，而且很空，教育时间不要那么长。这制度不符合毛泽东思想，它使受教育者不能接触实际，不接触运动。你们要按照毛主席关于培养无产阶级革命事业接班人的五个条件，主席五七指示，以及毛主席的历次指示去批改。

（三）真正制订"三和一少""三降一灭"反革命修正主义外交路线的是刘少奇、邓小平、王稼祥。陈毅是推行了这个东西的。你们批判他是对的。真正形成是在一九五六年，到一九六二年，王稼祥提出了一系列的理论，胡说什么"国家困难，是不是对帝国主义就不要那么凶了，对修正主义就不要那么凶了，对各国反动派就不要那么凶了。"等等。

（原载 1967 年 9 月 12 日《外事红旗 革命侨报》联合版）

周恩来、陈伯达、江青接见大专院校代表的讲话

1967 年 9 月 16 日

1967 年 9 月 16 日晚 8 时 50 分至次日晨 0：45，周总理、陈伯达、康生、江青、谢富治、姚文元、叶群、戚本禹、傅崇碧等中央首长在人大会堂安徽厅接见首都大专院校红代会部分组织的负责人。

江青同志：我们现在开会。小将们，你们不是老将。先读语录，带了没有？（念语录第一页第一段，第三页第二段，第 224 页第二段，第 229 页第二段）好，现在请总理给我们讲话。

周总理：这次找首都红代会各学校组织来商量一些事情，但是北京现在分为两大派："天派""地派"，今天主要接见"天派"。我最近才知道，听说我是"天派"的后台。我倒是喜欢坐飞机，但是飞机要从地上飞起，以后又要回到地上。"天派"有一个观点，小报中对形势有一个错误估计，任务从形势而来。今年春天清华井冈山小报上对形势估计很坏，说什么要跟毛主席上山打游击去了。你们不知道党中央情况，到处道听途说，瞎估计。

武汉七·二〇事件之后，在八月五日天安门城楼上，有人认为是第三次大串联。我讲哪有这么回事。我们根本不是这样估计，形势推动我们前进，我们否定这种错误估计。

尽管我们这样说，但是同学们不回去，还是这样讲，还是这样估计，还是这样做。八月十日、十一日两次座谈会，我们批判了这种错误估计，你们还是这样估计。清华派出四、五千人，北大也派不少，北航也去了不少人。我们不断的号召回来，但是不灵。（江青：清华去了五千人，揪军内一小撮走资派。清华井冈山今天登小报反对我。蒯大富你站出来，你们今天就反对我，我是批评你，不是打倒你，坐下。）连武汉三钢三新都说是处在资本主义复辟的前夜。这样估计是错误的，还提出什么"武装夺取政权"，"战争解决问题"。武装夺谁的权？就是要夺毛主席的权；"战争解决问题"，就是企图夺军队的权了。揪军内一小撮，七月我们纠正了一次，但八月到目前这个错误口号就是没有肃清。我们与大学红代会谈了多次但不灵。北京的话传到全国，现在有些地方还在揪军内一小撮。

党中央的估计与你们相反。七八月份，各地军队承认了错误，解决了河南、湖北、湖南、浙江、江西问题，比上半年快得多。我军是毛主席亲手缔造、林副统帅亲自领导的军队，人民解放军最听毛主席的话，毛主席一号召说，错了，解放军马上就认错了。解决武汉问题就是靠毛主席，靠军队，不是靠别的前进。这就是相信人民，相信党，相信解放军。陈再道，钟汉华这些人有什么多大作用，一下子就解决了。

文化大革命已经进入第二个年头，又过三个半月了。文化大革命向深度、广度发展了。全国已有七个省市自治区建立了革命委员会或筹备小组，把文化大革命推向前进了。现在正面临第二个年头，要思想革命化，要夺走资派的权，要巩固胜利，我们有无限胜利信心。首都红代会不听我们这些，主观臆造，错误估计形势，影响全国，与毛主席、党中央和中央文革的方向背道而驰。例如，江青同志九月五日有一个讲话，你们放了录音了吧？（众：都放了。）她讲了三个问题，可是你们的做法与这三个问题都相反。

江青同志讲要拥护和巩固以毛主席为首的党中央无产阶级革命司令部，提出要巩固这个领导核心。所以，九月一日在市革委会扩大会议上，我们讲了"五一六"兵团是一个阴谋反动组织，它要动摇毛主席、党中央的领导，姚文元又提出了它的性质。但这主要是一小撮坏头头，从极"左"方面破坏党的领导，我们要认真对待。他们的矛头不是反对我个人周总理，实际上是对中央文革，我与中央文革是坚决一起战斗的嘛，一起办公的嘛，这是统一在毛主席、林副统帅指导之下的。这你钻什么空子呢？有人想从极"左"钻空子，我们小将到处传闻，油印，推论，臆造，总归是干扰我们的工作，我们今天就是帮助你们。

对"五一六"不应扩大化，总是少数坏头头，对揪黑手要认真对待，不能在群众中揪一派打一派。"五一六"就是靠造谣，阴谋活动，除此而外没有什么了不起的。不要在群众中扩大化，不要揪一派打一派。对"湘江风雷"就是这样，他们的头头有坏人。我们过去听军区的多了，现在解决了，"五一六"别看在名字上有几方面军，实际上没有几个人。群众会觉悟，他们本来就是造谣生事。这是第一不要扩大化。

第二，你们学校各组织真有这样的人，你们应划清界线，由本组织自己揪出坏头头，这样我们欢迎。农大东方红查出了秦化龙是叛徒。他们听我的话，在批谭时没让他上主席台，他们农大东方红将秦化龙扭送卫戍区，我通知接受。我今晨接见了他们。虽然他们东方红查出几个"五一六"分子，但是他们找出了人证物证，自己揪出秦化龙扭送卫戍区，这很好。安徽两派都是革命造反派，中央解决问题以后两派都打电话揪黑手,他们从没有讲过团结,P派和好派也一道揪黑手了,这是从没有的好事。(康生插话:两派争先恐后的交武器,自己把自己的坏头头抓起来,送交军管会了。)

秦化龙是个叛徒,不是一家调查出来的,农大的问题两派都参加了,你们应该欢迎他们。揪叛徒问题"天派""地派"都合作了,这个行动完全有利于党的纯洁,为什么要分裂呢?对"五一六"要有这个精神。

第三,"五一六"的头头揪出来了,不要因为有几个坏头头就认为群众也都不好了,把群众推到对立面,这是群众斗群众。

第四,"五一六"兵团以极"左"面貌动摇毛主席的司令部,从内部挑拨我和中央文革的关系。我和中央文革不可能都是一个口吻,如果谈什么事都是一个口吻那就一个人讲好了。(康老插话:钩心斗角的看待中央文革和无产阶级司令部。)这是资产阶级思想,"五·一六"从极"左"方面来干扰。但也要防止二月逆流那样从右的方向来干扰,两者形式不同,实质相同。所以我们要指出"五一六"问题,但不允许老保翻天,不能借此机会翻案。文汇报今天讲,巩固无产阶级专政,要从中央领导巩固起。

你们何必来干预党中央领导的内部生活呢?我们是一致的,你们胡说乱猜是胡闹,是干扰我们的领导,是不能得逞的,如果你们是被人操纵就要揭发,若是自己认识问题就改正。地、富、反、坏、右坏人都想拆党中央的台。你们青年人思想常常摇摆,别的地方一听你们的讲话,就以为你们从党中央、中央文革得到什么法宝了,这很不好,当年五四运动青年受封建和军阀思想影响有派别是可以的,当时北大就有胡适之派,陈独秀派,自从遵义会议之后,毛主席取得我们党的领导地位之后总是一派红线,虽然有刘、邓黑线在作怪,但仍然取得了伟大胜利。可是你们都掰着手指头算党中央还有几个人了,这完全不是毛泽东思想,是五十年前我们对北洋军阀的看法。现在虽然有走资派、特务,但是主要还是毛主席的伟大领导,回想五四运动时,你们比我们高明多了,但是你们不能飘飘然,要好好地从天上回到地下来。

江青同志讲的第二个问题是要巩固人民解放军。主席讲要三个相信三个依靠，其中武装力量是人民解放军，在无产阶级文化大革命中保护我们，从去年保卫革命小将就提"四不"。而你们如何看呢？就相信揪军内一小撮，到处分析，说"林副主席只能指挥五分之一军队"了，简直一派胡言，这根本不符合我们四十年的历史。林彪同志提倡的三八作风，四个第一，五好连队，我们怎么能怀疑呢？不错，军内也有坏人，像陈再道、钟汉华、赵永夫等，但是绝大多数是经得住考验的，怎么能用"武装夺取政权"，"战争解决问题"呢？如果有坏人挑动你们就要上当的，拥军爱民是毛主席早就号召了的。我们现在面临着国内外阶级敌人，走资派，要更好地树立敌情观点，这一点在一到打内战时就忘记了。有些领导靠边站了，应该考虑大联合，北京武斗有的比较严重，西单商场，光学仪器厂破坏机器。工农带眼泪进去，带眼泪出来，总归是有坏人伸黑手。在这方面我们要告诉大家，"揪军内一小撮"继续下去是错误的。与军队的对立情绪是错误的，只有通过军训才能将散乱无组织现象变成有组织行动，特别是知识分子，对一些机要部门要实行军管（江青同志插话：昨天有人像强盗似的从房子上进入《红旗》，这是强盗，要专政，请谢富治同志破获，要实行无产阶级专政）。在北京还发现有违背中央精神的事，对犯错误的干部进行批评，我们不赞成弯腰驼背。这是桃园四清的经验，"燕飞"是王光美、王任重搞的（江青同志插话：北京爬墙抓人是从叶向真那开始的。刘诗昆、叶向真打解放军你们知道不知道），这些你们要批判。年青小将犯了点错误不能就摔在地上，对军队夺权是错误的，保卫国家的武器你们夺过来干什么？你们夺了枪就乱放，这事不允许。特别是有人不是光明正大，而是做特务行动。去年我对红卫兵讲过，叶向真爬墙搞彭真，杨尚昆搞窃听器，身上带录音机，开秘密会，偷记录，偷日记本，这都是资产阶级特务方式。

北航红旗去年搞什么"斗争策略"小册子，绝密的，这是一套特务手段，是国民党特务手段，这种办法早就被毛主席痛斥的。我要不告诉你们就是犯罪，你们必须去掉。

还有就是抓住人家一句话，就推理，这是不好的，我们不要学彭罗陆杨那一套,我们不指出就是犯罪(江青同志插话:宣布,一切秘密会议非法,我们中央文革都没有秘密会议,要防止阶级敌人破坏,北航红旗有人给蒋经国写信(念中央社新闻……,你们听了吃惊不吃惊呀!)。要警惕呀,在这种情况下阶级敌人就是要破坏。(江青同志插话:队伍不纯是正常现象,但要相对的纯,这一点你们组织内部处理。)这是阶级异己分子在派别斗争后边搞的鬼,暴露出来是好的,建立起来的革命委员会是新生事物,有很强的生命力,但是不完全、粗糙。有缺点错误,是爱护还是一棍子打死?但在北京就是两派斗争,找一个借口就要给人家颠覆掉,外部还有人。你们不少人参加,蒯大富、韩爱晶你们都到了现场。(江青同志插话:聂元梓也去了,躲在一个地方指挥。)(聂元梓:我没有去。)

总理对江青同志讲:这个情况没证实。师大革委会有缺点有错误自己改正嘛!为什么需要外边的人去干涉,不听主席的。我们说这些心里很难过。我们学主席著作不好,我四十六年党的历史,我犯过不少错误,也犯过路线错误,不需要五·一六来整理,我心里清楚。我个人犯过错误要认识错误,我快七十岁了,要做到死,学到死,要改到死,跟到死,就是要至死紧跟毛主席,紧跟林副统帅。你们来日方长,不要自满,故步自封。只要一天离开毛主席教导就要犯错误。我们的影响较大,你们的影响也不小。我们有错误有缺点,在北京对工人文化革命注意的差,因为北京工人文化革命开展得比学生晚,我们注意知识分子多了。(江青同志插话:你们从小受资产阶级教育,从小受家庭影响。不要忘记你们还没有进行斗批改呢!)我们有些偏爱你们,溺爱你们,比如蒯大富他的思想不稳定,他虽然出身劳动人民家庭,也要好好改造。(江青同志插话:是劳动人民家庭吗?)但这不要紧,要与工人、农民结合去受锻炼,我和韩爱晶同志没有什么直接接触,就是因为在一次会上我看见他很瘦,就派我的医生给他检查检查,结果这也成了包袱。(江青同志插话:韩爱晶,我们宠坏了你,我难过,你写的自我批评不是什么自我批评。)你们不应该随便去颠覆人家的革委会,全国都应该如此,这是一个重大的任务。

所以,北京两派不是学好毛著,而是长期受资产阶级教育、修正主义影响，近一年来运动轰轰烈烈，你们连坐下来学习都不行，有时连《人民日报》、《红旗》社论都来不及学。所以一些坏东西如："怀疑一切""包打天下"思想很厉害。好像北京的学生如何如何好，不错，北京学生先点了无产阶级文化大革命的火是对的，你们有成绩有功劳。但是今年八、九月份不同了，各地都起来了，可以根据自己的情况进行了，结合实际情况进行了，北京大学生再包打天下就是小资产阶级的狂热性。有的就是支持少数反对领导。不管对不对，外地反感，电话全是这样。伟大领袖毛主席说这是帮倒忙。（康生同志插话：这是主席说的，你们为什么总是不听呢？！）大家联合开会不能解决人家本身的问题，还有"以我为核心""唯我独左"，目前这个论调在某些组织或学校中很盛行。（江青同志插话：北京地派要吃掉天派，或是天派要吃掉地派，老实讲吃不掉，你们老老实实从天上下来，否则跌得粉碎，地派也必须从地下钻出来。）我们必须用毛主席思想为准则，如果私字当头，压一派是压不倒的，这是派性高于党性。（江青同志插话：打内战就是打私战。）

我们希望你们还是按十六条方针，紧跟毛主席的航向，将矛头对准党内走资本主义道路的当权派，结合本单位斗批改，不然，你们本单位的斗批改何时才能完成？有些学生外出不回来，给他一个月的有效期，不回来开除学籍。（江青同志插话：不分配工作，参加斗批改这就是毕业分数，不参加不准毕业，这样可以不可以？应该不应该？）（众：可以！应该！）你们还要放一辈子假吗？现在到时候了。现在考验你们两件事：

一、红代会两大派，各学校的多少派，为了迎接文化大革命后第二个国庆，联合起来好不好？（众：好！）派军训团去军训，接好军训站好队伍，否则你们没有资格参加。

二、三秋到了，又是考验你们的时候，（江青同志插话：昌平有的地、富、反、坏、右抢秋，要坚决镇压，不许地、富、反、坏、右翻天。）我们要保护搞好秋收，国庆之后到农村参加三秋，考验你们好不好？（陈伯达同志插话：可不要把两大派的观点带下去）这是与劳动人民打成一片，锻炼自己，其它分配、选种、秋种都是考验你们。

（傅崇碧同志插话：有的学生从外地回来带来了枪，说是胜利品，问题很严重）国家的财产，你们从哪来的胜利品，手榴弹、枪、子弹完全交出来。（江青同志插话：你们都不会瞄准。哎……）

江青同志：下面请陈伯达同志讲话。

陈伯达同志：说我是天派的后台。（康生同志插话：街上画了系统图，有书为证，不是造谣）说我是天派的唯一理由就是我和他谈过话，但是都可以公开，可以放在光天化日之下。（江青同志：造谣的事太多了，各取所需，以后总得设法弄清，总不能造谣有功。）

韩爱晶你讲一讲我和你谈过袁世凯吗？（韩：没有）我知道韩爱晶名字不久，我认为韩爱晶要做像样的自我批评。我问你韩爱晶、蒯大富，你们对二月逆流有鲜明的态度和鲜明的旗帜吗？对五·一六兵团表示过什么气愤吗？（韩：有）在这里我批评韩爱晶、蒯大富，我不是天派，我是不三不四派，我批评的不对请你们批评。（江青：爱护你们才批评你们，不要灰溜溜的。）

我有一次找韩、蒯讲了一次话，蒯大富讲了一些悲观的话，我才说："无限的希望，无限的前途，无限的光明"，"行百里者半九十"这样我就变成你的后台了。你们有这样一个悲观的思想，就不能正确的估计形势，不能正确对待文化大革命。毛主席估计是大好形势，这种悲观情绪正确吗？最最正确的是毛主席为首的党中央，你们是很悲观的。你们要学毛著。你们对江青同志讲话很好学习过吗？想过吗？你们大批同学到全国去抓军内一小撮，不是自毁长城吗？而是中了敌人奸计！

北航有人写信给蒋经国，难道不能引起警惕吗？文化大革命是思想革命，革我们脑子里的资产阶级思想。我们的阶级敌人用各种各样的资产阶级思想侵蚀我们，你们当了大官了。听说韩爱晶要去西安买飞机票（韩：没有，火车票），财政大权在你们手里，你们拿钱挥金如土，口口声声说拥护毛主席，拥护毛主席的革命路线，可是你们的言行又是怎样呢？各行其政。认为天要塌下来了，那天师大问题，你们搞了什么活动？（戚本禹同志：你们清华、北航、人大三红、体院等几个院校开了一个秘密会。）（江青同志：你们自己就说话不算数，人大三红就言而无信，你们三红里就有很多特务，回去把它搞出来。我怀疑你（指回答问题的三红战士）不是学生。你们保大特务孙泱。）

我建议你们到外边去都坐公共汽车，财经公开。我不晓得你们花了多少钱。不要采取特务手段、警察手段，当面一套、背后一套。两派为什么不能谈问题呢？为什么要吃掉他呢？大鱼吃小鱼。聂元梓去了没有？你们总是幸灾乐祸。（江青同志：你们以前在教育部还俘虏过谭厚兰）你们要公开到桌面上，不要采取手段。（江青同志：你们就只能片字只语，完全是糊涂）你韩爱晶不在学校搞你的复课闹革命，而是到师大亲临前线，你们还是东支持西支持。（江青同志：看来你真是后台了。）

今天就是摊牌了。你们抱了一大块石头，却以为自己得了一个宝贝，死抱住不放，走路有包袱。你韩爱晶有没有后台？（韩：没有，保证没有！保证二十年也能证明我校大方向是正确的）你没有被人牵着鼻子走？不知不觉被人拉着走，你蒯大富有没有后台？（蒯：不敢保证）聂元梓有没有？（聂：没有）（江青同志：有人说新北大又立第三功了，聂元梓你不害臊，老实讲，我们去年与陶铸作斗争时，你们还不知道呢？你与王任重打得火热，他是一个CC特务。孙泱也是一个特务，可能是一个日本特务，还与苏修有关。）（戚本禹同志：孙泱的秘书就是你们三红战士。）

你们大事不去搞，而去搞师大革命委员会，大鱼吃小鱼，实用主义很严重。不搞自己的斗批改，要提高警惕呀！不能包办代替，手要收回来，你们有没有后台，调查研究一下再说话，不必匆忙声明。我们不会冤枉好人。是什么线把你们拉在一起，乘人之危，这样会得到你们意想不到的老保翻天。（江青同志：北大已经老保翻天，至少是部分老保翻天。）

江青同志：今天给同志们、小将开这个会。今天由沉痛变成气愤，几次都不能与你们冷静地谈，我觉得我应该做自我批评，听你们意见时较少，不能及时地对你们从思想上到政治上帮助你们提高。另外一方面，我接受外地的批评：说我对北京的学生太宠了，这是事实，批评你们很少，都说好啊！好啊！当然，老保翻天，颠覆小将成果你们不答应。在许多时候，宠、溺爱你们。我的孩子回家造我的反，说韩爱晶如何如何……我对他说：你不跟爸爸、妈妈干革命就走开。韩爱晶栽了个大跟斗，对接受我的批评不理解。对你溺爱了，见了你就笑眯眯的，圣人啊，小圣人啊！现在我感到你是绝对主义者。我敢保证，我敢保证……。北航你敢保证吗？说得太早了。

有人想从右的，极"左"的方面动摇以毛主席为首的党中央，我们对你们太宠了，要求不严格，接班人要接马列主义、毛泽东思想，不是接别的。而在你们脑子里毛泽东思想占得很少，因为主席从来不绝对，不武断。不久前，毛主席告诉我，让我转告给小将："告诉小将，现在轮到他们犯错误的时候了"。回去好好想想，我对你们帮助、教育不够，谈了以后，以为你们能听我们的谈话，但你们根本不听我们的话，这是我们的主观主义。

上次批评了蒯大富，自从蒯大富提出先进的南方，落后的北方，你们思想水平不是提高了而是降低了，以后发现几次总是背道而驰。到目前某部分人，对我们言而无信，这是什么问题呢？除了少数坏人浑水摸鱼外，你们自大狂妄、个人主义膨胀没地方放，把自己置于党中央、毛主席之上，人民之上。

你们是救世主，包打天下的英雄。就是资本主义个人主义在作怪。去年朝气蓬蓬勃勃，现在变成另外一种人，背离大方向。当然说的是部分人，但他们在起作用，我应告诉你们，不要以为中国没有你们就完了。中国共产党1,800万，就是揪出一万也是少数。你们悲观失望，韩爱晶写什么检查，连我名字都不写，变成大老爷，宠坏了你，在座的我是最宠爱你，训了要训你，训无产阶级的子女，你脑子里资产阶级，小资产阶级思想在泛滥，蒯大富我都不愿再训了。

总的说，天派、地派也好，我们做的工作少，你们有缺点有错误，我们应该承担，我并不轻松，我们虽然没有直接关系，在最困难的时候我们共患难。现在你们连毛主席的话都不听了。有的人在小报上骂我："江青算老几！"我是一个普通的共产党员。别认为离了你自己不行。你们回去要开门整风，把不纯分子清除出去，提醒你们，你们不跟毛主席走，我们依靠军队、劳动人民。只要主席一声令下，军队就坚决跟主席走，我跟主席几十年了，不像你们摇来晃去。你们不学毛主席著作，靠歪门邪道，靠特务手段……连我的信都有人邮检，对我专政。你们那一套，是刘少奇的。主席关心你们，因此谆谆告诫小将：现在轮到你们犯错误的时候了，我说的是真正的革命小将。

我想突出讲一个问题：就是你缺乏敌情观念，刚才韩爱晶的表现就是如此，什么都是好的，有三千地富反坏右、国民党特务在温州捣乱，这就是敌情。我们军队去夺了权。你们人大有相当多的特务，为什么日修、苏修对你们学校的动态报道那样迅速呢？两派都有，那派（指新人大）是肖前。

另外，有奴隶思想，非常喜欢外国人参加你们的会议，我们自己的事，革自己的命，请他们干什么？当然有的是朋友，但混着不少特务。国民党也留下相当大的一批人没走，难道他们不破坏我们的无产阶级文化大革命吗？北京两大派，我感觉有苏修、美蒋、日本特务在作怪，你们有的自己不知道，利用你们个人主义膨胀，爱为个人吹捧，说你如何如何，听不得不同批评。我们批评你们，就对我们疏远，那边就会拉你们，要提高警惕。

另外讲一个立新功的问题。

你们自己觉得自己了不得了，立了不少功。要做真正的无产阶级革命派，毛主席的小学生，每天都要想想自己为人民立了新的功劳没有？犯了错误要自我批评，立了功那是本分。

说了几次你们听不进去，你们是老大，大到连毛主席的话，中央的话都不听了，多数是听的，我说的是少数，少数回去想了，也还是听的。

回去搞大联合，三结合，进入本单位斗批改，你们不去改谁改，这是最光荣的任务，灿烂青春你们想过没有？世界上没有（原文如此，似应为："所有"——编者）资产阶级的东西全部改掉，这样光荣的任务落到你们肩膀上，这样光荣的任务你们想过没有。我们设想，发一个命令，一个月不回来不分配，不毕业。这下子揪军内一小撮的人回来了，逍遥的也不逍遥了，你们也可以分配给他们些任务，有人反映不干工作就不给工资，教师也如此。教师是操纵你们的。不搞斗批改就不毕业。

从今晚会议，如果还听我们一点的话，脑袋还有一点缝的话，斗批改就摆在你们面前。各地情况不一样，不要求过急，各校按具体情况，但今年年底一定要进入斗批改。学校里头斗批改，文学艺术斗批改，学校斗批改还容易一些，你们受资产阶级影响，但读了一点毛主席的书，你们是大学生，不单是语录本，你们有毛选吗？不要教条地背，要理解主席的精神。话说多了，结束了。

康生同志讲话：我接触同学不多，但却得到了地派后台的称号，不胜光荣之至，有点受之有愧。开始我还是支持聂元梓的，后来又支持了谭厚兰反对薄一波、孙友渔。我想问问蒯大富，你们有一个时期也反对我，和党校红战团联系在一起，这些人大部分都是黑帮子女。如苏振华的儿子就在这里，我曾经告诉蒯大富，不要和红战团联系，你们要批刘少奇、刘邓路线，清华要与党校红旗战斗队联系。但是我好心没有用，以为我是害怕了，怕你们揭露打倒我，我好心，没有用，得出这么一个结果，刘少奇以为我是清华后台，在十一中全会上刘少奇斗了我三个钟头。我说我是支持蒯大富的。刘少奇专门找我，在人民大会堂谈了三个钟头。我说不清楚，刘少奇：“你不清楚我清楚”，我是保护蒯大富的。因为个人关系我不愿意讲，我对同志们教育帮助不够。

我们今天谈话的目的是爱护的，帮助同志们进行批评与自我批评，毛主席语录上讲过：“我们有批评和自我批评这个马克思列宁主义的武器，我们就能够去掉不良作风，保持优良作风。”"有无认真的自我批评，也是我们和其他政党互相区别的显著的标志之一。"我们希望同志们很好地去读一读正确的意义，这是最大的关怀，最大的爱护。这是伟大领袖毛主席关照我们这样做。要我们以身作则的用自己犯错误的事实帮助同志们。

毛主席讲：“一个工厂内两派那样斗争，到底两派斗争有没有阶级基础，看不到。”当然，少数地富反坏右除外。都是阶级弟兄嘛！为什么这样，开机枪，六〇炮，放高射炮。这是怎么回事，如何解释。

坏分子是有的。我同聂元梓讲过，反聂的杨旭（飘派）和他的弟弟杨旭章（）是坏分子，可能是特务。这是少数。但在学校里学生这一派那一派斗得这么厉害，到底为什么？有什么不可调和的阶级矛盾。

（江青：缺乏自我批评，只有批评人。地派如果不钻出来就闷死。）

不！是被埋葬！有些同志言行不一致，会上一套，下去就不一样了，言不如心，言行不一致。这就是一个两面派作风。错了不要紧，不要表面上一套背后一套，还要搞秘密活动，怕我们知道。

（江青：我们的记者已经哭了，因为你们拒绝他们，你们就是无视中央，这就是两面派，资产阶级政客作风。）

有些组织或某个人采取特务手段。我与特务、敌人斗争了多少年，我特别敏感。"天派""地派"有些作法就是特务作法，我想不出你们从什么地方学来的？哪个学校都有动态组。有些人对一篇文章象研究密码似的，不是研究思想，而是研究这一段，那一段。这里有一小撮走资派在后台操纵。另外还有苏修、美帝、日修和蒋匪特务在后边伸黑手。他们不直接出面，如人大的孙泱。

周总理：农大东方红揪秦化龙，秦化龙就是以极"左"面貌出来，你们学校就没有？有大的有小的，不要把话讲绝对了，你们年轻不怪你们，农大东方红是地派的，我们应该欢迎。我请同志们注意，要注意敌情，外事口有美国间谍直接插手。（江青：请大家注意一个情况。九月十二日在地质学院有一个气象局红旗战斗队的"谁是最大的黑手"要分析一下。）与特务斗争的经验你们太缺乏了。第三种情况，就是社会思潮，无政府主义，小团体主义，有右的，也有极"左"的。

我今天看清华井冈山小报有一个社论是很错误的。九•七苏修勃列日涅夫在匈牙利一次会上做了一次恶毒攻击我国无产阶级文化大革命的讲话，我们准备回击。勃列日涅夫说我们文化大革命是反革命的。然而我们有些人说苏修骂我们是极"左"。首先是这个题目就有问题。（江青：你们井冈山小报搞我们，我们就用大报搞你们，必要时一个个点名搞你们。）

如果按标题和内容来看，两条路线斗争只有极右了，而没有极

"左"了。列宁为什么写《"左派"幼稚病》一书呢？这是非常错误的，这个社论和第一句话就是错误的。勃列日涅夫正在骂我们反革命，你们说他们骂我们是极"左"思想。当然作者不一定就是有什么企图，因为可能是对 4·14 等等，但问题是反对批判"揪军内一小撮"，这是自毁长城。而恰在同一天出这么一张报纸。

你们说"揪军内一小撮"是林杰搞的，但是你们清华井冈山出去五千人到河南反新军区，到上海反张春桥，到武汉反对曾思玉。你们一点责任也没有吗？而用社论大反这些东西，你们清华井冈山就是极力反对江青九·五讲话，而称这些人是什么先生。（江青：你们知道这个文章（指井冈山报社论）是谁写的吗？）（蒯大富解释了一些）（江青：一定要组织一篇文章，肃清流毒。）（戚本禹点头）（语言学院汇报：我院两派都有外国人参加，怎么办？）你们怎么处理？！你们去斗一斗蒋南翔去，这是蒋南翔搞的特务学校。

还有人说，"极'左'思想就是要打碎旧的国家机器"。我问一句，什么是国家机器最重要的东西，北京市最重要的国家机器是什么？就是傅崇碧吗？要打砸北京卫戍司令员吗？你们怎么能把我们这些错误缺点和少数坏人的某一机构及美帝苏修混为一谈呢？这是一种什么思潮？这是被敌人利用了。（江青：我们还称你们是同志，信任你们，你们就称我们是先生了，我还得保你（批蒯），有人说总理是最大的保皇派，我是一个小保皇派。我生怕你们犯了错误。）

你们对光荣、伟大、正确的中国共产党的看法不对头，你们有些人是资产阶级政客式的、国民党式的、赫鲁晓夫和台湾式的看法，是不对的。是资产阶级修正主义的看法。与香港反动报纸一对照，完全一样，是反动的。

我们揪党内走资派，丝毫也不妨碍以毛主席为首的光荣的、伟大的、正确的中国共产党，怀疑这一点就要犯绝大错误。你们还有人要整我的材料，如果不够，我可以供给。蒯大富我提醒你注意，党校的红战团开始向清华井冈山 28 团活动。（江青：当心老保翻天，韩爱晶还那么绝对保证吗？韩爱晶、蒯大富要做自我批评，向谭厚兰作自我批评，这次你们不对，你们颠覆别人，你们自己也可能被别人颠覆。）

要认真学习列宁《论"左派"幼稚病》一书的第四章。新北大应该总结一下为什么在一个时候要打倒谢富治副总理。

（江青：就是想要打倒谢富治，聂元梓当市革命委员会主任，你们这些头头不要挑动群众斗群众。散会）

（原载《中央首长讲话集》3，首都出版界革命造反总部翻印）

致首都大专院校各革命兄弟组织的一封信

北京地质学院东方红公社，北京航空学院红旗战斗队

北航《红旗》，地质学院《东方红报》（79期），1967年9月24日

首都大专院校各革命兄弟组织的同志们，战友们：

首先，让我们怀着无限崇拜，无限敬仰的心情，祝愿我们的伟大领袖，世界革命人民心中最红最红的红太阳毛主席万寿无疆！万寿无疆！

凯歌阵阵，锣鼓震天，今天，我们地院东方红和北航红旗这一对最亲密的老战友欢聚一堂。"忆往昔峥嵘岁月稠"，我们怀着万分激动的心情，共忆一年来战斗的历程，决心把无产阶级文化大革命进行到底！

回想在资产阶级反动路线统治的白色恐怖下，在"反革命""小牛鬼蛇神"的帽子一顶一顶压下来的时候，我们，最亲密的老战友，毛主席最忠实的红小兵，地院东方红，北航红旗的钢铁战士团结得像一个人，我们有共同的誓言："用鲜血和生命保卫毛主席！"我们有共同的信心："下定决心，不怕牺牲，排除万难，去争取胜利！"我们砸碎了资产阶级反动路线的束缚，我们揪出了大大小小的党内一小撮走资派，我们共同杀向社会，杀向全国，我们共同批判中国的赫鲁晓夫，我们的心连在一起，李全华烈士和刘天章烈士的鲜血流在一起，地院东方红和北航红旗的战旗飘扬在一起，我们的战斗友谊啊！经历

过急风暴雨的考验。今天，在毛主席发出联合战斗的伟大号召的今天，在全国全面展开革命大批判，搞好本单位斗批改的今天，在无产阶级文化大革命大转折的今天，我们巩固了革命的大联合，加强了革命的大团结，这是战无不胜的毛泽东思想的伟大胜利，是毛主席革命路线的伟大胜利，让我们一千遍一万遍的高呼：毛主席万岁！万万岁！

现在，全国革命形势一片大好，党内最大的一小撮走资派连同他们在各地方，各单位的代理人，已陷于革命人民的重重包围之中，伟大的中国人民解放军响应毛主席的伟大号召，坚决支持革命左派，给了党内一小撮走资派致命的打击，新生的革命委员会已显示出她巨大的生命力，而且越加巩固，以毛主席为首的无产阶级司令部更加坚强。在这一片大好形势中，我们的伟大领袖毛主席又向全国无产阶级革命派发出了极其伟大的战略号召："在工人阶级内部，没有根本的利害冲突。在无产阶级专政下的工人阶级内部，更没有理由一定要分裂成为势不两立的两大派组织。"毛主席巨人般的声音震荡着三山五岳，响彻了五湖四海，全国无产阶级革命派闻风而动，我们的口号是，坚决执行，坚决照办。我们的决心是"一万年太久，只争朝夕"。百川急流归大海，颗颗红心向北京，各地无产阶级革命派在毛泽东思想旗帜下迅速实现革命大联合的喜讯接频传来，无数颗红心飞向毛主席。

同志们，战友们，在这一片大好形势中，我们切不可忘记我们的敌人。阶级敌人极其害怕我们无产阶级革命派在毛泽东思想旗帜下联合起来，团结起来。于是，这些家伙千方百计从右的或极"左"的方面，来动摇以毛主席为首的无产阶级司令部，破坏无产阶级革命派的大联合。他们或者公开出面，造谣惑众，挑拨离间，或者躲在阴暗的角落里面，背后策划，他们当面是人，背地是鬼，他们利用我们队伍中的小资产阶级个人主义、山头主义、小团体主义，耍尽种种卑劣手段，破坏我们的团结，以达到他们动摇无产阶级司令部，搅乱毛主席的伟大战略部署的罪恶目的。而前一阶段，由于我们头脑中的小资产阶级派性作怪，小原则代替大原则，派性高于党性，在我们自己队伍内部打"内战",拉山头,正中了敌人的诡计,这是多么沉痛的教训啊!同志们,战友们,我们本是一家人,是同甘苦,共患难的阶级弟兄,是谁把我们分裂开来,是刘、邓、陶,是党内一小撮走资派,是那些表面是人,背地是鬼的黑手,我们要向他们讨还血债,把他们统统揪出来斗倒,斗臭!

毛主席教导我们,「凡是敌人反对的,我们就要拥护。」敌人越是害怕我们大联合,我们就越是要搞好革命的大联合。革命的大联合,是搞好本单位斗批改的关键。革命的大联合,是搞好"抓革命,促生产"的关键。

革命的大联合,是加强无产阶级专政的关键。

革命的大联合,最能暴露阶级敌人。我们的大联合搞好了,党内一小撮走资派就会在我们的大联合面前无处藏身,而如果我们总是无休止地打"内战",那就正好给了这一小撮坏蛋浑水摸鱼的机会。

一句话,革命的大联合,是沿着毛主席的伟大战略部署,将无产阶级文化大革命进行到底的关键。

全国无产阶级革命派联合起来之日,就是党内一小撮走资派彻底灭亡之时,让我们迎接这个伟大的日子吧!

喜看东风展红旗,无限信心向未来!我们呼吁首都大专院校各革命兄弟组织:

一、认真组织学习和讨论毛主席的最新指示和江青同志"九·五"讲话,深刻领会毛主席的伟大战略部署,紧跟,拼命跟上毛主席的伟大战略部署。革命的大联合,最能暴露阶级敌人。我们的大联合搞好了,党内一小撮走资派就会在我们的大联合面前无处藏身,而如果我们总是无休止地打"内战",那就正好给了这一小撮坏蛋浑水摸鱼的机会。

一句话,革命的大联合,是沿着毛主席的伟大战略部署,将无产阶级文化大革命进行到底的关键。

全国无产阶级革命派联合起来之日,就是党内一小撮走资派彻底灭亡之时,让我们迎接这个伟大的日子吧!

二、各校的两个或多个革命组织要共同认真学习毛主席的最新指示，群众促头头，头头要带头，迅速实现本单位的革命大联合。头头不联合，叫他靠边站。迅速实现革命的大联合，这是不可阻挡的革命历史潮流，犹豫观望或动摇倒退就是对革命的犯罪。我们呼吁还未实现革命大联合的兄弟院校要向已迅速实现革命大联合的兄弟单位学习，以「只争朝夕」的革命精神，迅速实现本单位的革命大联合，向"十一"献礼。

三、维护红代会的威信，红代会组织之间要多做自我批评，而不要总是揭别人的"疮疤"。所谓的"天派"从天上"下来"，所谓的"地派"从地下"出来"。我们本是一家人，我们是毛泽东思想革命派。

放眼世界看未来，坚定不移向前进！

战友们，让我们在大联合、大批判，搞好本单位斗批改的战斗中，再展英姿，以"只争朝夕"的革命精神，用迅速实现和巩固革命大联合的实际行动，来迎接伟大祖国的国庆吧！

无产阶级革命派大联合万岁！伟大领袖毛主席万岁！万万岁！

一九六七年九月二十二日

周恩来关于武光问题给新疆红二司的指示

1967 年 11 月 29 日晚十点五十分

周家鼎秘书传达总理指示：

总理说：在武光问题上，总理和康老曾经提醒过你们。他说，他一直等了半年多时间，本来由你们起来揭发，但是一直没有消息，北航的同学不但没有揭发，反而把武光保护起来了。现在已经由北京的专政机关把武光逮捕了，总理要我把这个消息正式告诉你们。总理说你们在这个问题上现在已经晚了，总理提醒你们，你们没有做这件事情。总理接着又讲，你们已经提高了警惕，并发现了一些坏人，黑手插手新疆问题，你们现在应当自己起来，把黑手揪出来。对于受坏人的挑唆而做出了一些不利于新疆文化大革命的事情，由于受坏人的蒙蔽，坏人的挑唆在新疆地区做出了一些不利于文化大革命的事情，和不利于团结对敌的事情，应当有勇气正视和检查。总理说的这段意义，你们既然已经警惕了这个问题，并发现了有坏人插手，你们就应当自己起来把坏人黑手揪出来。

总理他又接着讲：新疆的红二司作为一个革命群众组织他是一直关心的。文化大革命已经进行一年半多了啊，大家的阶级觉悟和思想，政策水平都应当有所提高。现在，希望你们根据毛主席视察华北，中南，华东的最新指示，认真总结文化大革命的经验，对自己内部的坏人应当杀一枪，懂不懂这个意义，就是说你们内部不好的人，坏人就得杀一枪，杀一枪的意义不是当真用枪打死他，就是你们自己应动手把他揪出来，把黑手揪出来。过去做错了的，你们改了就好嘛。要像林副主席所指示的，要在这次无产阶级文化大革命当中立新功。这是总理讲话大意，这个精神不会错的。这个话是我传达的，不要抠每字每句上，主要领会精神，总理昨天听了我的汇报。（根据录音整理）

谢富治和戚本禹谈红卫兵和共青团的整顿问题

1967年12月16日

12月16日参加座谈的有：北航、邮电、师大、北大、清华，戏院等高校八所。中学十五所的群众代表，清华附中的彭小蒙也参加了会。

谢副总理：我和戚本禹同志一起来向你们请教，最近我们伟大领袖毛主席和中央文革小组要了解一下如何整顿红卫兵，委托我们俩人找你们谈一谈。整顿红卫兵、共青团的问题，戚本禹同志管这方面工作，我今天只是陪客。

戚本禹同志：毛主席说："要整顿红卫兵和共青团。"我们今天找一部分人，大部分是一般群众，有老红卫兵、新红卫兵，一些小头头，各方面都找了些代表。主席给红卫兵的信已经发表一年多了，红卫兵存在哪些问题要整顿整顿，经过一年多文化大革命，大家在大风大浪中得到锻炼，得到提高，在文化大革命中起着重大作用。应该整顿，发展巩固。主席过去对解放军就是这样。各校对整顿共青团和红卫兵的意见：第一种：共青团和红卫兵同时存在，共青团是先进青年组织，红卫兵是群众组织，类似基干民兵。第二种：取消共青团用红卫兵代替。红卫兵实际上已经代替了共青团。原共青团是全民团，红卫兵是新生事物。主张全国红卫兵代替共青团，可解放军里是没有红卫兵，工厂农村大部分也没有红卫兵，怎么办？

有些同学答：把工厂农村共青团改为红卫兵，解放军内不要共青团，红卫兵就是解放军的后备军，解放军里好的同志就可以入党了。

第三种：用共青团取代红卫兵，第四种：学校用红卫兵，部队农村用共青团，但是如果红卫兵从学校转至工厂，农村，怎么办？大家讨论一番，绝大多数的意见都要保留红卫兵。

谢副总理：红卫兵，共青团怎么整顿。由全国人民讨论，最后由我们伟大领袖毛主席决定。

又讲：到底共青团取缔红卫兵，还是红卫兵取缔共青团，是个全国性问题，一时说不清，重要的是整顿问题，在整顿方面究竟要做哪些工作，具体我们很需要。

又讲：没有革命大联合，就没法整顿党，只能各整各的，党的组织要整顿、恢复，还有重建，不管是红卫兵、团组织，重要的是整顿什么，这是我们需要的。

谢副总理又讲到：我们红卫兵就是要做到忠诚、积极、正直、不谋私利，不是狂妄分子，不是风头主义者，今天我在市委会也讲了这点，我们要组织先锋队，起码的条件就是要忠诚、积极、正直。现在有些人造谣言，街上的谣言满天飞，造谣合法化。

戚本禹同志：有的人吃了饭不干事，专门造谣，有一天总要算账的。现在造谣造到毛主席，林副主席头上。（谢：这是犯罪）这真是罪该万死。我已让记者站整理了一份很厚的材料了,专门收集那些人的造谣东西,这些不是黑材料。(谢:我已经通知卫戍区追查一定要逮捕。)

你们要看一看列宁的两篇文章,反对谣言,谨防扒手。造谣言的都是资产阶级政客,只有资产阶级政客才靠谣言进行斗争,有的人向资产阶级转化,有不少人要成资产阶级政客,小政客,这是没有好下场的。叶向真就是这样,搞造谣,现已成为小政客,没有好下场。

谢副总理:北京很多造反派头头变成政客的不少,还在坐班房的,像朱成昭和陈荣金。(有同学问:有没有中央军委办事组关于抓516的文件?戚本禹同志说,我没有见过这个文件)我是军委常委,我也没见过,哪有这么多516?(有同学说:有人私自印毛主席没有发表过的文件。

戚本禹同志:这是非法的。

谢副总理:问:清华是否有人到人民日报造反去了?清华:十二月十四日人民日报发表了任立新一篇文章,我校有部分同学是不同意他的观点,有些人到人民日报社去找任立新辩论。

谢副总理:你们去了多少人,有人说你们要去砸人民日报社,有没有这回事?(清华没有,我们是邀请他们来,他同意了而没有来,我们就去人辩论了,去了十几个人。)

谢:你们去的太多了。

戚:不要去那么多。

清华:他们不来,

戚:他们怎么敢去。

谢:(笑)去了又要坐飞机了。

清华:我们和任立新辩论。任立新讲江青十一月十二日讲话只适合文艺口。

戚:(问北航住人民日报的同学)有没有这回事?

北航:我不在场不知道。

清华:我们对文章中有些观点不同意,尤其那段彻底砸烂不同意,这是大毒草我们要炮轰,戚本禹同志怎么看?

戚：你们把炮轰别人的精神拿来炮轰自己就差不多了，算了不谈这个，这篇文章我没有看。

谢：整顿红卫兵很重要你们回去商量一下，你们当老师备一下课，我们请教，以后必要的时候再找你们谈，中央对这事很关心。

二月二日在接见工交、财贸、农林三口代表时
周总理重要讲话（摘要）

《红旗》第 88 期，1968 年 2 月 13 日

一、关于革命大联合

刚才说形式上革命大联合在××个单位只有×个没有组成，一般的都成立了，但是有比较好的，有一般的，还有差的，为什么这样？这个决定的关键，就是我们虽然搞了大联合，我们还没有把毛主席的思想学好，毛主席的著作没有活学活用，毛主席最新指示我们没有作为指针，来斗私批修，进行在公与私、党性与派性的两条路线斗争，换句话，也就是没有把毛泽东思想挂帅，没有突出我们无产阶级政治。我们各单位两派或者几派，大概总是两派了，都是到现在还争论革与保，你是革"不承认"，一定要说我是革，"你是保"，这个已经过时的问题了嘛。在六六年下半年走资派当权，我们还可以说，那个时候有一部分组织是跟着部里的执行资产阶级反动路线的人走的，那可以叫保，到了去年一月风暴以后，差不多执行反动路线严重到走资派程度的人已经靠边站了嘛！

我们不能说所有的第一把手都是走资派，这还没有定性，当然我们可以说，多多少少执行了资产阶级反动路线，但他们已经靠边站了，成了批判的对象了嘛，现在没有那一派再保他们的了。自这个时

候到去年夺权以后，阵线就改变了，当然里面还有一些叛徒啰，被揭发出来的，撇开了他们，就这一点上不论那一派现在都没有再保护他们嘛。认识上可能有先后，也就是革命有先后，这是允许的嘛，所以现在的各部两派的组织应该说都是革命群众组织，不过是革命前一点，后一点，过去认识偏保守一点，偏激进一点，而现在呢？水平接近起来了，面临的问题如同刚才读语录时候说的是联合的问题，没有根本的利害冲突，没有不可以联合的，势不两立的分成两派不可……即使革命组织旗帜暂时不倒下，先行联合是许可的，至于这样做，联合起来了，有人说是大杂烩，和稀泥，这个用在去年夺权后不适用了。也有个别的部门，还保那个严重的执行资产阶级反动路线不肯改的或者走资派已经定性了的，当然不对了。这是个别的，多数的是先后的问题，那么，这样是不是就不存在两条路线斗争呢？我们认为如果这样说，只是把过去是被反动路线受压制的还没有受压制来作分界线的话，这仅仅是区别造反派，保守派的一个标志，这个标志已经过去了，因为都解放了嘛，压制人家的人已经靠边站了嘛。现在的路线斗争就是刚才说的是为公还是为私，是资产阶级、小资产阶级派性还是无产阶级党性，是这样的问题，所以公与私的斗争，头脑里的思想斗争，一个小集团的斗争，党性和派性的斗争，就是路线斗争，就是两条道路斗争。走社会主义道路，还是走资本主义道路，是执行无产阶级革命路线，还是跟着执行继续执行资产阶级反动路线，要表现的内容在现阶段是公与私，党性与诚性，并不是路线斗争，把六六年初的那个标志拿来作为今天的标志用不对，即使当时一派造反精神更强，确实对走资派批判得深，批判得严，但这是老的功劳，新的阶段是要立新功了嘛，不能总吃老本。搞了几十年的革命的老同志在无产阶级文化大革命犯了错误还要彻底检讨错误，承认错误。毛主席不是向我们许多老同志说的吗，不要吃老本，要立新功。那么你们无产阶级革命派，各个组织革命才十八个月，老本就吃得不得了啦，吃就完了嘛，要立新功，要在无产阶级革命大联合中进行公与私的斗争，党性与派性的斗争，这是两条路线的斗争，这是立新功的问题，这要表现在毛泽东思想的指引下，毛主席最新指示指引下作为指针，以斗私批修为纲,来进行革命大联合,在这样的原则基础上实现革命的大联合。要进行这样,就必须首先在于学习,我们人民日报、红旗杂志、解放军报元旦社论所说的,第一个任务就是关键在于学习,毛泽东思想学习班像人民解放军一样学习,活学活用毛主席著作的积极分子大会那样地表现出来,我们各部门要在解放军的代表领导下,办各派联合的学习班,先从领导干部办起,当然领导干部包括革命组织领导干部在内,这样子学习通了,就容易接近,就能够求大同存小异,就是我们伟大领袖说的,少说人家的缺点错误,多看看自己的缺点,多做自我批评。这样来求大同存小异,来加强党性,为公这个方面,执行毛主席的最新指示,这样来考验我们是不是够一个无产阶级革命派,在我们双方达成的联合协议上看我们是否条条落实,是否言行一致,在这个方面考验我们是不是无产阶级革命派,无产阶级革命派不是自封的。这个不能永远作为金字招牌,只建了一功,从现在看来,我们解决各省问题上,一般的看到总是后头有坏人挑拨,多少有,就是必须要我们各派的革命组织要提高警惕,要防止坏人钻空子。坏人、走资派不甘心他的失败,在背后利用操纵。防止反革命特务、内奸来破坏,受蒙蔽,这种例子我们在各省看到许许多多,各部门也看到了。我看到现在地方上讲革命大联合的方面,提出三个字叫"忠、信、严"。就是要真正忠于我们伟大领袖毛主席,忠于伟大的毛泽东思想,忠于以毛主席为首的无产阶级司令部,忠于中央文革,忠于无产阶级文化大革命十六条,一定要这样子,不是假的,是真的,这才叫忠。第二个信,信任广大的革命群众,信任我们人民解放军,信任大多数干部是可以改造好的,这三相信,三信任,三依靠,这样子就对对方群众有一个基本信任,本来是人民内部矛盾,就挑拨变成敌我矛盾是错了。敌人是少数,即使对方有敌人在操纵,首先我们要回头看看自己后头有没有坏人在操纵,倘若对方被操纵了,告诉对方,由对方自己起来,把坏人抓出来。这个按照毛主席的指示,斗争方法,因为是人民内部矛盾,我们争取大多数,把坏人抓出来,区别开嘛!譬如说去年揪五一六的问题,我们进行就比较好,比较健全。严:要严格要求自己,如主席所说的少说人家错误,多提自己的缺点,要多作自我批评，就能求大同存小异。今天报上报道的，一个路线，那就是毛主席为代表的无产阶级革命路线，一个方向，那就是毛主席指引的方向：李文忠说的嘛："毛主席热爱我热爱，毛主席支持我支持，毛主席指示我照办，毛主席挥手我前进"，这就是一个方向嘛，大家都这样奔向同一个方向，还有什么大的矛盾呢？至于小的不同嘛，允许存在的，所以促进革命大联合是当前解决一切问题的关键。把各部的工作在一九六八年第一季度新建起来了，就靠你们这个。至于各组织旗帜倒不倒，在一个时候暂时把革命组织名字保留是许可的，但是不要拉新的组织了。我们地方××还要拉出山头来，这完全是分裂主义，不是大联合，这是应该批判的。

二、解放干部和三结合问题

你要三结合，就非要解放干部不可，否则，你三结合不能形成，譬如像我们今天台上坐的只有两结合，不能叫三结合，你们台底下坐的也是两结合，不能叫三结合，不能解决，我们必须真正的解放大批干部，这就是马克思说的，毛主席又重复说的。不能解放全人类，就不能解放无产阶级自己。你们不能解放大批干部，你们的革命造反组织自己也不能解放，你掌不了权嘛，你革命革了十八个月，还没有掌权嘛，这种权，你们现在掌的权是不巩固的嘛。所以，必须真正的革命大联合以后解放干部才能实现，否则勉强同意出来做工作是可以的，如果要解放他呢？你解放我反对，我解放你反对，就是你支我保，我支你保，吵了半年，打了半年，这完全是变成派性，这派性可能连干部也在里头。现在完全怪干部也不行，因为干部现在胆子小，当然我们应该批评干部，精神面貌不对头！怕事。但是，一边保，一边反，他也很难说话，所以必须要真正大联合才能鉴定干部。

所以在这个问题上，就干群关系非常重要，过去干群关系是不好的，应该说，所以主席才不仅批判修正主义，也批评官僚主义。主席把无政府的思潮归结于说是修正主义、机会主义、官僚主义造成的惩罚，那么现在我们已经有了一年的惩罚了，现在应该是干部和群众的关系，一般的干部跟领导干部的关系都能密切起来，经受群众的考验。就发生互相态度的问题。群众要欢迎干部站到群众中，双方都欢迎他检讨、亮相，拿工作来锻炼、考验，干部本身要勇于倾听群众意见，接近群众，这样子就可以争取多数的干部站出来，能够给群众批准，这样就有了三结合的条件，然后加上军代表或者老中少三结合。

国防科委副主任刘华清同志对我院革委会工作的讲话

《红旗》第91期，1968年3月5日

【本报讯】二月十七日下午，国防科委副主任刘华清同志接见了我院革委会的部分同志，对我院革委会的工作作了重要讲话：

北航联合得早，没有分裂。现在看来全国许多地方存在派性，你们承认你们有派性，承认了才能克服掉，要紧跟毛主席的战略部署，在夺取无产阶级文化大革命全面胜利的今天，最主要的障碍是派性，你们派性表面上不明显，实际上是存在的，很危险，要很好围剿派性。派性无非是对干部、对群众的不同意见上，现在靠压是不行的，要靠大家好好学习毛主席思想，摆出你的思想，你的思想符合毛主席思想就对了，不符合就要改。现在文化大革命发展很快，不能以去年的眼光来看现在的问题。你们的主要常委都去学习了。派性要全院搞，不能认为没有问题，你们不能马马虎虎搞，要让大家摆出来，不能认为风平浪静，可能还没有暴露充分，隐蔽一要点。不克服派性你们将来就会吃亏，没有进步。本来今天想找你们了一个副主任来，抓一抓，北京市革委会抓得很紧，我们也很关心你们，找你们谈一谈。有些同志过去有错误，让他改正，改了就好嘛，要相信坏人是少数的，叛徒、特务、顽固不化的走资派是一小撮，绝大多数人是忠毛主席的，过去他们犯错误是毛主席思想学得不好，全国都是如此。一定要相信群众的大多数，毛主席一系列的最新指示要很好落实。对干部要采取正确态度。

除了围剿派性以外，还要反对无政府主义，要抓活思想，就是要抓派性，抓无政府主义，要斗私批修，这样才能发展、巩固革命的大联合和革命的"三结合"，这样"三结合"才有权威才有力量，你们要抓紧，要亮活思想，讲了就改，改了就好。要大力帮助这些同志。除少数坏人，其他都是阶级兄弟，我们有责任以最大的热情帮助他们，在座的也都要这样。这样才能大大提高阶级觉悟，提高毛泽东思想水平。

另一个，你们学校复课闹革命要抓紧，要下决心，把复课闹革命搞好。你们学校同学大部分回来了，北航复课闹革命提得最早，但落实得少，又落实又不落实。前天伯达同志打电话来，问到北航的情况，要我们好好抓一抓复课闹革命。国防科委昨晚对各院校发通知，要狠抓，现在要真正实现复课闹革命，要学好毛主席著作，课程要认真上，要严密地组织起来上课，现在主要抓复课（我院同志汇报，不少班级提出全面复课）。要抓一下，一面复课，一面闹革命，边教学，才能在实践中取得经验，好改。不复课，没实践，不好改，今天向你们提一下，根据陈伯达同志指示，抓一下，督促你们一下，也包括其他学校，军队学校要带头，现在大学复课闹革命没搞好，坐不下来，心神不定，不能很好地改，这样文化大革命搞不彻底。红航兵团本身要很好搞一搞。希望革委会一定要在最近一个短时间内做出显著的成绩来，要安排好，不要耽误时间，你们回去抓一下。（我院同志表示，回去一定要开革委会研究）做出成绩给伯达同志汇报。复课闹革命，要解放军学校带头，国防科委院校是解放军领导的，也要带头。你们的同学要在思想上定下来，坐得下来，带个头。（当问到聂副主席对红航有什么指示时）聂副主席很关心你们，希望你们很好完成任务。（根据记录整理，未经本人审阅）

中央首长 3 月 15 日重要讲话

《井冈山》第 124 期，《红旗》第 94 期，1968 年 3 月 21 日

三月十五日，总理、伯达、康老、江青、文元、谢富治、吴法宪、汪东兴、叶群等中央首长，接见了四川省革筹小组张国华、梁兴初、刘结挺、张西挺、李大章、谢家祥、曲竞济、韦统泰、兰亦农、孙副军长等同志，发表了极为重要的讲话

总理：你们在党委会上的发言都看了，六七本。五十军的报告看了，印象很深。有八个省三月份要成立，就看你们了，你们落后了。"天下未乱蜀先乱，天下已治蜀后治"。当然这是古话，不能这么说，剩下四个省了，四川、云南、福建、广西，还有西藏。西藏也快了，要把矛头对准西南最大走资派李、廖及其追随者黄、郭。这样矛头对准了主要敌人，就统一了，派性就少了，共同性就多了。要能快还是要按红十条，破题，还是要破在这个头，重庆八·一五去年把李井泉搞去，根本不斗他，不让反到底斗，反到底搞了三个草人，斗完后烧了。纸船明烛照天烧。为什么不让他们斗，这是个大方向问题，我听主席说的。主席看的多，许多小报主席都看了。主席对"八·一五必胜"看了，主席说，这叫反到底派批的他一塌糊涂。你们革委会三月份搞不起来，四月份总会搞起来的，一推动就解决了。

江青：你们是远方来客，那个地方对我们说很遥远，四川七千万人口，是天府之国，就是不要变成独立王国。如果变成独立王国，群众就不会允许。七千万人口是个大国，在欧洲就了不起了。李大章同志是吗？能站出来吗？

文元：意见很多，各种各样的意见。

总理：李大章同志的检查我还没看，太长了。我今天晚上看，检查不在多，要深透。张体学和王任重关系那么深，他的检查是个标兵，他都站出来了！学习班领导小组解决没有？

吴法宪：没有解决问题。

总理：没有解决，就给他们讲，中央开了会解决了！

我们是一九三三年认识的吧！（大章：一九三二年底）主要是触及灵魂，群众是会原谅你的。主要是揭李井泉，也可以揭刘少奇、邓小平、杨尚昆，他们都是北方局的。

康生：假党员不少，连罗瑞卿都不是党员。

文元：四川的小报真多，是全国之冠。有一个专县各派都有自己的报纸。重庆反到底有多少报纸？（韦统泰：三十多件）

江青：每天文件很多，没法看完。

康生：你们的文件真多。还没有时间看你们的文件，精力顾不过来。正在接见了拉美、智利的代表，一下子又接见四川的同志。

伯达：你们那里热闹吧！（张国华：武斗厉害，还有专县、雅安。地方不大，学生也去搞。）

康生：宝成路通得怎么样？

总理：不大好，最近洛阳很乱，机务，看来还有问题。

伯达：重庆打炮吗？（韦：双管高射炮。）总理：全国最新的。

江青：败家子，不管怎样都是败家子。不过打了也好，可以练习练习。

康生：可以练习练习。

总理：开会了，你们讲吧！

（当张国华谈到群众和领导心情迫切要求成立革委会时）

江青：是啊！没有这个心情，你们就变成独立王国了。

（当谈到联合不起来时）

总理：你们那里有国民党兵工署下面的人，．天津揭发了重点在重庆。

谢富治：重庆是个窝子。

江青：这个问题不揭发不行，重点是重庆，重庆是窝子，革命群众很难设想会这样干，一定是坏人干的。

（谈到军工厂造反派头头工人少，知识分子多时）

江青：血统产业工人少，有地富反坏混进去了。还是发动群众不深入，群众发动起来了就起作用了。杨尚昆是个恶霸地主，他的亲属没有好的。

伯达：要发动群众起来抓坏人示众。

江青：李、廖你们斗了没有？（张国华：斗了。）

江青：真的斗了？（张国华：斗了。）

江青：他的地主老婆也斗了？（张国华：在××斗了一下。）

总理：产业军你们解决的好。你（指梁）的精神面貌和去年大不相同，你在石庄讲，坏人有百分之三十，过头了。（梁：没有讲）

伯达：保守组织垮了，就钻到好的组织里了，要垮一起垮，要臭一起臭，革命群众组织，不要去扩大势力，扩大势力就糟糕了。跨行业的组织，坏人易钻进去，还要按主席三·七指示按行业归口大联合。

（当汇报到杨超在苏州反省院出来时）

总理：苏州反省院出来的，当然是自首。

江青：当然是自首的。（张国华：杨超是研究哲学的。）

江青：去年把杨搞来，态度坏得很，杨是右派、黑格尔，让他讲话，他不讲。弄一个廖井丹来也不讲话。

康生：黑手很多，就是没有抓出来。

江青：任白戈是大托派头子叶青的弟弟。是国防文学的代表，和罗瑞卿的关系非常的不清。

（谈到公安系统情况）

江青：公检法要下决心，换军队干部进去。富治：公安部只留八十多人。

江青：公检法不彻底揭盖子不得了！到处按窃听器。四川的公检法不见得比北京好。

（谈二月镇反抓八万多、十万多人）

江青：真能抓，要揭盖子才行！是李井泉阴魂不散，李井泉这人残酷得很，我接到一封信，为了保护这个人，把信烧了，李井泉要杀人灭口，二月整死了多少人？

（谈到兵团问题时）

总理：兵团以前我都知道，开始杂一些，确实有些坏人钻进去。

国民党在四川留下的人很多。情况复杂，旧社会的渣子多。罗广斌是罗广文的弟弟，有人给他翻案，我们根本不理他。华蓥山游击队很乱，叛徒很多。

（谈到社会关系情况时，七星党，立志会）

总理：反动得很，都跳出来了，你们乱得够不够？重庆可能乱得差不多。

（谈到四川工作进展迟缓时）

江青：四川太大了。

总理：四川是大国。

江青：你们认为形势怎样？（国华：形势大好。）

江青：你们统一认识就好了。

总理：军队统一了很重要。

康生：甘渭江还参加了党委会？她的讲话是很坏的。（国华：她的态度不好。）

康生：甘在会上检讨了没有？（做了一次检讨。）（国华：我们刚刚到四川，第二天就遭围攻，有什么错？）

康生：你们的错误，就是你们左了。（国华：有人认为，批甘超过黄郭。）

总理：是两回事嘛！黄郭还是要批判。（谈到二月镇反有分歧，全盘否定还是根本

否定时）

总理：二月镇反根本是错误的。

（谈到十条争论大的是二、五条时。）

康生：二、五条有毛病吗？

总理：我又重看了，没有。（念二、五条）

康生：要修改二、五条，这不是替二月镇反翻案吗？

（当有人说十条过时时）

江青：十条过时，就把李井泉再召出来嘛！你们觉得过时没有？（国华：我们觉得没有过时。）

江青：你们如果在十条上后退半步，你们就站不住了！说十条过

时了，就是替李井泉翻案。你们七千万人的省，才来一千人，笑话，太小气了，至少来七千，折中来四千。

吴法宪：有五个学校。

江青：说十条过时了，是翻案嘛，是一阵翻案风。

总理：一条贯彻得不够！你们没有把矛头指向李井泉及其一小撮同伙。你们在党委会上的发言，就没有讲到。

江青：你（指张）的发言两小时，客观的报道，你像个记者一样了，不知你的倾向性是什么？

总理：你们在党委会上发言，都没有把握大方向，反对刘结挺、张西挺的材料，很多都是从李井泉那里搞来的，实际上是替李井泉翻案。（国华：对我们的批评很尖锐，很严肃。曲竞济，红成有的组织在斗李井泉的会上斗刘张。）

总理：军队有人参加没有？（没有）就不能让他斗。（国华：有人说总理去年十二月十九日对刘张的表态是在什么情况下讲的。）

总理：问这有什么意义？什么是前提。就是红十条，有人对我的表态有怀疑，有什么怀疑的？（国华：我记得总理说：再打刘张要通报全国。）

总理：是的，有的，是在主席那里讲的。十条上为五十四军说了几句好话，是否有些翘尾巴？（兰亦浓：五条下达后没有压反到底，主要是感情问题）对反到底，不仅是感情问题，是立场问题。

江青：你们四川出了那么大的报纸，（指小报）革筹小组是中央批准的，而且是经过毛主席、林副主席批准的，你们就让人家那里去搞？（指登小报打刘张）刘张和我没有什么亲，攀不上。

姚文元：才见过两次面，这是第二次见面。

江青：那么大的报纸你们不管，主席连小报都看，三个简玉霞，你们领导是有不同看法的，是毫不顾大局的看法，革筹小组是中央批准的，四川"大报"很多，人家压倒优势，占了阵地，你们不管。我今天放一炮，你们两个是中央派的，刘张是中央平反的，应该抱得紧。张梁都是军队的人，更应该顾大局。当然我这样讲，不是说刘张没有缺点错误。

四川乱得差不多了，要顾全大局，要搞大联合。先从你们搞起。（文元：只有几个人，小联合）大联合。

你们在十条面前退半步，你们自己也待不住。

十个指头不一样长，马列主义水平不一样高，你们四个人是一个整体嘛！

讲两个小时全是客观报道，多少要有倾向性。

总理：他是了解情况的，就是有点吞吞吐吐，你要敢讲。你对重庆两派的评论是有偏向的，8·15响应红成打倒刘张，你说他的错误比反到底的少，你们说法是矛盾的，你的发言是有偏向的，没有站在主席的立场上讲话。你在中印边界，主席交给你的任务，决心那么大，为什么这次决心就没有那么大？

十条对五十四军称赞了，翘尾巴，对8.15偏听，所以8.15响应红成，打倒刘张的口号。

五十军去年十二月的电话是好的。

五十四军在重庆的态度有问题，助长了红成打倒刘张的气焰。张梁、刘张是不可分的，是十条上肯定的，要站在毛主席的革命路线上。你（指梁）对反到底那样批评，对8.15那样讲就好了。（梁：对8.15也讲了）我没有看到。

江青：革筹小组没去十天，就打倒刘张，就分裂了，你们怎么作？七千万人的地方委托给你们，值得深思。

李大章去了很久了。没有帮助他站出来。你（指李）是我的入党介绍人，你帮助我，我帮助你，保持政治上的青春。今年多大了？（六十八岁）

总理：李廖同伙，刘邓同伙，都在那里。

江青：我和刘张没有世交。不能口头上拥护十条，具体上就不这样了。如果不是口头上而是实际上拥护十条，那问题不就解决了！如果你们认为十条过时了，那就是另外的问题了。

总理：如果矛头对准刘邓、李廖及其一小撮同伙，就把思想统一起来了。你们开了五十多天会，没有把这个问题突出来。如果突出了，问题就解决了。

江青：你们说复杂，北京复杂不复杂？天派、地派。你们不要看得太严重了。不提路线斗争是不能解决问题的。

姚文元：我看了红成一张大字报，把李井泉过去搞刘张的材料完全翻过来了，说李井泉对刘张如何好，公开替李井泉说话，公开给李井泉涂脂抹粉，要批判。

没有批驳，他就有市场。你们在成都，要像梁兴初同志在重庆批评反到底的劲头批评红成，问题就解决了。刘张对8·26要多讲，张梁要给红成多讲，口径一致问题就解决了。

斗争的矛头要指向李、廖、郭。

你们把刘张问题明确了，问题就解决了。

江青：目前在全国，右倾翻案是主要危险，我就不相信你们那里没有翻案风，北京学生替二月逆流翻案，我们就轰他一炮，要看到文化大革命的胜利。王光美是美国特务，刘少奇是大叛徒，四次叛变，我们有确切的证据。形势我看好得很，特别是重庆，打得稀烂，阵线就清楚了，北京地派黑手抓出来了，就相对好一些，天派抓得少，有后台，还在闹。（张国华：打倒刘张，军队也有，现在还要打倒我）。

江青：（点头）打倒刘张，还是要打倒你的。要敢于讲话，王关问题就是我们搞出来的。（文元：是江青同志搞出来的。）我们中央文革的同志敢出来讲。

康生：四川问题不能解决，主要是方向问题。只要你们说一句：打倒刘张就是替李井泉翻案就行了。

江青：你们不能光讲派性，不讲路线斗争。你们是中央派去的，要维护主席路线。

康生：你们五十天的会，愈扯愈复杂。

江青：今天太累了，要休息了。今天我们炮轰你们，明天你们可以炮轰我们，我总不是两面派，从我整个发言看，我不是反军队的，我是维护毛主席、林副主席的，这一点要讲清楚。

吴法宪：江青同志批评得对，是对我们最大的爱护。

江青：中央文革出了坏人。中央的决定，不是那一个人决定的，你们是毛主席、林副主席点将去四川的。

康生：打倒刘、张就是为李、廖翻案。

总理：就是刘、邓复辟。

江青：你们不提路线斗争，想在那里谈派性，无产阶级革命派和走资派，是敌对的两大派，你们对学生怕得要死，要让工人左右局势，又不去工人中扭转局势，大工厂不联合，一定有坏蛋。

谢富治：特别是军工。

吴法宪：刘结挺当学习班组长都通不过，真是怪事！

总理：不执行中央的决定，就是反中央，就全国讲，就是站在刘邓一边，在四川就是站在李廖一边。今天就讲到这里，学习两天，你们四个人就到学习班去讲，问他们跟毛主席走，还是跟李廖刘邓走？

江青：张、梁要好好想一想，不站在主席路线上，嘴软，腿软，对一派软，对另一派就不软。你们怕什么？顶多捅一刀子，吃一颗子弹。你们四个人都到学习班去讲，都站出来，一起表态。

吴法宪：我们军队同志首先要尊重刘结挺、张西挺同志，刘结挺同志是军区副政委，军队要首先尊重。

江青：你们革筹小组几个月了，老天爷！你们九个月了，还没有扩大！今天炮轰你们，不对的话，明天炮轰我们。

总理：你们七个人明天一起去表态，军队更好说话。

江青：你们是军人嘛！更好讲话嘛！

谢富治：江青同志的讲话是对军队最大的关怀和支持。

江青：你们两个人有风格，去时没有坐直升机

总理：五十四军去年风格不错，回去就翘尾巴，不仅感情没有转过来，而且思想、立场没有转过来。

伯达：对李、廖及其同伙要揭。

江青：我听了两小时，轰了你们，明天你们轰我。你们两个是毛主席点将的。去了，相当暧昧，两类矛盾分不清。

总理：李大章不知说了多少次，到现在还站不出来，李大章同志，你要保持晚节。

江青：刘少奇在延安反对我，实际上矛头是针对主席的，柯老临死时还向我们检讨。

康老：你们有决心吗？

八江青：怎么样啊？心里不舒服吧！不舒服还要轰。如果说感情深厚，我对军队最深厚。刘、张同志对这个问题也要好好想想，四川不简单，有女同志参加工作了，不能靠大男子主义，要用些女将，不能那么封建。你们二人工作不深入，军工厂多，黑手多，只要群众发动起来了，就好了，学校是资产阶级思想统治。

总理：要批评、帮助、联合。

江青：你们小小司令部都不能捏在一起，那么四川七千万人怎么办？军队去学习班有多少人？（三百多人）军分区、武装部有没有？（有）李井泉的老婆搞起来了没有？廖志高的老婆也很坏。

谢富治：让蔡文彬来。

伯达：坐飞机来。

总理：你们对红成、八·一五像对反到底那样批评就好了。八·一五前年把李井泉弄到重庆不让斗争。这次八·一五又把李井泉弄到重庆（兰亦农：是市革筹弄去的）市革筹是不公正的，不是站在毛主席革命路线上的。

江青：我们在群众面前是整整齐齐，缺了一个都要等齐了再去。

生：把两类矛盾搞清楚了就好了。

江青：气度要大一些，无产阶级革命派嘛！

康生：红成斗李井泉，实际斗刘、张，颠倒了敌我，是不容许的。

江青：还要有种风格，把问题摆开，不要在背后嘀咕。

总理：要开展批评与自我批评，你们回去学习两天。（完）（纪录稿，未经审阅）

中央首长 3 月 18 日重要讲话

《红旗》第 95.96 期合刊，1968 年 3 月 26 日

三月十八日夜间至次日凌晨，总理、伯达、康生、江青、文元、

谢富治、吴法宪、叶群等同志接见了浙江省赴京代表团，并作了重要讲话。这个讲话稿系根据记录整理而成的。

总理、伯达、康生、江青、文元等中央首长健步进入会场时，全场起立，高呼毛主席万岁！万岁！万万岁！

伯达：现在开会，先请姚文元同志念批示。

姚文元同志念批示，念到毛主席批示：照办时全场热烈鼓掌，高呼口号，姚文元同志每念完一段，全场都高呼口号。

当念到"把毛泽东思想红旗插遍各个阵地……"时，江青同志带领大家高呼口号，打倒彭德怀！打倒贺龙！

姚文元同志念完后，大家高呼口号。

伯达：现在请总理讲话。（众高呼：向总理学习！向总理致敬！）

总理：向你们学习！向你们致敬。因为你们今天表示的气氛是到北京三次中最好的一次。在毛主席革命路线的指引下，表现了无产阶级革命精神，毛主席、林副主席批准了成立浙江省革命委员会，实现这样空前团结的气氛，我们深为感动，觉得很高兴。预祝同志们回去后开一个伟大的、浩浩荡荡的成立和庆祝大会。中央文革和中央军委都来祝贺，特别值得高兴的是南京军区司令员许世友和南京军区第二政委杜平同志都来参加你们会议。（众高呼向许世友、杜平同志学习、致敬）

总理：毛主席在视察华北、中南、华东时，首先在杭州向军管会主任谈了话，后来发表了这个谈话，实际上对你们是个开端。去年一月风暴，上海工人阶级带头杀了出来，夺了党内走资派的权，夺了刘邓陶在上海的代理人陈丕显、曹荻秋之流的权，树立了榜样，当时我们认为一定有影响的。但是运动总是有过程，总是有曲折的。浙江、江苏靠近上海，现有批准你们浙江成立革命委员会。上海市革委会负责人姚文元同志，读这篇批示一定很高兴，浙江会推动福建、江苏、安徽，估计三月份形成高潮。现在北京讨论成立革委会的有六七个省，你们第一个批准是好事，你们应珍惜这个光荣，希望回去以后要加强团结，在毛泽东思想基础上联合起来。中央对你们的希望要大办毛泽东思想学习班，高举毛泽东思想伟大红旗，区别两类不同性质的矛盾。在中央的批示中，这次对党内一小撮走资派点得这么多，是最多的一次，你们得到批示，要重视路线的斗争，"要斗私，批修"。毛泽东思想学习班也好，总要有目标，党内一小撮走资派、叛徒、特务、反革命分子，还不止这些，这是点得比较多的一次。刘、邓、陶、彭、罗、陆、杨在浙江都有他们的代理人，你们以后的反修斗争中，把他们挖掘出来，通过群众的发动，把他们挖掘出来。联合办毛泽东思想学习班，用毛泽东思想之矢，射修正主义之的，在这样的原则基础上，联合起来，在思想上联合起来，在两条路线斗争中联合起来。支左不支派，就是指这个，凡符合毛泽东思想的就支持，不符合的就不支持，打倒资产阶级、小资产阶级派性，进行两条路线斗争，高举毛泽东思想伟大红旗，把无产阶级文化大革命进行到底，是你们回去后的任务。（众呼口号）

批语的第二条中说，希望你们在路线斗争中，在斗私批修的学习班中，革命大联合要促进。这个问题在浙江有争论，但在毛泽东思想的基础上能联合起来。十二条协议中央已经批准了，要很好地执行。当然在这一阶段学习，你们有很大的提高，你们希望在中央把一切问题都解决，这个不能的。比如常委你们红暴就给了三位，副主任有一名工人代表，二派有争论，等你们回去后在学习中，交换意见，水到渠成，就能解决问题的。革委会的委员，杭州地区 50 名，给红暴安排了 10 名，你们回去后经过学习，就会解决的，除杭州地区外，44 名由其他专区推荐，你们希望一切都在中央解决是不可能的，你们回去后要在毛泽东思想的原则基础上解决。现在只有一派，就是毛泽东思想的无产阶级革命派，否则就是资产阶级、小资产阶级派性，你们到革委会去后，就不是哪一派了。

现在参加革委会的常委要担负起责任来，特别十二条是中央批示上所说的，作为你们战斗的纲领，共同来遵守。今后浙江省革命委员会就是无产阶级专政的，正像你们刚才说的，要有个忠字，要忠于毛泽东思想，要破私字，用这样来考验你们。因此在解决外地的问题都应由外地自己解决，不论那派都不能搞联络站，红暴在上海原来有联络站，现在撤了，地县也这样，省联总也不要去干涉。地县的那派自己解决，其他专署你们都不要去搞，省联总也不要去搞，实际上地县的联总是与相反的，如温联总、省联总。其他专署的问题，你们不要干涉，都要脱钩。现在要按系统按部门按班级实现革命大联合和三结合。现在革委会中委员没有全部定，不要紧，逐步充实是个好办法，包括那些领导干部，干部不要急于一下都全，中央会议上，对干部我们也进行讨论。你们回去联合审查，由革委会组织人员来审查，不是站在派性立场上，在统一的原则基础上进行审查，这样更加踏实。那群众代表也同样，今后各地到上来的更妥当，逐步充实是个好办法，用这样来试点，解决干部也逐步搞。（高呼口号：向中央首长学习致敬！向江青同志学习！向江青同志致敬！）

总理：我们向你们学习，向你们致敬！（江青同志插话：向同志们学习，向同志们致敬！）我建议我们和同志们都坚决站在毛主席革命路线上奋勇前进。浙江地处国防前线，靠近美蒋，蒋介石在浙江暗藏下来的人还很多，还没有改造好的地富反坏右分子，浙江是多的，但是跟人数来比，当然是很少的，按比例来说是不少的。浙江是蒋介石的老巢，你们不是在奉化把蒋介石的祖坟砸掉了吗？这很好。那里地方观点很强，最近有几多，残留在那里，要搞你们，成立了革命委员会后无产阶级专政的机构主要靠革委会，公检法要军管，要改造，根据北京经验，公检法要有中国人民解放军退伍转业军人来加强。一些窜至大陆上的特务，暗藏起来的，当然是个别的，大家如不擦亮眼睛，就要上当。刚才讲到打倒彭真，他们有的爪牙在浙江伸长手，他们做了很多坏事，党内最大的走资派在浙江都有代理人。江青同志在杭州养病，就受到迫害，这说明有黑手，你们不要上当。我们查出来由中央处理，你们得到材料要报告中央，你们不要上当，不要听到几句口号，就认为是响当当的哪派，许多地方都发生这些事，浙江不是特殊的，将更加严重一些。但严重也没有什么了不起，只要你们坚定地站在毛主席革命路线这一边，就一定能搞出来。

江青同志插话：他们在主席、林副主席住的地方安装窃听器，偷听电话，搞特务手段，浙江的公检法要彻底解决。北京是选拔优秀的解放军、退伍军人去做工作。过去是资产阶级专无产阶级的政，是反革命专了无产阶级的政。你们那里文化战线也很复杂，六十年代女人演男人的越剧这个戏就出来，你们那儿我就看不惯，还提不得意见，造了我的好多谣言，要彻底砸烂。用特务手段检查主席和我的信件，这是对无产阶级的专政，简直比以前的国民党

反动派还凶，这一点周建人有揭发，其他同志也有揭发，南萍同志也有。公检法要彻底砸烂。你们那里不是有一个陈企霞，他是哪里的？（答：杭大的，已揪出来了。）不但是他，还有不少。（大家呼口号）

总理：要彻底砸烂，所以你们回去后要有敌情观念，你们要有这个决心，不能让美蒋特务做任何坏事，擦亮眼睛就会查出来的。把党内一小撮走资派伸向浙江的黑手一个个揭发出来，砸烂公检法，文教战线上许多坏事要改造。浙江省革命委员会是领导浙江三千一百万劳动人民的，要保卫三千一百万劳动人民的江山千秋万代永不变色，决不能让美蒋来窜犯大陆。（大家呼口号）（江青同志高呼口号：打倒蒋介石！解放台湾！）（杜平同志呼口号：誓死保卫江青同志！）要有雄心壮志，要把黑线一个个揪出来，不允许他们捣鬼，需要两派在毛主席革命路线上联合起来，勇敢前进。首先要拥军，过去军区犯了错误，现在军管会个别同志也犯了错误，错了就改。中国人民解放军是毛主席亲手缔造的，是林副主席亲自指挥的，有优良革命传统。现在海陆空三军都支持你们，不要为一二件事就对立起来，这样黑线黑手就会钻空子。军队要高举毛泽东思想伟大红旗，要帮助、批评、联合。不仅杭州，其他地、县也要这样。但你们自己不要去发展队伍，让人家自己组织起来。他们自己会搞的，要抓革命促生产。浙江去年这样大的旱灾还增产，这说明广大劳动人民是紧跟毛主席的，掌握毛泽东思想。这些话不多说，刚才江青同志讲的要坚定地站在毛主席革命路线一边，高举毛泽东思想伟大红旗奋勇前进，祝你们胜利。（大家呼口号）

伯达：现在请江青同志讲话。（大家呼口号：向江青同志学习向江青同志致敬！）

江青：同志们好！向同志们学习，向同志们致敬！（众呼口号）

首先让我们祝贺浙江省革命委员会成立！（鼓掌，呼口号）我想没有很多话讲。刚才总理讲了很多，我同意。我想讲一下形势。

目前全国形势大好，有十八个省市成立了革委会。浙江地处国防前线，东海海防，浙江今天也成立了革命委员会，我想这是非常好的形势。我只讲革命形势，不讲工农业生产。目前形势，当然要和生产上一对比，很必然，无产阶级文化大革命已经进行了二年，我们生产货币是很稳定的。在帝国主义、修正主义的国家里，日子很不好过，昨天晚上我看了一些东西，国际上金融很混乱，这是以往所没有的。黄金要抢购，出现在国民党统治时期，抗日战争时代金圆币那样。小将们没有体会，咱们老将就有体会。周建人同志很知道，货币一变，生产一定要大变。苏修日子就不好过，这样一对比就能看出我们的形势大好，对不对？（众答：对！）大好形势下也有反复，表现是不同的，有的是形"左"实右，极"左"，实际上很右。这种形式表现在去年夏天。从去年冬天开始，虽然击败了形"左"实右思潮，或者说是极"左"思潮，但右倾的多。右倾分裂，从冬天到今天有所抬头。对这，我认为要站稳阶级立场，提高警惕。现在有人替去年二月逆流翻案。所谓二月逆流是从前年开始的，二月逆流的斗争矛头直接针对以毛主席、林副主席为首的无产阶级司令部。被击溃后，但它有一定的社会基础，党内有其代理人。你们浙江也有一小撮，表现在各种翻案风，我想在这个问题上提醒同志们注意。当然要反对形"左"实右的右倾保守，这样是企图分裂以毛主席为首的、林副主席为副的无产阶级司令部，要想瓦解人民解放军，想推翻新生革命委员会，特别向同志们提出这个问题，这是因为我党斗争历史上一直有两条路线的斗争。有的以极"左"，实际上是右的。有的公开以右的面目出现，这是不奇怪的。这是客观规律的问题。出现后要识别他们，要勇敢地斗争，坚决维护毛主席的无产阶级革命路线，这是我讲的第一个问题。

另外，浙江的问题，我了解得不多，知道了一点。我听了一次汇报。浙江跨行业的组织多一些。省联总、红暴会都有，当然现在是实现革命大联合，也就是总理讲的，归口大联合。大联合是手段，其目的是共同对敌。不搞好大联合,坏人就有藏身之处,搞好了革命大联合,坏人就没有空子可钻,这个问题,总理又讲得很多。我不再重复了。逐步实现归口大联合,这样是有利于实现革命的大联合。如果搞得不好,就不能实现。刚才有的小将喊打倒无政府主义。无政府主义破坏无产阶级专政,当然不是一下子能够消除得了的,群众思想工作要做细致的工作。不过群众思想工作也好做,讲道理,讲清楚了是会按照主席的教导去做的。我是这样相信的。在实现革命大联合、三结合过程中,要善于识别两面派。坏人钻入革命队伍中来,总要打着红旗反红旗,否则,他不容易钻入。当然对这样的人有一些认识过程,有的是表现够充分了,我们还没有把他们搞出来。你们浙江有这样一个人,大部分材料未整理好,我们根据主席的教导,帮助批评了他,看其是否在一定条件下能揭发刘邓的问题,是否能进行触及灵魂的检查。当我知道他的综合材料后向主席反映,浙江公安厅有许多坏事都与他有关。叶群代表林副主席向主席汇报,他们盯梢,他们对我每走一步路,都盯梢,简直比过去的国民党反动派还坏。(叶群同志高呼:要砸烂公检法)你们的材料我看了一些,打倒反动的公检法,我们还是在大好形势下高举毛泽东思想伟大红旗,按毛主席的伟大战略部署,站在无产阶级革命路线一边,奋勇前进,不获全胜决不收兵。向浙江的革命造反派学习,向革命小将学习,向人民解放军学习,毛主席万岁!毛主席万万岁!中国共产党万岁!无产阶级专政万岁!彻底砸烂资产阶级反动的公检法!祝贺同志们胜利!(众呼:向江青同志学习,向江青同志致敬!)

伯达:现在请康生同志讲话。(众呼:向康生同志学习!向康生同志致敬!)

康生:向同志们学习!向同志们致敬!热烈祝贺浙江省革委会成立,这是我们毛泽东思想的又一伟大胜利,毛主席革命路线的又一伟大胜利。我完全同意总理、江青同志的讲话。我对浙江省了解得很少,没有更多的话要讲。伟大统帅毛主席、林副主席转批的中央批示,中央希望:要更高地举起毛泽东思想伟大红旗,进行路线斗争,总理讲了这个批示了,点了这么许多名,希望同志们特别引起注意,有的地方，也出现反复，刚才江青同志说，思想上有分裂主义的苗头，表现在路线斗争不强调。浙江情况我不清楚。中央的指示同志们要深刻地理解，什么叫文化大革命，文化大革命是无产阶级政治革命，也是国内战争的继续，国民党与共产党阶级斗争的继续。（江青同志插话：这是毛主席讲的。）资产阶级和无产阶级阶级斗争的继续，许多同志的右倾思想未看到这一点，中央的批示，特别讲这些问题。（江青同志插话：右倾不是苗子，已有行动了，已经有好几个月了。）这一点同志们特别应当注意。下面讲到大联合问题，祝贺两派大联合协议的达成，大联合是要巩固下去，批示中讲了清理阶级队伍问题，浙江地处沿海国防要地，美蒋特务及其组织很多。总理讲，浙江是蒋介石的老窝，蒋介石的人在浙江很多，蒋家王朝，浙江是要地，我还记得上海有个×会长是浙江人，这样的人很多，买办阶级，美蒋特务很多，浙江还有一个特点，封建文化特别厉害，和尚尼姑很多，尼姑让她嫁人嘛（江青同志插话：马路上逛来逛去，每天有几万人。）过去他们说学了有收获，其实是假的，到底还有多少和尚庙。

伯达：浙江文人也多。

康生：这点……（脱稿）。文化大革命重大事件是把暗藏在党内的叛徒特务揪出来，刘少奇是大叛徒，（众呼口号）刘少奇第一次被捕在长沙，被捕自首了，×××还送了他四书五经，27年在武汉缴械，向汪精卫投降。（江青：有确实证据。）29年在满洲里被日本捉捕，这个大叛徒，完全投降了日本帝国主义。还有一次，35年在上海被捕。第五次36年到北方局又被捕投降。同志们知道，他投降敌人早就投降了。他自己说是老革命，实质上是老反革命。（众呼口号）他搞一个老婆是美国特务，也是日本特务，也是国民党特务，王光美是国民党特务，美国通过彭真、刘仁、武光让她搞林副主席。到延安以后和大叛徒结婚，一对夫妇是一个老大叛徒一个老反革命。（江青同志插话：王光美是搞战略情报的。）（众高呼口号）邓小平是个逃兵，真正是一个逃兵，他还有重大问题没揭开，不但是逃兵……，陶铸是叛徒，彭真是特务叛徒，罗瑞卿从来也没有加入过党，是个特务分子。打倒刘邓陶！彭德怀里通外国与赫鲁晓夫勾勾搭搭。（江青同志插话：是汉奸）贺龙是土匪，小将揭发，南昌暴动以后，投降了，国民党给他封官，就是为了一个条件没有封。国民党代表在那里住，住了一个多月，他们调转了，（江青同志：杀了我们多少好党员）陆定一是大叛徒，此人很早就接受了国民党特务机关的任务，和胡克实一起，胡给他一千元钱，杨尚昆是里通外国的汉奸。主席讲文化大革命是国内战争的继续。（江青同志插话：二月逆流干将——谭震林，现在有了确实的证据，是叛徒。我们还保过他，净搞阴谋，小将搞出来的，许世友同志立了新功。）现在江青同志讲了国内形势大好，浙江省革委会成立了，有17个省成立了革委会，还有六七个省在北京谈，革命形势大好，刚才江青同志讲了，国际金融抢购黄金，美国国防部长撤职，帝国主义出现经济危机，在这形势下，敌人在灭亡之时越是挣扎，越要提高警惕，在浙江要特别注意，据我们知道，蒋匪情报局，有潜伏在国内的特务，有五条任务：（1）企图在今年三月二十七日（蒋伪青年节）在各地，特别在广东，云南边境，进行扰乱，破坏。文化大革命大好形势，我们要加强无产阶级专政。（2）妄图动摇人民解放军。江青同志不是九·五讲话讲过了，现在的特务在边境，调查人民解放军番号，革命群众有义务，坚决打击，特别警惕，许多地方把军队的秘密情况泄露出去。（3）他们企图利用派性斗争作分裂，分化工作。希各机关各部门，提高警惕，心明眼亮，把坏人揪出来。（4）他们还要发展他们的特别机构，发展外围组织。浙江我不知道，很多地方出现反动组织，问题在他有潜伏的干部，打着红旗反红旗。（5）你们浙江武器要交，千万要警惕，千万要注意，按中央的指示办事，这些是你们的纲领，敌人是妄想，三千一百万人民会识破这些企图，他是不可能实现的，但不高举毛泽东思想伟大红旗就要上当。不提高警惕，不加强无产阶级专政就要上当。当前从思想上反右倾机会主义，反分裂主义，组织上搞黑手、坏人，要拥护解放军，拥护新生的红色政权——革委会。相信同志们能按毛主席最新指示，彻底进行两条路线斗争，巩固已成立的革命派大联合，三结合，坚决反对资产阶级，小资产阶级派性，加强无产阶级党性，在毛主席的伟大战略部署指引下，要把浙江的无产阶级文化大革命进行到底，取得胜利。现在文化大革命，革委会刚成立，可能遇到了反复，这是前进中的困难，小的曲折会出现，但整个大局形势是不会变的，希望同志们更高地举起毛泽东思想伟大红旗，奋勇前进。祝你们胜利！

（康老呼口号：毛主席万岁！战无不胜的毛泽东思想胜利万岁！光荣的中国共产党万岁！无产阶级专政万岁！毛主席万岁！万岁！！万万岁！！！）

伯达：现在请许世友同志讲话。

许世友：刚才总理、江青、康老讲了很多。毛主席、林副主席批示批下来了，我们坚决照办。（众呼口号。江青：向革命小将学习、致敬！）我们坚决地好好地支左不支派。要提高警惕，如果敌人来了，就坚决消灭。（口号。）毛主席万岁！万岁！万万岁！！！祝毛主席万寿无疆！万寿无疆！万寿无疆！！！祝林副统帅身体健康！（众：口号）

伯达：省联总、红暴代表是否有讲话，若没有准备，不要讲了。

方剑文、张永生代表两派向中央首长表示决心（略）。

伯达：（众：向陈伯达同志学习、致敬！）今天会议发言就到这里，我说几句（众：向伯达同志学习致敬！）向同志们学习致敬！我没有什么可学的，我是同志们的小学生，今天这个会开得很好，我们参加了好几个省市的会，对今天浙江无产阶级革命造反派这样的联合大会特别印象很好，（口号）你们两派都表现得非常之好，省联总、红暴两派姿态表现得很高，说明你们对毛泽东思想很热爱，使我们跟你们在一起开会很高兴，刚才总理、江青、康生、许世友同志的讲话我都同意，同志们刚才讲话提到毛主席的话，这次无产阶级文化大革命实际上是国共两党战争的继续，关于这一点浙江的无产阶级革命派特别值得深思，四大家族（除了孔祥熙）都出在江浙两省，四大家族是在江浙财办基础上发展起来的，其中浙江的产业占了很大的比重，特别是宁波，国民党军阀很多都是从浙江出来的，蒋介石、胡宗南（总理：陈力夫、陈果夫、戴笠等）。江苏、浙江是中国人民与帝国主义斗争的焦点（江青同志：还有伟大的鲁迅在浙江。康生：我们周总理的家乡也在浙江）。

总理：我是出生在封建家庭里，封建家庭要打倒，绍兴等地不回去，至死不回家。

伯达：浙江是中国人民与帝国主义斗争的焦点，是阶级斗争的焦点，党内走资派在浙江有特别的活动，毛主席说无产阶级文化大革命是国共两党战争的继续，现在所有的走资派，叛徒特务他们都是代表国民党，是国民党的代理人，包括浙江的走资派，事实上也是国民党的代理人。无产阶级文化大革命的胜利，在浙江的胜利是特殊的作用。

总理：伯达同志特别勉励我们浙江，要谢谢他。

江青：江浙两省是中央直辖市的两翼。

许世友：这次来就是为了解决江苏省的问题。

总理：许世友同志来了，江苏省革委会即要成立，祝他们胜利。

伯达：要做阶级分析，江浙财办成了四大家族的基础，这是一方面，另一方面有许多强大的丰富斗争经验的工人阶级，在中国来说是最大的，斗争经验最丰富的工人阶级。（姚文元：上海的工人阶级、无产阶级革命派、革命人民听到浙江省革委会的成立，一定会非常高兴。）

总理：江青同志在上海做艰苦的地下工作，三十年代就受压迫，讲她是内奸，从哪儿出来？（江青同志：学习鲁迅硬骨头精神）。

伯达：她不愧为硬骨头。

江青：应该向革命同志学习，我是小学生。

伯达：可以这么说，江苏、浙江的人民群众在工人阶级的领导下，在人民解放军的支持下斗争是很坚决的，有很顽固的反革命，把我们无产阶级革命派锻炼得更强大了。你们的胜利是必然的，无产阶级文化大革命在你们那里胜利是必然的。当然也要注意一些反复的可能性，这一点我提出来大家提高警惕，不要以为革委会成立就可以睡觉，大量的工作在等我们去做，斗批改，公检法，文教系统。精兵简政也可以研究，革委会工作人员不要那么多，回去研究一下，不一定这么多，开始可以少一点。

江青：不要搞滚雪球。

伯达：无产阶级文化大革命的特点是很少人办很大的事。

总理：红暴与省联总有否搬在一起？（张永生答）

你们是否脱离生产岗位？（张答）

伯达：不要脱离生产，不要脱离学习，不要脱离本单位的工作，开会要精简，有些要精简，革委会不一定要集中开，开两个钟头的会就回到自己的单位去，刚才江青同志提到二月逆流的问题，请同志们注意，这样有点翻案风，谭震林这批坏人想翻案，想复辟，这股翻案风也可能吹到你们那里去，你们那里也有人喜欢二月逆流翻案，象江华、李丰华、陈伟大、陈冰，不要以为他们在睡觉，他们在活动，复辟资本主义活动，搞翻案复辟，今天这个会就这样完了，各方面都说了。

毛泽东思想在浙江胜利万岁１

伟大的导师毛主席万岁！

同志们万岁！

预祝你们胜利，要继续前进，戒骄戒躁，不要辜负毛主席的教导！

最后由周总理指挥唱《大海航行靠舵手》。

周总理、陈伯达、康生、江青等中央首长 3月27日的重要讲话

《红旗》第97期，1968年3月30日

三月二十七日下午，由中央文革主持，在北京工人体育场召开了首都十万人"彻底粉碎'二月逆流'的新反扑，迎接无产阶级文化大革命的全面胜利"大会。会上周总理宣布了毛主席和林副主席通过的命令。总理、伯达、康生、江青做了极为重要的讲话。

陈伯达：现在我们的大会开始了，首先由周总理宣布伟大领袖毛主席和他的亲密战友林副主席通过的命令。

周总理讲话

同志们，战友们，现在宣读命令。

根据毛主席、林副主席的决定：

（1）杨成武犯有极严重错误，决定撤销其中国人民解放军代总参谋长的职务，并撤销其中央军委常委、中央军委副秘书长、总参党委第一书记职务。

（2）余立金犯有极严重错误，又是叛徒，决定撤销其空军政治部政治委员、空军党委第二书记的职务。

（3）傅崇碧犯有严重错误，决定撤销其北京卫戍区司令员职务，此命令发到团，传达到全军指战员。

中共中央

国务院

中央军委

中央文革

1968.3.22

同志们，战友们，现在宣读第二道命令。根据毛主席、林副主席决定：

（1）任命黄永胜同志为中国人民解放军总参谋长。

（2）任命温玉成同志兼北京卫戍区司令员。

此命令发到团，传达到全军指战员。

中共中央

国务院

中央军委

中央文革

1968.3.22

（众：毛主席万岁！毛主席万万岁！）

陈伯达：同志们现在请江青同志讲话。

江青同志讲话

无产阶级革命派同志们，人民解放军指战员同志们，红卫兵小将们，问同志们好，向同志们致无产阶级文化大革命的敬礼！

众：毛主席万岁！向江青同志学习！向江青同志致敬！

向同志们学习！向同志们致敬！

今天开这个大会，是因为有的同志们要求我们解答一些问题，我们也有一些事情要当面亲自告诉同志们。

首先我想讲一下形势问题。目前国际国内形势都是一片大好，以美帝国主义为首的资本主义世界，苏联修正主义者，反动派统治的国家日子不好过了，很不好过了。（口号：打倒帝国主义！打倒苏修！）他们在两个月前就开始了财政危机。名义上叫金融危机，实际上就是国家出现了巨大的财政赤字，物价高涨，货币贬值，囤积居奇，工厂倒闭。我只说这点，使同志们了解，人民处于水深火热之中，帝国主义、修正主义、反动派的日子不好过了，是不是对于我们有利呀？（众：是的。打倒美帝！打倒苏修！）他们一天天接近覆灭的下场，而我们呢，远的不说了，就说自从进入无产阶级文化大革命以来。我们的货币是稳定的，人民的基本生活物资价格是稳定的。去年农业大丰收，工业有很多发明。当然在个别地区由于武斗引起部分工厂的生产下降，但是只要实现了革命的大联合、革命的三结合，生产就很快地上升了，并且超额完成任务。这不是大好形势吗？我们的日子一天一天好过起来了。事物是怕对比的，同志们，这样对比一下，是不是形势大好呀？（众：是：）无产阶级文化大革命的形势也是大好的。目前已经有18个省市成立了革命委员会，等着中央批准的还有4个省，其它的正在酝酿着要到北京来。预计在五一节以前基本上各省市都将成立革命委员会。这是大喜事，这是无产阶级文化大革命的伟大胜利，这是毛主席革命路线的伟大胜利，是毛泽东思想的伟大胜利。（口号：毛主席的革命路线胜利万岁！战无不胜的毛泽东思想万岁！）

同志们，这是大局。要看到这是一个大局。大局是非常好的。要反对那些资产阶级鼠目寸光的家伙，他们把我们的无产阶级文化革命说得一团漆黑，一无是处，他们把我们说得一无是处，要坚决反对他们。

北京的无产阶级文化大革命形势也是大好的。要做具体分析，事物都是一分为二的，不可以说哪儿比北京好，北京比哪儿好。不能这样笼统说，要做具体分析。各有优缺点，有的人就是不做具体分析，就说北京比不上上海，这个话不对，目前北京大好形势是主要表现在我们工人阶级和贫下中农已经可以左右革命斗争的形势（叶群；巩固红色政权北京市革命委员会，誓死保卫以毛主席为首的党中央！）

同志们，我是个普通的共产党员，是毛主席的一个小学生，是革命群众的一个小学生，工作做得也不多，学习也不比同志们好，（向江青同志学习！致敬！）但是我努力紧跟毛主席的无产阶级革命路线，尽我自己所能来工作，来和同志们所共勉的。（口号：向江青同志学习！向江青同吉致敬！）没有天生一贯正确的人，我也并不是一贯正确的，也犯过错误，也有许多缺点，我说错了同志们炮轰我，写大字报都可以，（向江青同志学习！致敬！誓死保卫江青同志！）现在有的学生说是要油炸我，绞死我。等到我空了时候，我就亲自去叫他去油炸我绞死我，（江青同志笑）（誓死保卫江青同志！）（谁反对江青同志就打倒谁！）那些自封一贯正确的人是不对的，是不符合毛泽东思想的。我个人对于许多事物，许多人都有一个认识过程，对于反革命两面派、阴谋家、资产阶级个人野心家是需要一个认识过程的，因为他们打着红旗反红旗，在我们面前是伪装革命，（打倒刘邓陶！打倒阴谋家！）而我们在毛主席身边工作的人，尤其不能随意地怀疑一个人，这样谨慎地观察。毛主席教导我们：认识一个事物的本质需要有过程，而且需要通过各种现象来观察它的本质，而不是只看一种现象。如刘少奇、邓小平、陶铸、彭德怀、贺龙、彭、罗、陆、杨这样一些大叛徒、老反革命、大野心家混到我们党内，他们都是两面派。对于他们要是没有这次无产阶级文化大革命是挖不出来的，革命小将树立了丰功伟绩，革命小将送来了大量的材料，但是我们为了慎重，还是成立了项目审查委员小组。拿到他们确切的证据，并且有许多旁证。刘少奇是四次被捕、四次叛变的大叛徒，是内奸是大特务，王光美是一个美国大特务，而且是战略情报特务。如果这样一批叛徒、特务、死不悔改的家伙一旦得逞，他们就要在中国实行资本主义复辟：同志们，现在把他们揪出来是不是伟大的胜利呀？（答：是！）

　　现在要和同志们讲一讲二月逆流的问题，去年二月以黑干将、叛徒谭震林为代表跳出来替他们翻案，因为当时这个斗争是在很小的范围内进行的，广大群众是不知道的，因此别有用心的人就蒙蔽革命小将、革命群众颠倒黑白，设什么反对余秋里，就是反对总理，就是反对毛主席，真是颠倒黑白（粉碎二月逆流新反扑！打倒谭震林！）事实上余秋里是贺龙的心腹，但是主席伟大、宽宏，提出要一批二保。可是不批就保起来了，而且说他是一贯正确，这对不对？（不对！）现在对余秋里要一批二保，这是我们的毛主席告诉我们的，我们现在还是要这样做，但是革命小将就不要上他的当了，二月逆流它的主要的矛头是针对着以毛主席为首，林副主席为副的无产阶级司令部的，是针对着人民解放军，是针对着新生的革命委员会的。他们是反对无产阶级文化大革命的，他们企图把无产阶级文化大革命的成绩一笔抹杀，也就是抹杀革命群众、革命小将的功劳。（呼口号！）在我们伟大英明的领袖毛主席和他的亲密战友林副主席的领导下我们击溃了他们，彻底粉碎了他们！（口号）在去年4、5月间又出现了左倾冒险主义也就是叫极"左"、形"左"实右，它的头面人物叫王力、关锋、戚本禹，（打倒王关戚！）我们过去不知道他们是刘邓的黑爪牙，他们是刘邓安排在我们革命队伍里的钉子，（打倒刘邓黑爪牙王关戚！毛主席万岁！）他们打着红旗反红旗，到处招摇撞骗，不请示不报告我们，封锁我们，架空我们，耍阴谋，干了很多坏事，我们因为他是黑爪牙把他们端出来，挂起来，不要干扰毛主席的战略部署，但是有人又企图利用这样的事情来否定无产阶级文化大革命的功勋，否定革命群众、革命小心的功勋，来否定中央文革。（誓死保卫中央文革！）因为他们是打着红旗反红旗的角色，势必蒙蔽欺骗一部分群众，这样我们对他们采取非常谨慎的政策，采取分割政策，王、关分割不开，戚本禹手法不同，因此分割开来一个时期，但是分割出来不等于说他没有问题，果然到去年下半年他更加猖狂起来了，

（打倒戚本禹！）出现了许多不正常的现象。毛主席教导我们一个共产党员不要隐瞒自己的观点，我们在内部在原则基础上和他们进行了一系列的斗争，去年十一月我在文艺座谈会上的讲话就是不指名的批评戚本禹。他勾结着杨成武，他们勾结很早了，我们不知道，勾结着余立金、傅崇碧，他们企图在群众面前造成说中央文革出了坏人了，以此来否定中央文革，这意味着什么呢？（口号：打倒二月逆流的新反扑！）而且这些坏蛋都是中央文革端出来的。（伯达：主要是江青同志端出来的。周总理说：对）我认为不应该归功于哪一个人，应该归功于我们的伟大领袖毛主席、归功于革命群众、归功于伟大的人民解放军；前些日子人民日报登了一篇文章叫做"大树特树毛泽东思想的绝对权威。"这篇文章我反对两次，也是主席的教导，但是他就不听，一定要登，结果登出来了。其实就是要大树特树杨成武的绝对权威。他当面给我们装作一派革命的样子，背后耍阴谋，搞小山头，搞极小极小一个山头，而不是搞中国的大山头，世界革命的大山头，杨成武招降纳叛。在3月8日傅崇碧不得中央文革负责同志的允许开了两部汽车带着武器擅自冲入中央文革所在地，同志们：这是个什么问题？！当场我们坚决抵制了他，严肃地批评了他，那一天以后，杨成武忽然间说：病了。其实，他在背后天天开会，天天在那里搞阴谋，要夺空军的权，余立金是个大叛徒，要用余立金夺吴法宪同志的权，（打倒余立金！）要夺北京市革命委员会主任谢富治同志的权，这一系列的夺权都被我们识破了。北京大学有两个战斗组织给毛主席、林副主席以及我们一封信，这封信当时我们正在开会，我没有收到，后来我委托谢富治同志去再找一份来，但是又出现了怪事情，傅崇碧派了一个叫什么哈斯的人到北京大学去要这封信，还要什么全部上报的名单，还追后台。他们封锁给中央的材料，这不是整黑材料吗？这是不正常的，他们剥夺革命群众向毛主席、林副主席、中央文革反映材料的权利，当天晚上还是第二天晚上，聂元梓同志打电话给我告急，说是有紧急情况，我们已经很累了，快到拂晓了，但是我和伯达同志还是接见了她，她把这个情况报告了陈伯达同志和我，我们给她解释了，是我们要的，但是底下做的情况我们就不知道了。同时我们也很坦率地向她交了底，就是王、关、戚是小爪牙，不值得这样大惊小怪，不要再搞了，这样搞会不会干扰斗争大方向呀？可是她还是搞了一阵子。聂元梓同志是有缺点错误的，要批评她，但是要保她！（叶群：坚决执行江青同志号召。总理：一批二保。）为二月逆流翻案是错误的，谭震林是叛徒。我保过他，现在我要喊：打倒谭震林！打倒谭震林！他是刘邓陶的黑干将，他是个大叛徒，现在有确凿的证据他是叛徒，在我们党的历史上两条路线斗争史上，总是有"左"倾冒险主义、右倾保守主义。目前，右倾保守主义、右倾分裂主义是在反动的那方面占优势，要坚决击溃他们，毛主席教导我们，反对右倾机会主义要防止"左"倾冒险主义，反对"左"倾冒险主义要防止右倾机会主义，但是现在要先反右倾，先粉碎二月逆流新反扑。（谢富治：打倒右倾机会主义！打倒右倾分裂主义！打倒野心家！姚文元：粉碎二月逆流新反扑……）以上我说的这些坏人他们的目的是一致的，是妄图扭转历史的车轮，搞资本主义的复辟，具体表现主要的是妄图破坏以毛主席为首的，以林副主席为付的无产阶级司令部，妄图瓦解我们的人民解放军，我们的人民解放军无论在历史上，还是在文化大革命中都树立了丰功伟绩，毛主席亲手缔造的、林副主席直接指挥的，有光荣革命传统的人民解放军才不会跟他们走呢：企图破坏新生的革命委员会，这也是他们主要的表现之一，我相信广大人民、广大的指战员、红卫兵小将会识破他们的阴谋，绝不会跟他们走的。毛主席教导我们要善于区别敌我和人民内部两类矛盾，对敌人要狠，要稳，准，对自己犯了错误的同志，特别是自己的头头要帮助他们整风，要惩前毖后，治病救人，反对一棍子打死。越接近全面胜利的时候，敌人越会做垂死挣扎的。因此我们要百倍地提高警惕，保卫以毛主席为首林副主席为副的无产阶级司合部保卫伟大的中国人民解放军，保卫新生的革命委员会。马列主义毛泽东思想万岁！共产党万岁！无产阶级专政万岁！革命的英雄的人民万岁！红卫兵小将万岁！伟大的人民解放军万岁！无产阶级文化大革命胜利万岁！不获全胜，决不收兵！毛主席的革命路线胜利万岁！伟大领袖毛主席万岁！万岁！万万岁！

陈伯达：现在请康生同志讲话。

康生同志讲话

全北京市的工人同志们，贫下中农同志们，大中学校的学生们，革命的教职员工同志们，各机关的革命干部同志们，红卫兵小将同志们，伟大的中国人民解放军指战员同志们！向你们致敬！我完全拥护刚才总理宣读的中共中央、国务院、中央军委、中央文革的命令。这个命令是根据我们伟大领袖毛主席和他的亲密战友林副主席的英明指示做出这个决定的。这次撤销杨成武的职务，撤销傅崇碧的职务，法办余立金，任命黄永胜同志为参谋总长，任命温玉成同志兼北京卫戍区司令，这一决定是保卫我们的无产阶级文化大革命，保卫无产阶级专政，保卫党中央，保卫毛主席，保卫林副主席，巩固我们的无产阶级专政和人民解放军的一个重要英明的决定，我完全同意。希望同志们坚决拥护，彻底执行。我完全拥护刚才江青同志所作的重要指示。她把许多的问题告诉同志们，这是对同志们的极大关怀，极大的信任，极大的鼓励，极大的鞭策，希望同志们好好学习。

无产阶级文化大革命已经取得决定性胜利，争取全面的胜利。在一片大好形势下面，在两条路线两个阶级尖锐的斗争中，揭露出杨成武等隐藏在党内的阴谋家、野心家、两面派，揪出一个隐藏在党内一个极大的隐患，是无产阶级文化大革命伟大的胜利。这是战无不胜的毛泽东思想的又一个伟大胜利。正如江青同志所讲的，对于反革命两面派他们的面目我们是有一个认识过程的，杨成武、余立金、傅崇碧，我们以前还没有看到他们的本质，在文化大革命中，有许多材料，有无数的事实，无数的证据证明了杨成武是一个资产阶级阴谋家、两面派、两面三刀、口是心非、口蜜腹剑的阴谋家，正如我们的副统帅林副主席所讲的他反对罗瑞卿是假的，他本身就是罗瑞卿分子，他反对彭罗陆杨是假的，他实质就是彭罗的亲信，彭罗的黑帮分子，他反对彭德怀、贺龙是假的，他实质上是依靠贺龙、追随贺龙的路线办事的，去夺取我们人民解放军的军权，夺取空军的大权，他表面上也反王关戚，但实际上他是王关戚的后台，伙同戚本禹一起整江青同志的黑材料，他指使傅崇碧冲击中央文革，他疯狂地反对马克思列宁主义和毛泽东思想。反对毛主席的军事思想。杨成武这个两面派勾结叛徒余立金反对吴法宪同志，要夺取人民解放军空军的大权，他勾结傅崇碧妄图夺取北京市革命委员会的大权，还企图夺取广播电台，解放军报及党中央的人民日报的大权，他所有这一些的活动当然现在还仅仅限于我们所知道的，现在还没有搞清，将来还有同志们的揭发，我相信还有更大更严重的问题存在的。但是，不管他们怎样狡猾，玩弄什么阴谋，他的基本目的就是要为刘邓的反动路线翻案，为刘少奇、邓小平、陶铸、彭德怀、罗瑞卿、贺龙、彭罗陆杨翻案，他也是为叛徒谭震林的二月逆流翻案复辟。刚才江青同志讲了二月逆流的问题，我稍微补充一下。二月逆流是1967年2月中旬到3月中旬的一个极小范围内的所发生的一股反动逆流。当时是在党中央十一中全会粉碎了刘邓资产阶级反动路线以后，在无产阶级文化大革命进入到了向党内一小撮走资本主义道路当权派夺权的新阶段时，在夺权与反夺权的阶级斗争日益尖锐的时候，在这样的时候，以叛徒谭震林为首和他的一小撮人出来了，他们公开支持刘邓路线，疯狂地、肆无忌惮地向以毛主席为首、林副主席为付的无产阶级革命路线进攻，向坚决执行毛主席的革命路线的中央文革小组，文革小组的组长陈伯达同志，副组长江青同志发起一个新的反扑，他们恶毒地攻击无产阶级文化大革命，他们并且也反对了二十几年前的毛主席领导的伟大的延安整风运动，恶毒地向着毛主席、林副主席进攻。他否定群众自己解放自己，自己闹革命的这个马列主义、毛泽东思想的革命原则，他们把这种马克思列宁主义放之四海皆准的普遍真理诬蔑为形而上学，他们诬蔑文化大革命没有党的领导，实际上是反对毛主席对党的文化革命的领导，否定几十年来毛主席的马克思列宁主义的正确的领导。（口号）他门借口保护老干部、保护干部子弟，实际上就是保护那些牛鬼蛇神、走资本主义道路当权派，他们否定了阶级、阶级斗争，完全否定了马克思列宁主义的阶级观点，完全歪曲了主席所说的我们要相信群众、依靠群众，相信解放军、依靠解放军，相信我们的干部绝大多数是好的、比较好的这样的一个路线，被他们加以歪曲，他们想迷惑一部分人，欺骗一部分人，尤其是欺骗青年，为他们反党集团服务，这些反革命分子否定阶级路线，否定主席的领导，否定文化大革命，中心问题就是要为刘邓翻案，而且要为苏联的走狗王明路线翻案。所以这样引起毛主席的无产阶级革命派最大愤怒，引起中央文革的同志坚决的反击。在这中间谭震林这个叛徒，这个二月逆流的黑干将，竟敢向党威胁，在会议中他要拂袖而去并且声明砍掉他的脑袋、坐牢、丢掉他的党籍他也要斗争到底，请同志们看他这个反革命气焰多嚣张！（口号）在二月逆流的反动活动中，其中提到了什么延安整风运动，否定延安整风运动，否定延安整风运动就是否定毛主席几十年来的正确领导，就是要为王明路线翻案，就是否定中国的文化大革命，否定中国的解放。我们的伟大领袖毛主席曾经在延安整风运动中讲过，他说：什么叫延安整风运动？就是无产阶级与资产阶级的斗争，就是马列主义与反马列主义的斗争。没有延安整风，就没有我们全党在马克思列宁主义实践基础上、在毛主席的思想基础上把党统一起来，没有延安整风就没有解放战争的胜利。所以为二月逆流翻案，替刘邓翻案，替王明翻案，实际上是要推翻中国的无产阶级专政，要复辟资本主义，但是他们的企图遭到了毛主席、林副主席、中央文革及全国广大革命人民的彻底的反击，将他们的企图完全、彻底地粉碎了。（口号）现在文化大革命已经到了全面胜利的时候，刘、邓、陶，彭、罗、陆、杨、彭、贺以及他们的黑爪牙，他们不甘心退出历史舞台，他们幻想垂死挣扎。因此嘛，杨成武等就跳出来了，这不是偶然的，这是尖锐的阶级斗争的反映，他跳出来是用阴谋的手法，使用了打着"红旗"反红旗的手法来为刘、邓、陶、彭德怀、贺龙、彭、罗、陆杨反革命招魂，他们反革命企图是不会得逞的，革命的人民是不允许的，我们有光荣传统的人民解放军广大指战员是不允许他们这样搞的，他们痴心妄想，他们只能在我们伟大领袖毛主席和他亲密战友林副主席的无产阶级革命路线下，在中央文革的揭露下，在广大群众的反对下，在人民解放军的反击下，碰得头破血流，走他们那些黑祖宗的道路，同世界上的修正主义和中国的刘邓路线一起灭亡。这次揭露了杨成武、余立金、傅崇碧的反革命面目是无产阶级文化大革命的伟大胜利,也是毛泽东思想的伟大胜利。(口号)这也是毛主席亲手缔造的,林副主席直接指挥的人民解放军的巨大胜利,是中央文革执行毛主席革命路线的巨大胜利,是中国所有的无产阶级革命派、红卫兵小将的巨大胜利。(口号)马克思列宁主义毛泽东思想告诉我们,革命的基本问题是政权问题。在无产阶级文化大革命的大好形势下,革命群众在粉碎为二月逆流翻案的阴谋活动的斗争中,在反对杨成武的反革命阴谋活动中,我们必须提高警惕,防止阶级敌人从极"左"的方面特别是从极右的方面动摇毛主席为首,林副主席为付的无产阶级司令部,动摇人民解放军,动摇和破坏新生的政权——革命委员会,我们必须全心全意地忠于毛主席的革命路线,忠于毛主席为首的,林副主席为付的无产阶级司令部,忠于中央文革。(口号)刚才江青同志讲了,有些刘邓的黑爪牙,为二月逆流翻案的分子,想蒙蔽群众,欺骗一些青年,利用中央文革,钻进中央文革的刘邓分子王、关、戚企图把矛头向着无产阶级司令部,向着中央文革。王力是个什么人呢?王力是个国民党,王力是执行邓小平、王稼祥"三和一少"的反革命修正主义外交路线的最得力干将。他在1962年在莫斯科裁军会议上就实行邓小平的"三和一少"的路线有功,得到了赫鲁晓夫的欣赏,还要送给他金质奖章。关锋、戚本禹他们是什么人呢?他们是彭真的亲信,我介绍一下,黑帮反革命叛徒彭真收买关锋、戚本禹。向他们联络,请他们到家里吃饭,这些变色的小爬虫,就感恩戴德起来,在1964年1月27日戚本禹也代表关锋和他给彭真一封信,在这封信里这么说:"初次到彭真家里,感到有些拘束,但是吃了饭就舒服了,就已经像在亲人的家里一样。"他们是彭真的亲人了!所以他赞扬叛徒彭真说,"彭真是平易近人""善于诱导的作风",诱导到反革命的作风。戚本禹说他"对照自己的思想作风和缺点,更加意识到应该努力地改正自己的缺点"就是要全部投降!你们看他跟谁是亲人哪!这样的彭真分子我们过去是不晓得的,在文化大革命中间揭露出来了,特别是江青同志先将王关,后将戚本禹的问题揭出来,这是无产阶级文化大革命的伟大胜利,也是中央文革,江青同志的巨大功绩。(口号)

因此当前我们在这个反对右倾机会主义的斗争中，反对右倾分裂主义的斗争中间，我们要高举毛泽东思想伟大红旗，誓死保卫毛主席，粉碎为二月逆流翻案的一切阴谋活动。誓死保卫毛主席为首的无产阶级司令部。

伟大的人民解放军，在保卫我们的首都，在三支两军中做了巨大的贡献，得到巨大的成绩，揪出杨成武、余立金、傅崇碧，这是人民解放军的伟大胜利，这使人民解放军更加巩固，因此我们的同志们应该警惕，防止坏分子利用揪出杨成武、余立金、傅崇碧这些坏人的事情，把矛头对准解放军，对准卫戍区这个部队，在这方面我们要坚决回击他们，坚决地执行毛主席拥军爱民的指示，坚决地向人民解放军学习，在反击二月逆流新反扑的斗争中我们要坚决地保卫北京市新生的红色政权，保卫北京市的革命委员会，北京市的革命委员会是在我们伟大领袖毛主席的亲切关怀和直接指导下，亲自批准成立的，是北京市的无产阶级革命派和广大革命群众在中央和中央文革的关怀指导下，同刘邓陶，彭德怀、贺龙、彭、罗、陆、杨等斗争胜利的结果，是无产阶级专政的权力机构，它是新生的事物，是新生的红色政权，它在工作中不可能没有缺点错误，它也混进了少数的坏人，象傅崇碧、周景芳等等的渣滓，群众要对他们批判斗争。对这些坏人我们当然要揭露，要斗争，要批判是应该的。但是，不能动摇我们这个红色政权，对革命委员会的缺点错误必须遵照毛主席的教导；从爱护的角度出发，进行善意的批评和帮助，对它的错误要满腔热忱地帮助他们改进，所有的革命群众要在革命委员会的领导下，团结起来，搞好革命大批判，改正我们的缺点，办好毛泽东思想学习班，通过学习班进一步巩固革命的大联合，革命三结合，搞好本单位的斗批改，夺取无产阶级文化大革命的全面胜利。最后希望同志们提高警惕，加强对毛主席思想的学习，要认清敌人，坚决把刘少奇，邓小平等等的叛徒，他们打着红旗反红旗的两面派阴谋家面目揭露出来。他们这些叛徒、特务、资产阶级代表人物，国民党的代理人的面目揭露出来了。但是能不能说今后就没有两面派阴谋家，野心家呢？阶级斗争规律告诉我们；只要有阶级斗争，极少数的反革命分子还是有的。因为毛泽东思想是光芒四射，全世界的灯塔，今天一切反革命分子要进行阴谋活动，都要用两面派的手法和耍阴谋的手法，打着红旗反红旗，所以我们要念念不忘阶级斗争，我们要十分警惕，擦亮我们的眼睛，用毛泽东思想武装起来，识破在党内的这种两面派，阴谋家，野心家，我们相信我们伟大的人民解放军，相信我们的工人，贫下中农，革命的学生，革命的教职员工，革命的干部是会在毛主席革命路线上，紧紧跟着毛主席的战略部署，夺取无产阶级文化大革命的全面胜利，最后让我们高呼：

战无不胜的毛泽东思想万岁！
无产阶级文化大革命胜利万岁1
伟大的中国人民解放军万岁！
无产阶级专政万岁！
伟大的光荣的正确的中国共产党万岁！
我们的伟大领袖毛主席万岁！万岁！万万岁！
江青：现在请陈伯达同志讲话

陈伯达同志讲话

我完全拥护我们伟大领袖、伟大统帅毛主席和他的亲密战友林副统帅的英明决策和对无产阶级文化大革命的重要时刻所作的决定和所下的命令。

我们正处在一个完全新的伟大的革命斗争中，这个伟大斗争就是毛主席亲自领导的，亲自发动的无产阶级文化大革命，这个伟大的革命，无产阶级文化大革命，在中国历史上的伟大作用，在人类历史上的伟大作用，在国际共产主义运动历史上的伟大作用将会逐步地为人们觉察出来，这个大革命已经进行快两年了，经过几个大的战役，经过了几个大的回合，这里不说还有一些小的回合。

现在大概可以说第一个大回合，就是打倒彭、罗、陆、杨，在这个回合的战斗中，我们在毛泽东领导下胜利了。第二个回合，打倒刘、邓、陶，在这一个回合战斗中，我们在伟大领袖毛主席的领导下胜利了。第三个回合，就是击退了去年二月所兴起的二月逆流，这是以谭震林为代表的一些企图复辟资本主义的野心家发动的,在毛主席的领导下,把这个二月逆流击退了,二月逆流彻底的破产了,彻底失败了,有一些很少很少数人企图为二月逆流翻案,这是妄想,这是第三个回合。第四个回合是击退了刘邓陶的小爪牙关锋、王力、戚本禹,这些家伙是变色的小爬虫,他们用各种办法钻到我们无产阶级革命的队伍中来,做了许多坏事,但是我们在毛主席的领导下,把他们打倒了,把它揪出来了,把它们挂起来了。无产阶级文化大革命的第五个回合的战斗,就是揭露了杨成武、余立金、傅崇碧的反革命面目,把它们打倒了,这是在我们伟大领袖毛主席领导下,把它们打倒了。杨成武、余立金、傅崇碧就是王力、关锋、戚本禹的后台。他们是刘、邓、陶遗留下的余党,同时又是刘、邓、陶的小爪牙,关、王、戚的后台。我们在毛主席的领导下揭露了他们,打倒了他们,这是很大的胜利。

　　总之,那些跳出来反对无产阶级文化大革命的资产阶级代表人物,在毛泽东思想的阳光下一个个的失败了,可耻地失败了。这些资产阶级个人野心家和历史的渣滓,阴谋颠倒历史都是妄想,他们是不能阻挡我们前进的,他们不过是跳梁小丑,他们总是瞎了眼睛,很不自量在无产阶级文化大革命的前进的道路上,一个个地倒台了,倒下去了。他们是一些丑恶的变色龙,一些变色的小爬虫,他们的手法阴一套阳一套,欺上瞒下,自我吹嘘,以我为中心,唯我主义,妄想破坏毛主席为首、林副主席为付的无产阶级革命司令部,妄图破坏伟大的人民解放军,妄想破坏正在建立起来的、新生的红色政权革命委员会,毛主席在党的八届十中全会上说过:"凡是要推翻一个政权总要先造成舆论,总要先作意识形态方面的工作,革命的阶级是这样,反革命的阶级也是这样。"像杨成武他们这些跳梁小丑,为了达到他们不可告人的目的,他们也制造出一些舆论,做过一些夺权的准备。可是,这些都被我们伟大领袖揭穿了。他们是些反革命两面派、变色龙、变色小爬虫,丢尽了丑,根本成不了什么气候,今天这个会也证明了嘛!已被毛主席为首的以林副主席为付的无产阶级司令部揭穿了,他们就倒下去了,他们在群众中成了一堆臭狗屎。根据我们这两

年斗争的经验,给我们提出了下面的教训:

(1)要好好学习伟大导师毛主席的著作,好好执行毛主席的指示,紧跟伟大领袖毛主席的伟大战略部署。

(2)我们要警惕,要高度的警惕,警惕两面派,警惕变色龙,警惕那些小爬虫。

(3)要打倒资产阶级小资产阶级派性,打倒宗派主义,打倒山头主义。(口号)

概括地说几句:我们在前进中,我们在胜利中,我们紧紧团结在伟大导师伟大领袖毛主席的领导下,我们的在世界历史上没有前例的无产阶级文化大革命的胜利是无敌的!

我们的无产阶级文化大革命必胜!我们必胜!

让我们的敌人,那些两面派,那些牛鬼蛇神、变色龙、小爬虫都见鬼去吧:(江青:打倒两面派!打倒阴谋家!打倒个人野心家!无产阶级专政万岁!毛主席万岁!)

让那些资产阶级阴谋家,个人主义野心家,他们那些阴谋诡计都见鬼去吧!

那些家伙在我们伟大导师的照妖镜照耀下一个个都是逃不脱的,他们在革命群众的威力下面个个都将跌得粉身碎骨!

无产阶级革命派联合起来!

实现革命的大联合!实现革命的三结合!

无产阶级文化大革命万岁!

无产阶级文化大革命胜利万岁!

我们伟大的导师,伟大的领袖,伟大的统帅,伟大的舵手毛主席万岁!万岁!万万岁!

江青同志:现在请周总理讲话。

周总理讲话

北京市的无产阶级革命派的同志们;北京市工人同志们;贫下中农同志们;职工同志们;红卫兵小将们;我们解放军的指战员同志们;我向你们致以无产阶级文化大革命的敬礼!

我完全拥护刚才宣布的命令，这是我们伟大领袖毛主席和他的亲密战友林副主席的英明决定，我们要坚决拥护坚决执行！我完全拥护和同意江青同志、康生同志和伯达同志的重要讲话，他们都传达了我们伟大领袖毛主席和林副统帅的声音，我们要坚决支持！坚决照办！这次毛主席、林副主席的决定是极其英明果断的，是毛泽东思想的伟大胜利，是毛主席无产阶级革命路线的伟大胜利，是无产阶级文化大革命的伟大胜利。正如我们林副主席题词上说的"大海航行靠舵手，干革命靠毛泽东思想。"我们要永远忠于伟大的毛泽东思想，永远忠于毛主席，永远忠于林副主席，永远忠于以毛主席为首林副主席为付的党中央，要永远忠于坚决执行无产阶级革命路线的中央文革。让我们在这里祝我们伟大领袖毛主席万寿无疆！万寿无疆！万寿无疆！共同敬祝我们伟大领袖的亲密战友林副主席身体健康永远健康！永远健康！

这次揭发的杨成武、余立金、傅崇碧几个人所犯的极其严重的错误绝不是偶然的，是尖锐阶级斗争在党内的反映，是两条路线斗争的继续。他们这次所犯的极其严重的错误这本身正如刚才江青同志和其他同志所说的，所犯的是山头主义、宗派主义的错误，是犯的资产阶级个人野心家、两面派的错误，是犯的反毛泽东思想的言行，特别是他所发表的那大树特树绝对权威是树立他个人的权威，不是树立我们伟大领袖的权威，刚才江青同志已经说得很清楚，山头主义宗派主义的危害，我们在这个地方要说一下，山头主义宗派主义是最不利于我们全党全军全国人民在毛泽东思想的原则基础上团结起来的，一致对敌，推动无产阶级文化大革命前进，而利于敌人的，国内外的敌人挑拨离间、浑水摸鱼的。二十多年前，毛主席曾说过，因为当时我们也有各个根据地，不在一起，所以当时要承认山头，照顾山头，最后要消灭山头。现在我们全国解放十八年多了，山头早已不存在了，杨成武几个人还要搞小小的山头主义，那是痴心妄想，正如刚才江青同志说的，我们现在指的是中国的社会主义大山头，要走向全世界共产主义大山头。我相信我们人民解放军，刚才江青同志所说的是毛主席亲手缔造和抚育起来的，是林副主席亲自指挥的，有着革命光荣的传统，经过这次无产阶级文化大革命的锻炼，是久经考验的，是建立功勋的，决不会跟着少数人搞山头主义走、搞宗派主义走，并且相信只要伟大领袖的一声号召，任何一个小山头都会垮下来的，（江青：中国人民解放军万岁！）你们看，刚才说过的，过去彭德怀、贺龙、罗瑞卿不是就是这样一个一个地垮下去吗？现在杨成武跟着他们路子走，那还不是也垮下去啦。我相信跟着杨成武、余立金、傅崇碧走的只有少数几个人，还有一些人是盲目的山头主义者、宗派主义者，只要一旦觉悟过来，那就和他们划清界限，承认错误，就会回到我们队伍里来，站在毛主席无产阶级革命路线上，好好地改正错误。至于广大的指战员，是跟这件事没有关系的，不管当年我们的部队是从哪一根据地来的，现在你们还不都是劳动人民的子弟兵，是毛主席的队伍，分什么彼此呢。不要这一个翘尾巴，那一个灰溜溜，这是不对的，我们都是毛主席的好战士：好部队。你们不是正在说李文忠的话吗？他说啦！毛主席热爱我热爱！毛主席支持我支持！毛主席指示我照办！毛主席挥手我前进！你们不是爱唱这首歌吗？爹亲娘亲不如毛主席亲，我相信你们是会永远跟着毛主席走的，跟林副主席走的，尤其是北京的卫戍部队，在无产阶级文化大革命中立过很大的功劳，保卫了一千三百万红卫兵，保卫首都的安全，保卫了毛主席领导的无产阶级文化大革命的胜利进行，我们希望你们今后还要立新功：至于资产阶级个人野心家、两面派，他们是搞伪装的，过去我们没察觉出来，一旦被毛主席、林副主席、中央文革察觉出来以后，揭穿了以后，他们什么都没有了，比方过去的刘邓陶，彭罗陆杨不都是如此吗？所以谭震林也好，现在的杨成武、余立金、傅崇碧也好，只要把他们的两面派戳穿了，他们是一无所有了。正如刚才陈伯达所说的，是一堆臭狗屎！

　　但是他们在搞阴谋的时候，他们起了一点儿作用，就是想搞垮北京市革委会，北京市革委会是我们伟大领袖亲自指导成立起来的，另外经过去年的一月风暴，上海革命委员会成立后，我们的伟大领袖说，要经过革命代表会议，一个个地成立起来以后，再成立总的，所以成立了四个代表会，工代会、贫下中农代表会、大学红代会、中学红代会，成立了以后，我们4月20日成立了北京市革命委员会，江青同志在那个会上讲了一个极其重要的话，那就是把去年中央军委一月的八条、四月的十条结合在一起，发挥了毛主席拥军爱民的思想，这一点你们可能还记得，这样的革命委员会是一种新生的力量，是红色政权，初期总是有些粗糙，容易发生一些错误，出了个别的坏人，这没有什么！好像小孩子刚生出来，总要害点疹子，害点病呢。但是新生力量是不可阻挡的，她要生存下去，成长起来，要健康下去。所以谁要痴心妄想要把北京市革命委员会搞垮，那是肯定要失败的，我们现在全中国各省市革命委员会，正如刚才江青同志所说的，在五一节前基本上可以成立起来了，完全成立起来了。所以这一种阴谋一旦戳穿以后，使我们眼睛更亮了，阴谋就更容易被戳穿了，两面派更不容易存在了，所以这对我们是一个很好的教育，很多的教训，对于破坏新生革命委员会的坏人，我们要警惕。希望我们大家都认真地学习这一课，很好的捍卫新生的革命委员会。

还有第三件事，杨成武这几个人他是反毛泽东思想反马列主义的人，他发表了一篇文章叫"大树特树伟大领袖毛主席的绝对权威"，毛主席早已批评了说，这是错误的。绝对权威，刚才有的同志稍微提了一下子，江青同志提了一下，实际上在四个月前他的文章刚注销来不久，就有福建一个战士来了一封信，给杨成武的，说你这个文章，首先题目上就是错的，毛泽东思想的权威是在长期的革命斗争的无数的实践，经过广大人民的智慧，被毛主席集中起来，系统化了，成为毛泽东思想。是在人民中，革命人民中，生根了，扎根了，还有什么大树特树的必要呢：这种人为的大树特树，是没有必要的，这种是反毛泽东思想的。你看一个福建前线的战士，掌握了毛泽东思想的这个武器就敢于批评当时还是代理总参谋长，这证明我们人民解放军战士是有革命修养的，是学习了毛主席宝书的，熟读活学活用毛主席著作的，这一点应该引为我们中国人民解放军战士们的骄傲。不仅是当前的问题的，刚才陈伯达同志叙述了我们无产阶级文化大革命的这个将近两年的发展，当然，从党的成立的一天起就存在党内两条路线斗争，毛主席一直站在革命路线方面，跟党内一切右倾的左倾的机会主义作斗争的，早的我们不去提它了，就讲这两年，在前年与刘邓陶的斗争中，在去月以谭震林为代表的一系列进行的反无产阶级文化大革命，反中央文革，反毛主席为首的林副主席为付的无产阶级司令部的二月逆流当中，在去年夏收间极"左"思潮形成的"516"呀，"揪军内一小撮"呀，这些活动当中，在今年的极右错误，极左的思潮又转向右倾机会主义，右倾分裂主义的活动，杨成武这个事情也就是一个显著的例子，在这些事件中从整个无产阶级文化大革命的胜利的进行中说来它不过是一个曲折，不过是一个小小的逆流，但是这个逆流都在我们伟大的领袖和他的亲密的战友林副主席的揭露下，在我们中央文革的严厉的批判下，批倒了，批臭了，批垮了。我们懂得在一切革命运动中道路总是曲折的，总会出一点小小的逆流，这正是因为我们在胜利的前进中，鼓舞了我们，我们要遇到一点困难曲折，来考验我，教育我们，所以这种小小逆流我们作为反面的教材来锻炼我们，考验我们，因此正如刚才陈伯达同志所说的，就在这样一个战斗中我们在夺取全面胜利当中，已经揪出这一小撮的人来了吧！所以我们应该高兴，应该庆贺这个胜利，我们要打倒被我们揪出来的党内最大的一小撮走资派刘邓陶及其在各地的代理人，我们要打倒彭德怀、贺龙，要打倒彭罗陆杨，要打倒二月逆流黑干将谭震林，要打倒肖华、杨成武、余立金、傅崇碧，要打倒刘邓的小爬虫王关戚，因为王关戚确实是刘邓司令部主持工作的时候，他们决定参加当时的文革小组。而正是现在的中央文革几位领导人，他们亲自把他们觉察出来，把他们端出来，这就是他们表示出最无私的，最原则性的丰功伟绩，（总理带头高呼：向中央文革学习！向中央文革致敬！向江青同志学习致敬！江青同志：向革命群众学习！向解放军指战员学习！）所以我们正如同我们大家所说的，我们首先向我们伟大领袖毛主席致敬！向我们毛主席的亲密战友林副主席致敬！向毛主席为首的林副主席为付的党中央致敬！向中央文革致敬！向人民解放军致敬！向红卫兵致敬！向广大的无产阶级革命派致敬！向广大的革命群众致敬！

同志们，战友们，我在这里要提几句江青同志的奋斗的生平。我们要晓得江青同志是经过战斗的年月的,特别是三十年代,她初当青年党员的时候,就遇到了叛徒、假党员、坏分子国民党的反动派对她的迫害(向江青同志学习!致敬!)她在那个时候,很年轻的时候就像鲁迅那样硬骨头似的敢于向迫害、压迫、摧残、诽谤、造谣的人反攻,她写出的文章是战斗的文章,值是我们学习的文章,所以当时江青同志写出的文章如果有人把那些文章拿出来读一读,那是红文章。至于有些反动派诽谤者为了迫害江青同志,他们写了不少黑文章黑材料,这不是江青同志的黑材料,那是这些黑帮、黑分子收集的专门为登在台湾、香港、美帝、苏修报纸上用的材料,根本不是江青同志的东西,所以这样收集的这些材料就是这些黑帮反动派帝国主义者、特务所写的那些材料,诽谤江青同志的材料,那么这些人也就是黑帮,所以我们要追究这些人。这些材料没有什么了不起,那都是诽谤的材料嘛!鲁迅也遇到过嘛!何况江青同志那个时候整天做地下工作,又做艺术工作,是很不容易,所以这一点值得我们大家钦佩她。在抗日战争的初期,江青同志到了延安,成为我们伟大领袖毛主席的亲密战友,勤恳的学生,她确实是紧跟毛主席,紧跟毛主席的著作和思想,所以在身体不好的时候,她能勤恳地学习毛主席著作,听毛主席的报告。在战争年月里,还参加了我们解放战争。到了解放以后,这些黑帮分子,就是刚才说的,从大叛徒刘少奇起,刘邓陶,彭罗陆杨,彭德怀,贺龙,一直到杨成武,余立金,傅崇碧等等,还是谭震林,一小撮二月逆流分子,都在迫害反对江青同志,但是江青同志藐视他们,敢于跟他们斗争,所以在无产阶级文化大革命的准备阶段,我们就看见江青同志的表现嘛!她在与周扬等作斗争,1964年的戏剧革命,亲自抓了八个样板戏到今天还是光辉灿烂!(康生:揪出迫害江青同志的这个反革命!)1966年初,彭真起草的那个二月黑提纲的时候,林副主席委托江青同志所完成的在人民解放军中进行的文艺会谈纪要的发表的同时,你们看一看鲜明的对照,一个是黑的,一个是红的,多么鲜明的对照啊!光辉的纪要,值得我们大家学一学,建议大家再重新学一学。在无产阶级文化大革命进入到新的历史时期,在刚才所说的照陈伯达同志的分析,照我们刚才说的几个回合斗争当中，江青同志都起了重要的作用，在中央文革里边，江青同志非常严格地要求自己，也是严格地要求同志，用毛泽东思想的尺度，来考查每一个同志，来分清敌我的界限，当着是同志的时候，她非常诚恳热心地帮助同志，当着辨明是坏人的时候，她就敢于勇敢地把他端出来，这种精神也是值得我们学习的。所以我们要向江青同志学习！向江青同志致敬！（江青：向总理学习！向总理致敬！）我不敢当，我还要学。（伯达：互相学习。）因此我们要誓死保卫我们伟大领袖毛主席，我们要誓死保卫林副主席；誓死保卫毛主席为首林副主席为付的党中央，誓死保卫中央文革，誓死保卫江青同志，我们要誓死保卫我们人民解放军，誓死保卫我们广大的革命群众，誓死保卫我们的红卫兵，还要誓死保卫我们无产阶级专政的红色政权。

现在全世界全国的形势大好，江青同志刚才讲得很清楚，不需要多说了。的确敌人的日子越来越不好过，我们的日子越来越好。你看嘛，我们支持的越南，抗美救国战争嘛，只要坚持下去，就会接近或取得最后胜利。

我们无产阶级文化大革命现在已经面临着夺取全面胜利的日子了。刚才陈伯达同志说得很对，革命道路，总是曲折的，就是越接近胜利总有些坏人在捣鬼，国内外敌人在捣鬼，死不悔改的走资派和它的代理人在捣鬼，党内外的叛徒、特务在搞鬼，没有改造好的地富反坏右分子在捣鬼，还有我们周围敌人派遣间谍分子进来捣乱，所以我们必须提高警惕，只要我们按照毛主席的最高指示、战略部署，擦亮眼睛，我们就会洞察这些牛鬼蛇神，这些挑拨离间的，浑水摸鱼的坏事坏人，因为敌人已经走向穷途末路，支离破碎。我们是走向全面胜利，在这个时候，我们必须更加要提高警惕。譬如说，敌人现在面临着在越南战争失败，很难挑起更大规模的战争，但是我们总得有个准备呀：我们有了准备敌人就难以发动了，所以因此我们就要树这样的雄心壮志，如果万一美帝甚至苏修把世界性的战争强加在我们头上，我们得有准备嘛，我们相信我们有力量，在无产阶级文化大革命全面胜利当中，把他们消灭在我们中国的领土上，消灭光！（黄永胜：口号）

还要继续动员和教育群众，防止国内外敌人的挑衅。夺取无产阶文化大革命全面胜利，收复台湾，我们就应该很好地按照今年元旦社论，得到毛主席林副主席批准的五条任务，好好地来进行学习，这就是第一。我们要办好毛泽东思想学习班，要提高我们毛泽东思想水平，提高我们无产阶级革命的战斗的水平。第二，我们就在这个学习班的基础上，我们就能够实现无产阶级革命派的革命大联合和革命三结合，把全国二十九个省市争取在五一前统统地成立了革命委员会，不仅如此，我们还要在各个战线上，各个基层部门中都要实现无产阶级革命派的革命大联合。在应该夺权的地方实现革命的三结合。使我们每一个系统都能够把斗批改搞好，实行勤俭节约闹革命，把我们广大力量走向生产，走向农村，走向群众。在这个里头，我们应该强调的就是要看到两条路线的斗争，因为这是整个历史时期都是如此，尤其现在把革命大批判搞得更好，就是刚才说的党内一小撮最大的走资本主义道路的当权派刘邓陶及其在各地方的代理人，各部门的代理，把彭德怀、贺龙，把反动的二月逆流的干将谭震林这一伙人，把刚才说的杨成武、余立金、傅崇碧等阴谋家，同样批臭批倒批垮。只有在这样的路线的斗争中我们才能够把无产阶级革命派大联合搞好，因为你不管哪一派，符合于毛泽东思想的就对，不符合毛泽东思想就不对，你站在毛主席革命路线上就对，不站在毛主席革命路线上就不对，这样子按这个做标准才能够真正实现革命的大联合。第三，我们要强调拥军爱民，今天就是个很好的军民联合的大会嘛；军爱民，民爱军，军民一致嘛！让我们在我们伟大领袖毛主席领导下，在副帅林副主席的领导下，我们把北京市的无产阶级革命派联合得更好，在中国人民解放军支持下，搞好本单位斗批改，在我们全体的在场的同志们，你们把刚才几位同志的声音传达到你们所代表的机关中，工厂中，学校中，农村中，军队中去，大家要紧紧地站在毛主席革命路线上，高举毛泽东思想伟大红旗团结起来，把北京的革命委员会和各机关的革命大联合三结合都搞得更好，树立成全国的榜样。第四，抓革命促生产促工作促战备。接见今天在场的很大数目是我们的工人同志，我们的责任很大，不仅要把革命抓好，在革命的原则的基础上要联合好，搞好生产，不能缺勤，不能旷工。我要反对那些反革命的经济主义，缺勤呀！旷工呀！要把我们的生产搞得更好，因为我们搞无产阶级文化大革命就是要解放广大的人民，发挥我们更大的革命积极性，所以我们相信今年——一九六八年北京的生产不管是农业、工业、交通运输也要在全国树立一个榜样。

我们的机关，我们的学校都应该搞好斗批改以后我们更多的人去接近群众，接近工农，投入生产支持工农业，精简机构，真正实现斗批改的成绩。第五，就是各个单位根据已经有了革命委员会或者革命小组的组织来进行整党，也要整团，整理红卫兵的组织，整理革命的队伍，像江青同志在去年十一月份的讲话所说的，要把所有的单位的革命队伍好好整理一下，把坏人清理出去，把积极分子提拔起来担负重要的职务，这样子把我们的队伍搞得更整齐，把在无产阶级文化大革命中凡是经过锻炼考验的人跟广大的军队代表结合在一起，引起军、干、群的结合，革命的老、中、少的结合，这样子就能够有力量来准备，迎接我们将要召开的中国共产党的九次代表大会。

最后让我们高呼：

让我们高举伟大的毛泽东思想的伟大红旗，夺取无产阶级文化大革命的全面胜利！

毛主席的无产阶级革命路线万岁！

打倒刘邓陶！打倒彭德怀、贺龙！打倒彭罗陆杨！打倒二月逆流干将谭震林！打倒杨成武、余立金、傅崇碧！打倒王关戚！打倒一切阴谋家、两面派！（江青：打倒个人野心家！打倒两面派！打倒阴谋家！）

伟大的毛泽东思想胜利万岁！

毛主席为首、林副主席为付的无产阶级司令部万岁！

中国人民解放军万岁！

红卫兵战友们万岁！英雄的中国人民万岁！无产阶级革命派万岁！

伟大的中国共产党万岁！

我们伟大的领袖毛主席万岁！万岁！万万岁！

陈伯达：现在宣布散会。
江青：同志们，唱个歌儿，总理指挥。
姚文元：《大海航行靠舵手》
（江青同志起调）
江青：再唱一个好不好？唱个国际歌好不好？

陈伯达同志重要讲话

《红旗》第 102 期，1968 年 5 月 7 日

五月一日，陈伯达同志对红代会负责同志做了重要讲话，伯达同志说："言行不一致，理论和实际不一致，不管你说了多少漂亮的话，最后都是要垮台的。"

谢富治同志的一封信

《红旗》第 102 期，1968 年 5 月 7 日

吴德同志转革命委员会常委各同志：

×学院一九六八年四月十六日这份四版的报纸报道是完全错误的。这期报纸应该收回。它完全违背了办报纸应有的革命的方针，即报纸应大力宣传我们伟大领袖毛主席，宣传战无不胜的毛泽东思想，宣传毛主席的无产阶级革命路线，宣传中央、中央文革的一切重要指示。

报纸要把主要的斗争的矛头始终一贯地对准叛徒、特务、死不悔改的走资派刘邓陶彭贺彭罗陆杨等以及他们的代理人。把这一小撮叛徒、特务、死不悔改的走资派批深、批透、批倒、批臭。

报纸应该宣传在毛泽东思想原则基础上，在毛主席的无产阶级

革命路线的原则基础上实行革命的大联合，革命的三结合和本单位的斗批改。

十六日这份报纸这种做法也是违背了市革命委员会指示原则的。至于我个人也几次说过反对这种错误做法。报纸这样做不利于在毛泽东思想基础上的团结的，在客观上起着挑拨离间破坏团结的作用。（办报的同志主观上也可能不是这样用意。）

这期报纸很集中地提出反对别的同志贴谢富治的大字报，其实它这样做，比别人贴的更多更系统，这一点倒不要紧，我永远也不会计较的。

报纸以拥护某人为名，压对立面为实，这种做法是一种小动作，应坚决反对。反过来也是一样。

我提议革命委员会讨论一次各个单位的小报问题。类似这样的错误，别的报纸也会有的。

谢富治
一九六八年四月二十九日

一定把《红旗》报办成宣传毛泽东思想的阵地

《红旗》第 102 期，1968 年 5 月 7 日

遵照谢富治同志的意见，本报今天刊登了陈伯达同志最近在天安门城楼上对红代会一些负责同志的讲话，以及谢富治同志最近给北京市革委会常委的一封信。这是中央首长对我们红卫兵的热情关怀、鼓励和极大鞭策。

毛主席教导我们："为什么出版政治周报？为了革命。"林副主席说："报纸是不见面的指导员，不见面的司令员，等于函授学校，每天发教材，是多快好省的办法。"办好报纸，这是个重大的事情。报纸应该是团结同志和人民的纽带，打击敌人、反对修正主义的强有力武器。

《红旗》报自创刊以来,已经一百零二期了。过去,虽然主观上力争办好报纸,但由于我们毛泽东思想水平不高,也必定存在许多缺点和错误。中央首长这次对小报的批评,对我们同样是一次极大的激励和促进。毛主席说:"我们必须坚持真理,而真理必须旗帜鲜明。""我们党所办的报纸,我们党所进行的一切宣传工作,都应当是生动的,鲜明的,尖锐的,毫不吞吞吐吐。这是我们革命无产阶级应有的战斗风格。"我们决心遵照伟大统帅这一英明指示,为捍卫以毛主席为首林副主席为副的无产阶级司令部,为捍卫毛主席的无产阶级革命路线而英勇战斗。我们希望院内广大红旗战士和院外广大无产阶级革命派,积极地、热情地帮助我们,共同努力,把《红旗》报办成宣传毛泽东思想的坚强阵地。

坚决支持法国革命人民的正义斗争
给法国革命工人、革命学生、革命人民的支持电

《红旗》第 104 期,1968 年 5 月 21 日

巴黎

亲爱的法国工人弟兄、革命的青年学生和法国一切革命人民:

我们北京航空学院全体革命红旗战士、全体革命共产党员、全体革命师生员工,向你们致以无产阶级文化大革命的崇高敬礼!

正当我们紧跟伟大领袖毛主席,夺取无产阶级文化大革命全面胜利的时候,我们高兴地看到,具有光荣革命传统的法国工人阶级和革命学生,互相支持,并肩战斗,在法国形成了空前大规模的革命高潮。成千成万的革命学生,为了改革腐朽的教育制度,反对政府镇压学生运动进行了英勇的斗争。熊熊的革命烈火燃烧起来,法国几百万工人掀起了席卷全国的政治和经济罢工的怒潮。巴黎反动派一片混

乱，革命形势一片大好，好极了！

法国的革命高潮及当前世界革命运动的新高涨，完全证明了全世界革命人民的伟大领袖毛主席的英明的论断："欧洲、北美洲和大洋洲的无产阶级和劳动人民正处在新的觉醒之中。""当前世界革命进入了一个伟大的新时代。"毛主席是世界人民的伟大导师，毛泽东思想是全世界无产者谋解放的思想。毛泽东思想必将在全世界取得彻底的胜利！

在世界革命斗争中，由我们的伟大领袖毛主席亲自发动、亲自领导的中国无产阶级文化大革命，已经和正在发挥出不可估量的深远影响。

你们的斗争，沉重地打击了处在政治、经济危机之中的法国帝国主义，对于全世界人民反对帝国主义及其走狗的斗争，对于越南人民的抗美救国正义战争是一个巨大的支持和鼓舞。你们的斗争，是全世界人民反对以美国为首的帝国主义总斗争的组成部分。毛主席教导我们："列宁主义认为，资本主义国家的无产阶级要拥护殖民地半殖民地人民的解放斗争，殖民地半殖民地的无产阶级要拥护资本主义国家的无产阶级的解放斗争，世界革命才能胜利。""已经获得革命胜利的人民，应该援助正在争取解放的人民的斗争，这是我们的国际主义的义务。"法国革命的工人、革命的学生同一切革命的人民，我们支持你们的正义斗争。在反对帝修反的斗争中，我们永远同你们团结在一起，战斗在一起，胜利在一起！法国的革命形势同整个欧洲及亚洲、非洲、美洲、拉丁美洲的革命形势一样，空前大好！但是同帝国主义和一切反动派一样，以苏共领导集团为中心的现代修正主义者及法修集团，却把你们的正义斗争诬之为"叛乱行为"，是"不合法"的。这就在法国革命人民和全世界革命人民面前再一次暴露了他们可耻的叛徒嘴脸。

当前，世界已经进入伟大的毛泽东思想新时代。战无不胜的毛泽东思想正在全世界广泛传播，并日益被世界革命人民所掌握。毛泽东思想告诉我们："枪杆子里面出政权。"全世界革命人民就是要武装起来，在无产阶级及其政党的领导下，以马列主义、毛泽东思想为指南，大造帝国主义的反，大造反动派的反，进行革命的暴动，才能战胜帝国主义及其一切走狗，取得世界革命的胜利。

我们相信，法国的工人阶级和革命的学生、革命的人民紧密地团结起来，向着法国反动派发动持久的猛烈的进攻，胜利一定属于具有巴黎公社革命传统的英雄的法国人民！帝国主义全面崩溃的时候已经为期不远了！

打倒帝国主义！

打倒修正主义！

打倒各国反动派！

全世界无产者，联合起来！

全世界被压迫人民和被压迫民族联合起来！

战无不胜的马克思主义、列宁主义、毛泽东思想万岁！

世界革命人民的伟大导师毛主席万岁！万岁！万万岁！

致以

无产阶级文化大革命的战斗敬礼！

北京航空学院革命委员会

北航红旗战斗队总勤务站

一九六八年五月二十日于北京

北航革委会给参加《红航一号》战斗的全体革命同志的贺信

《红旗》第 111 期，1968 年 7 月 3 日

红航兵团，工厂，后勤部及各部系参加红航战斗的全体红旗战士、革命师生员工，革命领导干部同志们：

在战无不胜的毛泽东思想光辉照耀下，在中央文革的亲切关怀

和兄弟单位的大力协助下，经过全体红航战士的艰苦奋斗，《红航一号》第一架机体于六月二十八日制造成功。这是战无不胜的毛泽东思想的伟大胜利，是毛主席革命路线的伟大胜利！院革命委员会代表全院红旗战士，革命师生员工，革命领导干部向你们致以最热烈的祝贺！

在这喜讯传来振奋人心的时刻，我们怎能忘记，是伟大领袖毛主席和战无不胜的毛泽东思想给了我们无穷无尽的力量和智慧。让我们一千遍一万遍地高呼：敬祝我们最最敬爱的伟大领袖毛主席万寿无疆！万寿无疆！

《红航一号》第一架机体胜利地提前完成，体现了你们对伟大领袖毛主席的无限忠诚，对以毛主席为首，林副主席为副的无产阶级司令部的无限忠诚，对毛主席革命路线的无限忠诚。

你们没有辜负伯达同志，江青同志及中央文革首长对你们的殷切期望，没有辜负全院革命师生对你们的信任，你们不愧为"教育革命的探索者"。

你们心怀一个"忠"字，活学活用毛泽东思想，狠抓阶级斗争，揪出了一小撮叛徒，特务，顽固不化的走资派，粉碎了他们破坏生产，破坏教育革命的罪恶阴谋。

你们心怀一个"忠"字，活学活用毛泽东思想，狠抓人的思想革命化，开展忆苦思甜活动，满怀无产阶级的阶级感情，涌现出了无数动人的模范事迹，共产主义的一代新人正在茁壮成长。

你们心怀一个"忠"字，活学活用毛泽东思想，向旧教育思想和旧教育制度发起了猛烈进攻。敢于革命，敢于探索，突出政治，百折不回闯出了一条学生，教员，工人三结合；科研，教学，生产三结合；设计，工艺，生产三结合的康庄大道。

你们心怀一个"忠"字，活学活用毛泽东思想，发扬了敢想敢干的大无畏革命精神，在最短的时间内，用最少的人力物力，土法上马，造出了世界上第一流水平的尖端产品，显示出经过无产阶级文化大革命战斗洗礼的中国人民"敢于攀登前人没有攀登过的高峰，敢于走前人没有走过的路"的英雄气概，给了帝、修、反以及国内大搞右倾翻案的反动家伙们一记最沉重最响亮的耳光!

你们用自己的战斗给全院革命师生树立了无限忠于毛主席,无限忠于毛泽东思想,无限忠于毛主席革命路线的光辉榜样,院革委会号召全院革命师生向你们学习。

"宜将剩勇追穷寇,不可沽名学霸王。"

院革委会希望参加红航战斗的全体革命同志牢记伟大领袖毛主席的教导:"夺取全国胜利,这只是万里长征走完了第一步。……中国的革命是伟大的,但革命以后的路程更长,工作更伟大,更艰苦。"今后更高地举起毛泽东思想伟大红旗,活学活用毛泽东思想,狠抓阶级斗争,加强人的思想革命化,进一步发扬敢想、敢干,所向披靡的大无畏革命精神,突出政治,百折不回,向教育革命的更高峰迈进,为完成中央文革交给我们的战斗任务,为把我院办成毛泽东思想的大学校更英勇地战斗!

无产阶级文化大革命全面胜利万岁!

战无不胜的毛泽东思想万岁!

我们的伟大导师,伟大领袖,伟大统帅,伟大舵手毛主席万岁!万万岁!

北京航空学院革命委员会
1968 年 6 月 28 日

伟大领袖毛主席及林副主席和其他中央首长

7月28日的部分讲话

《红旗》第 115 期,1968 年 7 月 31 日

毛主席:大家坐下。

江青同志:好久不见你们了,你们又不在大街上出大字标语!

毛主席:还不是天安门上见过嘛?又没有谈过话,不行嘛!其实,

你们的小报我都看啦！你们无事不登三宝殿。

毛主席：今天找你们来，想商量商量大学的武斗怎么办。文化大革命你们搞了两年了。一是斗，二是批，三是改。你们斗是斗，你们是在搞武斗。也不斗，也不批，也不改。现在工人不高兴、农民不高兴、战士不高兴、居民也不高兴，多数学校学生不高兴，你们学校多数学生就连拥护你们的学生大多数也不高兴。你们脱离了工人、农民、战士，脱离了学生的大多数。有些学校，搞了些斗黑帮，但很不够嘛！就是因为关键在分两派，忙于武斗。现在逍遥派那么多，不搞斗批改，或者斗批走，斗批散。我说大学还要办，我上次说了理、工科，并没有说文科都不要办。

还是要文斗。不要武斗。我提出四种办法：一、实行军管；二、一分为二。分成两个学校，搬到两个地方、两个城市。没有地方，中南海和大会堂都可以来住，来办学校嘛；三、斗批走，斗批散；四、继续打下去，大打下去，打十年、八年，地球照样转动。

这个问题，也不必现在答复，回去商量商量，也可以开会，讨论讨论。我说你们脱离群众，群众就是不爱打内战的！

有人讲，广西布告只适用广西，陕西布告只适用陕西，在我们这里不适用。那现在再发一个全国的布告，谁如果还继续违犯，破坏交通，放火，打解放军，不听劝阻，就是土匪、国民党，就要歼灭。

林副主席：打走资派是好事情，打文艺界的牛鬼蛇神。现在不是。有的是学生打学生，群众打群众。都是工农子弟，被坏人利用。有的人就是反革命。有的人开始是革命的，渐渐革命性减少，走向反面。有的人主观上是革命的，但客观上是反革命的。有的人主观、客观都是反革命的。

毛主席：希望你们不要分天派、地派，搞成一个派算了。搞什么两派？困难当然是有的了。

林副主席：今天是主席亲自关心你们，做了最正确的，最重要的，最明确的、最及时的教导。这次如果还是置若罔闻，要犯很大的错误。文化大革命初期，你们几个学校的红卫兵在全国起了很大作用。现在全国很多学校实现了大联合，超过了北大、清华。革命大联合的问题,你们落后了。你们没有看到文化大革命每个阶段的需要,需要干什么。希望你们响应毛主席的伟大号召,赶上去!

(根据韩爱晶同志传达整理)

周恩来关于清查"五一六"的几次谈话(摘录)

1970 年 11 月 4 日、9 日、18 日、20 日

1970 年 11 月 4 日:

"从 67 年宣布'516'是反革命组织。主席在姚文元的文章上写了'516'是反革命组织一段话,当时没有用黑体字发表。1968 年一二月份发现了王、关、戚是'516'后台不久,又发现杨、余、付。当时只成立'516'专案叫第三办公室,是公安部搞的,专案就是当专案搞。在群众方面,1967 年 9 月讲了一下,重点讲的'516'是反革命阴谋集团,材料掌握得不够。1968 年 3 月 24 日、27 日开大会批判杨、余、付,讲了一下以后,大家听了林副主席的录音报告,以后就没有继续发动,后来就开扩大的十二中全会,又开'九大',又搞了一次……"

"……在文化大革命中利用群众查无产阶级司令部领导同志的病历,都查到家属头上去了。戚本禹说,查出来了材料交给他,就有问题了,他拿去干什么?就是彭真的病历你拿去干什么?……北京医院死了个赵尔陆,是心脏病暴发死的,后来,几个坏人一定要追查,要写成吃安眠药死了,这不许可嘛!后来查出来是几个坏医生搞的。……比赵尔陆早死的还有一个孙志远,至于跟贺龙、邓小平紧一点,是工作关系,他是管国防工业的,我告诉医院要注意一下,谢华不晓得,我亲自去抓,有多少个部长住在里面,这是中央关心不关心的问题。当然也有坏的,如吕正操啦,还是好的多,我去看他们,组

织抢救，林副主席打电话要我去看，有人就查林副主席通过谁打的电话……国防工业'915''916'都去查，现在介绍信都找到了，抢救孙志远是对的……"

"孙正搞了个'3.10'。他看了几个发言稿子，把老爷卫生部和中央首长的病历混同在一起……内容都是攻击性的。……刘维栋在卫生战报第49期上他把对方许多攻击无产阶级司令部的问题集中起批评对方，把内部东西公开暴露了，我下命令把他拘留起来。你把这些事情报中央是好的，但你铅印是不允许的。这些事情是不好的，是反革命阴谋活动，但方法是错误的，当时拘留是为了防止扩散。"

"310对抗中央指示，我们让不要开。他说已经停了，后来发现没有停，先念同志打电话追查，他说停了，实际没有停，就把我和先念同志的话告诉他才停了。第二天又开黑会，不久贴出'打倒×××'（估计是李先念抄者）的标语，说'×××同志是大叛徒'，这是反革命行动。主席看样板戏时说'这口号是怎么来的？'主席在接见了朝鲜代表团时也说：'不知道这口号是怎么回事。'这件事卫生系统始终没有大讲特讲……"

"1967年的'310'黑会，名为打倒城市老爷卫生部，名字是冠冕堂皇的，群众的心情是好的，会的本身群众要求开是好意的，客观效果很坏，起了放毒的作用，被阴谋家利用，被孙正利用……是反中央的，是炮打无产阶级司令部的。……"

1970年11月9日：

"'516'反革命阴谋集团是在一个光明正大的运动中专门搞阴谋活动的。……姚登山没有填表，他说没有必要参加。他就是516。……"

"'516'专案组把几件大事搞出来，弄清楚就行了，如8月11日批陈大会，围困中南海，谁参加了？谁的头？当时我在中南海，我就是不走，戚本禹对我说：要走。当时刘、邓都在中南海，我要走了，冲进来就不行了。……"

1970年11月18日：

"……后来又利用了48小时的声明，这个事我应该负责，我批了。不过他们总是要找借口的，不是48小时他们也要找别的借口。那个时候，香港当局封了三个报馆，都是外围的外围。不是《大公报》，也不是《文汇报》。包括《晶报》在内，而且香港当局也只说封一年。事情没搞清就送来批，制造借口。他们利用这个借口，搞了火烧英国代办处，这是个阴谋。到现在还有人说火烧英国代办处是民族义愤，有什么了不起！现在还这样说法，不晓得是什么精神面貌！……主席和外国朋友谈起'516'，总要举例讲火烧英国代办处。……（原文此处一段不清楚）我们同英代表一说他们就懂了，英代办乖乖地躲到解放军的岗楼里，说有你们我们很放心，他们是活命哲学。……"

"六六年刚开完十一中全会，就得到一本北航出的《战略战术》，那是什么战略战术，把戈培尔那一套都用上了，说撒谎久就成了真的了。我一看大吃一惊，你说不对，他偏相信那些东西，不让他搞非要搞。"

"武汉的事情，本来主席只叫富治同志去，那里的部队原来是他指挥的，和他熟，陈再道这些人他都熟。王力后来也要去，说他们小萝卜头留下来干啥！富治打电话来说，'他们也要去'。你说他支持地派，可是他带的人都是天派的，不要以为他们只是支持一派的，都插手了。"

1970年11月20日：

"一件事在实践中要反复好多次，才能认识。'516'问题，又搞又不搞，一会儿说扩大化。他乱咬一顿，形式上扩大化把水搅混；大家互相怀疑，实际上他自己滑掉了。今年三·二七发了个指示，他们又抓住三·二七通知中提到防止扩大化，变成一风吹了。运动规律就是这样，几番起伏。这次无论如何要追到底……火烧英代办处是公开出来搞的阴谋，这也怪我们当时没有追下去，当时当作一时的错误行动……"

毛主席对清查"五一六"的指示

革命学生要团结,要联合,打倒反革命阴谋集团"516"。"516"问题不能一风吹。

林副主席对清查"五一六"的指示

1971 年 2 月 28 日

军队是专政的工具,我们要深挖"516",一个也不能漏掉。

www.ingramcontent.com/pod-product-compliance
Lightning Source LLC
Chambersburg PA
CBHW060547080526
44585CB00013B/473